COMMENTAIRE

SUR

L'ORDONNANCE DU COMMERCE.

POITIERS. — IMPRIMERIE DE CATINEAU.

COMMENTAIRE

SUR

L'ORDONNANCE DU COMMERCE,

DU MOIS DE MARS 1673 ;

Par Jousse,

AVEC DES NOTES ET EXPLICATIONS

Coordonnant l'Ordonnance, le Commentaire et le Code de Commerce ;

PAR V. BÉCANE,

AVOCAT, OFFICIER DE L'UNIVERSITÉ DE FRANCE, PROFESSEUR DU CODE DE COMMERCE
A LA FACULTÉ DE DROIT DE POITIÈRS.

SUIVI

DU TRAITÉ DU CONTRAT DE CHANGE,

Par Dupuy de La Serra.

POITIERS,

MESDAMES LORIOT, ÉDITEURS.

1828.

Tout exemplaire non revêtu de notre signature sera réputé contrefait.

ORDONNANCE

DU COMMERCE,

DU MOIS DE MARS 1673.

──────◆──────

LOUIS, PAR LA GRACE DE DIEU, ROI DE FRANCE ET DE NAVARRE, à tous présens et à venir, salut. Comme le commerce est la source de l'abondance publique et la richesse des particuliers, nous avons, depuis plusieurs années, appliqué nos soins pour le rendre florissant dans notre royaume. C'est ce qui nous a porté, premièrement, à ériger parmi nos sujets plusieurs compagnies, par le moyen desquelles ils tirent présentement des pays les plus éloignés ce qu'ils n'avaient auparavant que par l'entremise des autres nations. C'est ce qui nous a engagé ensuite à faire construire et armer grand nombre de vaisseaux pour l'avancement de la navigation, et à employer la force de nos armes par mer et par terre pour en maintenir la sûreté. Ces établissemens ayant eu le succès que nous en attendions, nous avons cru être obligé de pourvoir à leur durée par des règlemens capables d'assurer, parmi les négocians, la

I

bonne foi contre la fraude, et prévenir les obstacles qui les détournent de leur emploi par la longueur des procès, et consomment en frais le plus liquide de ce qu'ils ont acquis. A CES CAUSES, de l'avis de notre conseil, et de notre certaine science, et pleine puissance et autorité royale, nous avons dit, déclaré et ordonné, disons et déclarons, ordonnons et nous plaît ce qui suit.

TITRE PREMIER.

DES APPRENTIS, NÉGOCIANS ET MARCHANDS, TANT EN GROS QU'EN DÉTAIL.

ARTICLE PREMIER.

Es lieux où il y a maîtrise de marchands, les apprentis marchands seront tenus d'accomplir le temps prescrit par les statuts : néanmoins les enfans de marchands seront réputés avoir fait leur apprentissage, lorsqu'ils auront demeuré actuellement en la maison de leur père ou de leur mère, faisant profession de la même marchandise, jusqu'à dix-sept ans accomplis.

2.

Celui qui aura fait son apprentissage sera tenu de demeurer encore autant de temps chez son maître, ou un autre marchand de pareille profession; ce qui aura lieu pareillement à l'égard des fils de maître.

3.

Aucun ne sera reçu marchand qu'il n'ait vingt ans accomplis, et ne rapporte le brevet et les certificats d'apprentissage et du service fait depuis. Et en cas que le contenu ès certificats ne fût véritable, l'aspirant sera déchu de la maîtrise; le maître d'apprentissage qui aura donné son certificat, condamné en cinq cents livres d'amende, et les autres certificateurs chacun en trois cents livres.

4.

L'aspirant à la maîtrise sera interrogé sur les livres et registres à partie double et à partie simple, sur les lettres et billets de change, sur les règles d'arithmétique, sur la partie de l'aune, sur les livre et poids de marc, sur les mesures et les qualités de la marchandise, autant qu'il conviendra pour le commerce dont il entend se mêler.

5.

Défendons aux particuliers et aux communautés de prendre ni recevoir des aspirans aucuns présens pour leur réception, ni autres droits que ceux qui sont portés par les statuts, sous quelque prétexte que ce puisse être, à peine d'amende qui ne pourra être moindre de cent livres. Défendons aussi à l'aspirant de faire aucun festin , à peine de nullité de sa réception.

6.

Tous négocians et marchands en gros ou en détail, comme aussi les banquiers, seront réputés majeurs pour le fait de leur commerce et banque , sans qu'ils puissent être restitués sous prétexte de minorité.

7.

Les marchands en gros et en détail , et les maçons , charpentiers , couvreurs , serruriers , vitriers , plombiers , paveurs , et autres de pareille qualité , seront tenus de demander paiement dans l'an après la délivrance.

8.

L'action sera intentée dans six mois , pour marchandises et denrées vendues en détail par boulangers , pâtissiers , bouchers , rôtisseurs , cuisiniers , couturiers , passementiers , selliers , bourreliers , et autres semblables.

9.

Voulons le contenu ès deux articles ci-dessus avoir lieu , encore qu'il y eût eu continuation de fourniture ou d'ouvrage, si ce n'est qu'avant l'année ou les six mois il y eût un compte arrêté, sommation ou interpellation judiciaire, cédule, obligation ou contrat.

10.

Pourront néanmoins les marchands et ouvriers déférer le serment à ceux auxquels la fourniture aura été faite, les assigner et les faire interróger ; et, à l'égard des veuves, tuteurs de leurs enfans, héritiers et ayant-cause, leur faire déclarer s'ils savent que la chose est due, encore que l'année ou les six mois soient expirés.

11.

Tous négocians et marchands, tant en gros qu'en détail, auront chacun à leur égard des aunes ferrées par les deux bouts et marquées, ou des poids et mesures étalonnés. Leur défendons de se servir d'autres, à peine de faux et de cent cinquante livres d'amende.

TITRE II.

DES AGENS DE BANQUE ET COURTIERS.

1.

Défendons aux agens de banque et de change de faire le change ou tenir banque pour leur compte particulier, sous leur nom ou sous des noms interposés, directement ou indirectement, à peine de privation de leurs charges et de quinze cents livres d'amende.

2.

Ne pourront aussi les courtiers de marchandises en faire un trafic pour leur compte, ni tenir caisse chez eux, ou signer des lettres de change par aval. Pourront néanmoins certifier que la signature des lettres de change est véritable.

3.

Ceux qui auront obtenu des lettres de répit, fait contrat d'atermoiement, ou fait faillite, ne pourront être agens de change ou de banque, ou courtiers de marchandises.

TITRE III.

DES LIVRES ET REGISTRES DES NÉGOCIANS, MARCHANDS ET BANQUIERS.

1.

Les négocians et marchands, tant en gros qu'en détail, auront un livre qui contiendra tout leur négoce, leurs lettres de change, leurs dettes actives et passives, et les deniers employés à la dépense de leur maison.

2.

Les agens de change et de banque tiendront un livre-journal dans lequel seront insérées toutes les parties par eux négociées, pour y avoir recours en cas de contestations.

3.

Les livres de négocians et marchands, tant en gros qu'en détail, seront signés sur le premier et le dernier feuillet par l'un des consuls, dans les villes où il y a juridiction consulaire, et dans les autres, par le maire ou l'un des échevins, sans frais ni droits; et les feuillets paraphés et cotés par premier et dernier, de la main de ceux qui auront été commis par les consuls, ou maire et échevins, dont sera fait mention au premier feuillet.

4.

Les livres des agens de change et de banque seront cotés, signés et paraphés par l'un des consuls sur chaque feuillet, et mention sera faite dans le premier, du nom de l'agent de change ou de banque, de la qualité du livre, s'il doit servir de journal ou pour la caisse, et si c'est le premier, second ou autre, dont sera fait men-

tion sur le registre du greffe de la juridiction
consulaire ou de l'Hôtel-de-Ville.

5.

Les livres-journaux seront écrits d'une même
suite, par ordre de date, sans aucun blanc, arrêtés
en chaque chapitre et à la fin, et ne sera rien
écrit aux marges.

6.

Tous négocians, marchands et agens de change
et de banque, seront tenus, dans six mois après
la publication de notre présente ordonnance,
de faire de nouveaux livres-journaux et registres, signés, cotés et paraphés, suivant qu'il est
ci-dessus ordonné, dans lesquels ils pourront, si
bon leur semble, porter les extraits de leurs
anciens livres.

7.

Tous négocians et marchands, tant en gros
qu'en détail, mettront en liasse les lettres missives qu'ils recevront, et en registre la copie de
celles qu'ils écriront.

8.

Seront aussi tenus tous les marchands de faire,
dans le même délai de six mois, inventaire sous
leur seing de tous leurs effets mobiliers et im-

mobiliers, et de leurs dettes actives et passives, lequel sera récolé et renouvelé de deux ans en deux ans.

9.

La représentation ou communication des livres-journaux, registres, ou inventaires, ne pourra être requise ni ordonnée en justice, sinon pour succession, communauté et partage de société en cas de faillite.

10.

Au cas néanmoins qu'un négociant ou un marchand voulût se servir de ses livres-journaux et registres, ou que la partie offrît d'y ajouter foi, la représentation pourra être ordonnée, pour en extraire ce qui concernera le différend.

TITRE IV.

DES SOCIÉTÉS.

1.

Toute société générale ou en commandite sera rédigée par écrit, ou par-devant notaires, ou sous signature privée ; et ne sera reçue aucune preuve par témoins contre ou outre le contenu en l'acte de société, ni sur ce qui serait allégué avoir été dit avant, lors ou depuis l'acte, encore qu'il s'agît d'une somme ou valeur moindre de cent livres.

2.

L'extrait des sociétés entre marchands et négocians, tant en gros qu'en détail, sera registré au greffe de la juridiction consulaire, s'il y en a, sinon en celui de l'hôtel commun de la ville; et s'il n'y en a point, au greffe de nos juges des lieux, ou de ceux des seigneurs, et l'extrait inséré dans un tableau exposé en lieu public; le tout à peine de nullité des actes et contrats passés tant entre les associés qu'avec leurs créanciers et ayant-cause.

3.

Aucun extrait de société ne sera enregistré s'il n'est signé, ou des associés, ou de ceux qui auront souffert la société; et ne contient les noms, surnoms, qualités et demeure des associés, et les clauses extraordinaires, s'il y en a, pour la signature des actes, le temps auquel elle doit commencer et finir; et ne sera réputée continuée s'il n'y en a un acte par écrit, pareillement enregistré et affiché.

4.

Tous actes portant changemens d'associés, nouvelles stipulations ou clauses pour la signature, seront enregistrés et publiés, et n'auront lieu que du jour de la publication.

5.

Ne sera pris par le greffier, pour l'enregistrement de la société et la transcription dans le tableau, que cinq sous, et pour chaque extrait qu'il en délivrera, trois sous.

6.

Les sociétés n'auront effet à l'égard des associés, leurs veuves et héritiers, créanciers et ayant-cause, que du jour qu'elles auront été registrées et publiées au greffe du domicile de tous les contractans, et du lieu où ils auront magasin.

7.

Tous associés seront obligés solidairement aux dettes de la société, encore qu'il n'y en ait qu'un qui ait signé ; au cas qu'il ait signé pour la compagnie, et non autrement.

8.

Les associés en commandite ne seront obligés que jusqu'à la concurrence de leur part.

9.

Toute société contiendra la clause de se soumettre aux arbitres pour les contestations qui surviendront entre les associés; et encore que la clause fût omise, un des associés n'en pourra nommer, ce que les autres seront tenus de faire; sinon en sera nommé par le juge pour ceux qui en feront refus.

10.

Voulons aussi qu'en cas de décès ou de longue absence d'un des arbitres, les associés en nomment d'autres; sinon il sera pourvu par le juge pour les refusans.

11.

En cas que les arbitres soient partagés en opinions, ils pourront convenir de sur-arbitre sans le consentement des parties; et s'ils n'en conviennent, il en sera nommé par le juge.

12.

Les arbitres pourront juger sur les pièces et mémoires qui leur seront remis, sans aucune formalité de justice, nonobstant l'absence de quelqu'une des parties.

13.

Les sentences arbitrales entre associés pour négoce, marchandise ou banque, seront homologuées en la juridiction consulaire, s'il y en a; sinon ès siéges ordinaires de nos juges ou de ceux des seigneurs.

14.

Tout ce que dessus aura lieu à l'égard des veuves, héritiers et ayant-cause des associés.

TITRE V.

DES LETTRES ET BILLETS DE CHANGE, ET PROMESSES D'EN FOURNIR.

1.

Les lettres de change contiendront sommairement le nom de ceux auxquels le contenu devra être payé, le temps du paiement, le nom de celui qui en a donné la valeur, et si elle a été reçue en deniers, marchandises, ou autres effets.

2.

Toutes lettres de change seront acceptées par écrit purement et simplement. Abrogeons l'usage de les accepter verbalement, ou par ces mots : *Vu sans accepter;* ou, *accepté pour répondre à temps*, et toutes autres acceptations sous condition, lesquelles passeront pour refus, et pourront les lettres être protestées.

3.

En cas de protêt de la lettre de change, elle pourra être acquittée par tout autre que celui

sur qui elle aura été tirée; et au moyen du paiement il demeurera subrogé en tous les droits du
porteur de la lettre, quoiqu'il n'en ait point de
transport, subrogation, ni ordre.

4.

Les porteurs de lettres qui auront été acceptées, ou dont le paiement échet à jour certain,
seront tenus de les faire payer ou protester dans
dix jours après celui de l'échéance.

5.

Les usances pour le paiement des lettres seront
de trente jours, encore que les mois aient plus
ou moins de jours.

6.

Dans les dix jours acquis pour le temps du
protêt seront compris ceux de l'échéance et du
protêt, des dimanches et des fêtes, même des
solennelles.

7.

N'entendons rien innover à notre règlement
du second jour de juin mil six cent soixante-sept,
pour les acceptations, les paiemens, et autres
dispositions concernant le commerce dans notre
ville de Lyon.

8.

Les protêts ne pourront être faits que par deux notaires, ou un notaire et deux témoins, ou par un huissier ou sergent, même de la justice consulaire, avec deux recors, et contiendront le nom et le domicile des témoins ou recors.

9.

Dans l'acte de protêt, les lettres de change seront transcrites avec les ordres et les réponses, s'il y en a, et la copie du tout, signée, sera laissée à la partie, à peine de faux et des dommages et intérêts.

10.

Le protêt ne pourra être suppléé par aucun autre acte.

11.

Après le protêt, celui qui aura accepté la lettre pourra être poursuivi à la requête de celui qui en sera le porteur.

12.

Les porteurs pourront aussi, par la permission du juge, saisir les effets de ceux qui auront tiré ou endossé les lettres, encore qu'elles aient été acceptées; même les effets de ceux sur lesquels elles auront été tirées, en cas qu'ils les aient acceptées.

13.

Ceux qui auront tiré ou endossé les lettres seront poursuivis en garantie dans la quinzaine, s'ils sont domiciliés dans la distance de dix lieues, et au-delà, à raison d'un jour pour cinq lieues, sans distinction du ressort des parlemens; savoir, pour les personnes domiciliées dans notre royaume; et hors icelui les délais seront de deux mois pour les personnes domiciliées en Angleterre, Flandre, ou Hollande; de trois mois pour l'Italie, l'Allemagne et les cantons Suisses; de quatre mois pour l'Espagne; de six pour le Portugal, la Suède et le Danemarck.

14.

Les délais ci-dessus seront comptés du lendemain des protêts jusqu'au jour de l'action en garantie exclusivement, sans distinction de dimanches et jours de fêtes.

15.

Après les délais ci-dessus, les porteurs des lettres seront non-recevables dans leur action en garantie, et toute autre demande contre les tireurs et endosseurs.

16.

Les tireurs ou endosseurs des lettres seront tenus de prouver, en cas de dénégation, que ceux sur qui elles étaient tirées leur étaient rédevables, ou avaient provision au temps qu'elles ont dû être protestées; sinon ils seront tenus de les garantir.

17.

Si depuis le temps réglé pour le protêt les tireurs ou endosseurs ont reçu la valeur en argent ou marchandises, par compte, compensation, ou autrement, ils seront aussi tenus de la garantie.

18.

La lettre payable à un particulier, et non au porteur, ou à ordre, étant adirée, le paiement en pourra être poursuivi et fait en vertu d'une seconde lettre sans caution, et faisant mention que c'est une seconde lettre, et que la première ou autre précédente demeurera nulle.

19.

Au cas que la lettre adirée soit payable au porteur, ou à ordre, le paiement n'en sera fait que par ordonnance du juge, et en baillant caution de garantir le paiement qui en sera fait.

20.

Les cautions baillées pour l'événement des lettres de change seront déchargées de plein droit, sans qu'il soit besoin d'aucun jugement, procédure ou sommation, s'il n'en est fait aucune demande pendant trois ans, à compter du jour des dernières poursuites.

21.

Les lettres ou billets de change seront réputés acquittés après cinq ans de cessation de demande et poursuites, à compter du lendemain de l'échéance, ou du protêt, ou de la dernière poursuite. Néanmoins les prétendus débiteurs seront tenus d'affirmer, s'ils en sont requis, qu'ils ne sont plus redevables; et leurs veuves, héritiers, ou ayant-cause, qu'ils estiment de bonne foi qu'il n'est plus rien dû.

22.

Le contenu ès deux articles ci-dessus aura lieu à l'égard des mineurs et des absens.

23.

Les signatures au dos des lettres de change ne serviront que d'endossement, et non d'ordre, s'il n'est daté, et ne contient le nom de celui qui a payé la valeur en argent, marchandise, ou autrement.

24.

Les lettres de change endossées dans les formes prescrites par l'article précédent, appartiendront à celui du nom duquel l'ordre sera rempli, sans qu'il ait besoin de transport ni de signification.

25.

Au cas que l'endossement ne soit pas dans les formes ci-dessus, les lettres seront réputées appartenir à celui qui les aura endossées, et pourront être saisies par ses créanciers, et compensées par ses redevables.

26

Défendons d'antidater les ordres, à peine de faux.

27.

Aucun billet ne sera réputé billet de change, si ce n'est pour lettres de change qui auront été fournies, ou qui le devront être.

28.

Les billets pour les lettres de change fournies feront mention de celui sur qui elles auront été tirées, qui en aura payé la valeur, et si le paiement a été fait en deniers, marchandises ou autres effets, à peine de nullité.

29.

Les billets pour lettres de change à fournir feront mention du lieu où elles seront tirées, et si la valeur en a été reçue, et de quelles personnes, aussi à peine de nullité.

30.

Les billets de change payables à un particulier y nommé ne seront réputés appartenir à autre, encore qu'il y eût un transport signifié, s'ils ne sont payables au porteur, ou à ordre.

31.

Le porteur d'un billet négocié sera tenu de faire ses diligences contre le débiteur dans dix jours, s'il est pour valeur reçue en deniers, ou en lettres de change qui auront été fournies ou qui le devront être; et dans trois mois, s'il est pour marchandise ou autres effets; et seront les délais comptés du lendemain de l'échéance, icelui compris.

32.

A faute de paiement du contenu dans un billet de change, le porteur fera signifier ses diligences à celui qui aura signé le billet ou l'ordre, et l'assignation en garantie sera donnée dans les délais ci-dessus prescrits pour les lettres de change.

33.

Ceux qui auront mis leur aval sur des lettres de change, sur des promesses d'en fournir, sur des ordres ou des acceptations, sur des billets de change, ou autres actes de pareille qualité concernant le commerce, seront tenus solidairement avec les tireurs, prometteurs, endosseurs et accepteurs, encore qu'il n'en soit fait mention dans l'aval.

TITRE VI.

DES INTÉRÊTS DU CHANGE ET RECHANGE.

1.

Défendons aux négocians, marchands, et à tous autres, de comprendre l'intérêt avec le principal, dans les lettres ou billets de change, ou aucun autre acte.

2.

Les négocians, marchands et aucun autre, ne pourront prendre l'intérêt d'intérêt, sous quelque prétexte que ce soit.

3.

Le prix du change sera réglé suivant le cours du lieu où la lettre sera tirée, eu égard à celui où la remise sera faite.

4.

Ne sera dû aucun rechange pour le retour des lettres, s'il n'est justifié par pièces valables qu'il a été pris de l'argent dans le lieu auquel la lettre aura été tirée ; sinon le rechange ne sera que pour la restitution du change avec l'intérêt, les frais du protêt, et du voyage, s'il en a été fait, après l'affirmation en justice.

5.

La lettre de change, même payable au porteur, ou à ordre, étant protestée, le rechange ne sera dû par celui qui l'aura tirée que pour le lieu où la remise aura été faite, et non pour les autres lieux où elle aura été négociée, sauf à se pourvoir par le porteur contre les endosseurs, pour le paiement du rechange des lieux où elle aura été négociée suivant leur ordre.

6.

Le rechange sera dû par le tireur des lettres négociées pour les lieux où le pouvoir de négocier est donné par les lettres et pour tous les autres, si le pouvoir de négocier est indéfini, et pour tous les lieux.

7.

L'intérêt du principal et du change sera dû du jour du protêt, encore qu'il n'ait été demandé en justice. Celui du rechange, des frais du protèt et du voyage, ne sera dû que du jour de la demande.

8.

Aucun prêt ne sera fait sous gage qu'il n'y en ait un acte par-devant notaire, dont sera retenu minute, et qui contiendra la somme prêtée, et les gages qui auront été délivrés, à peine de restitution des gages, à laquelle le prêteur sera contraint par corps, sans qu'il puisse prétendre de privilége sur les gages, sauf à exercer ses autres actions.

9.

Les gages qui ne pourront être exprimés dans l'obligation seront énoncés dans une facture ou inventaire, dont sera fait mention dans l'obligation ; et la facture ou inventaire contiendront les quantité, qualité, poids et mesure des marchandises ou autres effets donnés en gage, sous les peines portées par l'article précédent.

TITRE VII.

DES CONTRAINTES PAR CORPS.

1.

Ceux qui auront signé des lettres ou billets de change pourront être contraints par corps ;

ensemble ceux qui y auront mis leur aval, qui
auront promis d'en fournir, avec remise de place
en place, qui auront fait des promesses pour
lettres de change à eux fournies, ou qui le
devront être, entre tous négocians ou marchands
qui auront signé des billets pour valeur réçue
comptant, ou en marchandise, soit qu'ils doivent
être acquittés à un particulier y nommé, ou à
son ordre, ou au porteur.

2.

Les mêmes contraintes auront lieu pour l'exécution des contrats maritimes, grosses aventures,
chartes-parties, ventes et achats de vaisseaux,
pour le fret et le naulage.

TITRE VIII.

DES SÉPARATIONS DE BIENS.

I.

Dans les lieux où la communauté de biens
d'entre mari et femme est établie par la coutume
ou par l'usage, la clause qui y dérogera dans les
contrats de mariage des marchands, grossiers
ou détailleurs, et des banquiers, sera publiée à
l'audience de la juridiction consulaire, s'il y en

a, sinon dans l'assemblée de l'hôtel commun des villes, et insérée dans un tableau exposé en lieu public, à peine de nullité; et la clause n'aura lieu que du jour qu'elle aura été publiée et enregistrée.

2.

Voulons le même être observé entre les négocians et marchands, tant en gros qu'en détail, et banquiers, pour les séparations de biens d'entre mari et femme, outre les autres formalités en tel cas requises.

TITRE IX.

Des Défenses et Lettres de Répi.

1.

Aucun négociant, marchand, ou banquier, ne pourra obtenir des défenses générales de le contraindre, ou lettres de répi, qu'il n'ait mis au greffe de la juridiction dans laquelle les défenses ou l'entérinement des lettres devront être poursuivis, de la juridiction consulaire, s'il y en a, ou de l'hôtel commun de la ville, un état certifié de tous les effets, tant meubles qu'immeubles, et de ses dettes, et qu'il n'ait représenté à ses créanciers, ou à ceux qui seront par eux commis, s'ils le requièrent, ses livres et registres, dont il sera tenu d'attacher le certificat sous le contre-scel des lettres.

2.

Au cas que l'état se trouve frauduleux, ceux qui auront obtenu des lettres ou des défenses en seront déchus, encore qu'elles aient été entérinées ou accordées contradictoirement; et le demandeur ne pourra plus en obtenir d'autres, ni être reçu au bénéfice de cession.

3.

Les défenses générales et les lettres de répi seront signifiées dans huitaine aux créanciers et autres intéressés qui seront sur les lieux, et n'auront effet qu'à l'égard de ceux auxquels la signification en aura été faite.

4.

Ceux qui auront obtenu des défenses générales ou des lettres de répi, ne pourront payer ou préférer aucun créancier au préjudice des autres, à peine de déchoir des lettres et défenses.

5.

Voulons que ceux qui auront obtenu des lettres de répi, ou des défenses générales, ne puissent être élus maires ou échevins des villes,

juges ou consuls des marchands, ni avoir voix
active et passive dans les corps et communautés,
ni être administrateurs des hôpitaux, ni parvenir aux autres fonctions publiques, et même
qu'ils en soient exclus, en cas qu'ils fussent
actuellement en charge.

TITRE X.

DES CESSIONS DE BIENS.

1.

Outre les formalités ordinairement observées
pour recevoir au bénéfice de cession de biens
les négocians et marchands en gros et en détail,
et les banquiers, les impétrans seront tenus de
comparoir en personne à l'audience de la juridiction consulaire, s'il y en a, sinon en l'assemblée de l'hôtel commun des villes, pour y déclarer
leur nom, surnom, qualité et demeure, et qu'ils
ont été reçus à faire cession de biens, et sera
leur déclaration lue et publiée par le greffier,
et insérée dans un tableau public.

2.

Les étrangers qui n'auront obtenu nos lettres
de naturalité ou de déclaration de naturalité,
ne seront reçus à faire cession.

TITRE XI.

DES FAILLITES ET BANQUEROUTES.

1.

La faillite ou banqueroute sera réputée ouverte du jour que le débiteur se sera retiré, ou que le scellé aura été apposé sur ses biens.

2.

Ceux qui auront fait faillite seront tenus de donner à leurs créanciers un état, certifié d'eux, de tout ce qu'ils possèdent et de tout ce qu'ils doivent.

3.

Les négocians, marchands et banquiers seront encore tenus de représenter tous leurs livres et registres cotés et paraphés en la forme prescrite par les articles 1, 2, 3, 4, 5, 6 et 7 du titre 3 ci-dessus, pour être remis au greffe des juges et consuls, s'il y en a, sinon de l'hôtel commun des villes, ou ès mains des créanciers, à leur choix.

4.

Déclarons nuls tous transports, cessions, ventes et donations de biens, meubles ou immeubles, faits en fraude des créanciers. Voulons

qu'ils soient rapportés à la masse commune des
effets.

5.

Les résolutions prises dans l'assemblée des
créanciers, à la pluralité des voix, pour le recouvrement des effets ou l'acquit des dettes,
seront exécutées par provision, et nonobstant
toutes oppositions ou appellations.

6.

Les voix des créanciers prévaudront, non
par le nombre des personnes, mais eu égard à
ce qui leur sera dû, s'il monte aux trois quarts
du total des dettes.

7.

En cas d'opposition ou de refus de signer les
délibérations par les créanciers dont les créances
n'excéderont pas le quart du total des dettes,
voulons qu'elles soient homologuées en justice,
et exécutées comme s'ils avaient tous signé.

8.

N'entendons néanmoins déroger aux priviléges
sur les meubles, ni aux priviléges et hypothèques sur les immeubles qui seront conservés,
sans que ceux qui auront privilége ou hypothèque
puissent être tenus d'entrer en aucune composition, remise ou atermoiement, à cause des

sommes pour lesquelles ils auront privilége ou hypothèque.

9.

Les deniers comptans, et ceux qui procéderont de la vente des meubles et des effets mobiliers, seront mis ès mains de ceux qui seront nommés par les créanciers à la pluralité des voix, et ne pourront être revendiqués par les receveurs des consignations, greffiers, notaires, huissiers, sergens ou autres personnes publiques, ni pris sur iceux aucun droit par eux ou les dépositaires, à peine de concussion.

10.

Déclarons banqueroutiers frauduleux ceux qui auront diverti leurs effets, supposé des créanciers, ou déclaré plus qu'il n'était dû aux véritables créanciers.

11.

Les négocians et les marchands tant en gros qu'en détail, et les banquiers qui, lors de leurs faillites, ne représenteront pas leurs registres et journaux signés et paraphés comme nous avons ordonné ci-dessus, pourront être réputés banqueroutiers frauduleux.

12.

Les banqueroutiers frauduleux seront poursuivis extraordinairement, et punis de mort.

13.

Ceux qui auront aidé ou favorisé la banqueroute frauduleuse, en divertissant les effets,
acceptant des transports, ventes ou donations
simulées., et qu'ils sauront être en fraude des
créanciers, ou se déclarant créanciers ne l'étant
pas, ou pour plus grande somme que celle qui
leur était due, seront condamnés en quinze
cents livres d'amende, et au double de ce qu'ils
auront diverti ou trop demandé, au profit des
créanciers.

TITRE XII.

DE LA JURIDICTION DES CONSULS.

1.

Déclarons communs pour tous les siéges des
juges et consuls l'édit de leur établissement dans
notre bonne ville de Paris, du mois de novembre
1563, et tous autres édits et déclarations touchant
la juridiction consulaire, enregistrés en nos cours
de parlement.

2.

Les juges et consuls connaîtront de tous billets
de change faits entre négocians et marchands,

ou dont ils devront la valeur, et entre toutes personnes, pour lettres de change ou remises d'argent faites de place en place.

3.

Leur défendons néanmoins de connaître des billets de change entre particuliers, autres que négocians et marchands, ou dont ils ne devront point la valeur. Voulons que les parties se pourvoient par-devant les juges ordinaires, ainsi que pour de simples promesses.

4.

Les juges et consuls connaîtront des différends pour ventes faites par des marchands, artisans et gens de métier, afin de revendre ou de travailler de leur profession, comme à tailleur d'habits, pour étoffes, passemens et autres fournitures ; boulangers et pâtissiers, pour blé et farine ; maçons, pour pierre, moellon et plâtre ; charpentiers, menuisiers, charrons, tonneliers et tourneurs, pour bois ; serruriers, maréchaux, taillandiers et armuriers, pour fer ; plombiers et fonteniers, pour plomb ; et autres semblables.

5.

Connaîtront aussi des gages, salaires et pensions des commissionnaires, facteurs ou serviteurs des marchands, pour le fait du trafic seulement.

6.

Ne pourront les juges et consuls connaître des contestations pour nourriture, entretiens et ameublemens, même entre marchands, si ce n'est qu'ils en fassent profession.

7.

Les juges et consuls connaîtront des différends à cause des assurances, grosses aventures, pro-messes, obligations et contrats concernant le commerce de la mer, le fret et le naulage des vaisseaux.

8.

Connaîtront aussi du commerce fait pendant les foires tenues ès lieux de leur établissement, si l'attribution n'en est faite aux juges conser-vateurs du privilége des foires.

9.

Connaîtront pareillement de l'exécution de nos lettres, lorsqu'elles seront incidentes aux affaires de leur compétence, pourvu qu'il ne s'agisse pas de l'état ou qualité des personnes.

10.

Les gens d'église, gentilshommes et bourgeois, laboureurs, vignerons et autres, pourront faire assigner, pour ventes de blés, vins, bestiaux,

et autres denrées procédant de leur cru, ou par-
devant les juges ordinaires, ou par-devant les
juges et consuls, si les ventes ont été faites à des
marchands ou artisans faisant profession de
revendre.

11.

Ne sera établi dans la juridiction consulaire
aucun procureur syndic ni autre officier, s'il
n'est ordonné par l'édit de création du siége, ou
autre édit dûment enregistré.

12.

Les procédures de la juridiction consulaire
seront faites suivant les formes prescrites par le
titre seizième de notre ordonnance du mois
d'avril 1667.

13.

Les juges et consuls, dans les matières de leur
compétence, pourront juger, nonobstant tout
déclinatoire, appel d'incompétence, prise à
partie, renvoi requis et signifié, même en vertu
de nos lettres de committimus aux requêtes de
notre hôtel ou du palais, le privilége des universités, des lettres de garde-gardienne, et tous
autres.

14.

Seront tenus néanmoins, si la connaissance
ne leur appartient pas, de déférer au décli-

natoire, à l'appel d'incompétence, à la prise à
partie et au renvoi.

15.

Déclarons nulles toutes ordonnances, commissions, mandemens pour faire assigner, et les
assignations données en conséquence par-devant
nos juges et ceux des seigneurs, en révocation
de celles qui auront été données par-devant les
juges et consuls. Défendons, à peine de nullité,
de casser ou surseoir les procédures et les poursuites en exécution de leurs sentences, ni faire
défenses de procéder par-devant eux. Voulons
qu'en vertu de notre présente ordonnance elles
soient exécutées, et que les parties qui auront
présenté leurs requêtes pour faire casser; révoquer, surseoir ou défendre l'exécution de leurs
jugemens; les procureurs qui les auront signées,
et les huissiers ou sergens qui les auront signifiées, soient condamnés chacun en cinquante
livres d'amende, moitié au profit de la partie,
moitié au profit des pauvres, qui ne pourront
être remises ni modérées; au paiement desquelles
la partie, les procureurs et les sergens sont contraints solidairement.

16.

Les veuves et héritiers des marchands, négocians et autres, contre lesquels on pourrait se

pourvoir par-devant les juges et consuls, y seront assignés, ou en reprise, ou par nouvelle action; et en cas que la qualité, ou de commune ou d'héritier pur et simple, ou par bénéfice d'inventaire, soit contestée, ou qu'il s'agisse de douaire, ou de legs universel ou particulier, les parties seront renvoyées par-devant les juges ordinaires pour les régler; et, après le jugement de la qualité, douaire ou legs, elles seront renvoyées par-devant les juges et consuls.

17.

Dans les matières attribuées aux juges et consuls, le créancier pourra faire donner l'assignation à son choix, ou au lieu du domicile du débiteur, ou au lieu auquel la promesse a été faite et la marchandise fournie, ou au lieu auquel le paiement doit être fait.

18.

Les assignations pour le commerce maritime seront données par-devant les juges et consuls du lieu où le contrat aura été passé. Déclarons nulles celles qui seront données par-devant les juges et consuls du lieu d'où le vaisseau sera parti, ou de celui où il aura fait naufrage.

COMMENTAIRE

SUR

L'ORDONNANCE DU COMMERCE,

DU MOIS DE MARS 1673.

(*N. B.* Les additions au Commentaire de Jousse sont renvoyées par un astérisque, et séparées par un filet.)

———————

TITRE PREMIER.

DES APPRENTIS, NÉGOCIANS ET MARCHANDS, TANT EN GROS QU'EN DÉTAIL. *

ARTICLE PREMIER.

Es lieux où il y a maîtrise de marchands, les apprentis marchands seront tenus d'accomplir le temps prescrit par les statuts : néanmoins les enfans de marchands seront réputés avoir fait leur apprentissage, lorsqu'ils auront demeuré actuel-

---

* Le Code de Com., art. 2, abrogeant la distinction établie par l'ordonnance entre les villes où il y avait des maîtrises de marchands, et celles où il n'y en avait pas, n'exige que la réunion de quatre conditions pour qu'un mineur puisse se livrer au commerce, et être réputé majeur pour ses engagemens relatifs à ce commerce, savoir : 1° l'émancipation ; 2° l'âge de dix-huit ans accomplis ; 3° l'autorisation de sa famille ; 4° l'affiche de l'acte d'autorisation au greffe du tri-

lement en la maison de leur père ou de leur mère, faisant profession de la même marchandise, jusqu'à dix-sept ans accomplis.

2.

Celui qui aura fait son apprentissage sera tenu de demeurer encore autant de temps chez son maître, ou un autre marchand de pareille profession ; ce qui aura lieu pareillement à l'égard des fils de maître.

3.

Aucun ne sera reçu marchand qu'il n'ait vingt ans accomplis, et ne rapporte le brevet et les certificats d'apprentissage et du service fait depuis. Et, en cas que le contenu ès certificats ne fût véritable, l'aspirant sera déchu de la maîtrise ;

---

bunal de commerce. -- L'obligation de rapporter un brevet ou certificat d'apprentissage n'est plus imposée. -- Quelques jurisconsultes déplorent cette grande innovation : l'amélioration progressive et incontestable du commerce depuis qu'elle a eu lieu, me paraît un argument bien puissant pour le système établi par le Code.

Le Code de Com. n'exige pas qu'un individu qui veut embrasser la profession de commerçant produise un brevet d'apprentissage ; mais il est sensible que la nature même des choses commande à celui qui veut se livrer à un commerce quelconque d'en étudier les principes et les opérations. C'est la loi du 22 germinal an 11 qui détermine les obligations respectives des apprentis et des maîtres ; en voici les dispositions les plus importantes :

le maître d'apprentissage qui aura donné son certificat condamné en cinq cents livres d'amende, et les autres certificateurs chacun en trois cents livres.

4.

L'aspirant à la maîtrise sera interrogé sur les livres et registres à partie double et à partie simple, sur les lettres et billets de change, sur les règles d'arithmétique, sur la partie de l'aune, sur les livre et poids de marc, sur les mesures et les qualités de la marchandise, autant qu'il conviendra pour le commerce dont il entend se mêler.

Art. 9. Les contrats d'apprentissage consentis entre majeurs, ou par des mineurs avec le concours de ceux sous l'autorité desquels ils sont placés, ne pourront être résolus, sauf l'indemnité en faveur de l'une et de l'autre partie, que dans les cas suivans : 1° d'inexécution des engagemens de part ou d'autre ; 2° de mauvais traitemens de la part du maître ; 3° d'inconduite de la part de l'apprenti ; 4° si l'apprenti est obligé à donner, pour tenir lieu de rétribution pécuniaire, un temps de travail dont la valeur serait jugée excéder le prix ordinaire des apprentissages.

Art. 10. Le maître ne pourra, sous peine de dommages et intérêts, retenir l'apprenti au-delà de son temps, ni lui refuser un congé d'acquit quand il aura rempli ses engagemens. Les dommages-intérêts seront au moins du triple du prix des journées depuis la fin de l'apprentissage.

Art. 11. Nul individu employant des ouvriers ne pourra recevoir un apprenti sans congé d'acquit, sous peine de dommages-intérêts envers son maître.

5.

Défendons aux particuliers et aux communautés de prendre ni recevoir des aspirans aucuns présens pour leur réception, ni autres droits que ceux qui sont portés par les statuts, sous quelque prétexte que ce puisse être, à peine d'amende qui ne pourra être moindre de cent livres. Défendons aussi à l'aspirant de faire aucun festin, à peine de nullité de sa réception.

6.

Tous négocians et *marchands* (1) *en gros ou en détail* (2), *comme aussi les banquiers* (3), *seront réputés majeurs* (4) pour le fait de leur commerce et banque, sans qu'ils puissent être restitués sous prétexte de minorité.

(1) *Et marchands.*] Sous ce mot de *marchands* sont aussi compris les ouvriers et artisans, qui sont pareillement réputés majeurs pour le fait de leur métier, lorsqu'ils ont l'âge de vingt ans accomplis.

(2) *En gros ou en détail.*] V. l'article qui suit, aux notes, page 46.

(3) *Comme aussi les banquiers.*] Les banquiers sont ceux qui font un commerce par lettres de change, et négociation d'argent de place en place, pour raison de quoi ils perçoivent un certain profit. Par exemple, un particulier qui est à Cadix veut faire toucher à quelqu'un une somme d'argent à Amsterdam; il porte cette somme à un banquier de Cadix, qui lui donne une lettre de

change à recevoir sur un autre banquier d'Amsterdam, son correspondant, moyennant un profit qu'il prend pour la lettre de change ainsi fournie.

On appelle *change*, le profit qui est ainsi perçu, et qui n'est autre chose en général que le droit qui se paie à un banquier pour une lettre de change qu'il fournit sur un autre lieu que celui d'où elle est tirée, et dont il reçoit la valeur d'un autre banquier ou négociant, ou d'une autre personne, dans le même lieu que celui où la lettre est fournie. Quelquefois c'est le contraire, et le profit se perçoit par celui qui donne de l'argent pour une lettre de change de pareille somme qui lui est fournie. Ce profit est plus ou moins fort, suivant la différente loi des espèces, et suivant que l'argent est plus ou moins rare dans les lieux où sont tirées les lettres, par rapport aux différens endroits où ces lettres doivent être payées. Ces sortes de négociations d'argent et de lettres de change se font le plus souvent par l'entremise des personnes établies à cet effet, que l'on appelle agens de change ou courtiers. (Voyez ce qui est dit de ces personnes, ci-après, titre 2, article 1, avec les notes.)

Les banquiers sont de diverses sortes. Quelques-uns font la banque pour leur compte, et ce sont ceux-là qu'on appelle proprement *banquiers ;* d'autres la font pour le compte d'autrui, moyennant un certain profit ou une certaine commission, v. g. d'un demi, d'un tiers ou quart pour cent, plus ou moins, pour la peine qu'ils ont de faire accepter les lettres, d'en procurer le paiement à l'échéance, et d'en faire les remises dans les lieux qui leur seront marqués. Ces derniers sont appelés *banquiers commissionnaires.*

La plupart des banquiers sont en même temps ban-

quiers simples et banquiers commissionnaires, et ils
font des commissions les uns pour les autres, pour leurs
traites respectives et pour des remises, chacun pour
leur compte particulier. Les banquiers même de différens royaumes ou états négocient entre eux, et entretiennent des correspondances réciproques. Ainsi un
banquier de Londres qui a des lettres de change sur
Paris, les envoie à son correspondant de Paris, pour les
recevoir, et en disposer suivant ses ordres; et celui de
Paris peut en user de même à l'égard du banquier de
Londres.

Il n'y a point de maîtrise pour faire la banque et
pour être reçu banquier; chacun peut faire ce commerce.
Suivant une ancienne ordonnance du mois de septembre 1581, il est défendu de faire aucun trafic de banque
sans permission; et même, suivant l'ordonnance de
Blois, art. 357, il n'est pas permis aux étrangers d'être
banquiers, sans avoir auparavant donné caution valable
jusqu'à la somme de quinze mille écus, et cette caution
doit être renouvelée tous les trois ans. Mais ces ordonnances ne sont point exécutées : aujourd'hui on s'établit
banquier sans permission, et les étrangers habitués en
France font la banque, comme les Français, sans être
tenus de donner caution.

(4) *Seront réputés majeurs.*] Sans qu'il soit même
nécessaire qu'ils aient l'âge de vingt ans accomplis, dans
les villes et lieux où il n'y a point de maîtrise, et où l'on
peut faire le négoce sans avoir cet âge ; en sorte que, dans
ces endroits, leur majorité commence dès l'instant
qu'ils font leur commerce pour leur compte particulier.
Ainsi jugé par arrêt du 2 juillet 1585, rapporté par
Tronçon, sur l'article 224 de la coutume de Paris.

Ainsi, aux termes de cet article, tous négocians et

marchands en gros et en détail, quoique mineurs,
comme aussi les banquiers, peuvent s'obliger valablement, sans le consentement de leur père ou curateur,
pour raison de la marchandise et trafic dont ils se
mêlent, soit en empruntant, soit en souscrivant des
billets, acceptant des lettres de change, ou s'engageant
de fournir des marchandises pour un certain prix, ou
contractant d'autres engagemens de cette espèce, sans
qu'ils puissent se faire restituer contre les obligations et
engagemens qu'ils ont subis à cet effet. Ainsi jugé par
plusieurs arrêts, et entre autres par un du parlement de
Paris, du 21 octobre 1645, et par un autre du 2 juillet
1683. Autre arrêt du parlement de Toulouse, du 29
juin 1626, rapporté par Cambolas, en ses décisions,
liv. 5, chap. 26; autre du 28 novembre 1602, rapporté
par Belordeau, partie 2, liv. 2, controverse 274. (V. aussi
Brodeau sur Louet, lettre F, sommaire 11.)

Ces mineurs peuvent, par la même raison, endosser
des lettres de change, et cautionner d'autres marchands,
pourvu que ce cautionnement soit dépendant de leur
commerce. Mais un mineur marchand ou banquier qui
se serait rendu caution ou certificateur pour raison
d'une dette étrangère à son commerce, pourrait se faire
restituer contre un pareil engagement. Ainsi, par arrêt
du mois d'avril 1601, rapporté par M. le Bret, action 51,
page 1025, un marchand qui, en minorité, s'était rendu
certificateur de la caution d'un receveur des tailles, fut
restitué contre son obligation. Bouvot, en ses questions,
tom. 1, au mot *Fidéjusseur*, quest. 3, rapporte aussi
un arrêt du parlement de Dijon, du 28 juillet 1614,
par lequel un marchand mineur qui avait cautionné un
autre marchand, quoique pour marchandises, a été
déchargé de son cautionnement, parce qu'il ne suffit

pas que le mineur s'oblige pour marchandises, quand elles sont pour le compte d'autrui, mais il faut qu'il s'oblige pour le fait de son commerce.

Il y a plus de difficulté à savoir si les marchands et banquiers mineurs peuvent vendre leurs immeubles, pour en employer les deniers au fait de leur commerce; et de même s'ils peuvent les hypothéquer pour raison des obligations qu'ils contractent par-devant notaires pour le même fait, sans qu'ils puissent se faire restituer contre ces ventes et hypothèques. Voici ce qu'on peut dire à ce sujet :

1° S'il s'agit de l'aliénation d'un immeuble, il faut distinguer si cette aliénation n'a été faite par ce mineur que sur la simple promesse d'en employer le prix dans son commerce, ou si le mineur a cédé ou aliéné cet immeuble pour demeurer quitte du prix de la marchandise dont il se mêle, qu'il pouvait devoir à l'acquéreur, ou qui lui serait vendue par le même contrat. Dans le premier cas, il paraît que le mineur pourrait se faire restituer contre cette vente, à moins que l'acquéreur ne prouvât que ce mineur en a employé le prix dans son commerce, conformément à sa promesse; mais, dans le second cas, l'aliénation serait légitime, parce que, le mineur étant réputé majeur par le fait de son commerce, c'est une suite qu'il puisse disposer de son bien pour son négoce. Il est cependant encore plus prudent, dans ce cas d'aliénation d'immeubles, de prendre les précautions dont on use ordinairement avec les mineurs, en faisant autoriser cette aliénation par le tuteur, ou dans une assemblée de famille. *

---

* Le Cod. de Com., art. 6, a consacré par des dispositions formelles cette doctrine de Jousse. « Les mineurs marchands

2° A l'égard de l'hypothèque, il est constant que, si un mineur marchand emprunte une somme par obligation passée devant notaires, le créancier acquiert une hypothèque sur les biens de ce mineur, parce que, comme un mineur marchand s'engage, sans aucune déclaration d'emploi, par un simple billet, valeur reçue comptant ou en marchandises, il peut aussi s'engager par-devant notaires, en déclarant que les deniers qu'il emprunte sont pour être employés dans son commerce.

Les mineurs étant réputés majeurs pour raison de leur commerce, c'est une suite qu'ils sont sujets, comme les autres marchands, à la contrainte par corps, dans le cas où elle a lieu. Ainsi jugé par plusieurs arrêts, et entre autres par un arrêt de la Cour, du 3o août 1702, au recueil, tom. 2, pag. 286, confirmatif de deux sentences rendues au consulat de Paris, les 9 et 11 janvier précédent, contre un mineur, pour raison de lettres de change par lui signées. (V. les cas où cette contrainte par corps a lieu, *infrà*, titre 7, art. 1 et 2, avec les notes.)

Ce qui est dit ici des mineurs marchands ou banquiers doit aussi avoir lieu à l'égard des filles ou femmes mineures marchandes publiques. (Ainsi jugé par arrêt du 5 décembre 1606, rapporté par Brodeau sur Louet, lettre F, sommaire 11.) *

---

autorisés comme il est dit à l'article 5, peuvent engager et hypothéquer leurs immeubles.

» Ils peuvent même les aliéner, mais en suivant les formalités prescrites par les articles 457 et suivans du Code civil. »

* L'art. 3, tit. 2, de la loi du 15 germinal an 6, consacre cette ancienne jurisprudence, en soumettant les femmes, les

7.

Les marchands en gros (1) *et en détail, et les maçons, charpentiers* (2), couvreurs, serruriers, vitriers, plombiers, paveurs, et autres de pareille qualité, seront tenus de demander paiement *dans l'an après la délivrance* (3). *

Cet article est tiré de l'article 126 de la coutume de Paris.

(1) *Les marchands en gros.*] V. ci-dessus, art. 1, note 1, page 40, ce que c'est que marchands en gros.

La prescription dont il est parlé en cet article n'a pas lieu de marchand à marchand. Ainsi jugé par arrêt du grand Conseil, du 12 juillet 1672, rapporté au journal du Palais, tome 1, page 258 de l'édition *in-folio*. Telle est aussi la disposition de la coutume de Troyes, article 201, où, après une disposition presque semblable à celle de Paris, qui établit la prescription d'un an à l'égard des drapiers, merciers et autres marchands en gros, il est ajouté : *Sinon que les marchandises fussent baillées et délivrées par marchand à marchand, pour le fait et entretènement de leurs marchandises.* L'article 148 de la coutume de Vitry, et celle de Chaumont en Bassigny, article 120, renferment des dispositions semblables. V. aussi Bouvot, tome 2, aux mots *marchand, marchandise,* question 2.

_____

filles et les mineurs marchands, à la contrainte par corps pour le fait de leur commerce.

* *Cod. civ.*, art. 2272. « L'action des marchands pour marchandises qu'ils vendent aux particuliers non marchands, se prescrit par un an. »

On observe aussi dans les consulats de ne point admettre cette prescription entre marchands et artisans ou ouvriers, pour les affaires qu'ils ont les uns avec les autres concernant leur commerce. (V. le Traité du commerce de terre et de mer, tome 1, page 183 de l'édition de 1710.)

A plus forte raison cette prescription n'a pas lieu à l'égard des gens d'église, bourgeois, laboureurs, vignerons et autres, pour raison des ventes de blés, vins, bestiaux, et autres denrées procédant de leur cru ; ce qui paraît d'ailleurs résulter des termes mêmes de cet article, qui, ne parlant que des marchands, exclut les autres.

(2) *Et en détail, et les maçons, charpentiers, etc.*] L'article 265 de la coutume d'Orléans porte en général que « les deniers ou choses dues pour façons ou ventes
» d'ouvrages, et autres menues denrées et marchandises,
» se prescrivent par un an, et qu'après ledit temps on
» n'en peut rien valablement demander, sinon qu'il y
» eût obligation, promesse ou action intentée. »

(3) *Dans l'an après la délivrance.*] A compter depuis chaque fourniture, et non pas depuis la dernière, lorsqu'il y a eu continuation de fournitures et d'ouvrages. *Infrà*, art. 9. V. coutume de Paris, art. 127.

8.

L'action *sera intentée dans six mois* (1) pour

(1) *Sera intentée dans six mois.*] A compter depuis chaque fourniture. (Art. précédent, note 3.) V. la coutume de Paris, article 126, qui renferme une pareille disposition, d'où cet article de l'Ordonnance paraît avoir été tiré.

marchandises et denrées vendues en détail par
boulangers, pâtissiers, bouchers, rôtisseurs,
cuisiniers, couturiers, passementiers, selliers,
bourreliers, et autres semblables. *

Dans les coutumes où la prescription pour ces sortes
de fournitures et menues denrées est plus longue,
comme à Orléans, où elle est d'un an, suivant l'article
265 de cette coutume, on a continué depuis l'Ordonnance du commerce à conserver aux artisans ce délai
d'un an pour exiger le prix de leurs fournitures; ce
qui est fondé sur ce que cette Ordonnance n'a point
dérogé, à cet égard, aux coutumes qui ont des dispositions contraires, comme il est aisé de le voir à la fin
de cette même Ordonnance, à la différence de ce qui
est mis à la fin des ordonnances de 1667 et 1670.

9.

Voulons le contenu ès deux articles ci-dessus
avoir lieu, *encore qu'il y eût eu continuation de
fourniture ou d'ouvrage* (1); si ce n'est qu'avant

(1) *Encore qu'il y eût eu continuation de fourniture ou d'ouvrage.*] Ainsi un marchand qui atten-

---

*Cod. civ., art. 2271. «L'action des ouvriers et gens de travail,
pour le paiement de leurs journées, fournitures et salaires, se
prescrit par six mois.

» L'action des maîtres et instituteurs des sciences et arts, pour
les leçons qu'ils donnent au mois; — Celle des hôteliers et trai-
teurs, à raison du logement et de la nourriture qu'ils fournissent; — Celle des ouvriers et gens de travail, pour le paiement
de leurs journées, fournitures et salaires, — Se prescrivent par
six mois. »

l'année ou les six mois, *il y eût un compte arrêté* (2), sommation ou interpellation judiciaire,
cédule, obligation ou contrat*.

drait à former sa demande pour raison de marchandises
qu'il aurait fournies pendant quatre ou cinq ans à un
bourgeois, sur le fondement qu'il y aurait eu continuation de fournitures, ne serait pas fondé en cette demande;
le débiteur serait en droit de lui opposer la fin de non-
recevoir pour les années qui ont précédé la dernière, et
il ne serait adjugé en justice à ce marchand que ce qu'il
aurait vendu ou fourni pendant la dernière année, au
cas de l'article 7, ou pendant les six derniers mois, au
cas de l'article 8.

(2) *Il y eût un compte arrêté, etc.*] Parce qu'alors,
au moyen de cette reconnaissance ou interpellation,
l'action dure trente ans à l'égard de ce qui est arrêté
ou demandé. (V. les articles 126 et 127 de la coutume
de Paris, et l'article 265 de la coutume d'Orléans.)

Au reste ces arrêtés de comptes et billets, pour être
valables, doivent être faits par les maris, et ceux faits
par des femmes mariées ne suffisent pas, à moins que
le mari ne les approuve; ce qui est une suite de la règle,
qui porte qu'une femme mariée ne peut obliger son mari,
ni s'obliger sans son consentement, à moins qu'elle ne
soit séparée de biens, ou marchande publique, ou

* *Cod. civ.*, art. 2274. La prescription dans les cas ci-dessus
a lieu, quoiqu'il y ait eu continuation de fournitures, livraisons,
services et travaux. — Elle ne cesse de courir que lorsqu'il y
a eu compte arrêté, cédule ou obligation, ou citation en justice
non périmée.

qu'elle soit factrice de son mari. (V. la coutume de Paris,
art. 234, et celle d'Orléans, article 196.)

10.

Pourront néanmoins les marchands et ouvriers
déférer le serment (1) à ceux auxquels la fourniture aura été faite, les assigner et les faire in-
terroger ; et, à l'égard des veuves, tuteurs de
leurs enfans, héritiers et ayant-cause, leur faire
déclarer s'ils savent que la chose est due, encore
que l'année ou les six mois soient expirés.*

(1) *Déférer le serment.*] L'article 275 de la coutume d'Orléans ajoute « et où la partie ne voudrait
» jurer avoir payé, elle sera tenue de payer, non-
» obstant ladite prescription, en affirmant par le de-
» mandeur. »

11.

Tous négocians et marchands, tant en gros
qu'en détail, auront chacun à leur égard des
aunes *ferrées par les deux bouts et marquées, ou
des poids et mesures étalonnées* (2). Leur défen-

(2) *Ferrées par les deux bouts et marquées, ou*

---

* *Cod. civ.*, art. 2275. Néanmoins ceux auxquels ces prescriptions seront opposées peuvent déférer le serment à ceux qui
les opposent, sur la question de savoir si la chose a été réellement payée. — Le serment pourra être déféré aux veuves et
héritiers, ou aux tuteurs de ces derniers, s'ils sont mineurs,
pour qu'ils aient à déclarer s'ils ne savent pas que la chose
soit due.

dons de s'en servir d'autres, à peine de faux et
de cent cinquante livres d'amende.

des poids et mesures étalonnées.] Afin d'éviter les fraudes qui pourraient se commettre par les marchands,
en se servant de fausses mesures, ou en les diminuant.

***

TITRE II.

Dᴇs Aɢᴇɴs ᴅᴇ Bᴀɴǫᴜᴇ ᴇᴛ Cᴏᴜʀᴛɪᴇʀs.

I.

*Défendons aux agens de banque et de chan-
ge* (1) *de faire le change* (2) *ou tenir banque pour
leur compte particulier* (3)*, sous leur nom ou sous
des noms interposés, directement ou indirectement, à peine de privation de leurs charges* (4)
et de quinze cents livres d'amende*.

(1) *Défendons aux agens de banque et de change.*]
Les agens de banque et de change sont ceux qui s'entremettent pour négocier les lettres et billets de change,

---

* *Le Cod. de com.*, art. 85, consacre le même principe.
« Un agent de change ou courtier ne peut, dans aucun cas
et sous aucun prétexte, faire des opérations de commerce ou
de banque pour son compte.

» Il ne peut s'intéresser directement ni indirectement sous
son nom, ou sous un nom interposé, dans aucune entreprise
commerciale.

ou autres billets payables à ordre ou au porteur, moyennant un certain profit ou remise qui leur est accordée à
cet effet. On les appelait autrefois courtiers de change.
Leur entremise sert aux banquiers, négocians, gens
d'affaires, et autres personnes qui veulent négocier leur
argent, lettres et billets, en payant ou recevant le
change suivant le cours de la place.

Il y a des villes où les agens de change et de banque
sont en titre d'office, et ont des provisions ou commis-

» Il ne peut recevoir ni payer pour le compte de ses commettans. »

La règle établie par l'art. 1er, tit. 2, de l'Ordonnance,
et l'art. 85 du Cod. de com., a toujours été du plus haut
intérêt; mais son importance a beaucoup augmenté de nos
jours, en raison des grands développemens de notre commerce
et des opérations énormes pour lesquelles le ministère des
agens de change ou de courtage est nécessaire. C'est donc,
on ne saurait trop le répéter, un principe invariable de notre
droit commercial ancien et moderne, qu'un agent de change
ou courtier ne peut, *dans aucun cas et sous aucun prétexte*,
faire des opérations de commerce ou de banque pour son
compte. On verra dans les explications de Jousse sur ce
titre les motifs pleins de sagesse qui ont fait établir cette
maxime remarquable. La Cour royale de Paris a fait une application aussi juste que célèbre de ces principes dans les
affaires Mussard contre Coulte, et Perdonnet contre Forbin-
Janson. On trouve ces arrêts dans tous les recueils, et surtout dans la mémoire des agens de change, qui ne cessent
de se récrier, et d'éluder peut-être une législation et une
jurisprudence dont un intérêt bien aveugle les empêche de
voir la sagesse. Il est plus clair que la lumière du jour, pour
toute personne *désintéressée*, qu'une jurisprudence contraire,
en favorisant de plus grands profits pendant quelques années,

sions du Roi*, comme à Paris, Marseille, Bordeaux, et
en quelques autres villes. Il y en a d'autres où ils sont
choisis par les maire et échevins, ou par les juges-
consuls, et prêtent serment devant eux, comme à
Lyon, suivant l'article 19 du règlement du 2 juin 1667,
rapporté ci-après, titre 5, article 7, note 1 ; ou par les
maîtres, gardes et syndics des corps des marchands.
Mais en général, dans les autres villes, il est permis à
toutes sortes de personnes de faire cette espèce de
négoce, sans avoir besoin de permission, pourvu que
ceux qui l'exercent soient d'une probité connue.

Avant l'année 1708, il n'y avait à Paris que vingt
agens de change, qui avaient été créés en titre d'office
par édit du mois de décembre 1705. (Voyez au recueil,
tome 2, page 385.) Par un second édit du mois d'août
de l'année 1708, le nombre en fut augmenté jusqu'à
quarante; et par un autre édit du mois de novembre
1714, le nombre en avait été fixé à soixante. Mais, par
un dernier édit du mois de janvier 1723, ces offices
ont été supprimés, et il en a été créé soixante nouveaux,
qui ont été mis en commission par arrêt du conseil du
14 octobre 1724, et depuis réduits au nombre de quarante, par un autre arrêt du conseil du 22 décembre
1733.

Par le même édit du mois de décembre 1705, le Roi
a supprimé tous les offices de courtiers et agens de
change qui avaient été créés auparavant dans l'étendue

_____

eût sapé dans ses fondemens l'institution si utile des agens
intermédiaires du commerce.

* *Cod. de com.*, art. 75. « Les agens de change et les courtiers sont nommés par le Roi. »

du royaume, à la réserve de ceux établis dans les villes
de Marseille et de Bordeaux, et en a créé et établi un
certain nombre d'autres dans les principales villes de
commerce; savoir : vingt à Paris, vingt à Lyon, six à La
Rochelle, six à Montpellier, cinq à Aix, cinq à Stras-
bourg, cinq à Metz, dix à Rouen, huit à Nantes, quatre
à Tours, quatre à Saint-Malo, quatre à Dijon, quatre
à Bayonne, deux à Toulouse, deux à Dieppe, un au
Havre-de-Grâce; un à Calais, deux à Dunkerque, deux
à Rochefort, deux à Rennes, deux à Brest, et un au
Port-Louis. Ce même édit porte que ceux qui exerce-
ront ces offices jouiront pour les négociations qu'ils
feront en argent comptant, billets et lettres de change,
de cinquante sous par mille livres payables, savoir: vingt-
cinq sous par le prêteur, et vingt-cinq sous par l'emprunteur; et qu'à l'égard des négociations pour fait de
marchandises, ils seront payés, savoir : à Paris, sur le pied
de demi pour cent de la valeur des marchandises, et
dans les autres villes de commerce où ils seront établis,
des mêmes droits dont jouissent les courtiers et agens
de change, de banque et marchandise, avant la sup-
pression portée par cet édit. Veut en outre S. M. que
toutes les lettres de change et billets qu'ils négocieront,
soient signés d'eux, et qu'ils en certifient la signature
véritable. Le même édit ajoute que ceux qui seront
revêtus desdits offices d'agens de change, de commerce
et de finance, ne dérogeront point à la noblesse; et il
leur permet de posséder conjointement des charges de
secrétaires du Roi, même de la grande chancellerie.

Quoiqu'il n'y ait point d'apprentissage pour cette espèce de trafic, néanmoins il est nécessaire que celui
qui veut l'exercer ait une connaissance particulière de
tout ce qui concerne la banque et le change; et il serait

à propos pour cela qu'il eût demeuré et servi pendant un certain temps chez des banquiers ou négocians, afin de se mettre au fait de tout ce qui concerne sa profession.

Il faut aussi que les agens de change soient des personnes prudentes et réservées pour tout ce qui regarde les affaires des négocians et gens de finance; parce qu'il dépend souvent d'un agent de change d'ôter par une parole indiscrète tout le crédit d'un marchand, etc., et par conséquent de le déranger dans ses affaires.

Les agens de change doivent aussi avoir attention en proposant à négocier les lettres et billets de change, ou autres papiers qui sont en leur disposition, de les proposer simplement et sans exagérer la solvabilité de ceux à qui ils appartiennent, pour engager à les prendre; parce que, si dans la suite ces lettres ou billets venaient à être protestés, ceux à qui ils auraient été fournis seraient en quelque sorte en droit de s'en prendre à ceux qui les ont procurés.

Enfin ils doivent prendre garde de ne jamais exiger pour leurs peines et salaires un droit plus considérable que celui qu'on a coutume de payer dans les endroits où l'on se sert de leur ministère; autrement ce serait une espèce d'exaction de leur part, qui mériterait d'être réprimée, et quelquefois même punie.

Voyez encore les articles 2 et 4 du t. 3 ci-après, pour les livres que les agens de change sont obligés de tenir.

(2) *De faire le change*.] Car on ne peut être agent de change et banquier tout ensemble : autrement il dépendrait de ces personnes de faire des monopoles qui seraient préjudiciables au commerce, en prenant ou acceptant toutes les lettres de change sur une ville ou province où elles seraient rares, ou en pratiquant d'au-

tres manœuvres semblables contraires à l'intérêt public, et qui tendraient souvent à la ruine des autres banquiers et négocians.

Les agens de change ne doivent même rien entreprendre qui puisse faire présumer qu'ils négocient pour leur compte particulier ; comme, par exemple, s'ils cautionnaient eux-mêmes le tireur ou l'accepteur d'une lettre de change, ou s'ils y mettaient leur aval. (Voyez l'article suivant avec les notes.)

(3) *Ou tenir banque pour leur compte particulier.*] L'édit du mois de décembre 1705, qui vient d'être cité, a dérogé à cette disposition, et permet aux agens de banque, de change, de commerce et finances, pour la commodité de ceux qui auront des négociations à faire de leur fait, de tenir un bureau ouvert et une caisse chez eux, nonobstant ce qui est porté par les articles 1 et 2 du présent titre.

(4) *A peine de privation de leurs charges.*] Ou d'interdiction de leurs fonctions dans les villes où les agens de banque et de change ne sont point en titre d'office*.

2.

Ne pourront aussi les courtiers de marchandises (1) en faire un trafic pour leur compte (2),

(1) *Ne pourront aussi les courtiers de marchandises.*] Les courtiers de marchandises sont des espèces de mandataires qui s'entremettent pour faire vendre, acheter, troquer ou changer des marchandises, moyennant un certain profit ou salaire qu'on leur paie pour

---

* *Le Cod. de com.*, art. 85, prononce la même peine.

ni tenir caisse chez eux (3), *ou signer des lettres de change* (4) *par aval* (5) : pourront néanmoins certifier *que la signature des lettres de change est véritable* (6).

leurs peines. On les appelle aussi *courtiers ou proxenètes,* du mot latin *proxeneta*; et ils sont désignés sous ces deux noms dans l'article 429 de la coutume d'Orléans.

Il y a ordinairement, surtout dans les grandes villes de commerce, des courtiers dans chaque corps de marchands. Dans les autres villes, les courtiers s'entremêlent indistinctement pour différentes sortes de marchandises, et ils font même quelquefois les fonctions d'agens de change dans les endroits où ces derniers ne sont point établis en titre d'office, ni en commission, comme à Orléans, etc.

Ces sortes de personnes sont très-utiles dans le commerce, soit pour le dedans, soit pour le dehors, parce qu'ils connaissent les marchands de la profession à laquelle ils s'attachent, et que souvent sans eux les négocians ne pourraient acheter ni se défaire de certaines marchandises qui se vendent et s'achètent, ou qui se négocient aisément par ce moyen.

Il est permis à toutes personnes de faire les fonctions de courtiers, excepté dans les villes où ils sont en titre d'office ou en commission*. Dans ces dernières, les courtiers, avant de pouvoir faire leurs fonctions, doivent justifier de leurs vies et mœurs, et de leur capacité pour

---

* Cette doctrine est pleinement confirmée dans un avis du Conseil d'État du 23 mai 1802.

raison de la profession qu'ils veulent exercer ; et ils prêtent serment devant les maires, échevins et juges-consuls, ou devant les maîtres, gardes-syndics des corps des marchands. L'article 19 du règlement du 2 juin 1667, rendu pour la ville de Lyon, en a une disposition précise. (Voyez ce règlement *infrà*, titre 5, article 7, note 1.)

Au reste, quoiqu'il n'y ait point d'apprentissage requis pour pouvoir exercer l'état de courtier, il est cependant nécessaire que ceux qui veulent s'attacher à cette profession, aient, ainsi que les agens de change, les qualités nécessaires pour pouvoir l'exercer. Ainsi,

1° Outre la probité et l'honneur dont ils doivent avant tout faire profession, il est nécessaire qu'ils soient au fait de tout ce qui concerne le négoce, tant pour la qualité, mesure, que pour le prix des marchandises, sans quoi ils auraient peine à réussir dans leur état.

2° Il faut aussi qu'ils soient prudens et réservés, et qu'ils prennent bien garde de ne pas préjudicier par leur indiscrétion au crédit et à la réputation des négocians.

3° Ils doivent avoir un livre en bon ordre, qui renferme tous les marchés par eux négociés, dont chacun doit contenir la quantité et qualité de la marchandise, et le prix auquel elle a été vendue, pour y avoir recours en cas de besoin*. Argument tiré de l'article 2 du titre 5 ci-après, page 64. Ces livres font foi en justice, et sont crus sur les contestations qui peuvent survenir entre les négocians, pour raison des ventes et achats de marchandises qui ont été faites par leur entremise, tant pour la quantité et la qualité, que pour le prix de ces marchandises.

---

* *Le Cod. de com.*, art. 84, consacre cette doctrine.

4° Ils doivent aussi avoir attention de ne prendre pour leur droit de courtage que ce qui leur appartient légitimement, et ce qu'on a coutume de prendre dans l'endroit où ils négocient.

5° En général, ils doivent observer les mêmes maximes que les agens de change et de banque, dont il a été parlé dans les notes sur l'article précédent; car il n'y a d'autre différence des uns aux autres, sinon en ce que ces derniers ne s'entremêlent que du commerce de la banque et du change, au lieu que les autres s'entremêlent du commerce des marchandises*.

Les courtiers et les agens de change sont considérés comme personnes publiques, et ils sont sujets à la contrainte par corps pour la restitution des lettres de change, billets et autres choses qui leur ont été confiées, ou du prix qu'ils en ont touché pour le compte de ceux qui les ont employés. (Coutume d'Orléans, art. 429.)

(2) *En faire aucun trafic pour leur compte.*] Parce que, quand ils font eux-mêmes commerce de la marchandise dont ils sont courtiers, ils peuvent abuser de la confiance des personnes qui les emploient, et prendre pour eux le marché qu'ils auraient fait pour un autre, et par ce moyen ils tromperaient les négocians, et pourraient leur causer un préjudice notable; ce qui est contraire à la bonne foi qui doit régner dans le commerce*.

---

* Cette observation est parfaitement juste; aussi les législateurs modernes ont-ils appliqué, dans le même art. 85, aux agens de change et courtiers, la grande règle dont nous avons signalé l'importance, p. 52.

* Remarquez bien cette raison, c'est la principale : heu-

(3) *Ni tenir caisse chez eux.*] C'est-à-dire qu'ils ne doivent point avoir d'argent actuellement en caisse, pour en faire un commerce pour leur compte particulier, et pour le négocier sur la place.

Il en est de même des agens de change et de banque. (V. *infrà*, tit. 3, art. 4, avec les notes.

L'édit du mois de décembre 1705, portant création d'offices d'agens de change et de commerce dans le royaume, a dérogé à cette disposition, et permet aux agens de change et de commerce ainsi créés de tenir caisse chez eux. (V. la note 3 sur l'art. 1ᵉʳ du tit. 2, ci-dessus, page 56.)*

(4) *Ou signer les lettres de change, etc.*] Afin qu'ils ne s'engagent pas facilement envers les négocians, en signant des lettres ou billets de change et autres, ou en passant leur ordre au profit de ceux à qui ils les négocient ; ce qui le plus souvent pourrait causer la ruine des courtiers, dans le cas où ces lettres et billets ne seraient point payés par l'insolvabilité de ceux qui les doivent.

(5) *Par aval.*] V. ce que c'est qu'*aval*, *infrà*, tit. 5, art. 33, aux notes.

(6) *Que la signature des lettres de change est véritable.*] Parce que leur négoce les met à portée de connaître les signatures des banquiers et négocians, et de ceux qui ont passé les ordres et avals ; et parce que c'est sur la bonne foi des courtiers et agens de change que ceux qui ont besoin de billets ou de lettres

---

reusement elle est aussi claire et décisive, que l'intérêt que l'on pourrait avoir à l'éluder est aveugle et puissant.

* V. la note 3 de Jousse sur l'art. 4, tit. 3.

de change prennent ces lettres et billets, et donnent leur argent, ces derniers n'ayant pas le plus souvent par eux-mêmes la connaissance des signatures de ceux qui les ont souscrits.

3.

Ceux qui auront obtenu des lettres de répit (1), fait contrat d'atermoiement, ou fait faillite, *ne pourront être agens de change ou de banque, ou courtiers de marchandises* (2)*.

(1) *Ceux qui auront obtenu des lettres de répit.*] V. *infrà*, tit. 9, art. 5.

(2) *Ne pourront être agens de change ou de banque, ou courtiers de marchandises.*] Car les courtiers et agens de change doivent être d'une probité connue, et d'une réputation entière, telle qu'elle est désirée pour le commerce. (V. *suprà*, art. 1 et 2, aux notes, pages 51 et suivantes.)

---

* *Cod. de com.*, art. 83. « Ceux qui ont fait faillite ne peuvent être agens de change ou courtiers, s'ils n'ont été réhabilités. »

TITRE III.

DES LIVRES ET REGISTRES DES NÉGOCIANS, MARCHANDS ET BANQUIERS.

I.

Les négocians et marchands (1) tant en gros qu'en détail *auront* (2) *un livre qui contiendra* (3) tout leur négoce, leurs lettres de change, leurs dettes actives et passives, et les deniers employés à la dépense de leur maison*.

(1) *Les négocians et marchands.*] Sous ce mot de *négocians* sont aussi compris les banquiers, comme il paraît par le sommaire de ce titre. D'ailleurs, la banque étant un véritable négoce, le mot de négocians renferme en général tous ceux qui font quelque commerce, soit de marchandises, soit de lettres de change, billets ou argent.

(2) *Auront.*] Autrement les autres marchands qui

---

* *Code de comm.*, art. 8. « Tout commerçant est tenu d'avoir un livre-journal qui *présente*, jour par jour, ses dettes actives et passives, les opérations de son commerce, ses négociations, acceptations ou endossemens d'effets, et généralement tout ce qu'il reçoit et paie, à quelque titre que ce soit ; et qui *énonce*, mois par mois, les sommes employées à la dépense de sa maison : le tout indépendamment des autres livres usités dans le commerce, mais qui ne sont pas indispensables.

» Il est tenu de mettre en liasse les lettres missives qu'il reçoit, et de copier sur un registre celles qu'il envoie. »

seraient en contestation avec eux, et qui auraient des livres en règle, pourraient être écoutés dans leurs demandes, par cela seul que leurs livres seraient en règle, ces derniers étant alors présumés être dans la bonne foi.

Ces livres sont aussi nécessaires, afin que les marchands qui sont à tout moment dans le cas d'acheter, vendre, ou emprunter, puissent rendre raison de leur conduite, au cas que par malheur ils vinssent à être dérangés dans leurs affaires; et, faute par eux de s'être assujétis à cette loi, ils peuvent être poursuivis comme banqueroutiers frauduleux. (*Infrà*, tit. 11, art. 11.)

(3) *Un livre qui contiendra, etc.*] Ce livre est ce qu'on appelle *le journal*, qui doit être écrit de suite, par ordre de date, article par article, sans aucun blanc. (*Infrà*, article 5.)

Suivant cette disposition de l'Ordonnance, les marchands, négocians et banquiers, ne sont obligés d'avoir d'autre livre que ce journal, et les marchands et artisans qui ne vendent qu'en détail, et ne font pas des affaires bien considérables, n'en ont pas ordinairement d'autres; mais ceux qui font un gros commerce, soit en gros, soit en détail, outre ce livre, en ont plusieurs autres dont l'usage leur est utile et même nécessaire pour tenir leurs affaires en bon ordre. Les principaux de ces livres sont :

1° Le livre des achats, ventes, lettres de change et billets tirés et fournis, et des paiemens. Ce livre se tient par ordre de date, et en forme de journal, comme il a été dit ci-dessus.

2° Le livre de débit et de crédit, appelé aussi grand livre ou livre de raison, qui se tient, non par ordre de date, mais par articles de marchandises ou de personnes avec qui l'on négocie. On porte sur ces articles, en débit, d'un côté les ventes faites et lettres de changes et billets fournis à chacun de ceux que l'article concerne, et de l'autre côté on porte en crédit les paiemens faits par ces mêmes personnes. Ce livre contient en général tous les comptes, par crédit et débit, que le marchand a avec les autres marchands et commerçans avec lesquels il négocie, qui ont chacun un compte séparé sur ce livre.

3° Le livre où l'on écrit toute la dépense qui se fait dans la maison, et hors le commerce.

4° Le livre de caisse, où le marchand écrit d'un côté tout l'argent qu'il reçoit, et de l'autre tout ce qu'il paie.

5° Le livre de copies de lettres, où le marchand transcrit, ou fait transcrire par son facteur ou commis, les lettres qu'il écrit pour raison de son commerce. (Voyez *infrà*, art. 7.)

Outre ces livres, il y en a encore d'autres que les marchands tiennent, suivant les différens commerces qu'ils font. Mais de tous ces livres le journal est le plus nécessaire; et c'est même le seul, à proprement parler, qui fasse foi en justice.

2.

Les agens de change et de banque (1) tiendront un livre-journal *dans lequel seront insérées toutes*

(1) *Les agens de change et de banque.*]. Il en est de même des courtiers de marchandises. (Voyez *suprà,* titre 2, article 2, note 1.)

les parties par eux négociées (2), *pour y avoir recours en cas de contestations* (3).*

(2) *Dans lequel seront insérées toutes les parties par eux négociées.*] C'est-à-dire négociées entre les banquiers, négocians et autres personnes qui se sont servies de leur entremise, pour disposer des lettres et billets de change, ou autres billets payables à ordre ou au porteur.

(3) *Pour y avoir recours en cas de contestations.*] Cette obligation de tenir un livre - journal, à laquelle l'Ordonnance assujétit les agens de change et de banque, est très-sagement établie; parce que, s'il survient des différends entre les marchands, banquiers et autres personnes qui ont négocié quelques affaires par l'entremise de ces agens de change, on a recours à ces livres, qui font foi en justice quand ils sont en bon ordre, et l'on en tire des inductions, en les conciliant avec les autres livres des banquiers ou négocians qui ont entre eux des contestations.

3.

Les livres de négocians et marchands, tant en

---

* *Cod. de com.*, *art. 84.* « Les agens de change et cour-tiers sont tenus d'avoir un livre revêtu des formes prescrites par l'art. 11.

» Ils sont tenus de consigner dans ce livre, jour par jour, et par ordre de dates, sans ratures, interlignes ni transpositions, et sans abréviations ni chiffres, toutes les conditions des ventes, achats, assurances, négociations, et en général de toutes les opérations faites par leur ministère. »

gros qu'en détail, *seront signés* (1) sur le premier et
dernier feuillet par l'un des consuls, dans les
villes où il y a juridiction consulaire, et dans les
autres, par le maire ou l'un des échevins, sans
frais ni droits ; et les feuillets paraphés et cotés,
par premier et dernier, de la main de ceux qui
auront été commis par les consuls, ou maire et
échevins, dont sera fait mention au premier
feuillet. *

(1) *Seront signés, etc.*] Cet article s'entend seulement
du livre-journal, et non des autres livres de raison,
dont il a été parlé ci-dessus, dans la note 3 sur
l'article 1 de ce titre, *suprà*, page 63.

Cette disposition avait été établie pour éviter les fal-
sifications et doubles registres, dont il est arrivé plusieurs
fois des exemples. Mais aujourd'hui elle n'est plus
guère observée dans l'usage : on n'y tient pas même la
main dans les juridictions consulaires; et ce défaut
d'observation de la loi a même été autorisé par des
arrêts. Ainsi un journal qui ne serait aujourd'hui ni signé,
ni paraphé, ni coté, n'empêcherait pas un marchand de
pouvoir demander ce qui lui est dû pour raison de son
commerce, en vertu de ce journal, si d'ailleurs il est
tenu de suite et par ordre de date, et sans aucun blanc,

---

* *Cod. de com.*; *art. 11.* « Les livres dont la tenue est ordonnée par les articles 8 et 9 ci-dessus, seront cotés, paraphés
et visés soit par un des juges des tribunaux de commerce,
soit par le maire ou un adjoint, dans la forme ordinaire et
sans frais. Les commerçans seront tenus de conserver ces livres
pendant dix ans. »

et si celui qui forme cette demande est d'une probité
connue et incapable de supposer des articles faux. Ce
défaut de paraphe et de signature ne fait pas non plus
présumer la fraude dans l'état de faillite d'un marchand ;
on juge qu'il a négligé de se soumettre à la formalité
établie par la loi ; et cette négligence est excusée, quand
sa bonne foi paraît d'ailleurs.

4.

Les livres des agens de change (1) et de banque
seront cotés, signés et paraphés (2) par l'un des
consuls sur chaque feuillet, et mention sera faite
dans le premier du nom de l'agent de change ou
de banque, de la qualité du livre, s'il doit servir
de journal, *ou pour la caisse* (3), et si c'est le
premier, second ou autre, dont sera fait mention
sur le registre du greffe de la juridiction consulaire ou de l'Hôtel-de-Ville.

(1) *Les livres des agens de change.*] Il en est de
même des livres des courtiers : car c'est la même raison
pour les uns et pour les autres.

(2) *Seront cotés, signés et paraphés.*] Voyez-en la
raison en la note sur l'article précédent. Il serait à
souhaiter que cette disposition fût observée plus exactement qu'elle ne l'est.

(3) *Ou pour la caisse.*] Il suit de ces termes qu'il
n'est pas défendu aux agens de change et de banque de
tenir caisse chez eux ; mais l'intention de l'Ordonnance
est que ces agens de change puissent seulement avoir
une caisse, pour y mettre en dépôt les sommes qu'ils

reçoivent pour le compte d'autrui, et non pour en faire commerce, et le négocier pour leur compte particulier. (V. au surplus la note 3 sur l'article 1 du tit. 2, ci-dessus, page 56.)

5.

Les livres-journaux *seront écrits d'une même suite* (1), *par ordre de date* (2), *sans aucun blanc* (3), arrêtés en chaque chapitre et à la fin, *et ne sera rien écrit aux marges* (4).*

(1) *Seront écrits d'une même suite.*] Il n'est pas nécessaire que ces livres soient écrits de la main du marchand ou agent de change ; il suffit qu'ils le soient de la main de leurs facteurs ou commis.

(2) *Par ordre de date.*] C'est-à-dire, dates par an, mois et jour, et écrits au jour la journée, à mesure de chaque vente, ou achat, paiement, négociation de lettres ou billets, etc.

(3) *Sans aucun blanc.*] Afin d'éviter les fraudes que des marchands de mauvaise foi pourraient pratiquer, en ajoutant après coup sur les blancs laissés à cet effet, des ventes de marchandises qu'ils n'auraient ni vendues ni livrées, ou des paiemens qu'ils n'auraient pas faits.

(4) *Et ne sera rien écrit aux marges.*] Ainsi, v. g.

---

* *Cod. de com.*, art. 10. « Le livre-journal et le livre des inventaires seront paraphés et visés une fois par année.

» Le livre de copies de lettres ne sera pas soumis à cette formalité.

» Tous seront tenus par ordre de dates, sans blancs, lacunes, ni transports en marge. »

quand un marchand reçoit le paiement d'une marchandise qu'il a vendue, il ne doit point écrire ce paiement à la marge à côté de l'article où il a rapport; mais il doit en faire un article séparé, qu'il écrira sur son journal dans l'ordre de sa date.

6.

Tous négocians, marchands et agens de change et de banque, seront tenus, dans six mois après la publication de notre présente ordonnance, de faire de nouveaux livres-journaux et registres signés, *cotés et paraphés* (1), suivant qu'il est ci-dessus ordonné, dans lesquels ils pourront, si bon leur semble, porter les extraits de leurs anciens livres.

(1) *Cotés et paraphés.*] Suivant un édit du mois de novembre 1706, et une déclaration du mois de mai 1707, le droit provenant de ces sortes de paraphes avait été attribué à des officiers créés à cet effet; mais ces règlemens sont demeurés sans exécution, ainsi qu'un arrêt du conseil du 3 avril 1674, qui portait que les livres-journaux des marchands, négocians et agens de change et de banque, seraient faits et écrits sur du papier timbré, à peine de nullité et de mille livres d'amende.

7.

Tous négocians et marchands, tant en gros qu'en détail, *mettront en liasse les lettres mis-*

sives qu'ils recevront (1), *et en registre la copie de celles qu'ils écriront* (2).*

(1) *Mettront en liasse les lettres missives qu'ils recevront.*] Afin que, s'il arrive quelque difficulté au sujet d'une vente ou négociation, on puisse connaître la vérité par le rapport de ces lettres. Car, si celui que l'on prétend avoir subi quelque engagement, ou avoir fait quelque marché, demande à l'autre le rapport de ses lettres, et que ce dernier refuse de les représenter sous prétexte qu'il les a perdues, et qu'au contraire l'autre ait un livre de copies de ses lettres qui justifie le contraire de la prétention du premier, il est constant que la copie de la lettre sera crue en justice, et fera tomber la demande de l'autre, s'il n'y en a d'ailleurs une preuve constante.

(2) *Et en registre la copie de celles qu'ils écriront.*] Afin de pouvoir justifier en justice les lettres qui auront été écrites à ceux qui refuseraient de les représenter, et aussi afin d'empêcher la contrariété qui pourrait arriver dans les différens ordres que les négocians donnent par écrit à leurs correspondans. Autrement il serait bien difficile qu'ils pussent se ressouvenir de toutes les circonstances des achats et ventes, traites et remises de lettres et billets, sans cette précaution.

Au reste la disposition portée en cet article est plutôt un conseil qu'une obligation, et sert seulement à faire présumer que le marchand ou négociant qui ne l'observe point, n'est pas en règle, ni de bonne foi.

---

*. V. l'art. 8 du Cod. de com., cité plus haut.

8.

Seront aussi tenus (1) tous les marchands de faire, dans le même délai de six mois, inventaire sous leur seing de tous leurs effets mobiliers et immobiliers, et de leurs dettes actives et passives, lequel sera récolé *et renouvelé de deux ans en deux ans* (2).*

(1) *Seront aussi tenus.*] Voyez la note sur l'article précédent.

(2) *Et renouvelé de deux ans en deux ans.*] Afin qu'ils puissent se rendre raison de l'état de leurs affaires, et en conséquence proportionner leur commerce à leurs facultés. Cette obligation est aussi établie pour qu'ils puissent, en cas de faillite, rendre raison de leur conduite à leurs créanciers ; autrement ils pourraient être présumés en fraude, et tomber dans le cas de l'article 2 du titre 11, ci-après, surtout s'il se trouve qu'ils n'ont pas satisfait aux autres formalités requises par ce même article.

9.

La représentation ou communication des livres-journaux, registres, ou inventaires, *ne*

---

* *Cod. de com.*, *art. 9.* « Il est tenu de faire tous les ans, sous seing privé, un inventaire de ses effets mobiliers et immobiliers, et de ses dettes actives et passives, et de le copier, année par année, sur un registre spécial à ce destiné. »

pourra être requise ni ordonnée en justice (1), *sinon pour succession* (2), communauté, et partage de société *en ças de faillite* (3).*

(1) *Ne pourra être requise ni ordonnée en justice.*] Afin de ne pas révéler le secret de leurs affaires, ni de celles d'autrui.

(2) *Sinon pour succession, etc.*] Si un marchand laisse en mourant plusieurs héritiers dont un s'empare des livres, ou si ces livres sont déposés chez un tiers, les cohéritiers, ou l'un d'eux, en peuvent demander la représentation ou la communication; parce que chacun de ces cohéritiers a droit d'examiner les affaires de la succession. Il en est de même entre associés, et dans le cas de partage d'une communauté.

(3) *En cas de faillite.*] Afin de pouvoir examiner les affaires et la conduite d'un débiteur, et de pouvoir en conséquence le poursuivre ou se prêter à un accommodement, en voyant l'état de ses effets, et dans quel ordre sont ses affaires.

10.

Au cas néanmoins qu'un négociant ou un ʼmarchand voulût se servir de ses livres-journaux et registres, ou que la partie *offrît d'y ajouter*

---

* *Cod. de com.*, *art. 14.* « La communication des livres et inventaires ne peut être ordonnée en justice que dans les affaires de succession, communauté, partage de société, et en cas de faillite. »

foi (1), *la représentation pourra être ordonnée*(2), *pour en extraire ce qui concernera le diffé-rend* (3).★

(1) *Offrît d'y ajouter foi.*] Cette représentation ne peut être refusée, dans le cas même où il y aurait un titre contre celui dont on demande que les livres soient rapportés. (Ainsi jugé par arrêt du 22 juillet 1687, confirmatif de deux sentences rendues au consulat de Troyes.)

Si la partie aux livres de laquelle on offre d'ajouter foi, refuse de les représenter, le juge doit alors déférer le serment à l'autre partie.★★

(2) *La représentation pourra être ordonnée.*] Ces termes font voir qu'un marchand n'est pas tenu de com-muniquer ses registres, ni de les déposer au greffe pour en prendre communication; mais seulement de les re-présenter pour en extraire ce qui concerne la chose contentieuse.

(3) *Pour en extraire ce qui concerne le différend.*] Et non pour en extraire les autres endroits qui ne regardent point le différend des parties, afin qu'on ne prenne point connaissance des autres affaires de celui qui re-présente ainsi ses livres; ce qui serait contraire à l'esprit

---

★ *Cod. de com.*, *art. 15.* « Dans le cours d'une contestation, la représentation des livres peut être ordonnée par le juge, même d'office, à l'effet d'en extraire ce qui concerne le dif-férend. »

★★ Cette opinion de Jousse a été consacrée en loi, *ipsis ter-minis*, par l'art. 17 du Cod. de com. « Si la partie aux livres de laquelle on offre d'ajouter foi, refuse de les représenter, le juge peut déférer le serment à l'autre partie. »

de l'Ordonnance. (V. la déclaration du 18 février 1578, et les édits de septembre 1595, et juin 1615, rendus pour la ville de Lyon.)

TITRE IV.

DES SOCIÉTÉS.[*]

Les sociétés qui peuvent avoir lieu en fait de négoce et de banque, sont de trois sortes.

La première, appelée *société générale* ou *ordinaire*,

---

[*] Le titre des sociétés est évidemment un des plus importans de notre législation commerciale : toutes les dispositions de l'Ordonnance, sans aucune exception ou modification, ont été consacrées de nouveau par le Code de commerce. Les législateurs modernes ont souvent mis à profit les lumières de Jousse ; mais il y aurait de l'injustice à ne pas reconnaître que le titre 3 du Cod. de com. sur les sociétés, malgré de grandes imperfections, est infiniment supérieur sur ce point à l'Ordon. du com. Les développemens du commerce et de l'industrie ont donné aux sociétés commerciales, et notamment à la société anonyme, une importance qu'elles n'avaient point auparavant.

Le Cod. de com., art. 19, reconnaît trois espèces de sociétés : la société en nom collectif, la société en commandite, la société anonyme.

Jousse distingue aussi ces trois espèces de sociétés ; mais, si on lit avec attention les définitions qu'il en donne, on est loin d'y trouver l'exactitude et la précision si nécessaires dans toute définition. Si l'on ouvre le Code de commerce pour y chercher la définition de ces trois sociétés, on serait vraiment étonné

est celle qui se contracte entre deux ou plusieurs personnes, et dans laquelle les associés confèrent égale-

---

de son imperfection, si on ne savait l'immense difficulté qu'il
y a de faire de bonnes lois.

L'art. 20 du Cod. de com. porte : « La *société en nom*
collectif est celle que contractent deux personnes ou un plus
grand nombre, et qui a pour objet de faire le commerce sous
une raison sociale. » D'après la rédaction de l'art., il paraît
que le législateur a voulu définir la société en nom collectif;
il est néanmoins évident que cette définition ne définit rien, car
elle convient à la société en commandite comme à la société
en nom collectif. Le législateur a omis dans sa définition le
caractère essentiellement distinctif de la société en nom collectif; on ne le trouve que dans l'article 22. Nous croyons,
d'après les meilleurs jurisconsultes, que la société en nom
collectif peut être définie, celle que contractent deux personnes ou un plus grand nombre, toutes également solidaires
et responsables, et qui a pour objet de faire le commerce
sous une raison sociale.

La solidarité de tous les associés n'ayant lieu que dans la société en nom collectif, il est clair que cette définition ne peut
convenir à la société en commandite, ni à la société anonyme,
pour lesquelles le principe de la responsabilité solidaire de
tous les membres n'existe pas.

Le Cod. de com., art. 23, définit la société en commandite :
« La *société en commandite* se contracte entre un ou plusieurs
associés responsables et solidaires, et un ou plusieurs associés
simples bailleurs de fonds, que l'on nomme *commanditaires*, ou
associés en commandite.

» Elle est régie sous un nom social, qui doit être nécessairement celui d'un ou de plusieurs des associés responsables et
solidaires. » Cette définition présente le même vice que la
définition de la société en nom collectif; on n'y trouve pas
le caractère essentiellement distinctif de cette société : vice ca-

ment leur argent et leurs soins. Tous les actes de cette société se passent sous les noms des associés qui l'ont

---

pital dans toute définition, d'après les règles du simple bon sens et de la logique. La société en commandite peut être définie, celle qui existe entre des associés dont l'un ou plusieurs sont tenus solidairement de tous les engagemens de la société, et les autres, qu'on nomme *commanditaires*, ne sont passibles des dettes que jusqu'à concurrence des fonds qu'ils ont mis ou dû mettre dans la société.

L'Ordon. du com. ne parle point dans le titre des sociétés de celle connue de nos jours sous le nom de *société anonyme*, et à laquelle plusieurs articles du Cod. de com. sont spécialement consacrés. V. art. 29, 50, 31, 52, 33, 54, 35, 66, 37, 40, 45 Cod. de com. La raison de ce silence est fort simple : le commerce de la France était encore peu développé lorsque l'ordonnance fut promulguée, les sociétés anonymes étaient rares, les principes en étaient peu connus. Aussi, en comparant ce que dit Jousse sur ces sociétés avec les règles consacrées par le Code de commerce, on ne peut s'empêcher d'être frappé des modifications que l'expérience a nécessitées dans la doctrine enseignée par ce grand jurisconsulte. Pour ne signaler en passant qu'un point assez remarquable, on lit dans Jousse *que les sociétés anonymes sont le plus souvent verbales*. Le Cod. de com. consacre au contraire, par les art. 37 et 40, que les sociétés anonymes ne peuvent être formées que par des actes publics, et ne peuvent exister sans l'autorisation du gouvernement : et ces dispositions sont de la plus grande sagesse, quoiqu'il faille pour les sentir des réflexions dont tous les esprits ne sont pas capables. La solidarité des associés est la véritable base de tout crédit social : or dans les sociétés anonymes la responsabilité de tous les associés est limitée à leur mise. Le législateur devait donc prendre des précautions pour que ces sociétés, d'ailleurs si utiles, ne devinssent pas un moyen de fraude pour le public. Tel est

contractée, soit que ces noms soient exprimés chacun en particulier, soit qu'ils soient exprimés collectivement, v. g. sous le nom d'un tel et compagnie.

---

le droit commun de l'Angleterre sur ce point important : aucune société, affranchissant les associés de la solidarité, ne peut exister snas être spécialement autorisée par un acte du parlement.

Le Cod. de com. reconnaît aussi la société en participation dont parle Jousse ; l'art. 48 nous parle de cette société. Nous avons déjà remarqué le vice dès définitions données par le législateur des sociétés en nom collectif et en commandite, celle de la société en participation est encore plus vicieuse, ou plutôt on ne trouve rien dans l'article 48 qui puisse caractériser une définition : la loi dit *que les associations commerciales en participation sont relatives à une ou plusieurs opérations de commerce.* Mais, je le demande, à quelle société de commerce une pareille définition ne peut-elle pas convenir? Quelle est la société qui n'est pas relative à une ou plusieurs opérations de commerce? Aussi cette mauvaise définition est-elle une source féconde de confusion et d'erreurs : on croit voir dans toutes les sociétés des sociétés en participation ; et il faut convenir qu'il n'en est aucune qui ne rentre fort aisément dans la catégorie de la loi.

J'ai vainement parcouru les meilleurs auteurs pour trouver une définition de la société en participation qui me satisfît ; et plus on y réfléchit, plus on y trouve de difficulté. Jousse, comme on le voit, n'explique cette société que par un exemple, et je n'ai rien lu qui en donnât une idée plus claire : ces mots, *société momentanée,* dont il se sert, me paraissent très-précieux.

Le Cod. de com. n'a point établi de principe relativement aux droits des tiers contre les associés en participation : c'est une lacune fâcheuse, et qui a fait naître des difficultés. Il me paraît qu'il faut sur ce point suivre les anciennes maximes

La seconde espèce de société est celle qu'on appelle *société en commandite*. Elle se fait entre plusieurs associés, dont l'un ne fournit que son argent, et les autres donnent leur argent et leur travail, ou leur travail seulement, pour leur tenir lieu du fonds ou d'une partie de ce fonds, qu'ils sont dispensés de fournir. Ceux qui sont ainsi associés en commandite ne sont point obligés solidairement aux dettes de la société; ils se contentent de fournir leurs deniers sans faire aucune fonction, et sans paraître en aucune manière dans les achats et ventes, obligations, billets ou autres actes concernant le commerce; mais ils participent seulement dans les profits ou pertes, jusqu'à concurrence de la part et portion qu'ils ont dans la société : ce qui fait que le plus souvent ces sortes de sociétés se font avec des personnes qui ne sont point négocians par état, et quelquefois même avec des officiers et des personnes de distinction.

La troisième espèce de société est celle qu'on appelle *anonyme*, c'est-à-dire, qui ne se fait sous aucun nom. Ceux qui font ensemble cette société travaillent chacun de leur côté sous leurs noms particuliers, et ils se rendent réciproquement compte les uns aux autres des profits et des pertes qu'ils ont faits, qu'ils partagent et supportent en commun. Ces sociétés sont le plus souvent verbales; et, comme elles n'ont quelquefois pour objet qu'une seule entreprise, elles ne durent que le temps qu'il faut pour faire l'achat, ou la vente, ou le

---

et la doctrine de Jousse et de Savary, d'après laquelle les tiers n'ont action que contre l'associé avec lequel ils ont contracté, sans pouvoir exercer aucun recours contre les autres associés en participation.

partage, ce qui fait aussi qu'elles sont appelées *sociétés momentanées.*

Ces sociétés anonymes se peuvent faire de plusieurs manières. La première, qu'on appelle *société* ou *compte de participation*, se fait lorsqu'un marchand, à l'arrivée, par exemple, d'un vaisseau chargé de marchandises, écrit à son correspondant, en lui envoyant l'état de ses marchandises, pour savoir de lui s'il veut prendre quelque part ou intérêt dans l'achat et la vente qui doivent s'en faire, afin de les revendre ensuite pour leur compte ; et que le correspondant accepte la proposition qui lui est faite, et remet en conséquence au marchand qui lui a donné cet avis, sa part des fonds suffisans pour faire cet achat. Alors il se forme une société passagère entre ce marchand et son correspondant, en vertu des lettres respectives qu'ils se sont écrites l'un et l'autre; et, en conséquence de cette société, celui qui achète les marchandises s'oblige envers l'autre de lui rendre compte de l'achat, ainsi que des profits qu'il y aura sur la vente, et de participer à la perte, s'il y en a. De même le correspondant s'oblige envers l'autre associé, tant au paiement de sa part de l'achat des marchandises et autres frais, qu'à participer aux pertes et profits qui pourront se faire en la vente : mais il n'y a que celui qui fait l'achat des marchandises, qui soit obligé envers le vendeur originaire, et le correspondant ne l'est point; en sorte que, si cet acheteur venait à tomber en faillite, le vendeur originaire n'aurait aucun recours contre ce correspondant, qui n'a point contracté avec lui.

Il en est de même de la vente des marchandises ainsi achetées en commun : il n'y a que celui des associés qui les a vendues, qui ait action contre les acheteurs pour en avoir le paiement, et l'autre associé n'a aucun

recours contre eux; en sorte que, si celui qui a vendu ces
marchandises venait à faire faillite, l'autre associé, pour
raison de ce qui lui est dû par la société, serait tenu de
perdre, et de venir à contribution comme les autres
créanciers sur le prix des marchandises vendues, sans
avoir plus de priviléges qu'eux. Cette espèce de société
anonyme, ne regardant point le public, mais seulement
les associés qui la forment entre eux, n'est point sujette
à la formalité de l'enregistrement requis par l'art. 1 du
présent titre.

Une autre espèce de *société anonyme* est celle qui se
fait par des marchands qui vont ensemble, ou l'un d'eux
seulement, dans des foires, et quelquefois même en
pays étranger, pour y acheter ou vendre les marchandises dont ils conviennent, et qui s'associent à cet effet
pour lotir entre eux les marchandises, ou pour partager
les profits et pertes, suivant les parts et portions dont ils
sont convenus. Cette espèce de société se fait souvent sur-
le-champ et par paroles seulement; mais la bonne foi du
commerce fait qu'ordinairement les marchands qui l'ont
contractée ne la désavouent point. Quand elle se fait en
pays étranger ou éloigné, on la rédige par écrit sous seing
privé : mais, comme alors il arrive le plus souvent qu'il
n'y a qu'un seul des associés qui soit député pour l'achat
et la vente des marchandises convenues, ces achats ou
ventes ne se font que sous le nom de celui qui est chargé
de vendre ou acheter, et les autres associés ne sont engagés qu'au regard les uns des autres, mais non envers
ceux qui ont vendu ou acheté ces marchandises, et
avec lesquels ils n'ont point contracté; parce que cette
société n'est point faite en nom collectif, comme les sociétés ordinaires, où les ventes et achats se font sous les
noms exprimés de tous les associés, ou du moins sous

leur nom collectif d'un tel et compagnie. (*Infrà*, art. 7, pag. 91.)

Les sociétés *anonymes* se font non-seulement entre marchands et négocians, mais aussi quelquefois avec des personnes qui ne sont point de cette profession.

Toute société, de quelque espèce qu'elle soit, finit par la mort d'un des associés (L. 65, § 9, *pro socio*), à moins que par l'acte ou contrat de société il n'y ait une clause au contraire, ou que depuis la mort de l'associé, et indépendamment de cette clause, les parties eussent consenti à demeurer ensemble en société. (L. 37, *ff. pro socio.*)

Au reste, quoique la société finisse par la mort d'un des associés, néanmoins les autres associés restent toujours en communauté avec les héritiers de l'associé défunt; parce que, quoiqu'il soit vrai de dire que la société est dissoute par la mort, néanmoins il n'y a que le partage qui rompe la communauté. (V. la *L.* 40, *ff. pro socio,* et la L. 22, § 2, *ff. de négot. gestis.*)

La renonciation d'un des associés, soit pour défaut d'union avec les autres, soit pour absence, ou pour d'autres causes, suffit aussi pour dissoudre la société sans le consentement des autres, même avant le temps où elle doit finir, suivant la *L.* 63, *in fine, ff. pro socio,* et la *L.* 5, *Cod. eod. tit.;* mais il faut que cette renonciation se fasse de bonne foi : car, si elle est faite en fraude, on n'y a point d'égard. (Ainsi jugé par arrêt du 27 novembre 1562, rapporté par Carondas. Ce qui est conforme à la *L.* 3, *ff. pro socio,* et à la loi 14 du même titre.)

6

I.

Toute société (1) générale *ou en comman-*
dite (2) *sera rédigée par écrit* (3), ou par-devant
notaires, *ou sous signature privée* (4); *et ne sera*
reçue aucune preuve (5) par témoins contre ou
outre le contenu en l'acte de société, ni sur
ce qui serait allégué avoir été dit avant, lors
ou depuis l'acte, encore qu'il s'agit d'une somme
ou valeur moindre de cent livres.*

(1) *Toute société.*] Cet article ne regarde pas seule
ment les sociétés entre marchands, négocians et banquiers, mais aussi celles qui se font entre gens d'affaires,
et entre toutes autres personnes qui s'associent ensemble
pour un commerce de marchandises, d'argent, ou autres entreprises. (V. *infrà*, tit. 12, art. 1, note *b*.)

(2) *Ou en commandite.*] Il en est autrement des
sociétés appelées *anonymes;* celles-ci se font le plus
souvent verbalement et sans aucun écrit, ainsi qu'on

---

* *Cod. de com.*, art. 39. « Les sociétés en nom collectif
ou en commandite doivent être constatées par des actes publics ou sous signatures privées, en se conformant, dans ce
dernier cas, à l'article 1325 du Code civil. »

Art. 41. « Aucune preuve par témoins ne peut être admise
contre et outre le contenu dans les actes de société, ni sur
ce qui serait allégué avoir été dit avant l'acte, lors de l'acte
ou depuis, encore qu'il s'agisse d'une somme au-dessous de
cent cinquante francs. »

vient de l'observer en parlant de ces sortes de sociétés.
(V. ce qui a été dit ci-dessus, page 78.)

(3) *Sera rédigée par écrit.*] Car, si l'on s'en rappor-
tait aux paroles des associés ou des témoins, il n'y aurait
le plus souvent dans les contrats de société aucune certitude, et les jugemens qui interviendraient à cet égard
seraient sujets à trop d'inconvéniens.

(4) *Ou sous signature privée.*] Les sociétés entre
marchands et négocians se font ordinairement sous seing
privé ; mais il serait quelquefois avantageux de les faire
par-devant notaires, pour acquérir de la part des associés une hypothèque sur les biens des uns des autres.

(5) *Et ne sera reçue aucune preuve.*] Cette disposition est conforme à celle de l'article 2 du tit. 20 de
l'Ordonnance du mois d'avril 1667. C'est pourquoi ceux
qui font ensemble une société doivent avoir soin d'é-
crire dans l'acte qui l'établit toutes les conventions qu'ils
veulent qui soient exécutées : car c'est la loi qui doit régler les parties ; et, s'ils jugent à propos dans la suite d'y
faire quelque changement, il faut qu'ils expliquent leur
intention par un nouvel écrit.

2.

L'extrait des sociétés (1) *entre marchands et
négocians* (2), tant en gros qu'en détail, *sera*

(1) *L'extrait des sociétés.*] Ainsi il n'est pas nécessaire que l'acte de société soit enregistré en entier ; il
suffit que cela se fasse par extrait.

(2) *Entre marchands et négocians.*] Cet article ne
parlant point des personnes qui ne sont ni marchands,

registré (3) au greffe de la juridiction consulaire, s'il y en a, sinon en celui de l'hôtel commun de la ville; et s'il n'y en a point, au greffe de nos juges des lieux, ou de ceux des seigneurs, et l'extrait inséré dans un tableau exposé en lieu public ; *le tout à peine de nullité des actes et contrats passés* (4) tant entre les associés qu'avec leurs créanciers et ayant-cause.*

ni négocians, qui auraient fait des sociétés en commandite avec une autre personne qui serait marchand, il

---

* *Cod. de com.*, *art.* 42. « L'extrait des actes de société en nom collectif et en commandite doit être remis, dans la quinzaine de leur date, au greffe du tribunal de commerce de l'arrondissement dans lequel est établie la maison du commerce social, pour être transcrit sur le registre, et affiché pendant trois mois dans la salle des audiences.

» Si la société a plusieurs maisons de commerce situées dans divers arrondissemens, la remise, la transcription et l'affiche de cet extrait, seront faites au tribunal de commerce de chaque arrondissement.

» Ces formalités seront observées, à peine de nullité, à l'égard des intéressés ; mais le défaut d'aucune d'elles ne pourra être opposé à des tiers par les associés. »

Le Cod. de com., conforme à l'Ordon., prononce la nullité des contrats de société faute d'enregistrement et d'affiche aux greffes des tribunaux de commerce ; cependant, comme on le voit dans les notes de Jousse, l'usage contraire avait prévalu, et la nullité ne se prononçait guère dans les tribunaux. Bornier, dans son Commentaire sur l'Ordonnance de 1673, enseigne la même doctrine que Jousse.

Les dispositions du Cod. de com. sur ce point important

s'ensuit que ces personnes ne sont pas sujettes à la formalité de l'enregistrement de l'acte de leur société : autrement ce serait détruire l'usage des sociétés en commandite, dont les associés ne veulent pas le plus souvent être connus du public.

sont, il est vrai, d'une clarté qui ne prête point à la controverse; mais le texte de l'Ordon. était également formel. Cependant l'on voit que l'usage et la jurisprudence s'en étaient positivement écartés; en sera-t-il de même sous l'empire du Code? Je serais porté à le présumer.

La disposition de la loi, dans l'art. 42, est sans doute très-précise; mais c'est aussi une loi très-précise et d'une bien autre importance, que celle qui commande le respect des conventions et le maintien de la bonne foi parmi les hommes. *Nihil tam congruum fidei humanæ quàm pacta servare.* Plusieurs personnes se lient par un contrat de société, sans lui donner la publicité voulue par la loi; on se livre à des opérations du commerce : il arrive qu'un des associés veut se délier de ses engagemens, et il invoque l'art. 42. Mais le défaut de publicité n'est-il pas de son fait comme de celui de ses coassociés? Peut-il argumenter d'une faute commune? Dans quel intérêt la publicité est-elle requise? Évidemment dans l'intérêt des tiers et du public. Mais les tiers et le public ne réclament point : l'associé a-t-il besoin de l'affiche pour connaître les clauses du contrat qu'il a signé? Je sais que le texte formel d'une loi est une raison qui répond et doit répondre à tout; mais il en résulte le grand inconvénient de donner des armes à la mauvaise foi, et il y a toujours mauvaise foi quand on élude une convention. Toutes les lois civiles sont impuissantes pour modifier la grande maxime qui commande le respect des conventions; elle a été gravée dans le cœur de l'homme par le législateur suprême : *Jura naturalia nullo jure civili dirimi possunt.* M. Delvincourt adopte le système de l'ancienne jurisprudence.

(3) *Sera registré, etc.*] V. *infrà*, art. 6, avec les notes, page 90.

Cette formalité est sagement établie, afin que le public connaisse les conditions des sociétés et le temps de leur durée; parce que, le principal fondement du négoce étant le crédit et la réputation des associés, il est juste qu'on sache les changemens qui arrivent entre eux, ainsi que la nature et la durée de leurs engagemens.

Cependant l'usage contraire a prévalu, et il est rare aujourd'hui que les sociétés de marchands s'enregistrent.

(4) *Le tout à peine de nullité des actes et contrats passés.*] Cette nullité ne se prononce guère dans les tribunaux, soit au regard des associés entre eux, soit au regard de leurs créanciers, contre la disposition de l'article 6, ci-après; mais il faut pour cela que la société soit prouvée d'ailleurs, soit par des lettres, soit par d'autres actes passés entre les parties ou avec leurs créanciers.

3.

Aucun extrait de société ne sera enregistré, s'il n'est signé, ou des associés, *ou de ceux qui auront souffert la société* (1), *et ne contient les noms, surnoms* (2), qualités et demeure des asso-

(1) *Ou de ceux qui auront souffert la société.*] C'est-à-dire, de ceux qui en vertu de leur procuration auraient consenti à la société pour un ou plusieurs associés. (V. Savary en son *Parfait Négociant*, liv. 2, ch. 1, page 7, édition de 1749.)

(2) *Et ne contient les noms, surnoms, etc.*] Afin

ciés, et les *clauses extraordinaires* (3), s'il y en
a, pour la signature des actes, *le temps auquel
elle doit commencer et finir* (4); et ne sera réputée
continuée, s'il n'y en a un acte par écrit, pareillement enregistré et affiché.*

que le public connaisse exactement tous ceux qui composent la société, et qu'il puisse plus sûrement contracter avec eux.

(3) *Et les clauses extraordinaires.*] Comme s'il était
dit dans l'acte de société qu'il n'y aurait qu'un seul des
associés y nommés qui pourrait tirer des lettres de
change, à l'exclusion des autres, passer des ordres pour
la compagnie, ou autres choses semblables. Au moyen
de cette clause, si quelqu'un des associés venait à
tirer des lettres de change, ou à passer des ordres, la
société n'en serait pas tenue, parce que cette condition,

---

* *Cod. de com.*, *art. 43.* « L'extrait doit contenir

» Les noms, prénoms, qualités et demeures des associés
autres que les actionnaires ou commanditaires ;

» La raison de commerce de la société ;

» La désignation de ceux des associés autorisés à gérer,
administrer et signer pour la société ;

» Le montant des valeurs fournies ou à fournir par actions,
ou en commandite ;

» L'époque où la société doit commencer, et celle où elle
doit finir. »

Art. 44. «L'extrait des actes de société est signé, pour les actes
publics, par les notaires ; et pour les actes sous seing privé,
par tous les associés, si la société est en nom collectif, et par
les associés solidaires ou gérans, si la société est en commandite, soit qu'elle se divise ou ne se divise pas en actions. »

ainsi établie par l'acte de société, serait connue et publique; mais, faute d'avoir fait enregistrer cette même clause, tous les autres associés seraient tenus solidairement à tout ce qui serait fait par l'un d'eux qui aurait signé pour la société (*Infrà*, art. 7, pag. 91), encore que le contraire fût marqué par l'acte de société.

(4) *Le temps auquel elle doit commencer et finir.*] Car tout ce qui aurait été fait avant l'enregistrement de l'extrait et depuis la société finie, serait nul par rapport à ceux qui composent la société; et il n'y aurait que celui ou ceux avec qui la négociation a été faite nommément qui en seraient tenus.

4.

Tous actes *portant changement d'associés* (1), *nouvelles stipulations* (2) ou clauses pour la si-

(1) *Portant changement d'associés.*] Soit qu'un des associés quitte la société, ou qu'on y en admette un nouveau.

(2) *Nouvelles stipulations.*] Par exemple, la renonciation d'un des associés à la société : autrement, et faute de la publication et enregistrement requis par cet article, l'associé qui a renoncé demeure toujours obligé par la suite à l'égard des étrangers avec qui la société vient à contracter, comme s'il n'y avait point eu de renonciation de sa part. Cette renonciation n'est valable qu'au regard des associés, au cas que celui qui renonce à la société leur ait signifié ou fait connaître son désistement.

gnature , seront enregistrés *et publiés* (3), et n'auront lieu *que du jour de la publication* (4).*

(3) *Et publiés.*] V. *infrà*, art. 6, comment se doit faire cette publication.

(4) *Que du jour de la publication.*] L'article 2, ci-dessus, ne parle que d'enregistrement; ici l'ordonnance y ajoute la publication. C'est que quand une clause a été une fois connue du public, et qu'il y est ensuite dérogé, la publication est nécessaire pour rendre cette dérogation notoire. (V. *infrà,* tit. 8 , art. 1.)

5.

Ne sera pris par le greffier, pour l'enregis-trement de la société *et la transcription dans le tableau* (1), que cinq sous, et pour chaque extrait qu'il en délivrera, trois sous.

(1) *Et la transcription dans le tableau.*] Les asso-ciés qui veulent faire enregistrer les actes de leurs so-

---

* *Cod. de com.* , *art. 46.* « Toute continuation de société , après son terme expiré, sera constatée par une déclaration des coassociés.

» Cette déclaration, et tous actes portant dissolution de so-ciété avant le terme fixé pour sa durée par l'acte qui l'établit , tout changement ou retraite d'associés, toutes nouvelles sti-pulations ou clauses, tout changement à la raison de la société, sont soumis aux formalités prescrites par les articles 42 , 45 et 44.

» En cas d'omission de ces formalités , il y aura lieu à l'ap-plication des dispositions pénales de l'art. 42 , 3ᵉ alinéa. »

ciétés doivent veiller à ce que cet enregistrement soit
fait et inséré dans le tableau, et retirer du tout une
expédition du greffier ; auquel cas elles auront leur recours contre lui, si, malgré l'expédition par lui délivrée,
il se trouvait qu'il eût manqué à quelqu'une de ces formalités.

6.

Les sociétés n'auront effet *à l'égard des as-*
sociés, leurs veuves et héritiers (1), créanciers
et ayant-cause, que du jour qu'elles auront été
registrées *et publiées* (2) au greffe du domicile

(1) *A l'égard des associés, leurs veuves et héri-*
tiers.] Cette clause n'est point observée dans l'usage à
l'égard des associés, leurs veuves et héritiers. Les clauses
et conditions portées par les actes de sociétés s'exécutent
entre eux dès qu'ils les ont signées, quoique ces sociétés
n'aient point été suivies de publication et d'enregistrement; mais elles n'ont point lieu par rapport au public,
ainsi qu'il a déjà été observé, pour pouvoir engager tous
les associés envers d'autres personnes, ou engager ces
autres personnes envers eux, si ce n'est seulement ceux
des associés avec qui la négociation est faite.*

(2) *Et publiées.*] C'est-à-dire, et publiées au cas de
l'article précédent.

---

* Cette note de Jousse confirme ce que nous avons dit sur
l'art. 2. Bornier fait sur cet article la même réflexion. La voici
ipsis terminis : « L'usage est contraire à la disposition de l'art.
7 de l'Ordon. : les actes de société ne se publient ni ne s'enregistrent point. »

de tous les contractans, *et du lieu où ils auront magasin* (3).

(3) *Et du lieu où ils auront magasin.*] Comme si les associés avaient un magasin hors du lieu de leur domicile pour la vente de leurs marchandises, il faudrait alors faire aussi enregistrer dans ce lieu l'acte de société, et même le publier au cas de l'article 4, parce que, par le moyen de cet enregistrement et de cette publication, non-seulement les négocians du lieu du domicile des associés, mais encore les autres négocians qui peuvent commercer avec eux, ayant une connaissance particulière de ces sociétés, seront moins dans le cas de pouvoir être surpris dans leurs négociations.

7.

Tous associés *seront obligés solidairement* (1) *aux dettes* (2) de la société, encore qu'il n'y en ait qu'un qui ait signé, *au cas qu'il ait signé pour la compagnie* (3), *et non autrement* (4).*

(1) *Seront obligés solidairement.*] Cette solidarité se divise entre les héritiers des associés, suivant la loi générale des obligations, sauf aux créanciers à se pourvoir sur les biens de la société. (V. Bacquet, Traité des droits de Justice, ch. 21, n. 251.

* *Cod. de com.*, art. 22. « Les associés en nom collectif, indiqués dans l'acte de société, sont solidaires pour tous les engagemens de la société, encore qu'un seul des associés ait signé, pourvu que ce soit sous la raison sociale. »

(2) *Aux dettes.*] Comme achats et ventes de marchandises, promesses, billets, et autres actes concernant
le négoce.

(3) *Au cas qu'il ait signé pour la compagnie.*] Ceci
suppose que, par l'acte de société dûment enregistré, il
n'y eût point à l'égard de quelqu'un des associés exclusion de pouvoir engager les autres : car autrement la
compagnie ne serait point obligée par la signature de
de celui des associés qui n'aurait pas le pouvoir de l'engager ; et celui qui aurait ainsi signé, quoique pour la
compagnie, demeurerait seul engagé envers ceux avec
qui il aurait négocié.

Cette condition, qui oblige l'associé à signer pour la
compagnie, pour pouvoir engager les autres, est sagement
établie par l'ordonnance, afin qu'un des associés qui
voudrait emprunter de l'argent pour ses affaires particulières, puisse le faire sans obliger solidairement ses associés au paiement de cette somme, qui ne les regarde
pas.

(4) *Et non autrement.*] Ainsi un associé qui souscrit quelque billet, ou lettre de change signée de lui
seul, sans avoir signé pour la compagnie, n'engage
que lui seul, et alors il est censé avoir subi le billet
pour son intérêt particulier.

Au reste, il faut observer que les négocians qui
souscrivent ensemble un billet pour marchandises achetées en commun, sans même qu'il y ait aucune société entre eux, sont obligés solidairement au paiement
de ce billet, et qu'ils peuvent être poursuivis en cette
qualité. Il en est de même des marchands qui achètent
des marchandises en commun sans billet; ils peuvent
aussi être poursuivis solidairement pour le paiement
de ces marchandises, parce que dans tous ces cas on

présume une société tacite entre ceux qui contractent.
(V. la L. 4, ff. *pro socio.*)

8.

Les associés en commandite (1) ne seront obligés que jusqu'à la concurrence de leur part (2).*

(1) *Les associés en commandite.*] V. ci-dessus, en la note sur le sommaire de ce titre, pag. 78, ce que c'est que société en commandite.

---

* *Cod. de com.*, *art.* 26. « L'associé commanditaire n'est passible des pertes que jusqu'à concurrence des fonds qu'il a mis ou dû mettre dans la société. »

L'art. 8 de l'Ord. et l'art. 26 du Code de commerce établissent clairement le principe caractéristique de la société en commandite, savoir, la responsabilité des commanditaires limitée à leur mise : mais il s'est élevé sur ce principe une question presque aussi importante que le principe lui-même; et cette question, résolue d'une manière différente par la Cour de cassation et les Cours royales, est sans contredit une de plus épineuses que présente notre législation commerciale. — Une société en commandite a pendant dix ans fait de bonnes affaires, les commanditaires ont perçu pendant ce temps des dividendes annuels; il arrive que des pertes soudaines ruinent la société : les créanciers peuvent-ils exiger le rapport des dividendes? Tel est le problème. — Le législateur ancien et moderne ne s'est occupé, comme on le voit dans les art. ci-dessus, que de la mise des commanditaires, et il est hors de doute qu'ils doivent la perdre; mais il n'a rien statué sur les bénéfices. — En existe-t-il de réels avant la liquidation de la société? — Les sociétés ne sont-elles pas

(2) *Que jusqu'à la concurrence de leur part.*] Les associés en commandite ne sont ordinairement tenus

---

régies par la grande maxime de droit commun : *Bona non intelliguntur, nisi deducto œre alieno ?* — Ces partages prématurés peuvent-ils nuire aux tiers ? — Telles sont les graves difficultés qui se sont élevées sur l'art. 26, et pour la solution desquelles on ne trouve aucun adminicule dans le texte de cet article, malgré la tendance que j'ai toujours remarquée à vouloir inférer de *sa lettre* une solution favorable au commanditaire. — Evidemment on n'y parle que de la *mise*, sans rien décider sur le point de savoir s'il doit rapporter, ou s'il peut conserver les dividendes.

La question se présente dans toute sa difficulté, il faut suppléer au silence du législateur; la tâche du magistrat et du jurisconsulte prend une importance législative : il ne s'agit plus d'appliquer la loi, il faut juger, et par conséquent la faire. Il devient donc nécessaire d'entrer dans les considérations d'intérêt public qui peuvent faire préférer une solution à l'autre; et malheureusement les raisons pour l'un et l'autre système sebalancent avec une égalité de poids qui laisse forcément l'esprit dans le doute, résultat aussi triste qu'ordinaire d'un examen approfondi.

Cette question importante ayant été soumise à la décision de la Cour royale de Rouen, ville éminemment commerçante, et dans laquelle tout ce qui concerne le commerce doit exciter un vif intérêt, cette Cour décida, par arrêt du 14 décembre 1807, que les créanciers pouvaient forcer les commanditaires au rapport des bénéfices. On se pourvut en cassation, et cet arrêt fut cassé le 14 février 1810, et l'affaire renvoyée devant la Cour royale de Paris. La cause ayant été plaidée de nouveau devant la Cour, chambres réunies, avec tout l'intérêt dont elle était digne, il intervint le 11 février 1811 un arrêt qui jugea comme la Cour royale de Rouen : on ne peut que jusqu'à concurrence du fonds qu'ils ont mis dans la société, et non au-delà : il n'y a que ceux dont

---

donc encore décider la question par l'autorité des arrêts.—Pour le système qui donne aux créanciers le droit d'exiger le rapport des dividendes, on peut dire que les sociétés, comme les successions, sont régies par la maxime de droit commun : *Bona non intelliguntur, nisi deducto œre alieno.* On trouve même dans le titre *pro socio* plusieurs décisions formelles en matière de société, dans lesquelles les jurisconsultes répètent sans cesse, *lucrum enim non intelligitur, nisi omni damno deducto ;* et il faut convenir que cette raison, tirée du droit commun, est très-forte; il est toujours très-dangereux de s'en écarter. En second lieu, si l'on autorise les commanditaires à garder leurs bénéfices, il est évident qu'ils ne perdent point la totalité de leur mise, puisqu'ils conservent des dividendes qui peuvent l'égaler, même la surpasser. Or n'est-il pas monstrueux que les commanditaires puissent conserver des bénéfices plus ou moins considérables résultant d'une société en pleine faillite, et au préjudice des créanciers avec l'argent desquels ont pu être faits ces bénéfices prématurés, dont on veut leur refuser le rapport?— Il me paraît bien difficile de donner une réponse satisfaisante à cette dernière objection.

Pour le système qui dispense les commanditaires du rapport des dividendes, je ne vois qu'une seule raison; mais elle me paraît par sa gravité balancer les raisons contraires.—La commandite est utile au commerce : la responsabilité limitée des commanditaires attire les capitalistes dans les spéculations commerciales; il faut donc encourager ces sociétés. Mais c'est directement faire le contraire que de donner aux commanditaires la perspective du rapport des dividendes; ils n'oseront ni les recevoir, ni les consommer, s'ils peuvent ultérieurement être poursuivis pour ces dividendes, et cela est vrai :

la société porte le nom qui soient obligés indistinctement aux dettes. On met ordinairement cette clause

---

aussi la Cour royale de Paris, qui ne s'est pas dissimulé les
graves conséquences de sa jurisprudence pour les sociétés en
commandite, paraît-elle vouloir préjuger dans un des consi-
dérans de son arrêt, rédigé avec une vigueur et une logique
bien remarquables, qu'elle déciderait différemment pour les
sociétés anonymes, si la question lui était soumise. Mais
cette distinction, faite pour éviter l'alarme, ne peut guère ras-
surer quand on voit que l'art. 33 du Cod. de com., relatif
aux sociétés anonymes, est absolument conforme à l'art. 26 pour
les sociétés en commandite. Il est donc toujours à craindre
que les motifs qui ont fait décider le rapport des dividendes
pour l'une ne le fassent décider pour l'autre : *ubi eadem ratio
idem jus.*

M. Pardessus, balançant les raisons de l'un et l'autre système, me paraît incliner pour le rapport des dividendes ; car
il ne s'explique point formellement sur ce point délicat. M. Delvincourt se décide pour la jurisprudence des Cours royales :
« Je ne puis, dit ce jurisconsulte, m'empêcher de partager
l'avis des deux Cours royales. Il me paraît contraire à toutes
les règles de la justice et de l'équité, qui est l'âme du commerce, que des associés retirent des bénéfices d'une société
qui est hors d'état de payer ses créanciers. »

La jurisprudence n'étant pas une science de spéculation, et
les tribunaux devant juger malgré le silence ou l'obscurité de
la loi, quel système embrasser lorsqu'il faut sortir du doute
et prendre un parti ? J'éprouve un embarras annuel toutes
les fois que j'ai à m'expliquer sur cette question importante ;
j'avoue même (car en jurisprudence on peut changer d'opinion sans être soupçonné d'aucune vue intéressée) que j'ai
quelquefois changé de système, et qu'en adoptant l'un, je ne
sais combattre l'autre. Toutes les raisons de droit sont pour

dans l'acte de société en commandite, comme une des premières conditions de cette société.

9.

Toute société contiendra la clause *de se sou-mettre aux arbitres* (1) pour les contestations qui surviendront entre les associés; et encore que

(1) *De se soumettre aux arbitres.*] Cet article est conforme à l'édit du mois d'août 1560, qui porte « que » tous différends entre marchands, pour fait de mar- » chandises, doivent être vidés sommairement par » trois personnes au plus accordées entre eux, ou dont » ils seront contraints de s'accorder par le juge des » lieux. »

la jurisprudence des Cours royales de Rouen et de Paris; mais cette jurisprudence décourage évidemment la commandite. Ce genre de société n'est pas connu, il est vrai, en Angleterre; ce qui peut, j'en conviens, élever un préjugé grave sur son utilité pour la prospérité commerciale d'une nation. Quoi qu'il en soit, la législation française admettant le principe qui modifie la solidarité pour les sociétés de commerce, il faut entrer dans son esprit et protéger ce qu'elle protège : la commandite n'est point d'ailleurs particulière à la France; d'autres pays très-florissans par le commerce, et qui en entendent bien les intérêts, admettent ce genre de société. J'ai reçu der-nièrement des Etats-Unis le projet d'un Code de commerce rédigé, sur l'invitation du gouvernement, par M. Livingston, avocat distingué de la Louisiane, et je vois dans cet ouvrage remarquable que la question y est formellement décidée, comme elle l'a été par la Cour de cassation, c'est-à-dire dans l'inté-rêt des commanditaires.

7

la clause fût omise, un des associés en pourra nommer, ce que les autres seront tenus de faire; sinon en sera nommé par le juge pour ceux qui en feront refus.*

La disposition portée en cet article et les suivans a été sagement établie pour le bien du commerce, parce que, par ce moyen, les contestations se règlent promptement et sans frais, au lieu que, si ces sortes de différends s'instruisaient et se jugeaient dans les tribunaux ordinaires, les frais seraient beaucoup plus considérables, et les affaires n'y seraient pas sitôt terminées.

10.

Voulons aussi qu'en cas de décès ou de longue absence d'un des arbitres, *les associés en nomment d'autres* (1); sinon il sera pourvu par le juge pour les refusans.

(1) *Les associés en nomment d'autres.*] Cette nomination d'arbitres subrogés se peut faire par le compromis même, portant choix des premiers arbitres. Ces arbitres sont ordinairement des négocians.

---

* *Cod. de com.*, art. 51. « Toute contestation entre associés, et pour raison de la société, sera jugée par des arbitres. »
Art. 55. « En cas de refus de l'un ou de plusieurs des associés de nommer des arbitres, les arbitres sont nommés d'office par le tribunal de commerce. »

11.

En cas que les arbitres soient partagés en opinions, ils pourront convenir de sur-arbitre sans le consentement des parties; et, s'ils n'en conviennent, *il en sera nommé un par le juge* (1).*

(1) *Il en sera nommé un par le juge.*] C'est-à-dire par les juges-consuls, en vertu d'une requête à eux présentée à cet effet; sinon, et à leur défaut, par le juge du lieu du domicile des parties. Les parties doivent être appelées sur cette requête, et, en conséquence de la sentence qui intervient, celle des parties qui l'a obtenue, ou toutes les deux, doivent se retirer par-devers l'arbitre nommé, et le prier de procéder au règlement de leur différend.

12.

Les arbitres pourront juger sur les pièces et mémoires qui leur seront remis, *sans aucune formalité de justice* (1), nonobstant l'absence de quelqu'une des parties.**

(1) *Sans aucune formalité de justice.*] C'est-à-dire

---

* *Cod. de com.,* art. 60. « En cas de partage, les arbitres nomment un sur-arbitre, s'il n'est nommé par le compromis; si les arbitres sont discordans sur le choix, le sur-arbitre est nommé par le tribunal de commerce. »

** *Cod. de com.,* art. 56. « Les parties remettent leurs

simplement sur les pièces, livres, lettres et mémoires produits par les parties, en leur donnant cependant un délai raisonnable pour faire ces productions.

Il n'est pas nécessaire que les sentences rendues par ces arbitres soient reçues par les greffiers des arbitrages créés par l'édit du mois de mars 1673. Les fonctions de ces officiers n'ont lieu que pour les justices royales, et pour celles des duchés-pairies, suivant cet édit.

13.

Les sentences arbitrales entre associés pour négoce, marchandise ou banque, *seront homologuées* (1) en la juridiction consulaire, s'il y en a, sinon ès siéges ordinaires de nos juges *ou de ceux des seigneurs* (2).*

(1) *Seront homologuées.*] Cette homologation se fait

---

pièces et mémoires aux arbitres, sans aucune formalité de justice. »

Art. 57. « L'associé en retard de remettre les pièces et mémoires, est sommé de le faire dans les dix jours. »

Art. 58. « Les arbitres peuvent, suivant l'exigence des cas, proroger le délai pour la production des pièces. »

Art. 59. « S'il n'y a renouvellement de délai, ou si le nouveau délai est expiré, les arbitres jugent sur les seules pièces et mémoires remis. »

* *Cod. de com.*, art. 61. « Le jugement arbitral est motivé.

» Il est déposé au greffe du tribunal de commerce.

» Il est rendu exécutoire sans aucune modification, et transcrit sur les registres, en vertu d'une ordonnance du président du tribunal, lequel est tenu de la rendre pure et simple, et dans le délai de trois jours de dépôt au greffe. »

à la diligence de celle des parties qui a intérêt de la faire. Elle est nécessaire, 1° pour avoir une hypothèque sur les biens de celui qui a été condamné par sentence;* 2° afin que cette sentence emporte exécution parée.

Suivant l'Ordonnance du mois d'août 1560, les différends ainsi jugés par arbitres, pour fait de négoce, doivent être exécutés par provision; et, s'il y a une peine apposée par le compromis, il faut qu'elle soit payée avant d'être reçu appelant. Il est fâcheux que cette loi soit si souvent violée dans l'usage.

(2) *Ou de ceux des seigneurs.*] Les appellations de ces sentences arbitrales, pour fait de commerce, se portent directement en la grand'chambre des parlemens.

14.

Tout ce que dessus aura lieu *à l'égard des veuves, héritiers* (1) *et ayant-cause des associés.***

(1) *A l'égard des veuves, héritiers, etc.*] Quand même cette veuve ou ces héritiers ne feraient point le négoce, et qu'ils seraient d'une autre profession.

* *Cod. civ., art. 2123, § 3.* « Les décisions arbitrales n'emportent hypothèque qu'autant qu'elles sont revêtues de l'ordonnance judiciaire d'exécution. »

** *Cod. de com., art. 62.* « Les dispositions ci-dessus sont communes aux veuves, héritiers ou ayant-cause des associés. »

TITRE V.

Des Lettres et Billets de Change, et promesses d'en fournir.

Des Lettres de Change.

Une *lettre de change* est une cession ou transport d'une somme d'argent que le tireur de la lettre fait à celui au profit duquel il la tire, ou à l'ordre de ce dernier, pour être payée par le correspondant de ce tireur dans un autre lieu que celui d'où la lettre est tirée. Cette cession ou transport se fait au moyen de la valeur que celui à qui la lettre est fournie en donne au tireur, soit en argent, soit en marchandises, ou autres effets.

Les lettres de change se font ordinairement à ordre, et par ce moyen celui au profit de qui la lettre est tirée peut céder ses droits à un tiers, et en passer l'ordre au profit de ce tiers, et ce tiers au profit d'un autre, et ainsi de suite, jusqu'à ce que cette lettre soit présentée à celui qui doit la payer. Cette circulation est d'un grand secours dans le commerce, parce qu'en faisant ainsi passer des lettres de change de main en main, cela donne la facilité aux négocians de s'acquitter de ce qu'ils doivent, ou de se faire payer de ce qui leur est dû, sans presque sortir de chez eux.

Lorsque la lettre de change est payable à celui qui en a fourni la valeur, elle n'intéresse que trois personnes; savoir : 1° le tireur; 2° celui à qui elle doit être payée, et qui en a fourni la valeur; 3° celui qui la doit payer. Il en est de même lorsque la lettre est payable à celui qui en a fourni la valeur, ou à son ordre, parce que cet ordre et les autres ordres mis successivement ne sont que des subrogations pour mettre le dernier en nom à la place de celui à qui la lettre était payable originairement : mais lorsque la lettre est payable à un autre que celui qui en a fourni la valeur, alors elle intéresse quatre personnes.

Quelquefois celui sur qui la lettre est tirée s'oblige à en faire le paiement, et cet engagement se nomme *acceptation*. On dit qu'une lettre est acceptée lorsque ce consentement ou cette obligation de payer est écrit sur la lettre.

Si celui sur qui la lettre est tirée, soit qu'elle soit acceptée ou non, refuse d'en faire le paiement, le porteur de la lettre doit constater ce refus par un acte judiciaire qu'on appelle *protêt*.

Les lettres de change peuvent être considérées de deux manières :

1° Entre le tireur de la lettre et celui qui donne la valeur; et alors c'est un véritable contrat qui se passe entre l'un et l'autre. Il en est de même entre celui à qui la lettre a été fournie, et celui au profit de qui l'ordre en est passé.

2° Les lettres de change peuvent être considérées entre le tireur et celui sur qui la lettre est tirée, ou bien entre celui qui en a payé la valeur, ou celui qui le représente et est à ses droits, et celui qui en reçoit le paiement; et, sous ces deux rapports, c'est un mandement ou une commission.

Ainsi, quoiqu'il y ait ordinairement trois ou quatre personnes qui entrent dans le contrat des lettres de change, néanmoins il n'y en a, à proprement parler,

que deux qui contractent ; savoir, celui qui fait la lettre
le change, et celui qui en donne la valeur, et au
profit de qui elle est faite ; avec cette distinction cependant, que, si cette lettre est négociée, il se forme aussi
un nouveau contrat entre chacun des endosseurs et
celui au profit de qui ils en ont passé l'ordre immédiatement. A l'égard des autres personnes, elles n'y entrent
que pour l'exécution, et elles doivent être considérées
comme de simples mandataires par rapport au tireur, v.
g. celui sur qui la lettre est tirée, pour accepter la lettre
ou en payer le montant. Celui même à qui la lettre a été
fournie, ou ceux qui le représentent, s'ils sont porteurs
de cette lettre, peuvent aussi être considérés comme des
espèces de mandataires par rapport au tireur, pour
faire toutes les diligences nécessaires afin d'en procurer le
paiement. Ces différentes espèces de contrats produisent
des actions diverses au profit des parties contractantes.

Des deux principes qui viennent d'être établis dé-
coulent toutes les règles qui peuvent concerner la matière des lettres de change.

Ainsi du premier principe il résulte,

1° Que le contrat des lettres de change étant fait pour
l'utilité réciproque du tireur et de celui qui en donne la
valeur, il ne peut se résoudre sans un consentement
réciproque, ainsi que tous les autres contrats. (*L.* 5,
Cod. de obligat. et action.)

2° Que le tireur, qui est ici considéré comme une espèce
de vendeur, est tenu de garantir le paiement de la lettre
à celui à qui il l'a fournie, ou à celui qui le représente,
à moins que ce dernier, par sa négligence, n'ait donné
lieu au défaut de paiement. Le tireur est même obligé
de tenir compte à celui-ci de tous les frais et dommages
qu'il a pu souffrir par le défaut de paiement. (*L.* 10, § 9,

ff. mandati. L. 4, L. 20. § 1, Cod. eod. tit.) Cette règle est le fondement de l'article 7 du titre 6, ci-après, et de l'article 15 du présent titre.

3° Que le tireur n'est point libéré de cette obligation de garantie lorsque celui sur qui la lettre est tirée vient à l'accepter : car cette acceptation n'est pas un nouveau contrat entre le tireur et celui sur qui la lettre est fournie. Ainsi, si celui qui a accepté devient insolvable, le porteur de la lettre peut toujours agir contre le tireur, parce qu'il ne serait pas juste que la condition de ce porteur fût devenue moins favorable par l'acceptation. Cette règle est le fondement de l'article 12, ci-après.

Du second principe il résulte,

1° Que celui à qui la lettre est fournie, ou plutôt le porteur qui le représente, au moyen du consentement qu'il donne de recevoir la lettre pour la somme qu'il a payée à cet effet, s'oblige à toutes les diligences nécessaires pour s'en procurer le paiement. (*L. 22, § ult., ff. mandat.*) Cette maxime est le fondement de ce qui est établi ci-après en l'art. 4 et les suiv.

2° Que le porteur qui a ainsi fait ses diligences peut répéter son remboursement de la lettre protestée, faute de paiement, tant contre le tireur, les endosseurs et prometteurs, que contre ceux qui ont mis leur aval sur les lettres; lesquels, étant tous garans les uns des autres (suivant le premier principe ci-dessus), sont tous solidairement obligés à en rembourser le montant, et même contre celui sur qui la lettre est tirée, au cas qu'il l'ait acceptée, parce qu'ils son tous garans les uns des autres; à moins que ce porteur n'ait par son fait perdu cette solidité, v. g. dans les cas où il a négligé de faire protester. Cette règle est le fondement des articles 11, 12 et 33, ci-après.

3° Que le porteur qui a reçu le montant d'une lettre de change négociée de celui sur qui elle est tirée, est garant de la vérité des ordres et de la lettre de change en vertu de laquelle il reçoit; en sorte que, si cette lettre était passée sous un faux ordre, et qu'elle ne libérât point le payeur envers le tireur du montant de la somme, ce payeur aura son recours contre celui à qui la lettre a été payée, qui devient responsable envers lui de la somme et de ses dommages et intérêts, sauf son recours contre les véritables tireurs et endosseurs.

4° Que celui sur qui une lettre est tirée n'est point obligé de l'accepter, ni de la payer, parce que, n'étant point engagé par la convention qui s'est faite entre le tireur et celui à qui la lettre a été fournie, ou bien entre ce dernier (ou ceux qui le représentent) et le porteur de la lettre, il est toujours à temps de refuser de la payer, à moins qu'il ne soit débiteur de pareille somme envers le tireur; auquel cas, s'il refusait de payer, il serait tenu de tous les dommages et intérêts envers ce tireur, ou ceux qui le représentent et ont droit de lui. (V. *infrà*, art. 17.)

5° Que, si celui sur qui la lettre est tirée l'a une fois acceptée, il devient dès le moment obligé envers le tireur ou ceux qui le représentent, parce qu'au moyen de cette acceptation il se fait un engagement entre ce mandataire et celui qui l'a constitué, à l'effet de faire le paiement de la lettre. (L. 1, *ff. mandati.*)

6° Que celui sur qui on tire une lettre, et qui en veut payer le montant, ne peut la payer avant l'échéance, à moins que le porteur n'y consente; parce que, le contrat qui se fait dans les lettres de change, entre le tireur et celui à qui la lettre est fournie, étant pour l'utilité réciproque des deux contractans, toutes les conditions du

temps et du lieu sont en faveur de l'un et de l'autre.
Ainsi le porteur qui est aux droits de celui à qui la lettre
a été fournie, ne peut être contraint d'en recevoir le
paiement avant le terme porté par sa lettre. (V. Godefroi,
sur la Loi 122, *ff. de verbor. oblig.* ; Cujas, sur la L. 38,
§ *inter incertam*, *ff. eod. tit.*; et Cod. Fabr. *liv.* 8,
tit. 50, *définit.* 14.)

Si cependant la lettre de change n'était point à ordre,
elle pourrait être acquittée avant son échéance par celui
sur qui elle a été tirée, pourvu que le porteur de la lettre
convienne qu'elle est entre ses mains. Ainsi jugé par
arrêt du 17 février 1666, rapporté par Soefve, en son
Recueil d'arrêts, tome 2, centurie 3, chap. 36.

7° Que celui qui paie la valeur d'une lettre de change
doit connaître celui à qui il paie : car, s'il paie mal à
propos à celui qui présente la lettre, et qu'elle ne soit
point passée au profit de ce dernier par celui qui en est
propriétaire, ce payeur ne sera pas libéré par ce paiement envers le tireur ou ceux qui auront droit de lui, et
il aura seulement son recours contre celui à qui il a payé,
pour la répétition de la somme qu'il a reçue mal à propos.
(V. la L. 59 , *ff. de negotiis gestis.*)

Des Billets de Change et autres.

On entend par *billets de change* ceux qui se font pour
lettres de change fournies, ou qui portent promesse d'en
fournir. S'ils ne sont faits pour l'une ou pour l'autre de
ces causes, ils cessent d'être billets de change. (*Infrà,*
art. 27.) Ces billets diffèrent des lettres de change en
ce que les lettres de change sont ordinairement payables
en un autre endroit que celui d'où elles sont tirées, et
par un autre que celui qui les a tirées, au lieu que le

billet de change est payable par celui qui le fait, et ordinairement dans le lieu où il est fait. Ces billets peuvent
se faire ou au profit d'un particulier y nommé, ou à son
ordre, ou au porteur. (*Infrà*, art. 3o.)

Il faut bien prendre garde de confondre les billets de
change avec ceux qui ne sont pas de change, tels que sont
les billets dont la valeur a été payée en deniers ou en
marchandises. Ceux-ci ne sont que de simples promesses;
ils peuvent néanmoins être négociés, ainsi que les billets
de change, quand ils sont payables à ordre ou au porteur.

Les billets de change et autres billets à ordre peuvent
être considérés entre celui qui fournit le billet et celui à
qui il est fourni; et alors c'est un véritable contrat qui
se passe entre l'un et l'autre. Il en est de même entre
celui à qui le billet est fourni, et celui à qui ce dernier
en passe l'ordre, et ainsi de suite pour les autres ordres.

Néanmoins ces derniers peuvent aussi être considérés
comme mandataires de ceux qu'ils représentent, et aux
droits desquels ils sont, pour faire les diligences nécessaires envers celui qui doit payer le montant du billet.

De ces deux principes émanent toutes les règles qui
concernent les billets de change et tous les autres billets
en général payables à ordre ou au porteur; sur quoi il
faut observer que tout ce qui a été dit ci-devant des lettres
de change, à l'égard du tireur, de celui à qui la lettre a
été fournie, et de celui qui en est porteur, doit recevoir
ici son application : d'où il suit,

1° Que le contrat ou la convention par laquelle une
personne fournit un billet de change, ou autre billet, à
une autre personne qui lui en paie le montant en deniers,
ou marchandises, ou autres effets, étant pour l'utilité
réciproque des deux contractans, ne peut se résoudre sans
un consentement réciproque. (*Suprà*, pag. 104, n° 1.)

2° Que celui qui fournit le billet, soit qu'il l'ait sou-scrit ou non, est tenu d'en garantir le paiement à celui à qui il est fourni, ou à celui qui le représente, à moins que ce dernier, par sa négligence, n'ait donné lieu au défaut de paiement. (V. page 104, n. 1.)

3° Que celui à qui le billet a été fourni, ou le porteur qui le représente, s'oblige à toutes les diligences néces-saires pour s'en procurer le paiement. (V. page 105, n. 1.)

4° Que le porteur du billet qui a fait toutes les dili-gences nécessaires, peut répéter le remboursement du billet protesté, faute de paiement, tant contre celui qui l'a souscrit, que contre les endosseurs et ceux qui ont mis leur aval; lesquels sont tous solidairement obligés à lui rembourser le montant de ce billet, à moins que ce porteur n'ait perdu cette solidarité par son fait. (*Suprà*, page 105, n. 2.)

5° Que celui qui a ainsi fourni un billet à ordre, et qui en doit le montant, ne peut payer avant l'échéance, à moins que le porteur n'y consente. (*Suprà*, page 106, n. 6.)

6° Que celui qui paie un billet à celui qui le présente doit connaître celui à qui il paie; et que, s'il paie mal à propos, soit parce que l'ordre n'est point passé au profit de celui qui présente le billet, ou autrement, le payeur ne sera pas libéré par ce paiement envers celui à qui il l'a fourni, ou ceux qui ont droit de lui, et il aura seulement son recours contre celui à qui le paiement a été fait, pour lui faire rendre la somme qu'il a reçue mal à propos. (V. ce qui a été dit ci-dessus, page 107, note 7.)

Des Lettres de Crédit.

Outre les lettres de change et les billets dont on vient de parler, il y a encore une autre espèce de lettre qu'on appelle *lettre de crédit*. C'est une lettre qu'un banquier ou négociant donne à un ami, ou à une autre personne qui a besoin d'argent, dans une ville où il désire aller, et que ce banquier ou négociant adresse à son correspondant, par laquelle il lui mande de compter à son ami, ou à cette personne, une telle somme d'argent, ou toutes celles dont il aura besoin.

Ces sortes de lettres ne se confient ordinairement qu'à des personnes dont on connaît la bonne conduite et la solvabilité. C'est pourquoi lorsqu'elles sont fournies, v. g. à un jeune homme qui voyage, les négocians et banquiers qui les donnent prennent ordinairement pour leur sûreté un billet du père de celui à qui la lettre de crédit est donnée, ou de quelque proche parent ou ami, portant reconnaissance que cette lettre a été fournie, avec promesse de rendre les sommes qui auront été payées sur la lettre de crédit. Il est aussi de la prudence de ceux qui fournissent ces lettres, et en donnent avis à leurs correspondans à qui elles sont adressées, de désigner par leurs lettres d'avis les personnes qui doivent présenter ces lettres, soit par la taille, l'âge et autre signalement, soit en prenant la précaution d'envoyer par avance la signature de ces personnes, pour pouvoir la comparer à celle qu'elles donneront en recevant les sommes portées par la lettre de crédit; et cela afin d'éviter les accidens qui peuvent arriver, et que le correspondant qui paie puisse le faire avec sûreté.

Tout ceci supposé, il sera facile d'entendre ce qui va être dit dans les notes sur les différens articles de ce titre.

1.

Les lettres de change *contiendront sommaire-ment* (1) le nom de ceux auxquels le contenu devra être payé, *le temps du paiement* (2), le nóm de celui qui en a donné la valeur, *et si elle a été reçue en deniers, marchandises ou autres effets* (3).*

(1) *Contiendront sommairement.*] Tout ce qui concerne la forme des lettres de change regarde : 1° le nom des personnes, savoir, de celui qui fournit la lettre, de celui qui la doit payer, et de celui à qui elle doit être payée; 2° le temps du paiement; 3° ce que l'on doit payer; 4° de quelle manière la valeur en a été payée.

(2) *Le temps du paiement.*] Les lettres de change se paient ordinairement en quatre manières.

La première est quand la lettre est payable *à jour nommé,* par exemple, au 10 mai, ou autre jour fixé.

---

* *Cod. de com., art. 110.* « La lettre de change est tirée d'un lieu sur un autre.

» Elle est datée,

» Elle énonce,

» La somme à payer,

» Le nom de celui qui doit payer,

» *L'époque* et le lieu *où le paiement doit s'effectuer,*

» *La valeur fournie en espèces, en marchandises, en compte, ou de toute autre manière.*

» Elle est à l'ordre d'un tiers, ou à l'ordre du tireur lui-même.

» Si elle est par 1re, 2e, 3e, 4e, etc., elle l'exprime. »

Le temps pour pouvoir exiger le paiement de ces sortes
de lettres ne court que du lendemain de leur échéance.

La seconde est quand la lettre est payable *à une ou
plusieurs usances*, c'est-à-dire, à un ou pl usieurs mois
de sa date, chaque usance étant d'un mois, et le mois
de trente jours. (V. *infrà*, art. 5, avec les notes.) Les
lettres qui se tirent d'un royaume à un autre, se tirent
ordinairement de cette manière.

La troisième manière dont les lettres de change sont
payables, est *à vue*. Dès le moment que ces lettres sont
présentées à celui sur qui elles sont tirées, il doit les
payer, sinon elles doivent être protestées faute de paiement, parce que dans ces sortes de lettres il n'y a point
de jour de grâce pour faire le protêt ; ce qui résulte des
termes de l'article 4, ci-après, qui ne parle que des
lettres acceptées, ou qui échoient à jour certain.

Il faut observer en général, à l'égard des temps fixés
pour le paiement des lettres de change, que ces temps
doivent être francs, c'est-à-dire que pour les lettres à
vue le jour de la date de la lettre, et pour les autres le
jour de l'échéance et celui de l'acceptation, ou du protêt
faute d'acceptation, ne doivent point être compris. Ainsi
celui sur qui une lettre de change est tirée, payable, v.
g. le 10 mai, a tout le jour pour payer, et elle n'est
exigible que le lendemain 11, parce que le jour de l'é-
chéance n'est point compté, ce jour ne finissant qu'à
minuit, suivant la manière de compter le jour en France ;
et par conséquent le porteur de la lettre ne peut, avant
le 11, en demander le paiement, ni intenter aucune
action contre celui qui a accepté la lettre, ou contre
celui sur qui elle est tirée : il en est de même des billets.
(*Infrà*, art. 31.) La raison en est qu'en matière de
paiement, le jour du terme n'est point compris dans le

délai accordé, suivant cette maxime de droit, que *dies termini non computantur in termino.* L. *qui hoc anno* 52, *ff. de verbor. obligat.* (Ainsi jugé par arrêt du 23 mars 1656, rapporté par addition au livre 8 du Journal des Audiences.)

Au reste cette règle n'a pas lieu à l'égard des dix jours de grâce accordés pour le paiement des lettres de change acceptées, ou qui échoient à jour certain; car les dix jours passés, il n'est plus temps d'agir. (V. *infrà*, art. 4, avec les notes.)

La quatrième manière dont se paient les lettres de change est *à tant de jours de vue*, v. g. à 4, 8, 10 ou 15 jours de vue, plus ou moins. Le temps pour pouvoir exiger le paiement de ces sortes de lettres ne court que du lendemain du jour qu'elles ont été présentées et acceptées.

Enfin il y a encore une cinquième manière dont on se sert pour le paiement des lettres de change : c'est quand elles sont payables à Lyon en temps de foires, que l'on appelle *paiemens,* qui se tiennent quatre fois l'année, de trois mois en trois mois; savoir, aux Rois, à Pâque, au mois d'août et à la Toussaint. Ces paiemens doivent être faits le premier jour non férié de chacun de ces quatre paiemens, suivant l'article 1 du règlement fait pour la ville de Lyon, en date du 2 juin 1667. (V. ce règlement ci-après, en l'art 7 de ce titre, note 1.)

Lorsqu'il arrive du changement dans les monnaies, les paiemens qui se font dans le royaume, en vertu des lettres de change tirées sur des particuliers, doivent se faire en espèces au cours du jour auquel se fait le paiement, à moins que par la lettre de change ou billet il n'ait été stipulé qu'elle serait payable en espèces au cours du jour où elles ont été tirées; ou du moins il faut, si

S

l'on veut payer en nouvelles-espèces, y ajouter le plus ou le moins de valeur, eu égard au changement arrivé par l'augmentation ou diminution de la monnaie. Ainsi réglé par un arrêt du conseil du 19 février 1729. (V. au recueil, tome 3, page 308.)

Mais il faut observer qu'il est défendu aujourd'hui dans le royaume de trafiquer, vendre et acheter des lettres de change ou autres papiers, qu'en espèces de celles qui ont cours au temps de la négociation. Edit du mois de février 1756, art. 10, arrêt du conseil du 27 dudit mois. (V. au recueil, tit. 5, pages 307 et 310.)

(3) *Et si elle a été reçue en deniers, marchandises ou autres effets.*] La valeur des lettres de change peut se payer de plusieurs manières.

La première est *en deniers*, ce qu'on exprime aussi par ces mots, *valeur reçue comptant :* car il n'y a aucune différence entre ces deux manières de s'exprimer, ainsi qu'il a été jugé par arrêt du 15 juin 1684, rendu sur l'appel d'une sentence des juges-consuls de Paris, en date du 12 mai 1681.

La seconde manière de stipuler la valeur payée des lettres de change, est *en marchandises ou autres effets.*

La troisième manière est *valeur en compte*, qui est à peu près la même que celle reçue comptant. Quoique l'Ordonnance ne parle point de cette troisième manière d'exprimer la valeur reçue pour les lettres de change, néanmoins elle est d'un usage fréquent dans le commerce.

Comme les étrangers ne sont pas soumis à l'Ordonnance, on voit souvent de leurs lettres de change qui n'expriment que *valeur reçue*, sans dire en quelle nature d'effets, ou même *valeur d'un tel*, sans dire reçue.

2.

Toutes lettres de change *seront acceptées* (1) *par écrit* (2) purement et simplement. Abrogeons l'usage de les accepter verbalement, ou par ces mots : *Vu sans accepter;* ou, *accepté pour répondre à temps* (3), et toutes autres acceptations sous condition, lesquelles passeront pour refus, *et pourront les lettres être protestées* (4).*

(1) *Seront acceptées, etc.*] Ces mots ne veulent pas dire que toutes les lettres de change seront acceptées, mais seulement que toutes les lettres de change qui seront acceptées le seront par écrit. *Accepter* une lettre de change, c'est l'agréer et s'obliger d'en payer la valeur.

1° Il n'est pas nécessaire que celui sur qui la lettre de change est tirée soit débiteur de celui qui la tire, pour pouvoir accepter ; on peut, pour faire plaisir au tireur, accepter par honneur, quoiqu'on ne lui doive rien. Il n'est pas même nécessaire que celui qui accepte ainsi mette sur la lettre ces mots, *accepté par honneur,* pour avoir son recours contre le tireur : la loi lui donne de plein droit ce recours et cette action, ainsi qu'il résulte de l'article 3 ci-après.

2° On n'est pas obligé de faire accepter les lettres payables à jour nommé, ou à usances, non plus que

* *Cod. de com.*, *art. 124.* « L'acceptation ne peut être conditionnelle ; mais elle peut être restreinte quant à la somme acceptée.

» Dans ce cas, le porteur est tenu de faire protester la lettre de change pour le surplus. » e

celles payables en foires, parce que le temps de ces lettres court toujours jusqu'au jour de l'échéance : néanmoins il est de la prudence de les faire accepter, parce qu'au moyen de cette acceptation, celui à qui la lettre est fournie, ou celui qui le représente et est à ses droits, a un débiteur de plus, savoir, celui qui a accepté.

Mais, à l'égard des lettres à tant de jours de vue, il est nécessaire de les faire accepter ou protester, parce que le délai pour le paiement d'une lettre de cette espèce ne court que du lendemain du jour qu'elle a été présentée ou acceptée, et que celui qui est porteur de cette lettre ne peut justifier qu'elle a été présentée que par l'un ou l'autre de ces deux actes.

3° Celui sur qui une lettre de change est tirée n'est pas obligé de l'accepter, dans le cas du moins où il ne doit rien au tireur ; mais cette acceptation, qui dans son principe est volontaire, est, comme les autres contrats, nécessaire dans sa fin : en sorte que celui qui a une fois accepté, soit qu'il doive ou non au tireur, ne peut se dispenser de payer, sinon il peut y être contraint par le porteur de la lettre. (*Infrà*, art. 11.)*

La faillite même qui peut survenir de la part du tireur pendant l'intervalle qui s'est écoulé entre l'acceptation et l'échéance de la lettre, ne libère pas celui

---

* *Cod. de com.*, art. *121.* « Celui qui accepte une lettre de change contracte l'obligation d'en payer le montant.

» L'accepteur n'est pas restituable contre son acceptation, quand même le tireur aurait failli, à son insu, avant qu'il eût accepté. »

qui l'a acceptée, sauf son recours contre le tireur ; parce que cet accepteur, par son acceptation, devient caution solidaire du tireur. (*Infrà*, art. 33.)

Au reste, il faut observer que l'acceptation faite de la lettre de change par celui sur qui elle est tirée, ne libère pas le tireur, qui demeure toujours garant du paiement de la lettre, ainsi qu'il a été dit ci-dessus, pag. 105, note 3.*

Quant à la question de savoir si celui qui a accepté, et qui s'est obligé de payer une lettre ou billet, peut se libérer, et en payer le montant avant l'échéance, ** V. ce qui a été dit ci-dessus, page 106, note 6.

(2) *Par écrit.*] *** Celui qui accepte une lettre de change écrit simplement au bas de la lettre le mot *accepté*, avec sa signature. La date de cette acceptation est inutile, parce que les dix jours pour le protêt courent du jour de l'échéance du terme fixé pour le paiement, qui est marqué par la lettre. Mais, si la lettre

---

* *Cod. de com.*, art. 118. « Le tireur et les endosseurs d'une lettre de change sont garans solidaires de l'acceptation et du paiement à l'échéance. »

** *Cod. de com.*, art. 144. « Celui qui paie une lettre de change avant son échéance, est responsable de la validité du paiement. »

*** *Cod. de com.*, art. 122. « L'acceptation d'une lettre de change doit être signée.

» L'acceptation est exprimée par le mot *accepté*.

» Elle est datée, si la lettre est à un ou plusieurs jours ou mois de vue.

» Et, dans ce dernier cas, le défaut de date de l'acceptation rend la lettre exigible au terme y exprimé, à compter de sa date. »

est à dix ou quinze jours, ou autres jours de vue, il
faut nécessairement dater l'acceptation, afin de constater le jour qu'elle a été présentée et vue par celui qui
l'a acceptée, et pour savoir de quand commencent à
courir les dix jours requis pour pouvoir la protester.

Lorsque celui sur qui une lettre de change est tirée
la retient, sous prétexte de l'avoir égarée, ou autrement,
et qu'il la rend ensuite au porteur, cette rétention équivaut à une acceptation; en sorte que, si pendant cet
intervalle de temps le tireur vient à tomber en faillite,
celui qui a ainsi retenu la lettre en demeure garant.
*Acceptatio enim fit tacitè per receptionem et reten-
tionem litterarum.* (Scaccia, *in tractatu de commercio et cambio*, § 2, Gloss. 4, num. 335.)*

(3) *Vu sans accepter, ou accepté pour répondre
à temps.*] Parce que non-seulement ces sortes d'acceptations sont dangereuses et troublent le commerce des
lettres de change, et ne servent qu'à tromper et à sur-
prendre ceux qui n'ont aucune connaissance des inconvéniens qui en peuvent arriver.

(4) *Et pourront les lettres être protestées.*] Le
protêt est une sommation que l'on fait à celui sur qui

---

* Le Code de commerce décide au contraire, conformément
à l'opinion de Pothier, que la rétention n'équivaut pas à une
acceptation, mais donne lieu à des dommages-intérêts.

Art. 125 « Une lettre de change doit être acceptée à sa
présentation, ou au plus tard dans les vingt-quatre heures
de la présentation.

» Après les vingt-quatre heures, si elle n'est pas rendue
acceptée ou non acceptée, celui qui l'a retenue est passible
de dommages-intérêts envers le porteur. »

une lettre de change est tirée, pour l'obliger à l'accepter,
ou à la payer, avec protestation de tous dommages et
intérêts, et de renvoyer la lettre au tireur. (*Infrà*,
tit. 6, art. 7.)

Il y a deux sortes de protêts : l'un qui se fait faute
d'acceptation, et l'autre faute de paiement.

1° Le protêt faute d'acceptation doit être fait dans
le même temps qu'on présente la lettre, lorsque celui
sur qui elle est tirée refuse de l'accepter en tout ou
en partie : ce protêt a lieu tant pour les lettres de
change payables à jour nommé, que pour celles à
usance ou à tant de jours de vue. Il faut cependant
observer que dans les endroits où l'on est dans l'usage
de ne pas faire accepter, ou de ne le faire qu'après
un certain temps, comme à Lyon, suivant l'article 1er
du règlement du 2 juin 1667, rendu pour cette ville,
(*infrà*, article 7, note 1re), on doit s'en tenir exactement à ce qui s'observe dans ces places ; autrement
un protêt fait au préjudice de cet usage serait nul,
et ne produirait aucun effet.

L'effet du protêt faute d'acceptation est que le porteur de la lettre de change peut revenir contre le tireur,
non pour lui faire rendre le montant de la lettre, parce
qu'il ne peut l'obliger à faire cette restitution que
lorsqu'il aura fait protester la lettre faute de paiement,
mais seulement pour l'obliger à faire accepter cette
lettre, ou à donner caution qu'en cas qu'elle ne soit
point payée à son échéance, il lui rendra la somme
avec les changes et rechanges et frais de protêts ; ce
qui ne peut lui être refusé en justice.* (V. la *L.* 41,

---

* *Cod. de com.*, art. 120. « Sur la notification du protêt
faute d'acceptation, les endosseurs et le tireur sont respecti-

ff. de Judiciis ; la L. 33, ff. de reb. aut. jud.
possid., et la L. si ab arbitrio in fine, ff. qui satis-
dare coguntur.)

Mais, quoique le porteur d'une lettre puisse la faire
protester, faute d'acceptation, dès l'instant que celui sur
qui elle est tirée refuse de l'accepter, néanmoins il
est assez d'usage, pour l'avantage du commerce et pour
faciliter l'acceptation et le paiement des lettres à leur
échéance, de ne point faire protester faute d'acceptation, si ce n'est celles qui sont tirées à vue, ou à
tant de jours de vue, mais d'attendre que le temps
du paiement de la lettre soit échu ; parce que pendant
ce temps celui sur qui la lettre est tirée pourra recevoir du tireur un ordre ou provision pour acquitter la
lettre.

2° Le protêt faute de paiement doit se faire dans les
dix jours de l'échéance, ainsi qu'il est dit ci-après,
art. 4; et alors il donne un recours de garantie contre
les tireurs et endosseurs, et même contre celui qui a
accepté la lettre, comme il est porté *infrà*, articles
11 et 12.*

5.

En cas de protêt (1) de la lettre de change,

(1) *En cas de protêt.*] Ainsi il faut que la lettre

---

vement tenus de donner caution pour assurer le paiement de
la lettre de change à son échéance, ou d'en effectuer le remboursement avec les frais de protêt et de rechange.

» La caution, soit du tireur, soit de l'endosseur, n'est
solidaire qu'avec celui qu'elle a cautionné. »

* Le Cod. de com., art. 162, n'accorde plus le délai de
dix jours.

elle pourra *être acquittée par tout autre* (2) que celui sur qui elle aura été tirée; *et au moyen du paiement* (3) *il demeurera subrogé en tous les droits du porteur* (4) de la lettre, quoiqu'il n'en ait point de transport, subrogation, ni ordre.*

soit protestée avant qu'un tiers qui veut être subrogé au droit du porteur puisse l'acquitter.

(2) *Être acquittée par tout autre.*] Comme dans le cas où le protêt se fait contre un négociant ou banquier qui serait absent lors de ce protêt, ou pour quelque autre cas semblable. Alors un parent ou un ami de ce négociant ou banquier, pour empêcher que ce défaut de paiement ne puisse causer quelque

---

* *Cod. de com.*, art. 158. « Une lettre de change protestée peut être payée par tout intervenant pour le tireur, ou pour l'un des endosseurs.

» L'intervention et le paiement seront constatés dans l'acte de protêt ou à la suite de l'acte. »

Art. 159. « Celui qui paie une lettre de change par intervention, est subrogé aux droits du porteur, et tenu des mêmes devoirs pour les formalités à remplir.

» Si le paiement par intervention est fait pour le compte du tireur, tous les endosseurs sont libérés.

» S'il est fait pour un endosseur, les endosseurs subséquens sont libérés.

» S'il y a concurrence pour le paiement d'une lettre de change par intervention, celui qui opère le plus de libérations est préféré.

» Si celui sur qui la lettre était originairement tirée, et sur qui a été fait le protêt faute d'acceptation, se présente pour la payer, il sera préféré à tous autres. »

préjudice à l'honneur de son ami, ou faire tort à son
crédit, si la lettre retournait à protêt, peut acquitter
cette lettre, et en payer la valeur au porteur; et cela
se fait même quelquefois pour l'honneur du tireur, ce
qu'on appelle *acquitter par honneur.* (V. ce qui a été
dit ci-dessus, page 115, des acceptations par honneur.)

(3) *Et au moyen du paiement.*] C'est-à-dire du
paiement justifié par quittance.

Il n'est pas inutile d'observer que ceux qui acquittent des lettres de change ou des billets à ordre doivent
avoir attention, lorsqu'ils en paient le montant, de
retirer la lettre ou le billet qu'ils acquittent; autrement
ils courent risque de payer une seconde fois entre les
mains de celui qui s'en trouverait porteur, et au profit
de qui l'ordre en aurait été passé de nouveau, quand
même celui sur qui la lettre est tirée rapporterait la
quittance de celui entre les mains de qui il l'a acquittée; ce qui suppose néanmoins que le nouveau porteur
de la lettre serait encore dans le temps de le pouvoir
faire. (Ainsi jugé par arrêt du 28 mai 1660, rapporté
au Journal des Audiences.)

(4) *Il demeurera subrogé en tous les droits du porteur, etc.*] V. la Loi *Solvendo, ff. de negotiis gestis.*

Comme les droits du porteur avant l'acceptation ne
sont que contre les tireurs et les endosseurs, parce
qu'avant ce temps-là une lettre de change n'oblige point
celui sur lequel elle est tirée, il s'ensuit que celui qui a
acquitté par honneur une lettre de change non acceptée,
n'a recours que contre le tireur et les endosseurs, parce
qu'il n'a pas plus de droit que le porteur lui-même.

Si la lettre a été acceptée, celui qui l'acquitte ainsi
par honneur a son recours aussi contre l'accepteur : c'est
une suite de ce qui est porté en l'article 11 ci-après;

mais il n'a aucun droit contre celui à qui il paie, pour
répéter de lui la somme payée, si ce n'est dans le cas
où celui sur qui la lettre était tirée aurait eu des moyens
pour se dispenser de payer au porteur, comme s'il était
son créancier de somme pareille ou plus grande que
celle portée en la lettre; auquel cas celui qui a ainsi
acquittée une lettre par honneur peut exercer les mêmes
droits que celui sur qui la lettre est tirée, et agir contre
le porteur, pour lui faire rendre la somme qu'il a reçue
mal à propos.

4.

Les porteurs (1) de lettres *qui auront été acceptées* (2), *ou dont le paiement échet à jour
certain* (3), *seront tenus* (4) *de les faire payer ou
protester* (5) *dans dix jours* (6) *après celui de
l'échéance* (7).*

(1) **Les porteurs.**] Quoiqu'il soit vrai en général de
dire que toute lettre de change doit être payée à celui
qui la présente (à moins qu'on n'ait auparavant fait
signifier à celui qui doit acquitter cette lettre, qu'elle
est égarée ou perdue, avec défenses de l'acquitter entre
les mains d'autres personnes qu'à celui à qui elle appar-

---

*Le Cod. de com., dérogeant à l'Ord. sur ce point impor-
tant, n'accorde plus le délai de dix jours.

Art. 162. « Le refus de paiement doit être constaté le lendemain du jour de l'échéance, par un acte que l'on nomme
protêt faute de paiement.

» Si ce jour est un jour férié légal, le protêt est fait le jour
suivant. »

tient, et au profit de qui le dernier ordre a été passé),
néanmoins il faut observer qu'il ne suffit pas d'être
porteur d'une lettre pour pouvoir en exiger le paiement,
ainsi qu'on le peut à l'égard des billets payables au porteur, mais qu'il faut être légitime porteur de cette lettre,
c'est-à-dire qu'il faut qu'elle soit payable à celui qui en
demande le paiement, soit par le texte de la lettre, soit
par ordre de celui à qui elle est payable, ou successivement de ceux au profit de qui les ordres précédens ont
été passés; ou bien il faut qu'il y ait transport au profit
de celui qui en vient demander le paiement, soit par les
termes de la lettre, soit par procuration.*

Lorsque celui à qui la lettre de change est payable est
en faillite, ses créanciers peuvent par autorité du juge
en exiger le paiement.

Celui qui paie la lettre doit savoir que la personne à
qui il paie est véritablement celle à qui la lettre de
change est payable, soit par transport, procuration, ou
autrement : car, s'il payait, ou sur un faux ordre, ou à
quelqu'un qui eût pris faussement le nom de celui à qui
l'ordre est passé, il paierait mal à propos, et serait
obligé de payer une seconde fois au véritable porteur de
la lettre de change, ainsi qu'il a été jugé par plusieurs
arrêts. (V. ce qui a été dit ci-dessus, page 105, note 3.
V. aussi ce qui est dit *infrà*, en la note dernière sur
l'article 33, touchant les lettres de change falsifiées.)

(2) *Qui auront été acceptées.*] Si la lettre n'est point
acceptée, il faut suivre ce qui est dit ci-dessus, page 118.

(3) *Ou dont le paiement échet à jour certain.*]
Quand même le mot de *préfix* serait ajouté au jour de

---

* Remarquez bien cette doctrine de Jousse ; c'est un des
points les plus délicats du contrat de change.

l'échéance, comme s'il était dit que la lettre est payable v. g. au vingt février préfix, ce mot n'empêcherait pas qu'il n'y eût également les dix jours de faveur pour en exiger le paiement.

Mais, si on ajoutait au jour préfix ces mots, *sans aucun jour de grâce*, il faudrait recevoir le paiement au jour marqué ; ces mots n'étant ordinairement ajoutés dans la lettre que parce que celui sur qui elle est tirée ne sera plus après le jour marqué dans le lieu où elle doit être acquittée.

Les lettres payables à vue sans terme peuvent être protestées quand il plaît au porteur, et il n'a aucun terme fixe pour le faire : mais il faut qu'il fasse ce protêt dans les cinq ans de la date de la lettre, à cause de l'article 21 ci-après. (V. cét article avec les notes.) Quelques-uns même prétendent que le protêt de ces lettres peut être fait dans les trente ans.[*]

(4) *Seront tenus.*] Si le porteur de la lettre néglige de faire ses diligences dans le temps prescrit par l'ordonnance, ou s'il accorde quelque délai au débiteur de la lettre, le tireur n'en peut souffrir, et tous les risques qui peuvent survenir ensuite pendant ce délai, v. g. la faillite de celui sur qui la lettre est tirée, tombent alors sur le porteur. (V. la Loi, *dolus* 44, *ff. mandati.*[**]

(5) *De les faire payer ou protester.*] Lorsque le

---

[*] Le silence de l'Ordonnance sur les lettres de change tirées à un délai de vue avait fait naître les plus grandes difficultés, comme on le verra avec détail dans le Traité de Lasserra. L'art. 160 du Cod. de com. a singulièrement amélioré notre législation commerciale en suppléant au silence de l'Ord. sur ce point important.

[**] Cette doctrine est en pleine vigueur.

porteur de la lettre de change vient à l'égarer, il n'est
pas moins obligé de la faire protester ; et il ne suffirait
pas qu'il fît une sommation à celui sur qui la lettre est
tirée, par laquelle il lui déclarerait que cette lettre est
perdue, et offrirait de lui donner caution de l'événement
de cette lettre, mais il faut encore qu'il la fasse protester,
quoiqu'il ne puisse cependant satisfaire pour cela à toutes
les formalités du protêt en général : autrement, et faute
de faire ce protêt, il perd son recours de garantie contre
le tireur et les endosseurs. *

---

* *Cod. de com.*, *art. 150.* « En cas de perte d'une lettre de
change *non acceptée*, celui à qui elle appartient peut en poursuivre le paiement sur une seconde, troisième, quatrième,
etc. »

Art. 151. « Si la lettre de change perdue est revêtue de l'acceptation, le paiement ne peut en être exigé sur une seconde,
troisième, quatrième, etc., que par ordonnance du juge, et
en donnant caution. »

Art. 152. « Si celui qui a perdu la lettre de change, qu'elle
soit acceptée ou non, ne peut représenter la seconde, troisième, quatrième, etc., il peut demander le paiement de la
lettre de change perdue, et l'obtenir par l'ordonnance du
juge, en justifiant de sa propriété par ses livres, et en donnant caution. »

Art. 153. « En cas de refus de paiement, sur la demande
formée en vertu des deux articles précédens, le propriétaire
de la lettre de change perdue conserve tous ses droits par un
acte de protestation.

» Cet acte doit être fait le lendemain de l'échéance de la
lettre de change perdue.

» Il doit être notifié aux tireur et endosseurs dans les
formes et délais prescrits ci-après pour la notification du
protêt. »

(6) *Dans dix jours.*] Ces dix jours sont avantageux au commerce, et favorables, 1° aux porteurs, parce que ceux-ci ne courent le risque de l'insolvabilité des personnes sur qui les lettres de change sont tirées, qu'après les dix jours; 2° au tireur, parce que pendant ce temps-là il peut donner avis ou remettre des fonds à celui sur qui il tire; 3° à l'accepteur ou débiteur de la lettre, parce que ce délai peut lui donner le temps de chercher de l'argent, ou de recevoir provision du tireur.*

Quelques-uns ont prétendu que ce délai de dix jours n'était accordé par l'Ordonnance qu'en faveur du porteur, et que par conséquent le lendemain de l'échéance d'une lettre, on en pouvait exiger le paiement, ou la faire protester. C'est ainsi que le pense Savary (tom. 1, liv. 3, ch. 6 de son *Parfait Négociant,* page 161, de l'édition de 1749), ce qui paraît aussi résulter du texte même de l'Ordonnance. Néanmoins, par une déclaration du roi du 28 novembre 1713, il est porté « que tous porteurs de lettres et billets de change, ou de billets payables aux porteurs ou à ordre, seront tenus d'en faire demande aux débiteurs, le dixième jour préfix après l'échéance, par une sommation qui doit contenir les noms, qualités et demeures desdits porteurs, avec offres d'en recevoir le paiement en espèces lors courantes, sinon, et à faute de ce que les porteurs desdites lettres et billets seront obligés d'en recevoir le paiement, suivant le cours et la valeur qu'avaient ces espèces ce même dixième jour; et réci-

---

* On a déjà dit que le Cod. de com., art. 162, n'accordait plus le délai de dix jours : on voit que les législateurs modernes ont adopté le système de Savary.

proquement que les débiteurs desdites lettres et billets
ne pourront obliger les porteurs d'en recevoir le paiement
avant ce même dixième jour ; qu'à l'égard des billets
et promesses valeur en marchandises , qui , suivant
l'usage ordinaire , ne se paient qu'un mois après
l'échéance , les porteurs seront tenus d'en faire la demande par une sommation le dernier dudit mois après
l'échéance , sinon , et à faute de ce qu'ils seront obligés
d'en recevoir le paiement suivant le cours et la valeur
que les espèces avaient le même jour dernier dudit
mois après l'échéance; et réciproquement que les débiteurs desdits billets et promesses ne pourront obliger
les porteurs d'en recevoir les paiemens avant le même
jour dernier dudit mois. Cette déclaration veut néanmoins que ceux qui auront fait des promesses pour
marchandises dont l'escompte aura été stipulé, puissent
se libérer et acquitter les sommes contenues en leurs
promesses, pourvu qu'ils en fassent les paiemens trente
jours francs avant le jour marqué pour la diminution
des espèces, faute de quoi ils ne pourront faire lesdits
paiemens que dans les temps portés par lesdites promesses. »

Depuis cette déclaration, le roi ayant été informé
qu'il y avait plusieurs provinces et villes dans le
royaume où les lettres et billets de change, les billets
payables au porteur ou à ordre, et les billets ou
promesses valeur en marchandises, étaient, suivant
les usages qui y ont lieu, exigibles aux termes de leur
échéance, sans que les débiteurs eussent la faculté
de jouir desdits délais de dix jours et d'un mois, a
rendu une autre déclaration en date du 20 février 1714,
par laquelle il déclare « que par la précédente déclaration du 28 novembre 1713, il n'a entendu rien in-

nover aux usages ordinaires des provinces et villes du royaume sur le paiement desdits billets, lettres ou promesses; et en conséquence veut que cette précédente déclaration soit exécutée seulement dans les provinces où le délai de dix jours pour le paiement des lettres ou billets de change et des billets payables au porteur ou à ordre, et d'un mois pour les billets et promesses valeur en marchandise, sont en usage; et à l'égard des provinces et villes où lesdits billets, lettres de change et promesses sont exigibles à leur échéance, S. M. ordonne que les porteurs desdits billets, lettres ou promesses, seront tenus de les présenter aux débiteurs dans les termes de leur échéance, et, au refus du paiement, de leur en faire la demande par une sommation, sinon, et à faute de ce, qu'ils seront obligés d'en recevoir le paiement suivant le cours et la valeur que les espèces avaient au jour desdites échéances, et réciproquement que, faute par les débiteurs desdites lettres, billets et promesses de satisfaire auxdites sommations, ils seront tenus des diminutions des espèces. » (V. le *Rec.*, tom. 2, pag. 317.)

L'usage qui s'observe à Orléans à l'égard des billets valeur en marchandise, est de pouvoir en exiger le paiement le dixième jour après leur échéance, comme pour les lettres de change; mais c'est une faculté qui est accordée au porteur du billet, dont il peut ne pas user, s'il le juge à propos, et il suffit qu'il fasse ses diligences dans les trois mois, suivant qu'il est dit en l'article 31 ci-après.

Quand il se rencontre un jour de dimanche, ou une fête même solennelle, le jour auquel se doit faire le protêt, cela n'empêche pas qu'il ne puisse se faire ce jour-là; il ne serait même plus temps d'attendre au lendemain. (V. *infrà*, art. 6.)

9

La ville de Lyon a un usage particulier pour les lettres de change payables en l'un de ses quatre paiemens, qui est que les lettres qui n'auront point été payées en tout ou en partie pendant le temps du paiement, et jusqu'au dernier jour du mois inclusivement, doivent être protestées dans les trois jours suivans non fériés, à compter du dernier jour des mois de chaque paiement; ce qui est établi par l'article 9 du règlement du 2 juin 1667, dont la disposition a été conservée par l'article 7 du présent titre. (V. cet article 7, *infrà*, page 158, note 1re.)

Les lettres payables *en foire* doivent être payées ou protestées au lieu et au temps de la foire, sans que les porteurs desdites lettres de change ou billets à ordre puissent être obligés d'accorder dix jours d'échéance après le dernier jour de la franchise desdites foires.* (Déclaration du roi du 15 janvier 1737, rendue pour les foires de Reims). En sorte que le protèt d'une lettre ou billet payable en foire serait nul, s'il était fait le lendemain de l'expiration de la foire, ou s'il était fait ailleurs, même au domicile de celui qui devait payer la lettre de change, ou qui avait subi le billet.

Les lettres sur Lyon qui ne sont pas tirées *en paiement*, les lettres sur l'Artois, la Flandre et la Franche-Comté, sont exigibles le jour même de l'échéance, et

---

* *Cod. de com.*, art. 133. « Une lettre de change payable en foire est échue la veille du jour fixé pour la clôture de la foire, ou le jour de la foire, si elle ne dure qu'un jour. »

Art. 135. « Tous délais de grâce, de faveur, d'usage ou d'habitude locale, pour le paiement des lettres de change, sont abrogés. »

les dix jours de grâce ne sont qu'en faveur du porteur. (Ainsi jugé pour Lyon par un arrêt du parlement du 26 janvier 1726.)

A Lille en Flandre les protèts doivent être faits dans les six jours après celui de l'échéance, pour les lettres de change valeur reçue en argent, avec remise de place en place; et pour les lettres valeur en marchandise, dans dix jours.

Dans les autres royaumes les délais qui s'observent à l'égard des lettres de change varient suivant les différentes villes et places de commerce. Voici l'usage qui s'observe là-dessus dans les principales villes de l'Europe (1) :

1° A Londres l'usage est de faire le protèt dans les trois jours après l'échéance, à peine de répondre de la négligence; et il faut observer que, si le dernier des trois jours est férié, il faut faire le protèt la veille.

2° A Hambourg il en est de même pour les lettres de change tirées de Paris et de Rouen ; mais pour les lettres de change tirées de toutes les autres places, il y a dix jours, c'est-à-dire qu'il faut faire le protèt le dixième jour au plus tard.

3° A Venise on ne peut payer les lettres de change qu'en banque, et le protèt faute de paiement de ces lettres doit être fait six jours après l'échéance ; mais il faut que la banque soit ouverte, parce que quand la banque est fermée, on ne peut contraindre l'accepteur à payer argent comptant, ni faire le protèt.

---

(1) Ceci est tiré du Traité de M. Dupuis de la Serra, qui a pour titre l'*Art des Lettres de Change*, chap. 14, pag. 47. Ce Traité se trouve à la fin du volume.

Ainsi, lorsque les six jours arrivent, il faut attendre l'ouverture de la banque pour demander les paiemens et faire les protêts, sans que le porteur puisse être réputé en fraude.

La banque se ferme ordinairement quatre fois l'année pour 15 ou 20 jours ; ce qui arrive vers le 20 mars, le 20 juin, le 20 septembre et le 20 décembre : outre cela elle est fermée dans le carnaval pour huit ou dix jours, et dans la semaine sainte, quand elle n'est point à la fin de mars.

4° A Milan il n'y a pas de terme réglé pour protester faute de paiement ; mais la coutume est de différer peu de jours.

5° A Bergame les protêts faute de paiement se font dans les trois jours après l'échéance des lettres de change.

6° A Rome on fait les protêts faute de paiement dans les quinze jours après l'échéance.

7° A Ancône les protêts faute de paiement se font dans la huitaine après l'échéance.

8° A Boulogne et à Livourne il n'y a rien de réglé à cet égard : on fait ordinairement les protêts faute de paiement peu de jours après l'échéance.

9° A Amsterdam les protêts faute de paiement se font le cinquième jour après l'échéance.

10° A Nuremberg c'est la même chose qu'à Amsterdam.

11° A Vienne en Autriche la coutume est de faire les protêts faute de paiement le troisième jour après l'échéance.

12° Dans les places qui sont foires d'échange, comme Noue, Francfort, Bolzan et Lintz, les protêts faute de paiement se font le dernier jour de la foire.

15ᵉ Il n'y a point de place où le délai de faire le protêt des lettres de change soit si long qu'à Gênes, où
il est de trente jours, suivant le chapitre 14 du quatrième livre de ses statuts.

Le protêt, pour être valable, doit être fait suivant
l'usage du lieu où la lettre de change est payable, et
non suivant l'usage du lieu d'où la lettre a été tirée.
Ainsi, si une lettre de change est tirée de Londres, et
payable à Paris, le protêt faute de paiement ne peut
être fait que suivant l'usage de Paris, et non suivant
celui de Londres; et ainsi des autres. *

Lorsqu'il arrive une augmentation ou diminution
d'espèces dans l'intervalle qui s'écoule entre le temps
où la lettre est tirée, et celui de son échéance, le paiement de la lettre doit se faire en espèces qui ont cours
au jour que le paiement de cette lettre est exigible (déclaration du 28 novembre 1713); et si le porteur de
la lettre néglige d'en faire la demande au débiteur dans
le dixième jour préfix après l'échéance, il peut être
obligé ensuite d'en recevoir le paiement sur le pied
que valaient les espèces de ce même dixième jour; et
réciproquement le débiteur de la lettre ne peut obliger
le porteur d'en recevoir le paiement avant ce même
dixième jour. La même règle s'observe à l'égard des paiemens des billets de change à ordre, ou au porteur, et aussi
pour les billets valeur en marchandise, avec cette différence seulement que le délai de ces derniers billets est de
trente jours au lieu de dix jours, du moins dans les er-

---

* Remarquez bien cette grande maxime du contrat de
change.

droits où le paiement de ces billets ne peut être exigé avant ce temps. (Déclarations du 28 novembre 1713 et 20 février 1714. (V. ci-dessus, pages 128 et 129.)

(7) *Après celui de l'échéance.*] La disposition de cet article, à l'égard des dix jours, paraît contraire à celle de l'art. 6 ci-après, en ce qu'il est dit dans cet article 4 *que les porteurs des lettres acceptées, etc., seront tenus de les faire protester dans les dix jours après l'échéance;* et que l'article 6 porte au contraire que *dans les dix jours requis pour le temps du protêt, doivent être compris ceux de l'échéance et du protêt.* Cette contra-riété avait même depuis l'ordonnance du commerce fait naître souvent des difficultés entre les marchands et banquiers dans le temps des faillites survenues de la part des accepteurs des lettres, les uns voulant tirer avantage de la disposition de l'article 4, et les autres de celle de l'article 6, ce qui troublait entièrement le commerce : mais, par une déclaration du 10 mai 1686, le roi a remé-dié à cette inconvénient en ordonnant « que l'article 4 du titre 5 de l'ordonnance du commerce du mois de mars 1673, serait observé selon sa forme et teneur ; ce faisant, que les dix jours accordés pour les lettres et billets de change ne seront comptés que du jour du lendemain de l'échéance des lettres et billets, sans que le jour de l'échéance y puisse être compris, mais seu-lement celui du protêt, des dimanches et des fêtes, même des solennelles, qui seront compris ; et ce non-obstant toutes autres dispositions et usages, même l'article 6 du même titre 5, en ce qui serait contraire, auquel S. M. a dérogé et déroge par la présente déclaration. » (V. le recueil, tom. 1, pag. 605.)

Il suit des dispositions de cette déclaration, que si le dixième ou dernier jour de l'échéance est un jour de fête, même solennelle, cela n'empêche pas qu'on ne puisse faire le protêt ce jour-là.*

5.

Les usances pour le paiement des lettres *seront de trente jours* (1), encore que les mois aient plus ou moins de jours.**

(1) *Seront de trente jours.*] Ces trente jours se comptent depuis, et non compris le jour de la date de la lettre, parce qu'elle n'est exigible que le lendemain de l'échéance. (V. ce qui a été dit sur l'article 1 , en la note 2 , pag. 111 et 112.)

Il faut observer que le terme de trente jours fixé par cet article pour les usances , n'a lieu que pour la France , et non pour les autres royaumes. Il faut suivre pour ces derniers les différentes coutumes qui sont en usage pour le temps des usances, ces royaumes n'étant point assujétis à nos lois.

---

* Le Cod. de com. a tranché ces difficultés par les articles 161 et 162.

Art. 161. « Le porteur d'une lettre de change doit en exiger le paiement le jour de son échéance. »

Art. 162. « Le refus de paiement doit être constaté le lendemain du jour de l'échéance , par un acte que l'on nomme *protét faute de paiement.*

» Si ce jour est un jour férié légal, le protêt est fait le jour suivant. »

** *Cod. de com.*, *art. 132.* « L'usance est de trente jours , qui courent du lendemain de la date de la lettre de change.

» Les mois sont tels qu'ils sont fixés par le calendrier grégorien. »

Il en est de même des villes réunies à la France depuis l'Ordonnance du commerce, qui ont été conservées dans leurs anciens usages, comme à Lille, où l'usance est d'un mois et un jour.

Voici les différens usages qui s'observent à l'égard des usances dans les principales villes de l'Europe (1).

1° A Londres l'usance des lettres de change de France est d'un mois de date; d'Espagne, de deux mois; de Venise, Gênes et Livourne, de trois mois.

2° A Hambourg l'usance des lettres de change de France, d'Angleterre et de Venise, est de deux mois de date; d'Anvers et de Nuremberg, de quinze jours de vue.

3° A Venise l'usance des lettres de change de Ferrare, Boulogne, Florence, Lucques et Livourne, est de cinq jours de vue; de Rome et Ancône, de dix jours de vue; de Naples, Bari, le Cée, Gênes, Ausbourg, Vienne, Nuremberg et San Gal, de quinze jours de vue; de Mantoue, Modène, Bergame et Milan, de vingt jours de date; d'Amsterdam, Anvers et Hambourg, de deux mois de date, et de Londres, de trois mois de date.

4° A Milan l'usance des lettres de change de Gênes est de huit jours de vue; de Rome, de dix jours de vue, et de Venise, de vingt jours de date.

5° A Florence l'usance des lettres de change de Boulogne est de trois jours de vue; de Rome et d'Ancône, de dix jours de vue; de Venise et de Naples, de vingt jours de date.

6° A Bergame l'usance des lettres de change de Venise est de vingt-quatre jours de date.

_____

(1) Ceci est tiré du même Traité déjà cité, intitulé l'*Art des Lettres de Change*, par M. Dupuis de la Serra, chap. 4.

7° A Rome l'usance des lettres de change d'Italie était de dix jours; mais par abus on l'a étendue à quinze jours de vue.

8° A Ancône l'usance est de quinze jours de vue.

9° A Boulogne l'usance est de huit jours de vue.

10° A Livourne l'usance des lettres de change de Gènes est de huit jours de vue; de Rome, de dix jours de vue; de Naples, de trois semaines de vue; de Venise, de vingt jours de date; de Londres, de trois mois de date; d'Amsterdam, de quarante jours de date.

11° A Amsterdam l'usance des lettres de change de France et d'Angleterre est d'un mois de date; de Venise, Madrid, Cadix et Séville, de deux mois de date.

12° A Nuremberg l'usance de toutes les lettres de change est de quinze jours de vue.

13° A Vienne en Autriche, de même.

14° A Gênes l'usance des lettres de change de Milan, Florence, Livourne et Lucques, est de huit jours de vue; de Venise, Rome et Boulogne, de quinze jours de vue; de Naples, de vingt-deux jours de vue; de Sardaigne, d'un mois de vue; d'Anvers et d'Amsterdam et autres places des Pays-Bas, de trois mois de date.

15° L'usance en Espagne est de soixante jours.

Le temps prescrit pour l'usance se règle suivant l'usage du lieu où la lettre de change est payable, et non suivant l'usage de l'endroit d'où la lettre est tirée. (V. Savary, *Parfait Négociant*, partie 1, liv. 3, ch. 5, page 150 de l'édition de 1749.

6.

Dans les dix jours acquis pour le temps du

protêt *seront compris ceux de l'échéance* (1) et du protêt, des dimanches et des fêtes, même des solennelles.*

(1) *Seront compris ceux de l'échéance.*] V. ce qui a été dit ci-dessus, art. 4, note 7, page 134, pour expliquer la contradiction qui se trouve en cet article 6, et le même article 4.

7.

„N'entendons rien innover *à notre règlement du second jour de juin mil six cent soixante-sept, pour les acceptations* (1), les paiemens, et autres dispositions concernant le commerce dans notre ville de Lyon.**

(1) *A notre règlement du second jour de juin 1667, pour les acceptations, etc.*] Ce règlement a été homologué par arrêt du conseil du 7 juillet 1667, et depuis enregistré au parlement le 18 mai 1668. Comme les dispositions de ce règlement sont importantes, on a cru devoir le rapporter ici en entier.

L'article 1 de ce règlement porte « que l'ouverture de chaque paiement se fera le premier jour non férié du mois de chacun des quatre paiemens de l'année, sur les deux heures de relevée, par une assemblée des principaux négocians de ladite place, tant français qu'étrangers,

---

* Nous avons déjà dit que les art. 161, 162 du Cod. de com. ont consacré d'autres règles sur ce point.

** *Cod. de com.*, art. 135. « Tous délais de grâce, de faveur, d'usage ou d'habitude locale pour le paiement des lettres de change, sont abrogés. »

en présence du prevôt des marchands, ou, en son absence, du plus ancien échevin, qui seront priés de s'y trouver; en laquélle assemblée commenceront les acceptations des lettres de change payables en icelui, et continueront incessamment, à mesuré que lesdités lettres seront présentées, jusqu'au sixième jour inclusivement, après lequel, et icelui passé, les porteurs desdites lettres pourront faire protester, faute d'acceptation, pendant le courant du mois, et ensuite les envoyer pour en tirer le remboursement, avec les frais, du tireur. »

Article 2. « Que pour faire le compte et établir le prix des changes de ladite place de Lyon avec les étrangers, il sera fait pareille assemblée le troisième jour de chacun desdits mois non férié, aussi en présence du prevôt des marchands, ou du plus ancien échevin. »

Article 3. « Que les acceptations desdites lettres de change se feront par écrit, datées et signées par ceux sur qui elles auront été tirées, ou par personnes dûment fondées de procuration, dont la minute demeurera chez le notaire; et que toutes celles qui seront faites par facteurs, commis et autres non fondés de procuration, seront nulles et de nul effet contre celui sur qui elles auront été tirées, sauf le recours contre l'acceptant. »

Article 4. « Que l'entrée et ouverture du bilan et virement des parties commencera le sixième de chaque mois desdits quatre paiemens, non férié, et continuera jusqu'au dernier jour desdits mois inclusivement, après lequel, et icelui passé, il ne sera fait aucun virement, ni écriture, à peine de nullité. »

Article 5. « Que l'on entrera pendant lesdits quatre paiemens en la loge du change, le matin à dix heures, pour en sortir précisément à onze heures et demie, passé laquelle heure ne se feront aucunes écritures, ni virement de parties; et que pour avertir de ladite heure, on sonnera une cloche. »

Article 6. « Que ceux qui en leurs achats de marchandises auront réservé la faculté de faire escompte, si bon leur semble, seront tenus de l'offrir dès le sixième jour du mois de chacun desdits paiemens, après lequel, et icelui passé, ils ne seront plus reçus. »

Article 7. « Que toutes parties virées seront écrites sur le bilan par les propriétaires, ou par leurs facteurs ou agens qui en seront les porteurs, sans qu'ils puissent être désavoués par lesdits propriétaires ; et que lesdites écritures seront aussi bonnes et valables que si elles avaient été par eux-mêmes écrites et virées. »

Article 8. « Que tous viremens de parties seront faits en présence de tous ceux qu'on fait entrer, ou des porteurs de leurs bilans, à peine d'en répondre par ceux qui auront fait écrire pour les absens, et ce sur les bilans, et non en feuilles volantes; et qu'à l'égard des autres personnes de la ville qui ne portent point de bilan, ils donneront leurs ordres à leurs débiteurs par billets, qui leur serviront de décharge du paiement qu'ils feront des parties au désir de leurs créanciers ; et que pour ceux de dehors pour lesquels les courtiers disposent les parties, ils donneront auxdits courtiers pouvoir suffisant, qui sera remis chez un notaire pour la sûreté de ceux qui paieront, et pour y avoir recours en cas de besoin. »

Article 9. « Que les lettres de change acceptées, payables en paiement, qui n'auront été payées du tout ou en partie pendant icelui et jusqu'au dernier jour du mois inclusivement, seront protestées dans les trois jours suivans non fériés, sans préjudice de l'acceptation, et lesdites lettres, ensemble les protêts envoyés dans

un temps suffisant pour pouvoir être signifiés à tous
ceux, et par qui il appartiendra; savoir, pour toutes
les lettres qui auront été tirées au-dedans du royaume,
dans deux mois; pour celles qui auront été tirées
d'Italie, Suisse, Allemagne, Hollande, Flandre et Angleterre, dans trois mois; et pour celles d'Espagne,
Portugal, Pologne, Suède et Danemarck, dans six mois
du jour et date des protêts, le tout à peine d'en répondre
par le porteur desdites lettres. »

Article 10. « Que toute lettre de change payable
èsdits paiemens sera censée payée, savoir, à l'égard des
domiciliés porteurs de bilan sur la place du change de
ladite ville, dans un an, et pour les autres dans trois
ans après l'échéance d'icelles; et que le paiement n'en
pourra être répété contre l'acceptant, si l'on ne justifie
de diligences valables contre lui faites dans ledit
temps. »

Article 11. « Que, si les étrangers remettent en
comptant ou en lettres de change après le dernier
jour du mois, on ne sera pas obligé de les recevoir en
l'acquittement de leurs traites faites durant ledit paiement. »

Article 12. « Que lorsqu'il arrivera une faillite dans
ladite ville, les créanciers du failli qui se trouveront être
de certaines provinces du royaume ou des pays étrangers,
dans lesquels, sous prétexte de saisie et transport, et
en vertu de leurs prétendus privilèges et coutumes, ils
s'attribuent une préférence sur les effets de leurs débiteurs faillis, préjudiciable aux autres créanciers absens
et éloignés, ils y seront traités de la même manière, et
n'entreront en répartement des effets dudit failli qu'a-
près que les autres auront été entièrement satisfaits,
sans que cette pratique puisse avoir lieu pour les

autres règnicoles, ou étrangers, lesquels, étant reconnus pour légitimes créanciers, seront admis au répartement de bonne foi et avec équité, suivant l'usage ordinaire de ladite ville et de la juridiction de la conservation du privilége de ses foires. »

Article 13. « Que toutes cessions et transports sur les effets des faillis seront nuls, s'ils ne sont faits dix jours au moins avant la faillite publiquement connue. Que néanmoins ne seront compris en cet article les viremens de parties faites en bilan, lesquels seront bons et valables tant que le failli ou son facteur portera son bilan. »

Article 14. « Que les teinturiers et autres manufacturiers n'auront privilége pour les dettes sur les effets et biens des faillis que des deux dernières années, et que pour le surplus ils entreront dans la distribution qui en sera faite au sol la livre avec les autres créanciers. »

Article 15. « Que, s'il arrive qu'un mandataire de diverses lettres de change acceptées, aussi créancier de l'acceptant, ne reçoive qu'une partie de la somme totale, et fasse dans le temps dû le protèt du surplus, la compensation légitime de sa dette étant faite, il sera obligé de répartir le restant à tous ceux qui lui auront fait lesdites remises, au sol la livre, et à proportion de la somme dont un chacun des remettans sera créancier. »

Article 16. « Que tous ceux qui seront porteurs de procuration générale pour recevoir le paiement des promesses et lettres de change, remettront les originaux de leur procuration ès mains d'un notaire, et que lesdits porteurs de procuration seront obligés d'en fournir des expéditions, à leurs frais, à ceux qui paieront les susdites lettres. »

Article 17. « Que toute procuration pour recevoir paiement des lettres de change, promesses, obligations et autres dettes, n'aura plus de force passé une année, si ce n'est que le temps qu'elle devra durer soit précisément exprimé, auquel cas elle servira pour tout le temps qui sera énoncé en icelle, s'il n'apparaît d'une révocation. »

Article 18. « Que les faillis et banqueroutiers ne pourront entrer en la loge du change, ni écrire et virer parties, si ce n'est qu'après qu'ils auront entièrement payé leurs créanciers et qu'ils en auront fait apparoir; et que pour donner moyen auxdits faillis de payer leurs créanciers des effets qu'ils auront à recevoir, ils le pourront faire par transports, procurations ou ordres à telles personnes qu'ils aviseront, lesquelles paieront à leur acquit ce qu'ils ordonneront, et seront nommées pour eux aux parties qui seront passées en écritures. »

Article 19. « Que les courtiers ou agens de banque et marchandises de ladite ville seront nommés par lesdits prevôts des marchands et échevins, entre les mains desquels ils prêteront le serment de la manière accoutumée, en justifiant par attestation des principaux négocians en bonne et due forme de leur vie et mœurs, et capacité au fait et exercice de ladite charge; et que lesdits courtiers seront réduits à un certain nombre, et tel qu'il sera jugé convenable par lesdits sieurs prevôts des marchands et échevins, sur l'avis desdits négocians. »

Article 20. « Que tous banquiers, porteurs de bilan et marchands en gros, négocians sous le privilége des foires de Lyon, seront obligés de tenir leurs livres de raison en bonne et due forme, et tous marchands boutiquiers et vendant en détail des livres-journaux; autrement qu'en cas de déroute ils seront déclarés banquérouliers frauduleux, et comme tels condamnés aux peines qu'ils devront encourir en ladite qualité. »

Article 21. « Que très-expresses inhibitions et défenses seront faites à toutes personnes, de quelque qualité et condition qu'elles soient, de contrevenir à ce que dessus, directement ou indirectement, à peine de trois mille liv. d'amende contre chaque contrevenant, applicable, savoir, le quart à l'Hôtel-Dieu du pont du Rhône, le quart à l'aumône générale, le quart au dénonciateur, et le quart à la réparation de la loge des changes, pour le paiement de laquelle ils seront contraints par corps, saisie et vente de leurs biens ; et que, pour plus exacte observation des présentes, il sera permis à l'un des contrevenans de dénoncer les autres contrevenans avec lui, auquel cas il sera déchargé pour la première fois de payer ladite peine, et aura son droit de dénonciation ; et qu'afin que personne en puisse ignorer, seront les présentes lues et publiées à son de trompe et cri public, et affichées au-devant de l'Hôtel-de-Ville, en la place des changes et autres lieux accoutumés, et passé outre pour le tout, nonobstant oppositions ou appellations quelconques, et sans préjudice d'icelles. »

8.

Les protêts ne pourront être faits *que par deux notaires* (1), ou un notaire et deux témoins, *ou par un huissier ou sergent* (2), même de la justice

(1) *Que par deux notaires, etc.*] Les notaires font rarement ces sortes de protêts, parce que leurs vacations coûtent plus que celles des huissiers ou sergens.

(2) *Ou par un huissier ou sergent.*] Il n'importe

consulaire, *avec deux recors* (3), et contiendront le nom et le domicile des témoins *ou recors* (4).*

que ce soit un huissier ou sergent royal, ou un sergent de justice de seigneur, pourvu qu'il n'exploite pas hors son ressort.

(3) *Avec deux recors.*] Cette formalité des recors pour les protêts n'est plus aujourd'hui nécessaire depuis l'édit du mois d'août 1669, portant établissement du contrôle des exploits : il n'y a que les exploits de saisies féodales, réelles, criées et appositions d'affiches, qui aient été assujétis, comme par le passé, à cette formalité, suivant une déclaration du 21 mars 1671. (V. au recueil, tom. 1, pag. 277.)

(4) *Sur la fin de l'article.*] Outre les formalités établies par cet article et par le suivant, il faut encore que l'acte du protêt soit contrôlé, même dans le cas où il a été fait par des notaires. (Déclaration des 21 mars 1671, 23 février 1677, et 23 avril 1712.)

---

* *Cod. de com.*, art. 173. « Les protêts faute d'acceptation ou de paiement sont faits par deux notaires, ou par un notaire et deux témoins, ou par un huissier et deux témoins.

» Le protêt doit être fait,

» Au domicile de celui sur qui la lettre de change était payable, ou à son dernier domicile connu ;

» Au domicile des personnes indiquées par la lettre de change pour la payer au besoin ;

» Au domicile du tiers qui a accepté par intervention.

» Le tout par un seul et même acte.

» En cas de fausse indication de domicile, le protêt est précédé d'un acte de perquisition. »

10

9.

Dans l'acte de protêt, les lettres de change seront transcrites *avec les ordres* (1) *et les réponses* (2), s'il y en a, *et la copie du tout, signée* (3), *sera laissée à la partie* (4), à peine de faux et des dommages et intérêts.*

(1) *Avec les ordres.*] S'il y a quelques signatures au dos de la lettre, sans ordre passé, l'huissier en doit faire mention, afin que celui sur qui la lettre est tirée, et qui refuse de la payer, puisse justifier son refus au moyen de ce que cette signature ne servant que d'endossement, et non d'ordre (comme il est dit ci-après, art. 33), il ne peut payer valablement.

(2) *Et les réponses.*] Afin que le tireur ou ceux qui le représentent aient connaissance des raisons qui auront été alléguées par celui qui a refusé d'accepter ou de payer la lettre, et qu'ils puissent en conséquence prendre les mesures nécessaires.

(3) *Et la copie du tout, signée.*] C'est-à-dire, signée du porteur de la lettre, ou de son fondé de procuration.

---

* *Cod. de com.*, art. 174. « L'acte de protêt contient,
» La transcription littérale de la lettre de change, de l'acceptation, des endossemens, et des recommandations qui y sont indiquées ;
» La sommation de payer le montant de la lettre de change.
» Il énonce,
» La présence ou l'absence de celui qui doit payer ;
» Les motifs du refus de payer, et l'impuissance ou le refus de signer. »

(4) *Sera laissée à la partie.*] Afin que cette partie ait connaissance de tout ce qui s'est passé lors du protêt, et qu'elle sache si elle peut payer avec sûreté, ou non.

10.

Le protêt ne pourra être suppléé *par aucun autre acte* (1).*

(1) *Par aucun autre acte.*] Ainsi une sommation qui serait faite à celui sur qui la lettre est tirée, ne serait pas suffisante pour opérer un recours de garantie contre le tireur et les endosseurs; il faut nécessairement, sur le refus d'accepter ou de payer la lettre, protester de tous dépens, dommages et intérêts.

Il n'est pas inutile d'observer que celui qui fait protester, même par notaire, une lettre de change faute de paiement, n'acquiert par-là aucune hypothèque sur les biens de celui sur qui la lettre est tirée, ni sur ceux des tireurs et des endosseurs : cela est établi expressément par une déclaration du roi du 2 janvier 1717. (V. le recueil, tom. 3, page 63.) Cette déclaration ordonne « qu'aucuns porteurs de billets ou lettres de change ne pourront à l'avenir, et en aucuns cas, prétendre avoir acquis par le protêt signifié ou dénoncé, tant par des huissiers et sergens que par des notaires, une hypothèque sur les biens des tireurs et endosseurs, et

---

* *Cod. de com.*, art. 175. « Nul acte de la part du porteur de la lettre de change ne peut suppléer l'acte de protêt, hors le cas prévu par les articles 150 et suivans, touchant la perte de la lettre de change. »

des particuliers sur qui les billets ou lettres de change
ont été tirés. » Sa Majesté fait entendre dans le préambule de cette ordonnance qu'elle ne fait en cela que
se conformer aux articles 92 et 93 de l'Ordonnance de
1539, qui ne donnent hypothèque aux écritures privées
que du jour de la reconnaissance ou dénégation en
jugement, ainsi qu'aux articles 12 et 21 du présent titre,
dont le premier ne permet de saisir après le protêt qu'en
vertu d'une permission du juge, dont le ministère ne serait pas nécessaire, si le protêt équipollait à un contrat,
ou avait une exécution parée; et l'autre porte qu'une
lettre de change, quoique protestée, est prescrite par
une discontinuation de poursuites pendant cinq années,
qui ne sont pas suffisantes pour éteindre une action hypothécaire.

Cette même déclaration fait encore un autre changement considérable, et établit un nouveau règlement à
l'égard des billets et promesses subies pour fait de
commerce et marchandises, que les porteurs ou ceux
au profit de qui ils sont consentis font reconnaître
avant leur échéance. Elle porte « que toutes personnes
qui auront obtenu précédemment, ou obtiendront ci-
après des sentences, jugemens ou arrêts, sur l'exploit
d'assignation donné avant l'échéance des billets ou
lettres de change, et de toute autre sorte de billets,
promesses de marchands, négocians, banquiers, et
autres particuliers faisant trafic et commerce de denrées
et marchandises, ne pourront prétendre avoir acquis,
ni acquérir en vertu desdites sentences, jugemens ou
arrêts, aucune hypothèque sur les biens et effets tant
des débiteurs que des endosseurs; comme aussi qu'aucune hypothèque n'a pu ni ne pourra être à l'avenir
valablement acquise par aucun acte de reconnaissance

fait par-devant notaire ou autrement, en quelque forme
que ce soit, desdits billets, lettres et promesses, avant
l'expiration du terme auquel le paiement en doit être
fait; et que ceux qui auront obtenu lesdites sentences,
jugemens ou arrêts, ou actes de reconnaissance, ne
pourront être employés que comme créanciers chirographaires dans les ordres ou instances de préférence et
distribution de deniers, sauf à eux, après l'échéance,
d'user des voies prescrites par les ordonnances pour
acquérir une hypothèque sur les biens et effets des débiteurs ou endosseurs. »

I.I.

Après le protêt, *celui qui aura accepté* (1) la
lettre *pourra être poursuivi* (2) à la requête *de
celui qui en sera le porteur* (3).*

(1) *Celui qui aura accepté*.] Car celui qui a accepté
une lettre tirée sur lui devient par son acceptation
débiteur de celui au profit de qui elle est tirée, ou de

---

* Le *Cod. de com.*, art. 121, § 1, a consacré le principe que,
par l'acceptation d'une lettre de change, l'accepteur a contracté
l'obligation de la payer, et rien n'est plus conforme au simple
bon sens et à la justice. Il en résulte, par une conséquence aussi
évidente, qu'après le protêt le porteur peut poursuivre l'accepteur, s'il le juge convenable. Aussi la disposition de l'art.
11 de l'Ord. est-elle toujours en pleine vigueur, quoiqu'on ne
l'ait pas répétée dans le Code de commerce, de droit commun
tout créancier qui n'est pas payé au terme pouvant diriger des
poursuites contre son débiteur. L'art. 11, et surtout les réflexions de Jousse sur cet article, sont néanmoins très-utiles,
parce qu'on y voit pourquoi les législateurs modernes n'ont point

ceux qui le représentent, et auxquels les ordres sont
passés. (*Suprà*, note 5.)

À l'égard de celui qui n'a point accepté, il ne peut
être poursuivi, parce qu'avant l'acceptation une lettre
de change n'oblige point celui sur lequel elle est tirée.
Ci-dessus, aux notes, n. 4.)

---

parlé de l'accepteur dans les art. 164, 165, 166, 167, 168, 169,
qui établissent des règles dont la rigoureuse observation est de
la plus haute importance. L'accepteur étant le débiteur principal de la lettre de change, on s'étonne au premier abord que
le législateur ne s'en soit pas occupé dans ces articles ; mais en
approfondissant la matière on voit que rien n'est plus juste.
L'accepteur, n'ayant aucun recours en garantie à exercer, ne
peut se plaindre du retard que le porteur aurait mis à le
poursuivre ; il suffit, comme l'observe Jousse, que ce porteur
fasse ses diligences dans les cinq ans. Cette distinction entre
le débiteur principal, que l'on peut différer de poursuivre pendant cinq ans, tandis qu'on doit poursuivre les garans dans
quinze jours à peine de déchéance, a besoin d'être méditée pour
être bien saisie ; c'est du moins ce que je crois avoir remarqué.

Il ne serait pas étonnant que des personnes peu versées dans
la jurisprudence craignissent de compromettre leurs intérêts
en retardant pendant des années leurs poursuites contre des
accepteurs de lettres de change, voyant que la loi accorde des
délais si courts contre les endosseurs. Le silence absolu du
Code, sur ce point, pourrait être encore un motif d'embarras ;
mais l'intelligence des principes du contrat de change lève
toutes ces difficultés, et il en résulte sans aucune ombre
de doute qu'un porteur de lettres de change peut à son gré,
et sans modifier ses droits à l'égard de l'accepteur, le poursuivre dès le lendemain du protêt, ou attendre la veille du
jour où s'accompliront les cinq années qui prescrivent toutes
les actions relatives aux lettres de change.

(2) *Pourra être poursuivi.*] C'est-à-dire poursuivi
par assignation en justice pour obtenir contre lui une
sentence, et le faire contraindre ; c'est le sens de cet
article : le tout sans préjudice de la saisie dont il est
parlé dans l'article suivant.

Il n'est pas nécessaire que cette poursuite soit faite
dans la quinzaine, comme à l'égard des tireurs et endosseurs (**V.** *infrà,* art. 13, n. 1); il suffit qu'elle se
fasse dans les cinq ans. (**V.** *ibid.* et art. 21.)

(3) *De celui qui en sera porteur.*] Si le porteur
de la lettre n'en est pas propriétaire, et qu'elle lui ait
été remise pour le compte d'autrui, il ne peut par lui-
même faire aucune poursuite, à moins qu'il n'ait procuration à cet effet, et il doit renvoyer cette lettre à
son auteur, sauf à répéter contre lui les frais du
protêt.

12.

Les porteurs *pourront aussi* (1), *par la permission du juge* (2), *saisir les effets* (3) de ceux *qui
auront tiré ou endossé* (4) les lettres, encore
qu'elles aient été acceptées, même les effets de
ceux sur lesquels elles auront été tirées, *en cas
qu'ils les aient acceptées* (5).*

(1) *Pourront aussi.*] Après le protêt, et faute de
paiement.

Lorsque le porteur de la lettre a négligé de faire les

---

* *Cod. de com.*, art. 172. « Indépendamment des formalités
prescrites pour l'exercice de l'action en garantie, le porteur

diligences nécessaires contre celui sur qui elle est tirée, ou qu'il lui accorde quelque délai, il perd tout le recours qu'il avait contre les tireurs et endosseurs, en cas de faillite de l'accepteur survenue depuis le temps que la lettre était exigible. C'est une suite de la disposition portée en l'art. 4 ci-dessus.

(2) *Par permission du juge.*] Obtenue sur une simple requête présentée à cet effet, sans autre formalité, c'est-à-dire sans assignation précédente, et sans qu'il soit besoin d'obtenir une sentence de condamnation.

(3) *Saisir les effets, etc.*] Sans préjudice de la poursuite que les porteurs peuvent faire après le protêt contre les tireurs et endosseurs, pour les faire condamner par corps à payer le montant de la lettre, ensemble les dommages et intérêts.

Au reste, quoique l'esprit de l'Ordonnance soit de favoriser les porteurs de lettres de change, afin que ceux-ci aient leur sûreté pendant le cours des procès qui pourraient survenir, néanmoins cela n'empêche pas les tireurs et endosseurs, ainsi que l'accepteur, de pouvoir exercer sur l'instance de saisie tous les droits qu'ils peuvent avoir contre le saisissant, et de former contre lui leurs demandes incidentes, s'il y a lieu, pour voir déclarer la saisie nulle, soit comme étant créanciers de lui, au lieu d'être ses débiteurs, ou autrement, et pour avoir mainlevée de la saisie avec dépens, si ce saisissant conteste mal à propos.

Il faut cependant observer que les droits de l'accep-

---

d'une lettre de change protestée faute de paiement, peut, en obtenant la permission du juge, saisir conservatoirement les effets mobiliers des tireurs, accepteurs et endosseurs. »

teur et autres qui s'opposent à ces saisies, doivent être liquides; autrement le porteur qui a ainsi saisi doit obtenir la condamnation par provision à son profit, en donnant caution.

(4) *Qui ont tiré ou endossé.*] Le porteur d'une lettre protestée peut exercer ses droits, pour être remboursé tant du principal que des dommages et intérêts, contre tous ceux qui sont compris dans la lettre de change, soit pour l'avoir acceptée, soit pour y avoir mis des ordres ou leur aval, soit pour l'avoir tirée; parce qu'il a autant de débiteurs, et même de débiteurs solidaires, que de personnes engagées. (V . *infrà*, article 33, avec les notes.) Celui qui a tiré la lettre est le principal obligé;* ceux qui ont mis successivement leurs ordres sont aussi obligés solidairement. Il en est de même de celui qui a accepté; il est pareillement devenu débiteur par son acceptation, et sujet comme les autres à la poursuite du porteur qui a le dernier ordre et à qui la valeur de la dette est due. Toutes ces actions ne préjudicient point les unes aux autres.

(5) *En cas qu'ils les aient acceptées.*] Soit qu'ils fussent débiteurs ou non de celui qui a tiré la lettre.

Lorsque celui sur qui une lettre de change est tirée refuse de l'accepter pour la payer au temps de son échéance, et qu'elle est protestée faute d'acceptation, le porteur de la lettre peut retourner sur le tireur, non

---

* Ce langage n'est pas rigoureusement exact : dès le moment de l'acceptation, c'est l'accepteur qui est le débiteur principal, et tous les autres signataires, sans en excepter le tireur, ne sont plus tenus au paiement que comme garans : on trouvera cette distinction établie avec beaucoup de clarté dans l'excellent ouvrage de Lasserra.

pour lui faire rendre la somme portée en la lettre, parce qu'on ne peut l'obliger à cette restitution que lorsque le protêt a été fait faute de paiement, mais seulement pour lui faire donner caution qu'en cas qu'à l'échéance de la lettre, celui sur qui elle est tirée ne paie pas, il en rendra et restituera le montant, avec les changes et rechanges, et frais de protêts ; car il ne serait pas juste que le tireur eût touché l'argent de celui à qui la lettre a été fournie, et que ce dernier ou ceux qui le représentent risquassent pendant le temps du délai porté par la lettre, qui souvent est de plusieurs mois.*

13.

Ceux qui auront tiré ou endossé (1) les lettres *seront poursuivis* (2) en garantie *dans la quinzaine* (3), s'ils sont domiciliés dans la distance de dix lieues, et au-delà, *à raison d'un jour pour cinq lieues* (4), sans distinction du ressort des parlemens ; savoir, pour les personnes domiciliées

(1) *Ceux qui ont tiré ou endossé.*] Cet article ne concerne pas ceux qui ont accepté des lettres de change ;

---

* Cette doctrine de Jousse, si conforme à la raison et à la justice, a été érigée en loi *ipsis terminis* par l'art. 120 du Code de commerce.

Art. 120. « Sur la notification du protêt faute d'acceptation, les endosseurs et le tireur sont respectivement tenus de donner caution pour assurer le paiement de la lettre de change à son échéance, ou d'en effectuer le remboursement avec les frais du protêt et de rechange.

» La caution soit du tireur, soit de l'endosseur, n'est solidaire qu'avec celui qu'elle a cautionné. »

dans notre royaume ; et hors icelui, les délais
seront de deux mois pour les personnes domiciliées en Angleterre, Flandre, ou Hollande ;
de trois mois pour l'Italie, l'Allemagne et les
cantons suisses ; de quatre mois pour l'Espagne ;
de six pour le Portugal, la Suède et le Danemarck.*

car ils peuvent être poursuivis non-seulement dans la
quinzaine, mais encore dans les cinq ans. (V. *infrà*,
art. 21, avec les notes.)

 (2) *Seront poursuivis.*] Tant par action directe
que sur la saisie, si le porteur de la lettre a fait saisir
les effets des tireurs et endosseurs.

 (3) *Dans la quinzaine.*]** Cette disposition est sage-

---

 * *Cod. de com. art. 165.* «Si le porteur exerce le recours indivi-
duellement contre son cédant, il doit lui faire notifier le protêt,
et, à faute de remboursement, le faire citer en jugement
dans les quinze jours qui suivent la date du protêt, si celui-ci
réside dans la distance de cinq myriamètres.

 » Ce délai, à l'égard du cédant domicilié à plus de cinq myriamètres de l'endroit où la lettre de change était payable,
sera augmenté d'un jour par deux myriamètres et demi excé-
dant les cinq myriamètres. »

 ** Le Code de commerce n'accorde aussi qu'un délai de quinzaine, sauf l'augmentation pour les distances : cette obligation
imposée par la loi aux porteurs des lettres de change, d'en poursuivre rigoureusement les signataires, à peine de déchéance, ne
se conçoit bien qu'en se pénétrant de toute l'économie du contrat de change. Jousse développe fort bien les motifs de cette
disposition, qui paraîtrait sévère si on l'isolait de la connais-

ment établie pour prévenir les abus qui se commettaient auparavant par les porteurs des lettres, qui se contentaient seulement de les faire protester dans les dix jours, et ensuite les gardaient long-temps sans faire aucune demande aux tireurs et endosseurs, soit pour favoriser ceux sur qui les lettres étaient tirées, ou pour tirer des intérêts de ceux qui les avaient acceptées ; et lorsqu'ils n'en pouvaient plus tirer de ces derniers, soit par leur mort, soit par leur insolvabilité, ils revenaient ensuite contre les tireurs et endosseurs, ce qui causait souvent de grands désordres dans le commerce, à quoi cet article a remédié.

Lorsque le porteur de la lettre néglige de faire cette poursuite dans la quinzaine, il est exclus de son recours en garantie. (V. l'art. 15, page 158.)

Au reste, il faut observer que le délai de quinzaine, ou autre, accordé par cet article, est non-seulement en faveur du porteur de la lettre, mais aussi en faveur de chacun des endosseurs, pour pouvoir, dès l'instant qu'un des endosseurs est poursuivi, exercer son recours contre ceux qui le précèdent ; en sorte que, si, par exemple, le troisième en ordre est poursuivi en garantie par le porteur de la lettre, ce troisième endosseur aura aussi un délai de quinzaine, ou autre délai accordé par cet article, pour pouvoir agir en recours contre les tireurs et les précédens endosseurs ; et de même le second endosseur, ainsi mis en cause, aura aussi un autre

---

sance des abus auxquels elle a porté remède. On trouvera ce point important et compliqué de notre droit commercial traité aussi avec beaucoup de talent dans l'ouvrage de Lasserra, ce qui rend des observations plus longues superflues.

délai de quinzaine, à compter du jour qu'il a été poursuivi, pour agir contre le tireur et le premier endosseur,
et ainsi des autres. (V. l'art. 15 du tit 8 de l'Ordonnance de 1667.)

(4) *A raison d'un jour pour cinq lieues.*] A la différence de ce qui se pratique pour les délais des garanties établies par l'Ordonnance de 1667, qui sont à
raison d'un jour pour dix lieues. (Voyez l'Ordonnance
de 1667, tit. 8, art. 2.)

14.

Les délais ci-dessus seront comptés *du lendemain des protêts jusqu'au jour de l'action en garantie inclusivement* (1), sans distinction de
dimanches et jours de fêtes.*

(1) *Du lendemain des protêts jusqu'au jour de l'action en garantie inclusivement.*] C'est-à-dire que, si
le protêt a été fait v. g. le dix avril, il faudra que le
porteur fasse poser l'exploit de demande en garantie
au plus tard le 25 du même mois, lorsque le garant
est domicilié dans la distance de dix lieues; et, s'il
demeure dans la distance de quinze lieues, il faudra
que l'exploit soit posé au plus tard le 26 avril, et ainsi
des autres.

---

* Le Code de commerce consacre la même règle par ces mots
de l'art. 165.... *dans les quinze jours qui suivent la date du
protêt.*

15.

Après les délais ci-dessus, les porteurs des lettres *seront non recevables* (1) dans leur action en garantie, et toute autre demande contre les tireurs et endosseurs.*

(1) *Seront non recevables, etc.*] Ainsi jugé par arrêt

---

* Cet article n'est que la sanction de ceux qui précèdent, et le Code de commerce a exactement la même disposition.

Art. 168. « Après l'expiration des délais,

» Pour la présentation de la lettre de change à vue, ou à un ou plusieurs jours ou mois ou usances de vue,

» Pour le protêt faute de paiement,

» Pour l'exercice de l'action en garantie,

» Le porteur de la lettre de change est déchu de tous droits contre les endosseurs. »

Il s'est élevé sur cet article une question fort importante et de nature à se présenter souvent devant les tribunaux de commerce ; la voici : Le porteur d'une lettre de change qui a été empêché par une force majeure de la faire protester, faute de paiement à son échéance, conserve-t-il en la faisant protester aussitôt que la chose est possible, le droit de recourir sur les endosseurs et le tireur ? — Cette question épineuse est traitée avec un soin et une érudition remarquables aux *Questions de Droit* de Merlin, V° Protêt, § 8. J'invite le lecteur à en prendre connaissance : le désir d'imiter autant que possible la concision de Jousse, et de renfermer dans un seul volume son ouvrage et celui de Dupuy de Lasserra, ne me permet que de consacrer quelques lignes à ce point important. — En principe général, la force majeure fait exception à toutes les règles : *impossibilium nulla obligatio.* Inutile de

du 28 juillet 1711, confirmatif d'une sentence rendue au Châtelet de Paris le 31 août 1708.

---

développer la force des motifs qui a fait admettre une pareille maxime, ils sont évidens : Pothier, se fondant sur cette règle, se décide en faveur du porteur dans son Traité du contrat de change, n. 144. — Il ne m'arrive que bien rarement, et jamais qu'avec une extrême répugnance, de m'éloigner d'une opinion de Pothier, tant est grande et s'augmente chaque jour par l'étude ma vénération pour ce grand jurisconsulte, qui a rendu à la science législative les plus éminens services, et que tout homme juste doit regarder comme le véritable auteur en grande partie des Codes qui nous régissent.

Cependant il peut y avoir de grands dangers dans la pratique à faire l'application de la maxime *impossibilium nulla obligatio*; et c'est la connaissance de ces dangers qui, avant le Code de commerce, avait fait adopter dans certains tribunaux consulaires un système contraire à celui de Pothier. Lors de la rédaction du Code de commerce, la question fut élevée et examinée avec beaucoup d'intérêt ; les raisons des deux systèmes furent pesées et balancées avec soin, ce qui amena le résultat trop ordinaire, qui ne surprend que l'ignorance, je veux dire le doute, que suivit la résolution de ne donner sur ce point aucune règle législative, et de s'en remettre à la sagesse des tribunaux. Les assemblées législatives, fatiguées de cette position si pénible, où l'esprit humain est jeté par l'examen approfondi de deux systèmes qui se balancent par des raisons également puissantes, prennent souvent le parti de s'en remettre aux tribunaux, ce qui termine les débats et ne décide rien : il est à déplorer que cela ait eu lieu sur un point si intéressant ; c'est une lacune fâcheuse dans notre Code de commerce. La grande règle en législation, c'est qu'il ne faut abandonner à l'arbitraire du juge que le moins possible : *optima lex quœ minimum relinquit arbitrio judicis*, dit Bacon. Si une assemblée de législateurs n'a pas osé décider,

Voyez une exception à cette règle en l'article suivant.

---

que feront trois marchands quand ils seront obligés, à peine de déni de justice, de suppléer au silence du Code, à quel arbitraire on livre les justiciables ! ● en résultera que dans un temps plus ou moins éloigné nous pourrons avoir autant de jurisprudences différentes que de Cours royales ; qu'à Bordeaux on admettra l'exception de force majeure, tandis qu'on la rejettera à Rouen ou à Rennes : que sera-ce si divers endosseurs sont domiciliés dans différens ressorts? Il me semblerait que l'on aurait évité ces difficultés et toutes celles qu'entraîne l'appréciation de la force majeure, en rejetant l'exception fondée sur ce motif. Je dirai même que les raisons pour ce système sont plus justes et plus conformes à l'équité que celles fondées sur la maxime *impossibilium nulla obligatio*, quoiqu'au premier abord cela paraisse un paradoxe. Analysons la lettre de change : puisqu'on élève la question proposée, il est évident d'après les termes mêmes qu'il y a des endosseurs, et que l'accepteur est insolvable. Or, de deux choses l'une, ou la provision avait été faite, ou non. Dans le premier cas pourquoi ferait-on supporter au tireur le malheur de la faillite? Dans le second cas le droit de recours du porteur est incontestable. Comme une pareille question ne peut être élevée que lorsqu'il faut faire tomber sur les signataires de la lettre ou le porteur la perte du montant de la lettre de change, la justice paraît exiger qu'on eût de puissantes raisons pour admettre une exception aussi favorable au porteur. Or on ne saurait voir le motif d'une pareille faveur. Le tireur et les endosseurs ont rempli toutes leurs obligations ; la garantie a pesé sur eux jusqu'à l'échéance ; un malheur est arrivé, l'accepteur est insolvable : pourquoi leur faire supporter ce malheur plutôt qu'au porteur? *Res perit domino.* Le contrat de change n'est qu'une cession de créance avec garantie jusqu'à l'échéance. La créance établie par la lettre de change était la propriété du porteur ; elle a péri entre ses mains sans qu'on puisse imputer aucune faute

16.

Les tireurs ou endosseurs (1) des lettres *seront tenus de prouver* (2), en cas de dénégation, que ceux sur qui elles étaient tirées leur étaient redevables, *ou avaient provision* (3) au temps qu'elles ont dû être protestées; *sinon ils seront tenus de les garantir* (4).*

(1) *Les tireurs ou endosseurs.*] Cet article sert d'exception au précédent.

(2) *Seront tenus de prouver.*] Cette obligation de

---

au tireur ou aux endosseurs : la force majeure ne fait rien à la chose ; on ne lui demande rien ; il n'a pas besoin d'exception ; il voudrait faire revivre une action éteinte, malgré le texte de l'art. 168 : or quelle raison peut-il donner pour qu'on modifie la loi en sa faveur, au détriment du tireur ou des endosseurs ? Je le répète, je n'en sais voir aucune. Personne ne peut être contraint à l'impossible, j'en conviens; mais il est également clair qu'on ne peut sans motif faire tomber sur autrui le malheur qui nous arrive, quel que soit le degré d'intérêt que l'on puisse inspirer.

* *Cod. de com.*, *art. 117.* « L'acceptation suppose la provision. » Elle en établit la preuve à l'égard des endosseurs.

» Soit qu'il y ait ou non acceptation, le tireur seul est tenu de prouver, en cas de dénégation, que ceux sur qui la lettre était tirée avaient provision à l'échéance; sinon il est tenu de la garantir, quoique le protêt ait été fait après les délais fixés. »

Art. 168. « Après l'expiration des délais ci-dessus, » Pour la présentation de la lettre de change à vue, ou à un ou plusieurs jours ou mois ou usances de vue,

11

prouver est remplie de justice. Il peut arriver qu'une personne tire une lettre de change sur une autre qui ne

---

» Pour le protêt faute de paiement,
» Pour l'exercice de l'action en garantie,
» Le porteur de la lettre de change est déchu de tous droits contre les endosseurs. »

Art. 169. « Les endosseurs sont également déchus de toute action en garantie contre leurs cédans, après les délais ci-dessus prescrits, chacun en ce qui le concerne. »

Art. 170. « La même déchéance a lieu contre le porteur et les endosseurs, à l'égard du tireur lui-même, si ce dernier justifie qu'il y avait provision à l'échéance de la lettre de change.»

» Le porteur, dans ce cas, ne conserve d'action que contre celui sur qui la lettre était tirée.»

Les articles du Code de commerce que nous venons de rapporter établissent une dérogation bien importante au principe consacré par l'art. 16 de l'Ord. C'est un des points les plus intéressans et les plus compliqués de notre droit commercial. Nous invitons le lecteur qui voudra approfondir ce sujet vraiment difficile, et qui n'a pas été traité par les législateurs eux-mêmes avec toute la précision désirable, à prendre connaissance du § 7, v°, Prot., aux *Quest. de Droit de Merlin.*

Jousse explique fort bien, dans ses notes sur l'art. 16, par quels sages motifs le législateur, établissant une exception à l'art. 15, veut, nonobstant les déchéances encourues par le porteur, que le tireur soit obligé de prouver qu'il y avait provision ; car il est évident qu'un tireur de lettres de change qui ne fait pas la provision, garde la valeur de la lettre sans rien débourser, et que l'autoriser en pareil cas à invoquer des déchéances contre le porteur, ce serait légitimer un vol manifeste : l'Ord. et le Cod. de com. sont parfaitement d'accord pour proscrire un pareil abus. — Mais on voit que

lui doit rien, et qui n'a aucun fonds appartenant à ce
tireur pour acquitter la lettre; ainsi le porteur de cette

---

l'art. 16 de l'Ord. ne s'était pas borné à exiger que le tireur
prouvât l'existence de la provision, il voulait encore que les
endosseurs fussent obligés à faire cette preuve à l'égard du
porteur retardataire. C'est cette obligation imposée aux endosseurs que les législateurs modernes n'ont pas voulu maintenir ; et rien n'est plus juste que cette distinction établie
entre le tireur et les endosseurs: pour bien la saisir, il faut
examiner la différence qui existe dans leurs positions respectives.
Quand un individu crée ou tire une lettre de change, il ne
débourse rien, il remet seulement au preneur un billet appelé lettre de change, lequel billet contient une obligation de
faire compter à l'échéance déterminée la somme qui y est
mentionnée : pour accomplir cette obligation, le tireur doit
envoyer une provision; jusqu'à ce qu'elle soit faite, il a
la valeur de la lettre en pur profit. Comme on l'a déjà
dit, s'il pouvait, au moyen d'une déchéance, se dispenser
de prouver qu'il a fait la provision, il gagnerait la valeur sans
avoir rien déboursé : ce serait intolérable.—Il en est bien autrement relativement aux endosseurs: depuis le premier jusqu'au
dernier, ils ont tous payé successivement la valeur de la lettre
lorsqu'elle a été passée à leur ordre. En les autorisant à
repousser le porteur retardataire on ne leur donne pas le
moyen de garder entre leurs mains le montant de la lettre
de change en pur bénéfice, on leur évite seulement l'obligation de payer deux fois : car, puisqu'en recevant la lettre ils en
ont payé le montant, leur faire ensuite fournir la provision,
c'est leur faire supporter une perte qu'il n'y a aucune raison
pour leur imposer. Ils ont garanti le paiement de la lettre
jusqu'à l'échéance; le porteur a été négligent et ne s'est
pas conformé aux dispositions de la loi, en résulte-t-il qu
l'on doive prolonger la garantie des endosseurs, ou les obli-

lettre qui a négligé de la faire protester dans le délai requis, eût fait inutilement ses diligences, puisque celui sur

---

ger à prouver l'existence d'une provision qui devait être faite
par le tireur ? Évidemment non.

L'art. 16 de l'Ord., en assimilant entièrement les endosseurs
aux tireurs, établissait un principe si rigoureux, on peut même
dire si injuste, que long-temps avant le Code la jurisprudence l'avait sagement modifié dans l'application. « Lorsque
la lettre n'a pas été acceptée, dit Pothier, *Trait. du Cont. de
change*, n° 158, les endosseurs, pour pouvoir tirer une fin de
non - recevoir du défaut de protêt, sont tenus, aux termes de
l'art. 16 de l'Ord., de justifier qu'au temps que la lettre a dû être
protestée, celui sur qui elle avait été tirée avait des fonds
qui lui avaient été remis soit par le tireur, soit par eux, ou
qu'il leur était redevable.... Je pense qu'il en serait autrement si la lettre avait été acceptée; car celui sur qui elle était
tirée s'en étant rendu, par son acceptation, débiteur envers tous
ceux à qui elle est payable, quoique le tireur ne lui eût pas remis
de fonds, il ne laisse pas d'être redevable de cette lettre envers les endosseurs à qui elle a été payable, lesquels ont par
conséquent action contre lui pour la faire acquitter, et avaient
conséquemment intérêt que le refus de paiement leur fût dénoncé pour pouvoir prendre contre lui leurs mesures. » Rien
n'était plus sage qu'une pareille doctrine ; la jurisprudence y
était conforme lorsque le Code de commerce fut promulgué.

Les législateurs modernes voulurent encore améliorer la position des endosseurs : leur intention, clairement énoncée dans
l'exposé des motifs, ne saurait être révoquée en doute ; et
c'est dans cet esprit qu'ont été rédigés les art. 168, 169 et 170
du Cod. de com., qui, comme on le voit, déclarent le porteur
déchu de *tous* droits contre les endosseurs, faute d'avoir fait
ses diligences aux époques déterminées. Cependant on a voulu
renouveler, sous l'empire du Code, la distinction faite par
Pothier, pour le cas où la lettre a été acceptée, et celui où

qui cette lettre a été tirée n'aurait vraisemblablement ni
accepté ni payé. D'ailleurs, lorsque le tireur n'est pas

---

elle ne l'a pas été; et l'on s'est fondé sur l'article 117 du
Cod. de com., qui n'est pas rédigé, il faut en convenir, avec
toute l'exactitude désirable. Lors de la première rédaction de
cet article, le mot *seul*, qui se trouve dans le paragraphe 5e, ne
s'y trouvait point, et cet article, ainsi rédigé, consacrait très-bien
la doctrine de Pothier et l'ancienne jurisprudence; et telle avait
été l'intention du membre du Conseil d'Etat qui rédigea cet
article. Merlin nous apprend, *Quest. de Droit*, v° protêt, que
ce conseiller d'Etat était lui-même, et que telle avait été son
intention. Il est impossible d'avoir rien de plus positif; mais
lorsque les législateurs s'occupèrent des art. 168, 169, 170, ils
voulurent aller plus loin que l'ancienne jurisprudence ne l'avait
fait, et n'accorder aucun recours au porteur retardataire, soit
que la lettre eût été acceptée, soit qu'elle ne l'eût pas été:
c'est pour établir formellement ce principe, que, revenant sur
l'art. 117, on décida que le mot *seul* serait ajouté au 3e paragraphe, et que le 2e serait supprimé comme inutile. C'est en
effet un véritable pléonasme que d'établir une preuve de droit
en faveur des endosseurs, si, dans aucun cas, les endosseurs
n'ont besoin de faire aucune preuve, comme le dit formellement
le 3e paragraphe du même article. Mais il arriva que le rapporteur oublia sa promesse de supprimer le 2e paragraphe
de l'art. 117, ce qui a fait naître des difficultés; ceux qui
voulaient rétablir la distinction de l'ancienne jurisprudence, se
fondant sur ce paragraphe pour prétendre que, lorsqu'il n'y a
point d'acceptation, la preuve de la provision n'est pas acquise,
et que par conséquent les endosseurs doivent la fournir, malgré
le texte du 3e paragraphe qui n'impose l'obligation de cette
preuve qu'au tireur *seul*, soit qu'il y ait ou non acceptation.
Ce système, ayant été présenté à la Cour de cassation, y a été
proscrit, sur les conclusions de Merlin, par arrêt du 21 juin
1810, que l'on trouve aux *Quest. de Droit*, v° Prot.

créancier de celui sur qui il tire, ou qu'il ne lui a point envoyé de provision, il se trouve dans le cas de celui qui cède une dette active ou une créance qui n'existe point, et par conséquent dont il ne peut résulter aucune action qui puisse imposer au porteur la nécessité de faire aucunes diligences, le cessionnaire n'ayant pas plus de droit que le cédant.

La preuve ici requise par l'Ordonnance est aisée à faire entre marchands et banquiers, par le moyen des livres qu'ils sont obligés de tenir. Si la contestation est entre d'autres personnes, on s'en rapporte à la déclaration ou à l'affirmation de celui sur qui la lettre est tirée.

(3) *Ou avaient provision.*] C'est-à-dire avaient des fonds appartenant au tireur.

(4) *Sinon ils seront tenus de les garantir.*] Ainsi jugé par arrêt de la Cour, du 22 juin 1707, rendu sur l'appel d'une sentence du consulat de Paris, du 20 novembre 1705.

La raison de cette disposition est qu'un tireur est garant de ses faits et promesses, c'est-à-dire qu'il lui est dû par celui sur qui il tire, ou qu'il lui a remis provision à cet effet, avant ou au temps de l'échéance, pour acquitter la lettre par lui tirée; autrement il arriverait que le porteur d'une lettre de change qui aurait négligé de la faire protester, quoique inutilement, perdrait, dans le cas de faillite ou d'insolvabilité de celui sur qui la lettre est tirée, la somme qu'il aurait effectivement payée au tireur, soit par lui, soit par ceux qu'il représente, et aux droits de qui il est; et que le tireur, sans avoir rien payé, profiterait de cette somme, ce qui serait injuste.

17.

Si, depuis le temps réglé pour le protêt, les tireurs ou endosseurs ont reçu la valeur en argent ou marchandises, par compte, compensation ou autrement, *ils seront aussi tenus de la garantie* (1).*

(1) *Ils seront aussi tenus de la garantie.*] Parce qu'au moyen de cette valeur, ainsi payée en marchandises ou autrement, le tireur ou endosseur qui l'a reçue devient débiteur de celui sur qui la lettre est tirée, et par conséquent il doit la garantir envers celui qui en est porteur, et qui lui a payé la valeur de cette lettre, soit par lui-même, soit par ceux qu'il représente, et aux droits de qui il est.

18.

La lettre payable à un particulier, *et non au porteur* (1), ou à ordre, *étant adirée* (2), *le paie-*

(1) *Et non au porteur.*] C'est-à-dire, et qui n'est

---

* *Cod. de com.*, *art. 171.* « Les effets de la déchéance prononcée par les trois articles précédens cessent en faveur du porteur contre le tireur, ou contre celui des endosseurs qui, après l'expiration des délais fixés pour le protêt, la notification du protêt ou la citation en jugement, a reçu par compte, compensation ou autrement, les fonds destinés au paiement de la lettre de change. »

ment en pourra être poursuivi (3) et fait *en vertu d'une seconde lettre* (4) *sans donner caution* (5), et faisant mention que c'est une seconde lettre, et que la première ou autre précédente demeurera nulle.*

payable ni au porteur, ni à ordre. (V. la note 1 sur l'article 19 ci-après, page 175.)

(2) *Etant adirée.*] C'est-à-dire, égarée ou perdue.

---

* *Cod. de com.*, art. 147. « Le paiement d'une lettre de change fait sur une seconde, troisième, quatrième, etc., est valable, lorsque la seconde, troisième, quatrième, etc., porte que ce paiement annulle l'effet des autres. »

L'art. 148 du Cod. de com., qui est le corrélatif de l'art. 18 de l'Ordonn., n'est pas pourtant rédigé de la même manière ; et c'est ici le lieu d'examiner une question fort importante et de nature à se présenter souvent dans la pratique : car j'ai pour principe que, dans une science aussi vaste que la jurisprudence, tout ce qui n'est pas usuel est oiseux. Cette question consiste à savoir ce qu'il faut penser d'une lettre de change qui ne serait point à ordre, mais simplement payable au particulier y dénommé, comme un simple billet ordinaire.

L'art. 110, § 8 du Cod. de com., est ainsi rédigé : « La lettre de change est à l'ordre d'un tiers ou à l'ordre du tireur lui-même. »

M. Locré, examinant ce paragraphe, en tire la conséquence qu'une lettre de change payable à un particulier, sans être à ordre, ne serait point une véritable lettre de change. Cette décision, si contraire aux vrais principes et à la doctrine de tous les auteurs, est vraiment étonnante de la part de M. Locré, car il ne cite aucun fragment de discussion qui indique que les législateurs modernes aient voulu modifier notre ancien droit;

(3) *Le paiement en pourra être poursuivi.*] Sans qu'il soit besoin de prendre à cet effet une permission

---

et les principes en étaient bien constans, puisque les art. 18, 19 de l'Ord., parlent formellement *de lettres de change payables à un particulier ou à ordre.*

Le désir naturel d'échapper à la contrainte par corps, accessoire rigoureux, mais nécessaire, des lettres de change, les assujétissant à une foule de difficultés, je ne m'étonnerais pas qu'un tireur de lettre de change ne s'emparât avec empressement de l'opinion de M. Locré, pour éviter l'incarcération. Dans le doute, dirait-on d'ailleurs, il faut décider en faveur du débiteur ; et cela serait très-vrai, s'il pouvait y avoir doute ; mais il n'y en a point, il y a seulement erreur de la part d'un jurisconsulte estimable.

Pour éviter une confusion assez facile sur ce point important, il faut rappeler ce que c'est que le contrat de change, et dans quel but il a été inventé : or il est bien constant que le contrat de change, réduit à sa plus simple expression, n'est autre chose que l'échange d'une valeur contre une somme d'argent à recevoir dans un autre lieu, échange qui s'effectue au moyen d'un billet appelé lettre de change, et qui a pour but d'éviter le transport des monnaies métalliques.

La lettre de change, lors de son invention, ne rendait au commerce que le service, bien grand sans doute, d'éviter tous les inconvéniens qui sont inhérens à la pesanteur des monnaies métalliques ; mais bientôt on ajouta à ce papier, déjà si utile, un autre avantage non moins précieux, ce fut celui de ne pas être soumis aux formalités prescrites par le droit commun pour le transport des créances ; et la propriété des lettres de change put être transmise par un simple endossement, c'est-à-dire par une voie presque aussi rapide que la parole ; ce qui donne aux lettres de change une facilité de circulation presque comparable à celle des monnaies nationales.

de justice ; ce qui résulte de la comparaison de cet article avec l'article 19.

Mais il n'en est pas moins vrai que l'endossement est une chose essentiellement distincte de la lettre de change ; ce sont deux choses qui peuvent coexister, qui coexistent même ordinairement, mais dont la réunion n'est pas de l'essence de la lettre de change. Comme ce point est délicat, et ne peut être bien saisi que par un aperçu rapide de l'historique de notre jurisprudence sur ce sujet, nous allons citer un passage de Savary, auteur qui depuis plus d'un siècle fait autorité en cette matière, et qui, comme on sait, fut choisi par Colbert pour rédiger l'Ordonnance de 1673. Il s'exprime ainsi dans son parère 82 :

« A l'égard du change, c'est une vendition et cession d'argent. Pierre a 3,000 livres ès mains de Paul de Bordeaux, son ami : il a besoin de cette somme à Paris, et François de Paris a aussi besoin de pareille somme à Bordeaux. Pierre vend, cède et transporte à François de Paris les 3,000 livres qu'il a ès mains de Paul de Bordeaux, moyennant pareille somme de 3,000 liv. qu'il lui a payée comptant ; et le contrat de cession et transport n'est autre qu'une lettre de change que Pierre écrit à Paul, son ami, de Bordeaux, conçue en ces termes : *Monsieur, au 20 septembre prochain, il vous plaira payer au sieur François de Paris la somme de 3,000 livres, pour valeur reçue de lui en deniers comptans, que passerez à compte ; comme par avis de votre serviteur Pierre.* Et en marge de ladite lettre il est écrit, à Monsieur Paul, marchand à Bordeaux. Et la raison pour laquelle l'on appelle cette lettre mercantilement lettre de change, c'est parce qu'il y a vendition et cession d'argent de place en place, c'est-à-dire d'une ville sur une autre ; et c'est aussi la raison pour laquelle, suivant le Droit civil et le Droit canon, il est permis aux cambistes de prendre le change de l'argent, à cause de la différente loi des espèces qu'il y a d'un lieu à un autre ; ou si les espèces sont à même

(4) *En vertu d'une seconde lettre.*] La précaution
de prendre deux lettres de change pour une même

---

loi dans les deux lieux, c'est-à-dire, un écu blanc vaut à
Paris trois livres, et pareil prix à Bordeaux, comme il
faudrait que Pierre fît venir cette somme de 3,000 livres de
Bordeaux à Paris par le messager ou autrement, il paie à
François le change de son argent à Paris, où il reçoit pareille
somme, lequel est arbitré entre ces deux cambistes à un ou
deux pour cent de perte : c'est selon l'abondance ou rareté
d'argent qui se rencontre dans les deux villes ; car quelquefois l'argent y est au pair, c'est-à-dire qu'il n'y a rien à
gagner ni à perdre pour le change; et c'est encore pour
ces raisons que l'on appelle ce commerce *change*, parce qu'il
y a toujours variation de prix d'argent.

» A l'égard de la forme d'une lettre de change, l'on voit,
par le modèle ci-dessus, que, pour former et donner l'être
à une lettre de change, il faut nécessairement trois personnes ; savoir, Pierre, qui est le tireur; François, au profit
duquel elle est faite, et Paul de Bordeaux, sur lequel elle
est tirée par Pierre. Il faut encore que la valeur y soit
exprimée, et de qui elle a été reçue par le tireur, en deniers,
marchandises ou autres effets : de sorte que, s'il manque une
de ces formalités à une lettre, elle n'est point réputée lettre
de change. Et en effet, ce qui vient d'être dit est conforme
à l'article I du titre V de l'Ordonnance du mois de mars
1673, dont voici la disposition : *Les lettres de change contiendront sommairement le nom de ceux auxquels le contenu
devra être payé, le temps du paiement, le nom de celui
qui en a donné la valeur, et si elle a été reçue en deniers,
marchandises ou autres effets.*

» Il faut observer que dans la formule de cette lettre de
change l'on n'a point mis payable à François ou à son ordre,
pour marquer que ces mots, *ou à son ordre,* ne sont point
de l'essence d'une lettre de change. En effet, quand le tireur

somme a lieu dans plusieurs occasions; ce qui arrive principalement lorsqu'on tire des lettres sur un pays

---

met dans la lettre ces mots, de payer à François, ou à son ordre, c'est afin que François dispose au profit de telle personne qui lui plaira, par le moyen de son ordre qu'il met au dos de ladite lettre, au profit de cette personne, valeur reçue d'elle en deniers, marchandises ou autres effets. Cet ordre, conçu en cette manière, a l'effet d'une cession et transport qu'il a fait à cette personne de la somme mentionnée dans la lettre; et au moyen de la valeur qu'en a reçue le donneur d'ordre de cette personne, il se dévêt de la propriété de la lettre, et en revêt cette personne, qui en devient le propriétaire au moyen de la valeur qu'elle lui en a payée en deniers, marchandises ou autres effets : ou bien, si François ne veut point disposer de ladite lettre par une cession et transport, il met son ordre sur la lettre conçue en ces termes : *Pour moi payez le contenu de l'autre part à Nicolas, elle sera bien payée.* Cet ordre, conçu en cette manière, n'a l'effet que d'une simple procuration, parce que le donneur d'ordre ne reçoit point la valeur de Nicolas : ainsi elle lui appartient toujours, ne s'en étant point dévêtu, et partant Nicolas en doit rendre compte à François après l'avoir reçue de celui sur qui elle est tirée.

» Il est si constant que ces mots, *ou à son ordre,* ne sont point de l'essence d'une lettre de change, qu'avant l'année 1620 les cambistes ne les mettaient jamais dans leurs lettres de change. En effet, ce sont les banquiers, négocians et gens de change qui en ont trouvé l'invention, et qui s'en sont servis pour faire valoir leur argent les uns avec les autres, et pour en faciliter le commerce; parce que, ne pouvant recevoir eux-mêmes de ceux sur qui les lettres étaient tirées, il fallait qu'ils passassent des procurations par-devant notaires, au nom de quelqu'un des lieux où la

étranger. Cet usage a été établi pour empêcher et prévenir l'inconvénient de la perte de la lettre , et que le

---

lettre était tirée, pour en recevoir le contenu , ce qui était
extrêmement incommode au commerce de la banque et
du change; au lieu que par le moyen des ordres que les
banquiers et négocians mettent présentement sur les lettres
de change, suivant qu'il est porté par icelles, et au moyen
que lesdits ordres portent aussi de payer le contenu en
la lettre à un tel ou à son ordre, les lettres peuvent être
négociées cinq ou six fois avant le temps de leur échéance;
au lieu, dis-je, que par ce moyen il ne leur est point nécessaire de passer de procurations par-devant notaires. Mais,
à dire le vrai, si les ordres que l'on met sur les lettres de
change facilitent le commerce de la banque et du change,
cela donne aussi occasion à plusieurs usures qui se commettent par les banquiers et négocians , au moyen desdits
ordres. C'est pourquoi il a fallu que Sa Majesté y ait apporté remède par les articles xxɪɪɪ, xxɪv et xxv du
titre V de l'Ordonnance ci-dessus alléguée. Et en effet, il
y a plusieurs villes d'Italie, et particulièrement à Venise,
où les négocians et banquiers sur qui les lettres sont tirées
ne paient jamais qu'en vertu d'une procuration de celui
auquel elle est payable. Ainsi, celui qui tire une lettre de
change sur Venise, ne met jamais dans la lettre de payer
à celui au profit duquel elle est tirée à lui ou à son ordre,
parce que ces mots, *ou à son ordre*, n'opéreraient rien , et
que ceux sur qui elles sont tirées n'y auraient aucun
égard. »

Dupuy de Lasserra, comme on le verra dans son ouvrage,
enseigne la même doctrine que Savary. Nous croyons en avoir
assez dit, et peut-être trop, pour démontrer que le système de
M. Locré ne peut guère être présenté que par des débiteurs
insolvables, mais ne saurait faire impression sur des magistrats.

paiement n'en soit point différé. Ces deux lettres,
n'étant, à proprement parler, que les copies l'une de
l'autre, doivent être toutes semblables, de même
somme, de même date, etc., à la réserve que l'une est
qualifiée de *première*, et l'autre de *seconde*. Lorsqu'une
de ces lettres a été acquittée, l'autre n'a plus de force
et ne peut produire aucun effet.

(5) *Sans donner caution.*] Parce qu'une lettre de
change qui n'est point payable à ordre ou au porteur,
mais seulement à un particulier, n'a point de suite,
et que nulle autre personne entre les mains de qui
cette lettre viendrait à tomber, ne peut s'en servir
qu'en vertu d'un transport que lui en aurait fait celui
au profit de qui elle est tirée. Ainsi il n'est pas nécessaire dans ce cas de donner caution pour recevoir la
somme en vertu d'une seconde lettre, parce que, si,
après l'acquittement de cette seconde lettre, il venait
une personne avec la première lettre de change, même
avec un transport de celui à qui elle appartenait, elle
n'en serait pas plus avancée, ce transport ne lui donnant
pas plus de droit qu'en avait son cédant, suivant cette
maxime de droit, que *nemo plus juris potest ad alium
transferre quàm ipse habet.* (L. 54, ff. *de Regulis
Juris.*) C'est pourquoi celui qui aurait payé sur la
seconde lettre serait déchargé de payer la première,
en rapportant cette seconde lettre quittancée de celui
à qui elle était payable.

19.

Au cas que la lettre adirée soit payable *au porteur* (1), *ou à ordre* (2), *le paiement n'en sera fait* (3) *que par ordonnance du juge* (4), *et en baillant caution de garantir* (5) le paiement qui en sera fait.*

(1) *Au porteur.*] C'est-à-dire, payable à toute personne qui présentera la lettre, sans qu'il soit nécessaire qu'elle ait été passée à l'ordre du porteur, ni qu'il ait aucune procuration à cet effet.

Par un édit du mois de mai 1716, portant établissement d'une banque générale dans le royaume, les lettres de change et billets payables au porteur avaient été supprimés pour faciliter le commerce des billets de banque; mais ces derniers billets ayant été supprimés, les choses ont été remises dans leur ancien état, et l'usage des lettres de change et billets payables au porteur a été rétabli par une déclaration du 21 janvier 1721. (V. le recueil, tome 3, pages 37 et 200.)

(2) *Ou à ordre.*] Comme cet article ne règle rien au sujet de la personne à qui le porteur de la lettre de change doit s'adresser pour en obtenir une seconde, lorsqu'il n'y en a eu qu'une de délivrée, et que ce silence de l'Ordonnance occasionait souvent des diffé-

---

* *Cod. de com.*, *art. 151.* « Si la lettre de change perdue est revêtue de l'acceptation, le paiement ne peut en être exigé sur une seconde, troisième, quatrième, etc., que par ordonnance du juge, et en donnant caution. »

rends entre les porteurs des lettres et les endosseurs
et tireurs, les porteurs prétendant qu'ils n'étaient point
obligés de s'adresser à d'autres qu'aux derniers endosseurs, et ceux-ci soutenant au contraire que c'était
aux tireurs qu'il fallait s'adresser, il y a été pourvu par
un arrêt de règlement du parlement de Paris, du 30
août 1714, qui ordonne « que les articles 18, 19, et 33
» du titre 5 de l'Ordonnance du commerce du mois de
» mars 1673, seront exécutés selon leur forme et teneur;
» ce faisant, que dans le cas de la perte d'une lettre
» de change tirée de place en place, payable à ordre,
» et sur laquelle il y a eu plusieurs endosseurs, celui
» qui était porteur de ladite lettre de change sera tenu
» de s'adresser au dernier endosseur de ladite lettre
» pour avoir une seconde lettre de change de la même
» valeur et qualité que la première; lequel dernier en-
» dosseur sera pareillement tenu, sur la réquisition qui
» lui en sera faite par écrit, de prêter ses offices audit
» porteur de la lettre de change auprès du précédent
» endosseur, et ainsi, en remontant d'endosseur en
» endosseur, jusqu'au tireur de ladite lettre; même de
» prêter son nom audit porteur, en cas qu'il faille don-
» ner des assignations et faire des poursuites judiciaires
» contre les endosseurs précédens; que tous les frais
» qui seront faits pour raison de ce, même les ports
» de lettres et autres frais, seront acquittés par ledit
» porteur de la première lettre de change qui aura été
» perdue; et que faute par le dernier endosseur de la-
» dite lettre, et en remontant par les endosseurs pré-
» cédens, d'avoir prêté leurs offices et leur nom audit
» porteur, après en avoir été requis par écrit, celui
» des endosseurs qui aura refusé de le faire sera tenu
» de tous les frais et dépens, même des faux frais qui

» pourront être faits par toutes les parties depuis son
» refus, et que le présent arrêt sera lu et publié à l'au-
» dience de tous les bailliages, sénéchaussées, et re-
» gistré aux greffes desdits siéges et aux greffes de toutes
» les juridictions consulaires du ressort de ladite cour. »
(V. au recueil, tome 2, pag. 618.)*

(3) *Le paiement n'en sera fait.*] En vertu d'une
seconde lettre, comme il est dit en l'article précédent.

(4) *Que par ordonnance du juge.*] Obtenue sur une
requête présentée à cet effet en la juridiction consulaire
du lieu où la lettre de change est payable, ou à défaut
présentée au juge ordinaire. Le juge, sur cette requête,
doit ordonner qu'elle sera communiquée à celui sur
qui la seconde lettre de change a été fournie, afin qu'il
soit entendu ; et, s'il n'a point de moyens suffisans
pour se dispenser de payer, le juge rendra sa sentence,
par laquelle il le condamnera à payer la somme mentionnée en la lettre, en donnant, par le porteur de cette
seconde lettre, bonne et suffisante caution de garantir
le paiement qui sera fait.

(5) *Et en baillant caution de garantie, etc.*] Parce
que, si la lettre est payable au porteur, elle peut tomber
entre les mains d'un inconnu qui dira en avoir fourni

---

* Les dispositions de cet arrêt de règlement ont été adoptées
dans l'art. 154 du Cod. de com.

Art. 154. « Le propriétaire de la lettre de change égarée
doit, pour s'en procurer la seconde, s'adresser à son endosseur
immédiat, qui est tenu de lui prêter son nom et ses soins pour
agir envers son propre endosseur, et ainsi en remontant d'endosseur en endosseur jusqu'au tireur de la lettre. Le propriétaire de la lettre de change égarée supportera les frais. »

la valeur, et que, si elle est à ordre, on peut supposer que celui qui la reçoit a passé son ordre à quelqu'un qui en viendra demander le paiement.

20.

Les cautions (1) baillées pour l'événement des lettres de change seront déchargées de plein droit, sans qu'il soit besoin d'aucun jugement, procédure ou sommation, *s'il n'en est fait aucune demande* (2) *pendant trois ans* (3), à compter *du jour des dernières poursuites* (4).★

(1) *Les cautions.*] Tant celles données pour l'événement des lettres qui auront été perdues et adirées, que celles subies par les personnes qui y auront mis leur aval; c'est ainsi que le pense Savary, en son *Parfait Négociant*, part. 1, liv. 3, ch. 6, page 205 de l'édition de 1749.

(2) *S'il n'en est fait aucune demande.*] C'est-à-dire, demande en justice : car il ne suffirait pas qu'elle eût été faite verbalement ou par une lettre missive.

(3) *Pendant trois ans.*] Cette prescription a lieu contre les mineurs et absens. (*Infrà*, art. 22.)

★ *Cod. de com.*, art. 155. « L'engagement de la caution mentionnée dans les art. 151 et 152 est éteint après trois ans, si, pendant ce temps, il n'y a eu ni demandes, ni poursuites juridiques. »

Les termes formels de l'art. 155 ne permettent pas de l'étendre aux donneurs d'aval; ils ne peuvent donc invoquer que la prescription de cinq ans.

(4) *Du jour des dernières poursuites.*] Soit par sommations, commandemens et saisies, etc.

21.

Les lettres ou billets de change (1) *seront réputés* (2) *acquittés, après cinq ans* (3) de cessation de demande et poursuites, à compter du lendemain de l'échéance, ou du protêt, ou de la dernière poursuite. Néanmoins les prétendus débiteurs seront tenus d'affirmer, s'ils en sont requis, qu'ils ne sont plus redevables; et leurs veuves, héritiers ou ayant-cause, qu'ils estiment de bonne foi qu'il n'est plus rien dû.*

(1) *Les lettres ou billets de change.*] La disposition de cet article étant limitée aux lettres et billets de change, il s'ensuit qu'elle ne doit point être étendue aux autres billets de quelque espèce qu'ils soient, soit au porteur ou à ordre. Ainsi l'action pour le paiement de ces derniers dure trente ans, comme celle de toutes

---

* *Cod. de com.*, art. 189. « Toutes actions relatives aux lettres de change, et à ceux des billets à ordre souscrits par des négocians, marchands ou banquiers, ou pour fait de commerce, se prescrivent par cinq ans, à compter du jour du protêt ou de la dernière poursuite juridique, s'il n'y a eu condamnation, ou si la dette n'a été reconnue par acte séparé.

» Néanmoins les prétendus débiteurs seront tenus, s'ils en sont requis, d'affirmer, sous serment, qu'ils ne sont plus redevables; et leurs veuves, héritiers ou ayant-cause, qu'ils estiment de bonne foi qu'il n'est plus rien dû. »

les autres promesses, et ne court point contre les mineurs. Cette différence de prescription est fondée sur ce que les paiemens des lettres de change doivent être sommaires, et qu'en cette matière tout doit être bref et terminé en peu de temps.

La règle établie en cet article a lieu également à l'égard des lettres de change acceptées, comme à l'égard de celles qui ne le sont point; car l'Ordonnance ne fait ici aucune distinction. (V. Savary, *Parfait Négociant*, part. 1, liv. 3, ch. 6, pag. 206.)

(2) *Seront réputés.*] Ces mots font voir que la prescription établie en cet article n'est fondée que sur un paiement présumé; ainsi on n'est pas obligé de s'y conformer toutes les fois que les circonstances font cesser cette présomption de paiement. (V. Catelan, en ses *Arrêts*, tom. 2, liv. 7 et 25.)

(3) *Acquittés après cinq ans.*] Tant à l'égard du tireur et des endosseurs que de celui sur qui la lettre est tirée, et soit que ce dernier l'ait acceptée ou non, ainsi qu'il vient d'être observé.

La prescription établie en cet article court aussi contre les mineurs et contre les absens. (V. l'article qui suit.)

22.

Le contenu ès deux articles ci-dessus aura lieu à l'égard des mineurs et des absens (1).*

(1) *A l'égard des mineurs et des absens.*] Quand il

___

* Le Cod. de com. n'a pas renouvelé cette disposition, doit-elle être suivie? En général le Cod. civ., art. 2271, 2272,

s'agit de billets autres que des billets de change, la
prescription est de trente ans, et ne court point contre
les mineurs. (V. ci-dessus, art. 21, note 1.)

23.

Les signatures au dos des lettres de change (1)
ne serviront que d'endossement, et non d'ordre (2),
s'il n'est daté (3), et ne contient le nom de celui
qui a payé la valeur en argent, marchandise,
ou autrement.*

(1) *Les signatures au dos des lettres de change.*]
Il en est de même des billets de change et autres billets
de commerce, quand ils sont à ordre, suivant l'usage
et la jurisprudence consulaire; mais à l'égard des billets
payables au porteur, on juge que la signature en blanc,
mise au dos par celui qui en a fourni la valeur, sert
de garantie au porteur du billet, conformément à l'article 33 de ce titre, parce que cette signature n'a pu
avoir d'autre effet, le porteur d'un billet de cette espèce
en étant le propriétaire, et pouvant en exiger le paiement sans aucun transport. (Ainsi jugé en la grande
chambre du parlement, par arrêt du mois de septembre 1730.)

2273, 2274, etc., fait courir les courtes prescriptions contre
les mineurs; je crois donc que c'est entrer dans l'esprit de
notre nouvelle législation que d'adopter la décision de l'ancienne sur ce point.

* *Cod. de com.*, art 137. « L'endossement est daté.
» Il exprime la valeur fournie.
» Il énonce le nom de celui à l'ordre de qui il est passé.»

(2) *Ne serviront que d'endossement et non d'ordre.*]
Ainsi jugé par arrêt du 1er septembre 1681.

Quand on met simplement sa signature au dos d'une
lettre de change, sans rien écrire au-dessus, on n'est
censé ne l'avoir mise que pour être remplie d'un reçu
par celui qu'on a chargé de recevoir le montant de la
lettre, et pour lui tenir lieu de procuration. Mais, pour
éviter toute difficulté, il faut ou écrire le reçu au-
dessus de la signature, ou mettre ces mots, *pour acquit* : car, par ce moyen, si la lettre venait à tomber
entre les mains de quelqu'un, il ne pourrait changer
la disposition de cette signature en un ordre pour payer
à un autre le contenu de la lettre, puisque cette signature ne pourrait opérer autre chose qu'une quittance.

Si le propriétaire de la lettre a manqué de prendre
cette précaution, ceux qui sont chargés par lui d'en
recevoir le montant doivent avoir attention, avant de
se dessaisir de cette lettre, de remplir le blanc de leur
reçu.

Une autre précaution nécessaire à prendre quand
une lettre de change portant au dos un reçu ou une
signature en blanc, vient à être perdue, est d'aller
trouver celui qui en doit la valeur, et le prier de ne
la point payer à celui qui la lui présentera, afin d'éviter
la surprise.

(3) *S'il n'est daté.*] Un ordre qui n'est point daté,
quoique causé pour valeur reçue comptant, ou en
marchandises, ou autrement, n'est regardé que comme
une simple procuration pour recevoir le montant de
la lettre ou du billet. (Ainsi jugé par arrêt du 21 mai
1681, rendu en la grand'chambre du parlement de
Paris, sur l'appel d'une sentence du consulat de Tours,
du 21 juillet 1679.)

24.

Les lettres de change endossées dans les formes prescrites par l'article précédent appartiendront à celui du nom duquel l'ordre sera rempli, *sans qu'il ait besoin de transport ni de signification* (1).*

(1) *Sans qu'il ait besoin de transport ni de signification.*] Parce qu'un ordre daté et portant valeur reçue, ainsi qu'il est dit en l'article 23, saisit celui au profit duquel il est passé, le rend propriétaire de la lettre ou du billet, et opère la même chose qu'un transport signifié.

25.

Au cas que l'endossement ne soit pas dans les formes ci-dessus, les lettres seront réputées appartenir à celui qui les aura endossées, *et pourront être saisies par ses créanciers* (1), et compensées par ses redevables. **

(1) *Et pourront être saisies par ses créanciers.*] Parce qu'alors il n'y a point d'ordre valable qui en ait transmis la propriété à une autre personne; et par con-

---

* *Cod. de com.*, art. *136*. « La propriété d'une lettre de change se transmet par la voie de l'endossement. »

** *Cod. de com.*, art. *138*. « Si l'endossement n'est pas conforme aux dispositions de l'article précédent, il n'opère pas le transport; il n'est qu'une procuration. »

séquent celui qui a mis sa signature en blanc au dos de la lettre, ou qui a passé un ordre informe, étant demeuré propriétaire de cette lettre, c'est une suite qu'elle puisse être saisie par ses créanciers, comme un effet à lui appartenant.

26.

Défendons d'antidater les ordres (1), à peine de faux (2).★

(1) *Défendons d'antidater les ordres.*] Cette défense est établie pour prévenir les tromperies qui pourraient se faire dans le commerce en cas de faillite, où ceux qui ont des lettres de change ou billets avec des ordres en blanc pourraient antidater ces ordres long-temps avant leur faillite, pour recevoir le montant de ces lettres sous le nom de quelque personne interposée, ou pour les donner à quelqu'un de leurs créanciers en paiement, au préjudice des autres, sans que ces derniers pussent en demander le rapport à la masse.

(2) *A peine de faux.*] C'est au créancier qui veut attaquer ces ordres de faux à en prouver l'antidate, soit par titres, soit par témoins.

27.

Aucun billet (1) ne sera réputé billet de

(1) *Aucun billet.*] Ainsi les billets à ordre, valeur

★ *Art. 139.* « Il est défendu d'antidater les ordres, à peine de faux. »

change (2), si ce n'est pour lettres de change *qui*
auront été fournies (3), ou qui le devront être. *

reçue en argent, en marchandises ou autres effets, ne
sont point des billets de change. (V. *infrà*, art. 3, aux
notes.)

(2) *Ne sera réputé billet de change.*] V. ce qui a
été dit ci-dessus, touchant les billets de change.

(3) *Qui auront été fournies, etc.*] Comme quand
un négociant ou autre a besoin d'argent dans une autre
ville pour payer des marchandises qu'il y veut acheter,
et qu'il voudrait avoir des lettres de change pour recevoir de l'argent dans cet endroit; alors il s'adresse à
un autre négociant ou banquier, qui lui fournit ou
s'oblige de lui fournir ces lettres pour les lieux dont il
a besoin, au moyen de quoi celui à qui les lettres de
change sont ainsi fournies ou promises fait à l'autre

---

* Jousse a fort bien expliqué dans le préambule de ce titre
ce qu'il fallait entendre par billets de change. Ces billets étaient
en grand usage lors de la promulgation de l'Ord. de 1673;
et l'on voit que le législateur leur a consacré plusieurs articles,
27, 28, 29, 30, 31, 32. Ces billets sont rares aujourd'hui,
et voilà pourquoi le Code de commerce n'a pas sur ce point
de disposition spéciale; il est d'ailleurs évident qu'ils ren-
trent dans la classe des billets à ordre, et sont régis par
les règles qui concernent ces billets lorsqu'ils sont souscrits
à *l'ordre* du porteur, la loi admettant toute espèce de valeur
pour fondement d'un billet à ordre, et par conséquent rien n'em-
pêchant de donner au souscripteur du billet à ordre des lettres
de change pour la valeur de l'obligation qu'il a contractée par
ce billet.

un billet de pareille somme, payable dans le temps dont ils conviennent, lequel porte valeur reçue en lettres de change, ou contient l'obligation d'en fournir. Ces sortes de billets sont très-utiles dans le commerce.

28.

Les billets pour les lettres de change fournies feront mention *de celui sur qui elles auront été tirées* (1), *qui en aura payé la valeur* (2), *et si le paiement a été fait* (3) en deniers, marchandises ou autres effets, *à peine de nullité* (4).*

(1) *De celui sur qui elles auront été tirées.*] Soit qu'elles aient été tirées par celui qui les a fournies, soit par d'autres personnes dont ce dernier avait les droits, au moyen de l'ordre qui en a été passé à son profit.

(2) *Qui en aura payé la valeur.*] Il ne faut jamais dans les lettres de change, ni dans les billets en général, exprimer les sommes en chiffres, parce que ces lettres ou billets peuvent tomber entre les mains de personnes de mauvaise foi, qui pourraient, en falsifiant les chiffres, en augmenter la valeur.

(3) *Et si le paiement en a été fait.*] C'est-à-dire, le paiement des lettres mentionnées dans le billet de change.

(4) *A peine de nullité.*] C'est-à-dire que le billet ne sera plus regardé comme billet de change; mais il n'en sera pas moins un billet ou promesse, pour raison

---

* *V.* la note sur l'art. 27.

de quoi celui qui l'a signé pourra être contraint à en payer ou rendre la valeur à celui au profit de qui il a été subi, si ce dernier peut prouver qu'il en a compté la valeur d'autre, soit en lettre de change, soit en deniers ou marchandises fournies et déguisées sous le nom de lettre de change.

29.

Les billets pour lettres de change à fournir feront mention *du lieu où elles seront tirées* (1), *et si la valeur en a été reçue* (2), et de quelles personnes, *aussi à peine de nullité* (3).*

(1) *Du lieu où elles seront tirées.*] C'est-à-dire de la ville pour laquelle les lettres de change seront fournies, soit qu'elles soient tirées par celui au profit de qui est fait le billet de change, soit qu'il en fournisse qui aient été tirées par d'autres personnes, et qui soient passées à son ordre.

(2) *Et si la valeur en a été reçue.*] C'est-à-dire, la valeur des lettres, soit que cette valeur ait été payée en argent ou marchandises.

(3) *Aussi à peine de nullité.*] V. la note 4 sur l'article précédent, qui reçoit ici son application.

Les formalités de cet article ont été établies pour prévenir et empêcher les usures qui se commettaient autrefois dans ces sortes de billets, lorsqu'on promettait seulement de fournir des lettres de change en général pour telle somme. Car il arrivait le plus souvent que

---

* *V.* la note sur l'art. 27.

ces billets se faisaient sans aucun dessein ni apparence
de pouvoir fournir les lettres de change que l'on y promettait; et cette clause n'était ajoutée que pour colorer
l'usure et pouvoir prendre des intérêts qu'il semblaient
être légitimes, et quelquefois aussi pour avoir une
contrainte par corps, suivant l'article 1 du titre 7, ci-
après.

30.

Les billets de change (1) payables à un particulier y nommé *ne seront réputés appartenir* (2)
à autre, encore qu'il y eût un transport signifié,
s'ils ne sont payables au porteur *ou à ordre* (3). *

(1) *Les billets de change.*] La disposition contenue
en cet article ne doit pas s'étendre aux autres billets,
parce que, suivant le droit commun, on peut disposer
des billets et promesses par obligation et transport, et
que le transport signifié saisit celui au profit de qui il
est fait, suivant la disposition de l'article 108 de la
coutume de Paris. La raison pour laquelle l'Ordonnance
déroge ici au droit commun, à l'égard des billets de
change payables à un particulier y nommé, est afin
d'abolir l'usage des transports et significations en cette
matière, qui est proprement de négoce, et où tout doit
être sommaire.

Néanmoins, en examinant plus particulièrement le
sens de cet article, il paraît que l'esprit de l'Ordonnance
n'est pas d'abolir l'usage des transports des billets de
change qui ne sont point payables au porteur ou à

---

* *V*. la note sur l'art. 27.

ordre : car il semble qu'on ne peut empêcher un particulier propriétaire d'un billet de cette espèce de trans-
férer la propriété de ce billet à celui au profit de qui
le transport aurait été consenti. En effet, si l'on fait
attention que l'esprit de l'Ordonnance est de conserver
au débiteur qui a consenti des billets payables à un
particulier les mêmes exceptions, contre les cessionnaires
de ces billets, que celles que le débiteur lui-même aurait
pu opposer au créancier qui en était originairement
propriétaire, sans distinguer si la cession ou transport a
été signifié ou non, il sera aisé de se convaincre que
l'Ordonnance n'a jamais eu intention d'abolir l'usage
des cessions et transports en matière de billets de change
qui ne sont point payables au porteur ou à ordre, mais
qu'elle a seulement entendu marquer en cet article la
différence qu'il y a entre les billets payables à un particulier y nommé, et les billets payables au porteur ou
à ordre. Dans les billets payables au porteur ou à ordre,
celui qui en est le porteur n'a pas à craindre que le
débiteur puisse lui opposer aucune exception du chef
de son cédant, le porteur, quel qu'il soit, en étant le
véritable propriétaire, ainsi que s'il avait été originairement consenti en sa faveur ; mais, dans les billets
payables à un particulier y nommé, le cessionnaire ne
peut jamais avoir plus de droit que ce particulier, et
ne peut éviter par conséquent que toutes les exceptions
qui auraient pu être opposées à ce particulier ou cédant
ne puissent lui être opposées à lui-même. C'est dans
ce même sens que les articles 18 et 19 de ce titre distinguent, au sujet du paiement d'une lettre adirée, si
cette lettre est payable à un particulier y nommé, ou
si elle est payable au porteur ou à ordre : le paiement,
dans le premier cas, pouvant être fait sans aucune pré-

caution, en vertu d'une seconde lettre; au lieu que, dans le second cas, le paiement ne peut être fait que par ordonnance du juge, et en donnant caution.

(2,) *Ne seront réputés appartenir.*] V. ci-dessus l'article 23, avec les notes, pag. 181.

(3) *Ou à ordre.*] Parce qu'un ordre passé au profit d'une autre personne, portant valeur reçue, soit à l'égard d'un billet de change, soit à l'égard de toute autre espèce de billet de commerce, opère la même chose qu'un transport signifié. (V. *suprà*, article 24, pag. 183.)

31.

Le porteur d'un billet négocié (1) sera tenu de *faire ses diligences* (2) contre le débiteur *dans dix jours* (3); s'il est pour valeur reçue en deniers, ou en lettres de change qui auront été fournies ou qui le devront être; *et dans trois mois, s'il est pour marchandise* (4) ou autres effets; et seront les délais comptés du lendemain de l'échéance, icelui compris.

(1) *Le porteur d'un billet négocié.*] Les billets dont il est parlé dans cet article sont tous billets négociés, de quelque espèce qu'ils soient, soit billets de change ou autres. A l'égard des autres billets non négociés, ils ne sont point sujets aux délais de dix jours ou de trois mois établis dans cet article, ce que ces mots, *billet négocié,* font assez entendre : d'ailleurs cela résulte des termes de la déclaration du 28 novembre 1713, rapportés ci-dessus, pag. 127. Mais, si la valeur du billet, quoique non négocié, est en marchandises, le délai

pour en exiger la valeur est d'un mois, suivant la même déclaration, si ce n'est dans les villes et provinces où il y a des usages contraires. (V. *ibidem*, pag. 127).

Outre les billets de change, voici les autres espèces de billets qui sont en usage chez les négocians.*

La première sorte de billets est de ceux qui se font au profit d'un particulier y nommé, sans ajouter ces mots, *ou à ordre*. Ces billets ne peuvent se négocier, et ne sont payables qu'à celui au profit de qui ils sont subis, ou à la personne qui a procuration de lui. Il doit y être fait mention, comme dans tous les autres billets en général, si la valeur en a été reçue en deniers, marchandises ou autres effets, et de quelles personnes elle a été reçue. Ces sortes de billets sont payables à leur échéance, sans aucun délai, lorsque la valeur en a été payée en argent, et dans le mois, si cette valeur a été payée en marchandises, ainsi qu'il vient d'être observé, si ne n'est dans les provinces où il y a d'autres usages, v. g. à Orléans, etc., comme il a été dit ci-dessus, p. 127 et 128.

La seconde espèce de billets est de ceux qui sont

---

* Les observations de Jousse sur les billets en usage dans le commerce sont fort utiles ; le Code ne s'est occupé que du billet à ordre, art. 187, 188. C'est, après la lettre de change, le papier qui joue le rôle le plus important dans les opérations commerciales. La différence qui existe entre un simple billet et un billet à ordre étant très-grande, sous le rapport des droits et obligations des parties contractantes, et ne tenant pourtant qu'à l'addition ou à l'omission de deux mots dans la rédaction du billet, il est utile de bien se pénétrer de cette différence. Pothier, dans son excellent *Traité du Contrat de change*, n° 216, ne laisse rien à désirer sur ce point.

payables à un particulier y nommé, ou à son ordre.
Ils sont sujets aux mêmes formalités que les précédens,
et ils peuvent se négocier. Le délai pour exiger le paiement de ces billets, quand ils sont négociés, est de dix
jours pour ceux dont la valeur a été reçue en argent,
et de trois mois, lorsque cette valeur a été reçue en
marchandises, comme il est dit en cet article, si ce
n'est qu'ils peuvent être exigés plus tôt dans les provinces
où il y a des usages contraires. (*Suprà*, pag. 127.)

Lorsqu'un billet à ordre n'a pas été négocié, le délai
pour en exiger le paiement est de dix jours, si la valeur
a été payée en argent, ou d'un mois, si cette valeur a
été payée en marchandises, suivant la déclaration du 28
novembre 1713, rapportée ci-dessus, page 127; si ce
n'est dans les villes où il est d'usage de pouvoir exiger
le paiement de ces derniers billets à leur échéance.
(V. *ibidem*, p. 127.)

La troisième espèce de billets est de ceux appelés
billets en blanc, qui se font au profit d'une personne
dont le nom est en blanc, et qu'on peut ensuite remplir
du nom que l'on veut. Ces billets ont été trouvés d'une
conséquence si dangereuse, à cause des inconvéniens
qui en sont arrivés, particulièrement dans les banqueroutes, qu'ils ont été défendus par plusieurs arrêts, en
sorte qu'on en voit très-peu aujourd'hui.

La quatrième espèce de billets est de ceux *payables
au porteur*, et qui sont payables à quelque personne
que ce soit qui s'en trouve porteur. Il faut dans ces
billets, comme dans tous les autres, qu'il soit fait
mention si la valeur en a été reçue en argent ou en
marchandises, et de qui. On ne peut guère mettre cette
sorte de billets dans la classe des billets négociés, et
par conséquent il n'y a aucun délai pour pouvoir en

exiger le paiement, si ce n'est le délai d'un mois, lorsqu'ils sont causés pour valeur en marchandises, à la
réserve des endroits où ce délai n'a pas lieu. (Voyez ci-
dessus , pag. 128.)

L'usage des billets payables au porteur est très-dangereux dans le commerce, parce que, quand un négociant tombe en faillite , il peut disposer de ces effets
en faveur de qui il lui plaît, comme d'un argent comptant, ou en faire recevoir le montant par le premier
venu, et par ce moyen tromper ses créanciers. Il peut
aussi user de cette même voie sans être en faillite,
lorsqu'il appréhende que celui qui doit payer le montant du billet, et à qui il doit d'ailleurs une somme ,
ne veuille user à son égard de compensation, ce qui est
agir contre la bonne foi du commerce. Ces billets ont
été supprimés pendant un temps par des raisons d'État;
mais depuis ils ont été rétablis comme utiles à certains
égards dans le commerce, quoiqu'il arrive rarement
qu'on en fasse usage. (V. la note 1 sur l'article 19 de
ce titre.)

Quand on donne ces sortes de billets en paiement ,
on ne met au dos ni garantie , ni signature en blanc,
parce que celui qui les donne en transfère la propriété
de la main à la main. Néanmoins celui qui prend en
paiement un billet de cette espèce doit prendre la précaution de le faire garantir par celui de qui il le reçoit,
et de faire écrire et signer cette garantie au dos du billet.

Il y a un règlement particulier pour la ville de Bordeaux, en date du 6 septembre 1685, établi par arrêt
du parlement de cette ville, touchant le paiement des
billets payables au porteur. Ce règlement porte :

« 1º Que celui qui aura reçu un billet en deniers
payables au porteur, sans autre reçu, et sans qu'il y

13

ait de délai réglé, demeurera garant de ce billet pendant trente jours, à compter de la date dudit billet, ceux de la date et échéance compris dans lesdits trente jours ;

» 2° Que pendant ces trente jours le porteur dudit billet sera obligé de sommer, par acte, celui qui l'aura fait, de le payer ;

» 3° Qu'en cas que ledit billet ne soit pas payé, le porteur d'icelui sera obligé de recourir trois jours après contre celui qui aura donné le billet, et le sommer de le rembourser ;

» 4° Que, s'il arrive que ce billet ait passé en diverses mains, et que le remboursement ait été fait au porteur par celui qui l'avait donné en dernier lieu, celui qui l'aura remboursé sera obligé, trois jours après la sommation qui lui aura été faite, de le dénoncer à celui des mains duquel il l'avait précédemment reçu ;

» 5° Que cela aura pareillement lieu pour les autres garans de ce billet, pourvu que les significations de la sommation soient faites dans ledit délai de trois jours, dont chacun doit jouir ;

» 6° Que celui qui aura fait ce billet originairement ne pourra prétendre jouir dudit délai de trente jours, étant à l'option du porteur de s'en faire payer à toutes heures ;

» 7° Qu'à faute de faire lesdites sommations et significations dans lesdits délais, celui qui aura donné le billet ne sera plus garant d'icelui ; mais que le billet sera pour le compte de celui qui aura manqué à faire ses diligences. »

Les motifs de ce règlement (ainsi qu'ils sont rapportés dans la délibération qui y a donné lieu) sont que depuis quelque temps il s'était glissé parmi les négocians un

très-grand abus au sujet des billets en deniers, qui se
donnaient payables au porteur, sans autre reçu, lesquels passant en diverses mains, il se trouvait souvent
que ces billets n'étaient point acquittés, et qu'après
cinq ou six mois écoulés, ceux qui avaient fourni lesdits
billets étaient devenus insolvables ; ce qui donnait lieu
à diverses garanties contre ceux entre les mains desquels
ces billets avaient passé, et par conséquent à diverses
contestations entre les négocians et autres, à qui ces
billets avaient été donnés en paiement.

(2) *Faire ses diligences.*] Ces diligences ne consistent
pas à faire protester le billet, ainsi qu'il est établi à l'é-
gard des lettres de change (*suprà*, art. 4), mais à faire
assigner le débiteur du billet, après sommation à lui
faite préalablement d'en payer la valeur ou le contenu
en lettres de change, ou autrement, et à obtenir contre
lui une sentence de condamnation.

(3) *Dans dix jours.*] Faute par le porteur du billet
d'avoir fait ses diligences dans les dix jours ou dans
les trois mois, si la valeur en a été payée en marchandise, toute la peine qui en résulte est que les endosseurs cessent d'être garans du billet ; mais, à l'égard de
celui qui l'a signé, on peut agir contre lui dans les
trente ans pour en avoir le paiement, comme à l'égard
de toutes les autres promesses.

(4) *Et dans trois mois, s'il est pour marchandises.*]
Il semble que ces mois devraient être de trente jours
(argument tiré de l'article 5 de ce titre) ; néanmoins
pour les billets payables en marchandises on compte
les mois tels qu'ils sont.

Quoique les diligences pour ces sortes de billets valeur en marchandises doivent être faites au plus tard
dans les trois mois, cela n'empêche pas que le paiement

n'en puisse être exigé plus tôt, comme au bout d'un mois, et même au bout de dix jours, suivant les différens usages des lieux. (Voyez ce qui a été dit là-dessus, article 4, note 6.)

32.

À faute de paiement (1) du contenu *dans un billet de change* (2), le porteur fera signifier ses diligences *à celui qui aura signé le billet ou l'ordre* (3) ; et l'assignation en garantie sera donnée *dans les délais ci-dessus* (4) prescrits pour les lettres de change.*

(1) *A faute de paiement.*] Et après une simple sommation faite à cet effet au débiteur du billet.

(2) *Dans un billet de change.*] Quoiqu'il ne soit fait mention dans cet article que des billets de change, néanmoins il doit être étendu aux autres billets négociés qui portent valeur reçue comptant, en deniers, ou marchandises, ou autres effets, cet article étant relatif à celui qui précède, et les raisons de sa disposition étant les mêmes pour l'une et l'autre espèce de billets. (*Ità* Savary, part. 1., liv. 5, chap. 8 de son *Parfait Négociant*, pag. 218 de l'édition de 1749.)

(3) *A celui qui aura signé le billet ou l'ordre.*] C'est-à-dire, à ceux qui ont mis leur aval ou ordre sur le billet, et ceux qui l'ont souscrit, autres que celui qui l'a subi, et à qui cette signification serait inutile, étant lui-même débiteur. (V. Savary, *ibid.*, pag 218.)

---

* *V.* la note sur l'art. 27.

(4) *Dans les délais ci-dessus, etc.*] C'est-à-dire, dans les délais établis par les articles 13 et 14 ci-dessus.

Faute par les porteurs des billets d'avoir observé ces délais, ils perdent leurs recours contre les endosseurs de ces billets. (V. *suprà*, article 13, avec les notes.

33.

Ceux qui auront mis leur aval (1) *sur des lettres de change, sur des promesses d'en fournir, sur des ordres ou des acceptations, sur des billets de change, ou autres actes de pareille qualité concernant le commerce, seront tenus solidairement* (2) *avec les tireurs, prometteurs, endosseurs et accepteurs, encore qu'il n'en soit fait mention dans l'aval* (3).*

(1) *Ceux qui auront mis leur aval.*] Le mot d'*aval* est un terme particulièrement en usage dans le commerce, qui signifie faire valoir. Celui qui met son aval sur une lettre ou sur un billet s'en rend par-là caution à l'effet d'en payer la valeur. Cet aval se fait en écrivant simplement au bas de la lettre ou billet ces mots, *pour aval*, avec la signature de celui qui l'a souscrit.

(2) *Seront tenus solidairement.*] Quand même ils

---

* *Cod. de com., art. 140.* « Tous ceux qui ont signé, accepté ou endossé une lettre de change, sont tenus à la garantie solidaire envers le porteur. »

n'auraient mis cet aval que par commission ; et pour faire plaisir à leur correspondant.

Lorsque l'accepteur et les endosseurs d'une lettre de change ou d'un billet viennent tous à faire faillite, cela n'empêche pas le porteur de cette lettre ou billet d'avoir son action solidaire contre chacun d'eux, et d'entrer dans chaque direction ou contribution pour sa dette, sans pouvoir être obligé d'en choisir ou opter un, et d'abandonner les autres. Ainsi jugé par un arrêt célèbre du 18 mai 1706, rendu au parlement de Paris, contre le sentiment de Savary. (V. le recueil, tome 2, page 395.)

Il faut cependant observer, 1° que, si le porteur de la lettre ou du billet vient à signer le contrat d'atermoiement d'un des obligés, sans faire aucune réserve, il se rend par-là non recevable à pouvoir agir contre les autres ; c'est pourquoi, lorsqu'il signe un contrat de cette espèce de quelqu'un de ses obligés, il doit avoir attention de réserver tous ses droits et actions contre les autres obligés ;

2° Que le porteur qui est entré dans quelque contribution ne peut entrer dans les contributions suivantes que successivement pour le restant de ce qui lui est dû.*

(3) *Sur la fin de l'article.*] Ceux qui acquittent des

----

* Le Cod. de com., art. 554, a terminé les difficultés inextricables, autrement que par un texte de loi, qui s'étaient élevées dans l'ancienne jurisprudence, sur les droits des porteurs de lettres de change, en cas de faillite. La doctrine de Savary et Jousse n'est plus applicable. On verra ce point célèbre de notre jurisprudence traité avec une rare profondeur dans l'ouvrage de Dupuy de Lasserra.

lettres de change doivent bien connaître la signature
tant du tireur que des endosseurs, autrement ils courent risque de payer en pure perte pour eux, et sans
aucune espérance de recours, si les signatures de la
lettre ou des endossemens sont fausses, sauf leur recours contre celui à qui le montant de la lettre a été
payé mal à propos.

Une ordonnance du Châtelet de Paris, du 14 août
1680, fait défenses à toutes personnes de faire faussement fabriquer des lettres de change, de les faire dater
des villes et lieux où elles n'ont point été faites, et de
les faire signer faussement de noms de tireurs et endosseurs; et aux agens de change de les négocier ou faire
négocier, et à toutes personnes de les accepter, sous les
peines portées par les ordonnances rendues contre les
faussaires; auxquels agens de change et de banque elle
enjoint de donner avis incessamment au procureur du
Roi desdites faussetés, pour être, à sa diligence, procédé
contre les coupables suivant la rigueur des ordonnances.

TITRE VI.

Des Intérêts du Change et Rechange.

On appelle *change* le profit qu'un négociant, banquier ou autre personne, perçoit soit pour change d'argent, soit pour des lettres ou billets par lui fournis sur
un autre lieu que celui d'où ils sont tirés, et dont il
reçoit la valeur de celui à qui la lettre est fournie.

Le change diffère de l'intérêt, en ce que l'intérêt n'est
dû qu'à raison de la rareté de la chose négociée.

Il y a trois espèces de change.

Le premier est celui que l'on appelle *change menu* ou *commun*, et que les auteurs latins appellent *collybus*, donnant aussi le nom de *collybistæ* à ceux qui le pratiquent. (V. Cicéron *in Verrem*, act. 5, n° 181.) Ce change se fait lorsqu'on donne une monnaie pour une autre plus rare dont on a besoin, moyennant quelque profit pour le retour, v. g. de la monnaie de France pour avoir de la monnaie d'Allemagne, ou de vieilles espèces pour en avoir de nouvelles, etc. Le profit qui se perçoit dans cette sorte de change est ordinairement modique et n'a rien d'illégitime. Cette espèce de change se fait principalement en faveur des voyageurs et de ceux qui ont de l'argent à remettre dans un endroit pour lequel il ne leur est pas facile de trouver des lettres de change, et qui veulent remettre en espèces.

La seconde espèce de change, qu'on appelle *change réel*, est celui qui se fait de place en place par lettres ou billets de change, en donnant son argent dans une ville, et recevant en échange une lettre dont la valeur est payable dans une autre ville, moyennant un certain profit, tantôt plus, et tantôt moins grand, suivant que l'argent est plus ou moins rare dans les lieux où les lettres doivent êtres payées. Les personnes qui font ce commerce sont communément les banquiers et négocians.

On ne peut douter que le profit qui se fait par cette espèce de change ne soit très-légitime, puisque l'Ordonnance l'autorise (*infrà,* article. 3), et que d'ailleurs c'est le prix et la récompense de la peine que se donnent les banquiers et négocians, qui est considérable, et qui occasione beaucoup de dépense dans cette sorte de commerce.

La troisième espèce de change, qu'on appelle *change*

sec ou *feint*, est celui par lequel on prend un certain droit ou intérêt de l'argent qu'on prête sans aliénation du principal. C'est une imitation ou plutôt une fiction du change de la seconde espèce ou du change réel; mais en effet c'est un prêt usuraire défendu par les lois de l'Église et de l'État. C'est la disposition précise de l'édit du mois de décembre 1665, portant réduction des rentes, qui déclare nulles toutes les promesses portant intérêts, si ce n'est à l'égard des marchands fréquentant les foires de la ville de Lyon, pour cause de marchandise, pourvu que ce soit sans fraude ni déguisement. (Voyez Henris, tome 1, livre 4, chapitre 6, question 49.)

I.

Défendons aux négocians, marchands, et à tous autres, *de comprendre l'intérêt avec le principal* (1), dans les lettres ou billets de change, ou aucun autre acte.*

(1) *De comprendre l'intérêt avec le principal.*] On ne doit jamais comprendre dans les lettres et billets de change l'intérêt avec le principal, mais seulement le profit ou la perte qui se fait sur le changement des deniers d'un lieu à un autre, que l'on appelle change. Le premier de ces profits est défendu; mais le second est légitime, ainsi qu'il vient d'être dit ci-dessus. (V. aussi *infrà*, article 3, aux notes.)

---

* Le Cod. civ., art. 1905, permet aujourd'hui de stipuler des intérêts pour un simple prêt d'argent, et la loi du 3 septembre 1807 fixe ces intérêts à cinq pour cent en matière civile, et six pour cent en matière commerciale.

L'escompte est une espèce d'intérêt; c'est une diminution du prix, à cause de l'anticipation du paiement fait avant l'échéance du billet ou de la lettre, mais qui ne peut être prétendue que par la force de la convention apposée lors de la vente des marchandises payables en plusieurs paiemens et à différens termes, avec faculté de la part de l'acheteur d'escompter ces paiemens, c'est-à-dire de pouvoir rabattre à chaque paiement, v. g. un quart ou un demi pour cent par mois de la somme à laquelle monte la marchandise vendue. (V. l'art. 6 du règlement du 2 juin 1667, rendu pour la ville de Lyon, rapporté ci-dessus, tit: 5, article 7, note 1, où il est parlé de cette sorte d'escompte.)

Il est bon d'observer que pour que l'escompte soit légitime, il faut, 1° qu'il soit stipulé par la vente même ou marché des marchandises lorsqu'elles sont vendues, parce qu'alors c'est une condition de la vente. 2° Il faut que le droit d'escompte soit perçu sur le pied où est fixé l'intérêt dans l'endroit où se fait le marché, ou plutôt dans le lieu du domicile de celui qui le stipule à son profit, c'est-à-dire de cinq pour cent par an, si c'est en France, et ainsi des autres royaumes. Mais, si l'escompte est fait par un acte ou convention postérieure au marché, alors il cesse d'être légitime, et tombe dans le cas de l'usure ordinaire.

Quoique le prêt à intérêt soit défendu, même entre banquiers et négocians, ainsi qu'il vient d'être observé, il est néanmoins arrivé quelquefois, dans les besoins de l'Etat, que le Roi a créé des bureaux d'établissement pour ces sortes de prêt, comme dans les années 1674 et 1702, où il fut établi un bureau à ce sujet, sous la caution des fermiers généraux. Les billets qui étaient faits aux particuliers qui portaient leur argent à ce bureau, étaient payables au porteur, valeur reçue comptant, et comprenaient l'intérêt avec le principal , à raison de huit pour cent, pour le temps que le prêteur jugeait à propos.

2.

Les négocians, marchands et aucun autre, ne pourront *prendre l'intérêt d'intérêt* (1), sous quelque prétexte que ce soit.*

(1) *Prendre l'intérêt d'intérêt.*] Même dans le cas où l'intérêt est légitime, comme au cas de l'article 7 ci-après.

Cette disposition est conforme en cela à celle des lois romaines. (V. la *L. si non fortem* 26, § 1, *ff. de condict. indeb.*; et la *L.* 20, *Cod. ex quib. causis infam. irrog.* V. aussi la *L.* 8, *Cod. de usuris.*)

3.

Le prix du change sera réglé suivant le cours *du lieu où la lettre sera tirée* (1), *eu égard à celui où la remise sera faite* (2).**

(1) *Du lieu où la lettre sera tirée.*] C'est-à-dire du lieu sur lequel la lettre est tirée.

* Le Cod. civ., art. 1154, permet aujourd'hui de prendre l'intérêt des intérêts dus au moins pour une année entière.

** *Cod. de com., art. 179.* « Le rechange se règle, à l'égard du tireur, par le cours du change du lieu où la lettre de change était payable , sur le lieu d'où elle a été tirée.

» Il se règle, à l'égard des endosseurs, par le cours du change

Le prix du change hausse ou diminue selon l'abondance et la disette d'argent, et suivant l'augmentation ou diminution des espèces qui arrivent dans les royaumes, et leurs différentes valeurs. Lorsque le change se fait dans l'intérieur du royaume, d'une place à l'autre, il se règle uniquement sur l'abondance ou la rareté de l'argent, la monnaie étant la même dans une province que dans l'autre.

Ces mots, *suivant le cours du lieu, etc.*, font voir, 1° qu'il n'est pas permis de prendre un change différent de celui qui a lieu suivant le cours de la place, et que ce serait une espèce d'usure d'en prendre un plus considérable ; 2° que dans les endroits où il n'y a point de place ou de bourse, comme à Orléans, etc., le change ne doit point avoir lieu.

(2) *Eu égard à celui où la remise sera faite.*] Ces mots, comparés avec ceux qui précèdent, font voir que le droit du change, du moins de celui qu'on appelle *change réel* ou de la seconde espèce, n'est dû que quand il y a remise de place en place. (V. ce qui a été dit ci-dessus, page 200.)

4.

Ne sera dû *aucun rechange* (1) pour le retour des lettres, *s'il n'est justifié par pièces vala-*

(1) *Aucun rechange.*] Le *rechange* est lorsqu'un porteur de lettre de change n'étant pas payé de la somme

---

du lieu où la lettre de change a été remise ou négociée par eux, sur le lieu où le remboursement s'effectue. »

bles (2) qu'il a été pris de l'argent dans le lieu auquel la lettre aura été tirée; sinon le rechange ne sera que pour la restitution du change avec l'intérêt, les frais du protêt et du voyage, s'il en a été fait, *après l'affirmation en justice* (3).*

portée par sa lettre, emprunte de l'argent à intérêt dans l'endroit où il en devait toucher, en faisant son billet à cet effet; ou lorsque, pour raison de l'argent emprunté, il tire une autre lettre de change de ce lieu-là sur celui dont la lettre a été protestée, ce qu'on appelle proprement *rechange*. Dans le premier cas, le rechange est l'intérêt de l'argent emprunté; dans le second cas, c'est un second change dû pour raison de la seconde lettre

---

* *Cod. de com.*, art. *181*. « Le compte de retour comprend,
» Le principal de la lettre de change protestée,
» Les frais de protêt et autres frais légitimes, tels que commission de banque, courtage, timbre et ports de lettres.
» Il énonce le nom de celui sur qui la retraite est faite, et le prix du change auquel elle est négociée.
» Il est certifié par un agent de change.
» Dans les lieux où il n'y a pas d'agent de change, il est certifié par deux commerçans.
» Il est accompagné de la lettre de change protestée, du protêt, ou d'une expédition de l'acte de protêt.
» Dans le cas où la retraite est faite sur l'un des endosseurs, elle est accompagnée, en outre, d'un certificat qui constate le cours du change du lieu où la lettre de change était payable, sur le lieu d'où elle a été tirée. »

Art. 186. « Il n'est point dû de rechange, si le compte de retour n'est pas accompagné des certificats d'agens de change ou de commerçans, prescrits par l'article 181. »

de change que le porteur de la lettre protestée a été
obligé de tirer.

Si le porteur de la lettre protestée qui a été obligé de
prendre de l'argent, au lieu de fournir une lettre de
change sur celui dont la lettre a été protestée, ou dans
le même lieu, en fournissait sur une autre place où le
change fût plus considérable que celui de l'endroit d'où
est venue la lettre protestée, il ne paraît pas que le porteur de la lettre protestée pût exiger le rechange sur le
pied du second change : car c'est une maxime prise des
premières règles de l'équité, que toutes les fois que le
porteur d'une lettre de change protestée peut prendre
son dédommagement à moins de perte et de dommage
pour le tireur de cette lettre d'une façon que d'une autre,
ce dernier n'est obligé de rembourser le rechange que
de la façon qui produit le moins de dommage pour lui.
D'où il suit que toutes les fois qu'il y a un commerce
ordinaire et réglé entre la place où la lettre de change
devait être payée, et le lieu d'où elle est tirée, v. g.
entre Paris et Lyon, il y a moins de perte pour le tireur
que le rechange soit pris à Paris pour Lyon, que s'il
était pris pour une autre ville, comme pour Londres ou
Amsterdam ; et par conséquent le tireur d'une lettre de
change tirée de Lyon, payable et protestée à Paris, ne
doit que le rechange de Paris à Lyon, et ce serait une injustice de l'obliger à le rembourser d'une autre manière.

Lorsque celui sur qui la lettre est tirée était débiteur
du tireur au temps du protêt, ce dernier a son recours
contre lui pour tous les frais de protêt, voyage, et autres
qu'il est obligé de payer, pourvu néanmoins que celui
sur qui la lettre est tirée eût mandé auparavant au tireur qu'il pouvait tirer sur lui, ou que le tireur lui eût
remis provision à cet effet avant l'échéance de la lettre,

ou que ce dernier l'eût acceptée : mais ce recours cesse
d'avoir lieu , si le tireur avait tiré sa lettre sur l'autre ,
quoique son débiteur, sans lui. en avoir auparavant
donné l'ordre. C'est ainsi que le pense Savary , en son
Parfait Négociant, partie 1, livre 3, ch. 11, page 266.
La raison qu'en donne cet auteur , c'est que ce serait
donner occasion à des tromperies qui ruineraient entièrement le commerce, parce qu'un banquier ou négociant à qui il est dû de l'argent pour prêt ou vente de
marchandises par un autre négociant, n'a pas droit de
tirer une lettre de change sur ce dernier sans son consentement ; mais, s'il veut être payé de sa dette, il a les
voies ordinaires de se pourvoir en justice pour obtenir
une sentence de condamnation contre son débiteur, en
vertu de laquelle il le contraindra au paiement. Ce sentiment de Savary n'est pas sans difficulté.

(2) *S'il n'est justifié par pièces valables.*] Comme
certificats de négocians, banquiers, agens de change
ou autres, qui constatent que l'emprunt a été fait.

(3) *Après l'affirmation en justice.*] C'est-à-dire après
l'affirmation de voyage faite en justice.

5.

La lettre de change, même payable au porteur ou à ordre, étant protestée, le rechange
ne sera dû par celui qui l'aura tirée, *que pour le
lieu* (1) où la remise aura été faite, *et non pour*

(1) *Que pour le lieu.*] Ainsi, quand même une lettre
de change revenue à protèt aurait été négociée dans
plusieurs villes du royaume, ou même hors du royaume,
comme si une lettre de change tirée de Paris sur Lyon

les autres lieux (2) où elle aura été négociée, sauf à se pourvoir par le porteur contre les endosseurs, pour le paiement du rechange des lieux où elle aura été négociée* *suivant leur ordre* (3).*

avait été négociée à Bordeaux, à Amsterdam, etc., néanmoins le tireur ne sera tenu de payer que le rechange de Lyon à Paris, et non les changes et rechanges dus pour les négociations faites dans les autres villes. Les autres rechanges seront dus par les donneurs d'ordre, chacun en droit soi pour les ordres qu'ils auront donnés.

(2) *Et non pour les autres lieux.*] Autrement ce serait une chose désavantageuse au commerce, si une simple lettre de change qui aurait été négociée sans la participation du tireur, et pour le seul avantage du porteur, venant à être protestée, on pouvait obliger ce tireur à payer autant de rechanges qu'il se trouverait d'ordres sur sa lettre.

(3) *Suivant leur ordre.*] C'est-à-dire que, si la lettre tirée de Paris sur Lyon a été négociée, v. g. de Paris à Bayonne, et ensuite de Bayonne à Amsterdam, et enfin d'Amsterdam à Lyon, le porteur de la lettre payable à Lyon après le protêt, n'aura son recours pour le paiement du contenu en la lettre, et pour le rechange, que contre le négociant ou banquier d'Amsterdam qui a passé l'ordre à son profit; celui d'Amsterdam contre celui de Bayonne qui lui a passé l'ordre; celui de Bayonne contre celui de

---

* *Cod. de com.*, *art. 183.* « Les rechanges ne peuvent être cumulés. Chaque endosseur n'en supporte qu'un seul, ainsi que le tireur. »

Paris, et celui de Paris contre celui de Lyon qui est le tireur et qui lui a fourni la lettre. Ainsi, soit que les changes soient plus hauts ou plus bas dans chacune de ces villes, néanmoins le tireur ne devra que le prix du rechange de Lyon à Paris.

6.

Le rechange sera dû par le tireur des lettres négociées *pour les lieux où le pouvoir de négocier est donné par les lettres* (1), et pour tous les autres, si le pouvoir de négocier est indéfini, et pour tous les lieux.

(1) *Pour les lieux où le pouvoir de négocier est donné par les lettres.*] Ainsi, dans une lettre tirée de Paris sur Lyon, si le tireur donnait pouvoir par la lettre, ou par écrit particulier, d'en disposer, v. g. pour Amsterdam, et que cette lettre revînt à protêt, ce tireur serait tenu envers celui à qui la lettre a été fournie, du rechange de Lyon à Amsterdam, et de celui d'Amsterdam à Paris; ce qui est une suite de la condition qui s'est faite entre eux. Il en est de même du cas où le pouvoir de négocier est indéfini : car alors il sera dû autant de rechanges par le tireur, qu'il y a de lieux différens sur lesquels la lettre a été négociée.

7.

L'intérêt du principal et du change (1) sera dû

(1) *L'intérêt du principal et du change.*] V. ci-dessus en la note sur le sommaire de ce titre, page 199, la différence qu'il y a entre change et intérêt.

du jour du protêt, encore qu'il n'ait été demandé en justice. Celui du rechange, des frais du protêt et du voyage, ne sera dû *que du jour de la demande* (2).★

(2) *Que du jour de la demande.*] C'est-à-dire, de la demande faite en justice.

8.

Aucun prêt ne sera fait sous gages (1) qu'il n'y en ait un acte par-devant notaire, dont sera retenu minute, et qui contiendra la somme prêtée, et les gages qui auront été délivrés, à peine de restitution des gages, à laquelle le prêteur sera contraint par corps, sans qu'il puisse *prétendre de privilége sur les gages* (2), sauf à exercer ses autres actions.

(1) *Aucun prêt ne sera fait sous gages.*] Cet article et le suivant ont été principalement établis, 1° contre ceux qui prêtent à usure sous des gages; 2° pour prévenir les fraudes et recélés qui peuvent arriver fréquemment de la part des marchands et négocians, en exigeant de leurs débiteurs des gages ou nantissemens,

---

★ *Cod. de com.*, art. 184. « L'intérêt du principal de la lettre de change protestée faute de paiement, est dû à compter du jour du protêt.»

Art. 185. « L'intérêt des frais de protêt, rechange, et autres frais légitimes, n'est dû qu'à compter du jour de la demande en justice. »

lorsque ceux-ci viennent à faire faillite ; 3° afin que les débiteurs qui se trouvent en faillite ne puissent avantager quelques-uns de leurs créanciers au préjudice des autres.

(2) *Prétendre de privilége sur les gages.*] Il n'est pas inutile de remarquer sur cet article que M. le Camus, lieutenant civil du Châtelet de Paris, en ses *Observations* sur l'article 181 de la coutume de Paris (1), avance, comme une chose certaine, et qui ne souffre aucune difficulté, que le créancier nanti du gage doit être cru à son affirmation, et que la chose qui lui est donnée en nantissement doit être affectée par privilège au paiement de la somme qu'il demande, *quia in hoc casu debitor secutus est fidem creditoris.* Il ajoute qu'on n'observe point dans l'usage d'obliger ce créancier de rapporter la preuve par écrit, que la chose qu'il a en sa possession lui a été donnée en nantissement.

La défense portée en cet article n'est, à proprement parler, que contre les usuriers et ceux dont la mauvaise foi est prouvée, ou du moins violemment présumée, et non contre ceux qui prêtent de bonne foi. D'ailleurs la disposition de cet article ne peut avoir lieu que quand il y a d'autres créanciers qui s'opposent au privilége prétendu sur le gage par celui qui en est nanti; mais, entre le créancier nanti et le débiteur, on ne peut douter que celui-là ne soit bien fondé à retenir le gage jusqu'à ce que le débiteur ait payé ce qu'il a emprunté sur ce même gage ; et il a été ainsi jugé par arrêt du 27 janvier 1606, rapporté par Cambolas en ses *Décisions*, liv. 4, chap. 4.

---

(1) Ces observations se trouvent dans Ferrières, *Commentaire sur la Coutume de Paris*, art. 181, seconde édition, et sont postérieures à l'Ordonnance du commerce de 1673.

9.

Les gages qui ne pourront être exprimés dans l'obligation seront énoncés dans une facture ou inventaire, dont sera fait mention dans l'obligation; et la facture ou inventaire contiendront les quantité, qualité, poids et mesure des marchandises ou autres effets donnés en gage, *sous les peines portées par l'article précédent* (1).✶

(1) *Sur la fin de l'article.*] Quoique cet article et le précédent aient été mis ici dans l'Ordonnance du commerce, il n'en faut pas conclure que la connaissance des différends qui peuvent arriver sur cette matière, soit attribuée aux juges-consuls, si ce n'est dans le cas où ces prêts et engagemens se font entre marchands, à raison de leur commerce.

TITRE VII.

DES CONTRAINTES PAR CORPS.

I.

Ceux qui auront signé (1) *des lettres ou billets*

(1) *Ceux qui auront signé, etc.*] C'est-à-dire,

✶ Les principes consacrés par ces deux art. 8 et 9, concernant le prêt sur gage, sont établis de nouveau par les art. 2074 et suiv. du Cod. civil.

de change (2) *pourront* (3) *être contraints par corps* (4); *ensemble ceux qui y auront mis leur aval* (5), *qui auront promis d'en fournir* (6) *avec remise de place en place* (7), *qui auront fait des promesses pour lettres de change à eux fournies, ou qui le devront être* (8); *entre tous négocians ou marchands* (9) qui auront signé des billets pour valeur reçue comptant ou en marchandise, soit qu'ils doivent être acquittés à un particulier y nommé, ou à son ordre, *ou au porteur* (10).*

toutes personnes qui auront signé des lettres ou billets de change, même ceux qui ne sont ni banquiers, ni négocians, ni engagés dans les affaires du Roi. Ainsi jugé

---

* *Loi du 15 germ. an 6, tit. 2, art. 1er.* « A dater de la publication de la présente loi, la contrainte par corps aura lieu, dans toute l'étendue de la république française,

»1° Contre les banquiers, agens de change, courtiers, facteurs ou commissionnaires dont la profession est de faire vendre ou acheter des marchandises moyennant rétribution, pour la restitution de ces marchandises, ou du prix qu'ils en toucheront;

»2° De marchand à marchand, pour fait de marchandises dont ils se mêlent respectivement ;

»3° Contre tous négocians ou marchands qui signeront des billets pour valeur reçue comptant ou en marchandises, soit qu'ils doivent être payés sur l'acquit d'un particulier y nommé, ou à son ordre, ou au porteur;

»4° Contre toutes personnes qui signeront des lettres ou billets de change, celles qui y mettront leur aval, qui promettront d'en fournir avec remises de place en place, et qui

par un arrêt confirmatif d'une sentence du consulat de
Paris, du 11 septembre 1682, portant condamnation par
corps contre le marquis de Choisnel, pour trois lettres
de change par lui tirées; et par un autre arrêt du 28
avril 1687, rendu contre un procureur au parlement de
Paris; autre de l'année 1704, contre M. Tarade, conseiller au Châtelet de Paris.

Mais les mineurs qui ne sont point marchands ne
sont point tenus du paiement des lettres de change qu'ils
ont souscrites; et l'on déclare nulles les poursuites faites
contre eux à ce sujet. Ainsi jugé par deux arrêts des 6
mai 1752, et 7 juin 1753, rapportés au recueil des règle-

feront des promesses pour lettres de change à elles fournies
ou qui devront l'être.

» *Art. 2.* Sont exceptés des dispositions énoncées au § 4 de
l'article précédent, les femmes, les filles et les mineurs non-
commerçans.

» *Art. 3.* Les femmes et les filles qui seront marchandes publiques, ou celles mariées qui feront un commerce distinct et
séparé de celui de leurs maris, seront soumises à la contrainte
par corps pour le fait de leur commerce, quand elles seraient
mineures, mais seulement pour exécution d'engagemens de
marchand à marchand, et à raison des marchandises dont les
parties feront respectivement négoce.

» Cette disposition est applicable aux négocians, banquiers,
agens de change, courtiers, facteurs et commissionnaires,
quoique mineurs, à raison de leurs commerce.

» *Art. 4.* La contrainte par corps aura lieu également pour
l'exécution de tous contrats maritimes, tels que grosses aventures, chartes-parties, assurances, engagemens ou loyers de
gens de mer, ventes et achats de vaisseaux, pour le frêt et
le naulage, et autres concernant le commerce et la pêche de
la mer. »

mens concernant l'ordre judiciaire, imprimé à Toulouse en 1756, t. 1, p. 566 et 568. *

(2) *Des lettres ou billets de change.*] Soit qu'il y ait remise de place en place, ou non : car l'Ordonnance ne fait ici aucune distinction. Cet article explique la disposition qui est mise à la fin de l'article 4 du titre 33 de l'Ordonnance de 1667, au sujet des lettres de change.

(3) *Pourront.*]** Ce mot fait voir qu'il dépend de la prudence des juges de condamner par corps ou non dans les cas portés par cet article, ce qui est aussi conforme à la disposition de l'article 4 du tit. 34 de l'Ordonnance de 1667 : mais entre négocians, banquiers et gens d'affaires, il semble que les juges sont dans la nécessité de prononcer cette condamnation par corps, si celui au profit de qui la sentence est rendue le demande.

(4) *Etre contraints par corps.*] Parce que les lettres et billets de change doivent être exactement acquittés à leur échéance, et sans retardement, par ceux qui les ont acceptés; et qu'ils doivent aussi être exactement remboursés par les tireurs et endosseurs, lorsqu'ils ne sont pas payés par ceux sur qui ils ont été tirés.

(5) *Ensemble ceux qui auront mis leur aval.*] V. ce que c'est qu'aval, *suprà*, titre 5, article 33, aux notes.

⁂ La disposition portée en cet article a lieu à plus forte

---

* *Cod. de com., art. 113.* « La signature des femmes et filles non négociantes ou marchandes publiques sur lettres de change, ne vaut, à leur égard, que comme simple promesse. »

** Remarquez bien que la loi de germinal dit expressément, *la contrainte par corps aura lieu, etc.*, ce qui est impératif et impose au juge le devoir de prononcer la contrainte par corps, sans qu'il dépende de lui d'user du pouvoir discrétionnaire dont l'Ordonnance l'investissait sur ce point important.

raison à l'égard de ceux qui ont mis leurs ordres sur les lettres ou billets.

(6) *Qui auront promis d'en fournir, etc.*] C'est-à-dire que ceux qui ont promis par des billets de fournir des lettres de change avec remise de place en place, pourront être contraints par corps à remplir leur engagement et à fournir ces lettres.

(7) *Avec remise de place en place.*] V. l'explication de ces mots *infrà*, tit. 12, art. 2, note 4.

(8) *Qui auront fait des promesses pour lettres de change à eux fournies ou qui le devront être.*] Ces mots conviennent à toute promesse en général qui peut être subie pour raison de lettres de change fournies et à fournir, et par conséquent ne sont point synonymes avec les billets de change. Ainsi v. g. un acte passé devant notaires, portant reconnaissance qu'une lettre de change a été fournie, pour quoi on s'oblige de payer une somme, soit directement, soit en faisant sur un tiers un transport de pareille somme, ou bien par lequel on s'oblige de fournir une lettre de change avec remise de place en place, a autant de force qu'un billet de change ordinaire, tant pour opérer le paiement de la somme promise ou cédée par le transport, que pour faire fournir les lettres de change promises ; et dans tous ces cas on est sujet à la contrainte par corps.

Les billets portant promesses de payer comme lettres de change ne sont pas payables par corps, si ce n'est entre marchands, et pour fait de leur commerce. Mais il faut, pour que cette contrainte ait lieu entre d'autres personnes, que ce soit un billet de change, ou une promesse pour lettre de change fournie ou qui le doit être, comme il est porté en cet article.

(9) *Entre tous négocians et marchands.*] Et non

autres. Les banquiers paraissent néanmoins compris sous ce mot de *négocians,* parce qu'il renferme en général tous ceux qui font négoce, soit de marchandise, soit d'argent, et que la banque est un négoce d'argent.

Ceux qui, n'étant point marchands par leur état, font un trafic passager de quelques marchandises, et qui subissent des billets ou promesses à cet effet, sont sujets aux mêmes contraintes que les marchands. C'est sur ce fondement que, par arrêt du grand conseil du 7 février 1709, confirmatif d'une sentence de la prevôté de l'Hôtel, un particulier gendarme, gentilhomme de naissance, qui se mêlait de trafiquer des pierreries, fut condamné par corps à payer le contenu en quelques billets par lui subis payables au porteur.

Il a même été jugé par un arrêt du 7 juillet 1676, confirmatif d'une sentence rendue au consulat de Paris, le 16 mars de la même année, dans une affaire où un marchand avait vendu de la marchandise à crédit à un autre marchand du même commerce, sous la caution d'un autre particulier bourgeois et non marchand, que ce dernier était sujet à la contrainte par corps comme le principal obligé.

On trouve aussi dans le sixième tome du *Journal des Audiences* un arrêt du 16 mars 1717, qui a jugé qu'une obligation passée à Lyon devant notaires, portant soumission aux rigueurs de la conservation et paiemens à faire, indépendamment de savoir si l'obligé était négociant, emportait la contrainte par corps : c'était contre un officier de la monnaie qui était appelant ; la sentence fut confirmée.

Les mineurs qui font le commerce publiquement sont aussi sujets à cette contrainte comme s'ils étaient majeurs. Ainsi jugé par plusieurs arrêts. (**V.** ci-dessus, tit. 1, art. 6,

note 4.) En effet un mineur est réputé majeur pour le
fait de son commerce. (*Ibidem,* titre 1, article 6.) La
femme ou fille mineure qui est marchande publique,
est aussi sujette à la même contrainte. (Voyez *ibidem*,
note 4.)*

Au reste, cela n'aurait pas lieu dans le cas où un mineur marchand public emprunterait une somme d'argent
qu'il aurait déclaré vouloir employer dans son commerce,
par l'obligation qu'il aurait subie à cet effet: cette déclaration ne le rendrait pas sujet à la contrainte par
corps, parce que ce n'est ici ni une négociation d'argent,
ni un prêt de marchandises.

Ce qui vient d'être dit des marchands doit aussi recevoir son application à l'égard des banquiers, même
mineurs. (V. ci-dessus, tit. 1, art. 6, avec les notes.)

Par une déclaration du Roi du 26 février 1692, il est
ordonné que « l'art. 1 du tit. 7 de l'Ordonnance de 1673
sera exécuté contre les receveurs, trésoriers, fermiers
et sous-fermiers des droits de Sa Majesté, traitans généraux et particuliers, intéressés, et gens chargés du
recouvrement des deniers royaux, et tous autres comptables : ce faisant, qu'ils pourront être contraints par
corps, ainsi que les négocians, au paiement des billets
pour valeur reçue, qu'ils feront pendant qu'ils seront pour-
vus de charges, ou qu'ils seront chargés du recouvrement
des deniers de Sa Majesté, soit que les billets doivent
être acquittés à un particulier y nommé, ou à son ordre,
ou au porteur. » (V. le Recueil, tom. 2, pag. 119.)

Cette disposition a même été étendue à l'égard des

---

* La loi de germinal an 6 a consacré cette ancienne jurisprudence.

mineurs intéressés, et chargés du recouvrement des deniers du Roi. (Ainsi jugé par arrêt de la Cour du 3o août 1702, à l'égard du nommé Isaac Lardeau, intéressé dans les affaires de Sa Majesté, sur l'appel par lui interjeté de deux sentences de condamnation par corps rendues contre lui au consulat de Paris, les 9 et 11 janvier précédent. Par cet arrêt les sentences sont confirmées, et sur la requête présentée au conseil par ledit Lardeau en cassation d'arrêt, il a été débouté de sa demande par arrêt du conseil privé du 12 août 1704.)

Les agens de change, courtiers et autres qui s'entre-mêlent de faire vendre ou acheter des marchandises moyennant salaire, sont aussi contraignables par corps à rendre et restituer la marchandise ou le prix qu'elle a été vendue. (Coutume d'Orléans, article 429.) Il en est de même si on leur a confié des lettres de change, billets et autres papiers.

Cette disposition doit aussi s'entendre des revendeuses publiques, suivant la note de M. de la Lande, en son Commentaire sur cet article 429 de la coutume d'Orléans; et il a été ainsi jugé par arrêt du 14 mars 1616.

Au surplus, ces contraintes par corps n'ont lieu qu'à l'égard de ceux qui ont subi les obligations et contrats, ou qui ont été condamnés, et non à l'égard de leurs héritiers. (Ainsi jugé par plusieurs arrêts. V. *infrà*, tit. 12, article 16, note 1.)

(10) *Ou au porteur.*] V. ce qui est dit des billets payables au porteur, ci-dessus, tit. 5, art. 51, note 1.

Outre les cas portés par cet article, Savary prétend que la contrainte par corps, quand il s'agit de marchandises vendues et achetées dans les foires, doit être aussi prononcée purement et simplement, de même que pour les lettres et billets de change (V. *Parfait Négociant*, partie 1, livre 3, chap. 9, page 225), ce qui paraît néanmoins devoir être restreint au cas porté par l'art. 5 du titre 34 de l'Ordonnance de 1667.

L'arrêt de règlement du parlement de Paris, du 24 janvier 1733, rendu pour Angoulême, défend aux juges-consuls de prononcer la contrainte par corps dans les affaires qui sont de leur compétence, sinon dans les cas où elle se trouve expressément réservée par le titre de l'abrogation des contraintes par corps de l'Ord. de 1667, sans qu'ils puissent par interprétation étendre ladite contrainte hors les cas mentionnés dans ledit titre, ni faire exécuter ladite contrainte que selon la forme qui y est prescrite, et conformément à l'Ordonnance de 1673. Ainsi v. g. ce serait un abus aux juges-consuls de condamner par corps au cas de l'art. 5 du titre 12, ci-après.

L'Ordonnance de 1667, titre 34, article 4, permet en général aux juges-consuls de prononcer la condamnation par corps *au cas de dettes entre marchands, pour fait de marchandises dont ils se mêlent.**

2.

Les mêmes contraintes auront lieu *pour l'exécution des contrats maritimes* (1), *grosses aven-*

(1) *Pour l'exécution des contrats maritimes.*] Les contrats maritimes sont tous ceux qui concernent le commerce de mer en général. Le *contrat d'assurance*

* *V.* la loi du 15 germ. an 6.

tures (2); *chartes-parties* (3), ventes et achats de vaisseaux, *pour le fret et le naulage* (4).*

est de ce nombre : c'est un contrat par lequel un négociant, ou autre personne qui envoie des marchandises par mer dans un autre pays, trouve une autre personne qui s'oblige de lui garantir la perte et le dommage qui pourraient arriver dans le voyage, par un cas fortuit, à ces marchandises, comme par tempête, naufrage, prise, pillage, etc., moyennant une certaine somme qu'on appelle *prime d'assurance*, qui lui est payée par celui à qui les marchandises appartiennent, et qui ne veut pas courir les risques de la mer. En sorte que, si la perte appréhendée arrive, celui qui s'est obligé de la garantir paie à l'autre le prix des marchandises perdues ou prises; et au contraire, si elles arrivent à bon port, il reçoit le prix de son assurance du propriétaire de ces marchandises. Le particulier qui s'oblige à l'assurance se nomme *assureur*, celui à qui la marchandise appartient est *l'assuré*, et le contrat ou la convention qui se fait entre eux s'appelle *police d'assurance*. (V. sur ces assurances , l'Ordonnance de la marine du mois d'août 1681, liv. 3, titre 6.)

(2) *Grosses aventures.*] La *grosse aventure* est un contrat par lequel celui qui charge un vaisseau pour un voyage, emprunte de l'argent, qui est employé pour

---

* *Loi du 15 germinal an 6, tit. 2, art. 4.* « La contrainte par corps aura lieu également pour l'exécution de tous contrats maritimes, tels que grosses aventures, chartes-parties, assurances, engagemens ou loyers de gens de mer, ventes et achats de vaisseaux, pour le fret et le naulage, et autres concernant le commerce et la pêche de la mer. »

une négociation de marchandises envoyées ou achetées dans un pays éloigné, et chargées dans ce vaisseau, pour rendre cet argent au temps stipulé après l'arrivée du vaisseau au port convenu, au après son retour au lieu d'où il est parti, avec un profit convenu pour cette négociation; et cela sous la simple garantie, et sans autre assurance que celle du corps du vaisseau. En sorte que, si le vaisseau vient à périr ou à être pris, celui qui a prêté son argent perd sa mise; et au contraire, si le vaisseau revient à bon port, le prêteur reçoit la somme principale qu'il a prêtée, avec le profit dont il est convenu. (Voyez ce qui est dit sur les contrats à la grosse aventure, dans l'Ordonnance de la marine, partie 1, livre 3, titre 5.)

On donne à la grosse non-seulement au propriétaire du vaisseau, mais encore à des particuliers qui y chargent des marchandises; et dans ce dernier cas la garantie n'a lieu que sur les marchandises que ces particuliers y ont chargées.

(3) *Chartes-parties.*] C'est l'acte d'affrétement d'un vaisseau, ou écrit qui contient la convention pour le louage de ce vaisseau ou de quelques ballots. (V. l'Ordonnance de la marine, partie 1re, livre 3, tit. 1er.)

(4) *Pour le fret et naulage.*] *Fret* est la somme promise pour le loyer d'un vaisseau. *Naulage* signifie la même chose que fret; mais on se sert du mot de *fret* sur l'Océan, et de *naulage* ou *nolis*, *nolissement*, sur la Méditerranée. (V., sur cette matière, l'Ordonnance de la marine, partie 1re, liv. 3, tit. 1er.)

Au reste il faut observer que toutes les choses comprises en cet article ne sont plus aujourd'hui de la compétence des juges-consuls. (Voyez *infrà*, titre 12, article 7, aux notes.)

TITRE VIII.

Des Séparations de biens.

I.

Dans les lieux où la communauté (1) de biens d'entre mari et femme est établie par la coutume ou par l'usage, la clause qui y dérogera dans les contrats de mariage *des marchands* (2) grossiers ou détailleurs, et des banquiers, *sera publiée à l'audience* (3) de la juridiction consulaire, s'il y en a, sinon dans l'assemblée de l'hôtel commun des villes, *et insérée dans un tableau* (4) *exposé en lieu public* (5), *à peine de nullité* (6); et la clause n'aura lieu que du jour qu'elle aura été publiée et enregistrée.*

(1) *Dans les lieux où la communauté, etc.*] Dans les coutumes de Paris et d'Orléans, et dans la plupart des pays qui sont régis par le droit coutumier, la com-

---

* *Cod. de com.*, art. 67. « Tout contrat de mariage entre époux dont l'un sera commerçant, sera transmis par extrait, dans le mois de sa date, aux greffes et chambres désignés par l'article 872 du Code de procédure civile, pour être exposé au tableau, conformément au même article.

» Cet extrait annoncera si les époux sont mariés en communauté, s'ils sont séparés de biens, ou s'ils ont contracté sous le régime dotal. »

munauté de biens entre mari et femme a lieu de plein
droit, sans qu'il soit nécessaire d'en convenir par le
contrat de mariage. Au contraire elle n'a lieu, dans les
pays de droit écrit, que lorsqu'elle est stipulée en se
mariant : il y a même des coutumes, comme celle de
Normandie, où il n'est pas permis de la stipuler.

Si l'on veut donc empêcher l'effet de la communauté
dans les lieux où elle se fait de plein droit, il est nécessaire d'y déroger expressément par le contrat de mariage;
il faut de plus que cette clause soit rendue publique par
la publication faite à l'audience, et qu'elle soit enregistrée et exposée dans un tableau.

(2) *Des marchands.*] Il en est de même des marchandes publiques. En effet, si celui qui épouse une
marchande publique ne veut pointêtre en communauté
de biens avec elle, il doit le stipuler par le contrat de
mariage, et faire faire un état ou inventaire séparé de
ses meubles et de ceux de sa femme, afin qu'ils ne soient
pas confondus. Il faut aussi que cette clause soit publiée
et enregistrée, et même insérée dans le tableau destiné
pour y inscrire ces sortes de séparations, si celui qui se
marie ainsi veut mettre ses biens à couvert, et éviter la
condamnation par corps pour les dettes que sa femme
aura contractées.

(5) *Sera publiée à l'audience.*] Cette formalité de la
publication et enregistrement a été sagement établie,
afin que le public, ayant connaissance que la femme d'un
négociant n'est point commune en biens avec lui, puisse
prendre ses mesures quand il prêtera de l'argent ou
vendra des marchandises à ce négociant, et que par
ce moyen il ne soit point induit en erreur : car il n'y a
pas la même sûreté à prêter à un négociant qui n'est
point en communauté avec sa femme, que lorsque cette

communauté a lieu. Quand une femme n'est pas commune en biens avec son mari, elle devient sa créancière de la somme qu'elle lui a apportée par contrat de mariage, et de ses autres reprises et conventions matrimoniales, sans entrer en aucune manière dans les engagemens de la communauté; et par ce moyen elle préjudicie aux droits des autres créanciers de son mari, dans le cas où il viendrait à tomber en faillite : au lieu que, si cette femme est commune en biens, elle entre dans tous les engagemens de la communauté, et lorsqu'elle renonce à cette communauté, elle perd tous les droits qu'elle y a.

(4) *Et insérée dans un tableau.*] Il serait à souhaiter que cette clause fût observée plus exactement qu'elle ne l'est dans l'usage, et que les greffiers, ou même les juges, ne fussent pas si négligens à en maintenir l'exécution.

(5) *Exposé en lieu public.*] Comme en la salle d'audience, s'il y a une juridiction consulaire dans le lieu, sinon en la chambre commune de l'Hôtel-de-Ville.

(6) *A peine de nullité.*] C'est-à-dire que, faute d'avoir observé les formalités établies dans cet article, la clause qui déroge à la communauté ser a nulle, en sorte que les créanciers du mari pourront soutenir contre la femme qu'elle est commune à leur égard, et se venger de la même manière, sur les biens de la communauté, que si cette femme était commune avec son mari.

2.

Voulons le même être observé (1) entre les

(1) *Voulons le même être observé.*] *Nam ubi eadem*

15

négocians et marchands, tant en gros qu'en détail, et banquiers, pour les séparations de biens d'entre mari et femme, *outre les autres formalités en tel cas requises* (2).★

est ratio, idem jus esse debet. Voyez-en la raison en la note 5, en l'article précédent.

(2) *Outre les autres formalités en tel cas requises.*] Ces formalités sont différentes suivant les coutumes. A Orléans les séparations de biens doivent être publiées aux prônes des messes de paroisses (1) de la demeure de ceux entre lesquels ces séparations auront été prononcées, ensemble dans les carrefours ordinaires et places publiques de la ville, à son de trompe, ou tambour et cri public; et de plus elles doivent être signifiées, à la diligence de ceux qui se trouveront séparés, aux notaires des lieux ou leurs syndics, au cas qu'ils en aient, auxquels il est enjoint d'inscrire les noms, qualités et demeures de ceux entre lesquels lesdites séparations auront été prononcées, en un tableau qui, pour cet effet, sera par eux posé en leur étude, dans un lieu

---

★ *Cod. de com.*, art. 69. « Tout époux séparé de biens ou marié sous le régime dotal, qui embrasserait la profession de commerçant postérieurement à son mariage, sera tenu de faire pareille remise dans le mois du jour où il aura ouvert son commerce, à peine, en cas de faillite, d'être puni comme banqueroutier frauduleux. »

(1) Ces publications aux prônes ont été abolies par l'article 32 de l'édit du mois d'avril 1695, et par la déclaration du 16 décembre 1698. Au lieu de les faire aux prônes, il faut les faire aux portes des églises, à l'issue de la messe paroissiale, ainsi qu'il est porté par ces mêmes règlemens.

apparent, à peine de répondre, en leurs propres et privés noms, des dommages et intérêts des parties. Il faut encore, à l'égard des séparations prononcées pour la ville, que, trois jours après la sentence de séparation, ceux qui l'ont obtenue fassent inscrire, dans un tableau posé en la salle de l'auditoire du Châtelet, leurs noms, qualités et demeures, date de la sentence, et en quelle juridiction elle a été rendue, le tout à peine de nullité des sentences obtenues. Tout ceci est porté par un règlement rendu au bailliage d'Orléans, le 5 février 1624, qui est exactement observé.

Lorsqu'après la séparation de biens, le mari et la femme se rassemblent et mettent leurs biens en commun, l'effet de la séparation de biens cesse, et les meubles et conquêts immeubles, même ceux acquis pendant la séparation, entrent en communauté, comme s'il n'y avait point eu en tout de séparation. (V. l'article 199 de la coutume d'Orléans.)

TITRE IX.

DES DÉFENSES ET LETTRES DE RÉPIT.*

I.

Aucun négociant, marchand ou banquier,

Les défenses générales sont des lettres ou un jugement

---

* La législation française n'admet plus les lettres de répit ou de surséance, défenses générales de contraindre, etc., en

ne pourra obtenir des défenses générales de le
contraindre, ou lettres de répit, qu'il n'ait mis

qui s'accordent à un débiteur pour un temps, afin de le
mettre à couvert de ses créanciers, pendant lequel temps

---

usage sous l'empire des anciennes ordonnances : c'est un point
de droit aussi important que clairement établi par l'art. 437
du Code de com., qui déclare en état de faillite tout commerçant qui cesse ses paiemens, et par l'art. 441 du même Code,
qui investit directement les tribunaux de commerce du droit
de déclarer la faillite et de fixer l'époque de son ouverture.
. Malgré des textes de loi si précis, et qui paraissent devoir ex-
clure toute distinction, M. Locré, dans une longue dissertation
qui fait l'éloge de son cœur, comme l'observe fort bien M.
Boulay-Paty, a voulu ramener le système des lettres de répit,
et introduire un état mitoyen entre la faillite et la cessation de
paiement. Ce système, que M. Locré regarde lui-même comme
désespéré, manière de voir qui a été partagée par tous les
jurisconsultes, repose sur une distinction entre la cessation
et la suspension de paiement. Suivant ce jurisconsulte, les
législateurs auraient voulu faire résulter la faillite d'une cessation de paiement ; mais ils n'auraient pas entendu placer
un commerçant dans un état si grave lorsqu'il suspend seulement ses paiemens.
   Quand on isole ce système des considérations larmoyantes
sur lesquelles il est principalement étayé, la première difficulté qui se présente est celle de faire concevoir comment on
prétend établir qu'un commerçant qui ne paie pas ses dettes
ne fait seulement que suspendre ses paiemens, et ne doit pas
être traité d'après les règles ordinaires du droit commun.
J'explique la chose par un exemple : un individu porteur
d'une lettre de change se présente chez le commerçant accepteur à l'échéance ; on ne paie point : protêt, assignation,
condamnation par corps ; un huissier se présente aussitôt pour

au greffe de la juridiction dans laquelle les défenses ou l'entérinement des lettres devront être

il est fait défenses d'attenter à sa personne. (V. l'Ordonnance du mois d'août 1669, tit. 6, n. 1.)

---

emprisonner le débiteur. Il faudrait renverser de fond en comble toute notre législation civile et commerciale pour oser dire que le créancier n'use pas, dans une pareille procédure, rigoureuse il est vrai, d'un droit légitime incontestable. Evidemment, et sans aucune ombre de doute, le débiteur doit être écroué dans une prison. Mais, dira le débiteur, je ne cesse point mes paiemens, je ne fais que les suspendre; auriez-vous la dureté de profiter d'un moment de gêne pour me ruiner sans ressource, en me faisant déclarer en état de faillite ?

Il est facile de répondre à ce moyen, bien qu'il s'adresse au cœur plutôt qu'à la raison. Quoique je n'admette pas une distinction légale entre ne pas payer et suspendre de payer, parce qu'il est de règle qu'on doit payer au terme, ou être passible de poursuites, je n'en regarderais pas moins comme dur, au dernier degré, le créancier impitoyable qui, ayant la certitude d'être payé après un assez court retard, voudrait user inflexiblement de ses droits en poursuivant son débiteur, et provoquant sa déclaration de faillite; mais autre chose est blâmer l'usage que quelqu'un fait de ses droits, ou attenter à ces mêmes droits sous prétexte d'en éviter l'abus. Comme homme, je blâme un pareil créancier; mais, comme jurisconsulte, il m'est évident qu'il ne fait qu'user d'un droit incontestable. Examinons d'ailleurs en peu de mots les inconvéniens qu'entraînerait le système de M. Locré. En premier lieu, il faudrait modifier le droit commun, qui veut que le débiteur paie au terme convenu; en second lieu, il faudrait limiter combien de temps peut durer la suspension de paiement : serait-ce six mois, un an, toute la vie? quel arbitraire effroyable ! En troisième lieu, comme on ne peut pas exiger qu'un créancier retarde ses

poursuivis, de la juridiction consulaire, s'il y en
a, ou de l'hôtel commun de la ville, un état

Les lettres de répit sont des lettres de surséance
que le Roi accorde à des débiteurs, soit négocians ou

---

poursuites sans avoir des garanties, il faudra donc estimer
les biens, inventorier l'actif, etc., etc. Or n'est-il pas évident
que le crédit du commerçant sera infailliblement ruiné par
de pareilles précautions, et qu'on n'évite aucun des inconvéniens qu'entraîne une déclaration de faillite.

Mais, dit-on, et c'est l'argument le plus fort, n'est-il pas
monstrueux de déclarer en état de faillite un commerçant
qu'une gêne momentanée a obligé de cesser ses paiemens, s'il
est démontré que l'actif de ce commerçant égale ou surpasse
son passif? Cette question n'est pas nouvelle, elle s'était présentée dans l'ancien droit, même sous le régime des lettres
de répit; et Savary établit comme une maxime incontestable
qu'on peut faillir et posséder plus qu'on ne doit, parce que,
comme l'a fort bien décidé le Code de commerce, un commerçant faillit ou manque à ses engagemens lorsqu'il cesse ses
paiemens, indépendamment de la question de savoir si, en dernière analyse, il est solvable ou insolvable.

Le Code de com., en confiant aux tribunaux de commerce la
mission délicate de déclarer les commerçans en état de faillite,
a parfaitement concilié tous les intérêts. On sent que des magistrats qui sont eux-mêmes commerçans n'useront pas d'un
pareil pouvoir sans un examen approfondi; ils entendront le
créancier et le débiteur; le plus souvent ils les connaîtront
l'un et l'autre, ainsi que leur position sociale. Je le répète, un
pareil tribunal présente sur ce point important toutes les garanties désirables, et la sollicitude législative ne pouvait rien
faire de mieux dans l'intérêt général du commerce, des faillis
et des créanciers.

certifié de tous les effets, tant meubles qu'im-.
meubles., et de ses dettes; et qu'il n'ait représenté à ses créanciers, ou à ceux qui seront par
eux commis, s'ils le requièrent, ses livres et
registres, dont il sera tenu d'attacher le certificat
sous.le contre-scel des lettres.

autres, qui, par des accidens ou des pertes considérables qu'ils ont souffertes, se trouvent dans l'impuissance de satisfaire leurs créanciers, et n'ont besoin que
de quelque délai pour pouvoir s'acquitter.

2.

Au cas que l'état se trouve frauduleux, ceux
qui auront obtenu des lettres ou des défenses en
seront déchus, encore qu'elles aient été entérinées ou accordées contradictoirement, et le
demandeur ne pourra plus en obtenir d'autres,
ni être reçu au bénéfice de cession.

3.

Les défenses générales et les lettres de répit
seront signifiées dans huitaine aux créanciers et
autres intéressés qui seront sur les lieux, et
n'auront effet qu'à l'égard de ceux auxquels la
signification en aura été faite.

4.

Ceux qui auront obtenu des défenses générales

.ou des lettres de répit, ne pourront payer ou préférer aucun créancier au préjudice des autres, à peine de déchoir des lettres et défenses.

5.

Voulons que ceux qui auront obtenu des lettres de répit ou des défenses générales, ne puissent être élus maires ou échevins des villes, juges ou consuls des marchands, ni avoir voix active et passive dans les corps et communautés, ni être administrateurs des hôpitaux, ni parvenir aux autres fonctions publiques, et même qu'ils en soient exclus, en cas qu'ils fussent actuellement en charge.

TITRE X.

Des Cessions de biens.[*]

La *cession de biens* est un abandonnement qu'un débiteur fait de ses biens à ses créanciers pour avoir la

---

[*] *Cod. civ.*, *art. 1265.* « La cession de biens est l'abandon qu'un débiteur fait de tous ses biens à ses créanciers, lorsqu'il se trouve hors d'état de payer ses dettes. »

Art. 1266. « La cession de biens est volontaire ou judiciaire. »

Art. 1267. « La cession de biens volontaire est celle que les créanciers acceptent volontairement, et qui n'a d'effet que celui

liberté de sa personne, et pour éviter les poursuites qui pourraient être faites contre lui, lorsque sa mauvaise fortune le met hors d'état de payer ses dettes.

La cession de biens est de deux sortes : l'une *volontaire*, et l'autre *judiciaire*. La *cession volontaire* est celle qui se fait lorsqu'un négociant ou autre, par des pertes ou des malheurs qui lui sont arrivés, se trouvant hors d'état de payer entièrement ses créanciers, leur abandonne généralement tous ses biens par un acte ou contrat qu'il passe avec eux à cet effet : cette première espèce de cession se fait sans aucune formalité de justice. La *cession judiciaire* est un bénéfice introduit par la loi, au moyen duquel un débiteur prisonnier, qui veut avoir la liberté de sa personne, abandonne en justice tous ses biens à ses créanciers, malgré les oppositions qu'ils peuvent former pour empêcher cette cession, pourvu que ces créanciers n'aient point d'exceptions valables à opposer à leur débiteur, et qu'il ne soit pas convaincu de fraude. Ce bénéfice est tellement fondé sur les premières règles de l'équité, qu'il n'est pas permis d'y renoncer, ainsi qu'il a été jugé par plusieurs arrêts, et entre autres par un du 22 novembre 1456, rapporté par Gui-Papé en sa question 211, et par un autre arrêt du 22 novembre 1599 ; ce qui résulte d'ailleurs de la disposition de l'art. 12 du tit. 6 de l'Ordonnance du mois

---

résultant des stipulations mêmes du contrat passé entre eux et le débiteur. »

Art. 1268. « La cession judiciaire est un bénéfice que la loi accorde au débiteur malheureux et de bonne foi, auquel il est permis, pour avoir la liberté de sa personne, de faire en justice l'abandon de tous ses biens à ses créanciers, nonobstant toute stipulation contraire.»

d'août 1669, qui déclare nulles toutes les renonciations qu'on pourrait faire à l'obtention des lettres de répit dans les actes et contrats passés par un débiteur : car cette disposition doit avoir lieu, à plus forte raison, à l'égard du bénéfice de cession, qui est plus favorable.

La cession volontaire a lieu indistinctement pour toutes sortes de dettes sans aucune exception, parce que, cette espèce de cession se faisant de gré à gré et du consentement des créanciers, il est libre à ceux-ci de renoncer au droit qu'ils pourraient avoir de l'empêcher. Si néanmoins, après le contrat passé avec les créanciers, il paraissait de la fraude de la part du débiteur, ces créanciers seraient bien fondés à demander la résolution du contrat, et à rentrer dans tous leurs droits, soit pour le faire emprisonner, soit pour le poursuivre comme banqueroutier frauduleux.

A l'égard de la cession judiciaire, il y a plusieurs cas pour lesquels les créanciers peuvent empêcher que le débiteur qui veut faire cession ne soit admis à ce bénéfice.* Ainsi,

1° Tous acheteurs de bétail, vin, blé et autres

---

* L'art. 2 de l'Ord. n'exclut, comme on va le lire, du bénéfice de cession, que les étrangers ; cependant la jurisprudence avait étendu cette exclusion à plusieurs débiteurs qui ne paraissaient point mériter cette faveur. On voit par la lecture des neuf paragraphes que Jousse consacre à ce sujet, toutes les difficultés qu'il avait fait naître ; le Cod. de com. les a toutes tranchées par le texte formel de l'art. 575, qui détermine d'une manière claire et précise quels sont les débiteurs à qui le bénéfice de cession doit être refusé.

Art. 575. « Ne pourront être admis au bénéfice de cession,
» 1° Les stellionataires, les banqueroutiers frauduleux, les

grains achetés en marché public, encore que lesdits blé et vin ne fussent achetés que sur le simple témoin, ne sont point admis au bénéfice de cession. (Coutume d'Orléans, article 429. Voyez aussi l'Ordonnance du mois d'août 1669, tit. 6, art. 11.)

Les marchandises achetées sur les ports sont aussi censées achetées en marché public. (Ainsi jugé au présidial d'Orléans, par sentence du 30 juillet 1703.)

Il en est de même des marchandises vendues en foires (V. Toubeau, en ses *Institutions consulaires*, liv. 2, tit. 11, ch. 5, pag. 722), ce qui résulte aussi de l'art. 11 du tit. 6 de l'Ordonnance du mois d'août 1669.

2° Tous acheteurs de poisson, tant d'eau douce que de mer (Coutume d'Orléans, art. 428, et il a été ainsi jugé par arrêt du 16 juillet 1661, rapporté par Jovet); ce qui ne doit s'entendre cependant que du poisson vendu en lieu public, comme sont des marchés, les ponts et les chaussées des étangs au temps de la pêche. (Ainsi jugé au bailliage d'Orléans, par sentence du 20 décembre 1737.)

3° Les courtiers et autres qui s'entremêlent, moyennant salaires, de faire vendre ou acheter des blés, vins, chevaux ou autres marchandises, ne doivent point être admis au bénéfice de cession pour la restitution desdites marchandises ou du prix qu'elles ont été vendues. (Coutume d'Orléans, article 429, et il a été ainsi jugé par arrêt du parlement de Rouen du 28 mars 1630.)

---

personnes condamnées pour fait de vol ou d'escroquerie, ni les personnes comptables ;

» 2° Les étrangers, les tuteurs, administrateurs ou dépositaires. »

4° Les acheteurs de biens vendus à l'encan, la solennité de justice gardée. (Coutume d'Orléans, art. 459.)

5° Les cautions judiciaires et autres qui contractent en justice. (Ainsi jugé par arrêt du 15 juillet 1571, rapporté par Carondas, liv. 6, réponse 37.)

6° Les fermiers des .terres et métairies, lorsque la contrainte par corps a été stipulée par le bail; ce qui doit s'entendre non-seulement pour les fermages, moissons et sommes dues à raison de la ferme, mais encore pour l'argent avancé par le propriétaire au fermier, à l'entrée et dans le cours du bail. (Voyez Louet, lettre C, sommaire 57 ; Coquille, sur la coutume de Nivernais, ch. 32, art. 22 ; Papon en ses *Arrêts*, liv. 10, tit. 10, n. 5; Carondas en ses *Réponses*, liv. 3, ch. 6 ; et le Prêtre en ses *Arrêts*, centur. 1, ch. 99. Plusieurs arrêts l'ont ainsi jugé, entre autres du 31 mai 1633, rapporté par Bardet, et un autre du 27 mars 1648.) Au reste, cela ne doit avoir lieu que dans le cas où le fermier aurait appliqué à son profit, et détourné les fruits provenant des héritages qu'il tient à ferme, avant que le propriétaire eût été payé de ses fermages, parce qu'alors ce fermier commet une espèce de vol.

7° Le bénéfice de cession n'a pas lieu pour les dettes dans lesquelles l'intérêt public ou celui du Roi se trouvent engagés. Ainsi on n'est point admis à ce bénéfice quand on est comptable de deniers publics, et surtout de deniers royaux. (V. le Prêtre, centur. 1, ch. 99 ; c'est aussi la disposition de l'Ordonnance des fermes du mois de juillet 1681, au titre commun des fermes, article 13.) Pareillement les gardiens, commissaires, huissiers, receveurs des consignations, commissaires aux saisies réelles, et autres dépositaires de justice, n'y sont point admis, non plus que ceux qui ont eu quelque administration publique, comme d'hôpitaux de ville, etc. (Voyez Carondas, liv. 6, réponse 57.) Il en est de même des payeurs des rentes et autres receveurs publics, et généralement de tous ceux avec qui l'on est dans la nécessité de contracter.

8° Les tuteurs pour reliquat de compte de leurs mineurs. (V. Mainard, liv. 4, ch. 17; la Rocheflavin, liv. 6, tit. 20, art. 1. Ainsi jugé par arrêt du 7 mai 1608.)

9° La cession n'a pas lieu pour toutes les dettes qui procèdent de crime, vol ou fraude. Ainsi les banqueroutiers frauduleux, les stellionataires, et tous ceux qui détournent leurs biens en fraude de leurs créanciers, ne sont point admis à ce bénéfice. (Arrêt du 28 avril 1598. Voyez Peléus, liv. 8, act. For. 1, page 418; et Tronçon, sur l'art. 111 de la coutume de Paris.) L'héritier qui n'a pas fait d'inventaire n'y est point admis par cette même raison, à cause de la fraude qui se présume alors. (V. Brodeau sur Louet, lettre C, sommaire 54.)

Il en est de même de ceux qui ont été condamnés en quelques réparations, dommages et intérêts en matière criminelle. (V. le Prêtre, centur. 1, ch. 99, n. 36 : plusieurs coutumes en ont des dispositions.) Les condamnés en l'amende envers le Roi pour raison de délit, sont dans le même cas. (V. Papon en ses *Arrêts*, liv. 10, tit. 10, n. 1 et 17; et le Prêtre, centur., ch. 99. Mais quand il ne s'agit que de simples dépens, même en matière criminelle, il est permis de faire cession pour éviter la contrainte par corps. (Ainsi jugé par plusieurs arrêts, et notamment par un du 14 janvier 1661.)

Hors les cas ci-dessus exprimés, la cession est admise, même pour lettres de change, dettes de commerce, etc., et généralement pour toutes les dettes où l'on ne peut prouver qu'il y ait dol ou fraude de la part du débiteur.

Il faut aussi observer que rien n'empêche qu'un débiteur qui a obtenu des lettres de répit ne puisse faire cession après l'échéance du délai porté par ces lettres. (V. Carondas en ses *Réponses*, liv. 6, rép: 18 ; ce qui résulte aussi de la disposition de l'art. 2 du tit. ix, ci-dessus.)

Lorsque le créancier, pour une dette du nombre de celles pour lesquelles on n'est point admis au bénéfice de cession, a pris un billet ou une obligation de son débiteur en paiement, il faut distinguer si ce créancier, par l'obligation, a fait réserve de son privilège ou non. Dans le dernier de ces deux cas, il est censé avoir renoncé à son privilége, en ne le réservant point, et avoir suivi la foi de son débiteur ; mais, dans le premier cas, il peut user de tous ses droits. (V. Papon en ses *Arrêts*, liv. 10, tit 9, art. 14.)

Ceux qui sont admis au bénéfice de cession ne peuvent plus être emprisonnés par leurs créanciers ; et, s'ils étaient détenus prisonniers, ils obtiennent leur élargissement. * Dès l'instant même que le débiteur a présenté sa requête en justice, et assigné ses créanciers pour être admis au bénéfice de cession, il ne peut être emprisonné. (Ordonnance du mois d'octobre 1535, chap. 8, art. 33.)

Aussitôt qu'un débiteur a fait cession tous ses biens

---

*Cod. civ., art. 1270. « Les créanciers ne peuvent refuser la cession judiciaire, si ce n'est dans les cas exceptés par la loi.

» Elle opère la décharge de la contrainte par corps.

» Au surplus, elle ne libère le débiteur que jusqu'à concurrence de la valeur des biens abandonnés ; et dans le cas où ils auraient été insuffisans, s'il lui en survient d'autres, il est obligé de les abandonner jusqu'au parfait paiement.»

meubles et immeubles doivent appartenir à ses créanciers; et à cet effet il doit donner un état exact de tous ceux qu'il possède, et les abandonner tous sans réserve. Quelques-uns en exceptent seulement un lit et les autres meubles dont il est parlé dans l'Ord. de 1667, tit. 33, art. 14. D'autres y ajoutent les outils et instrumens avec lesquels le cessionnaire gagne sa vie (V. Mazuer, prat., tit. 29, n° 7), ce qui dépend des circonstances et de la qualité du cessionnaire.

Il faut même observer que tous les biens que le cessionnaire peut acquérir dans la suite depuis sa cession, sont affectés et obligés à ses créanciers jusqu'à concurrence des sommes qui leur étaient dues au temps de la cession; ce qui est conforme à la disposition de droit en la L. 4 et 7, *ff. de cessione bonorum*, et à la L. cod. *qui bonis cedere possunt,* qui est reçue parmi nous. Ainsi, suivant cette maxime, lorsque celui qui a fait cession vient par la suite à gagner du bien, il est tenu de l'abandonner à mesure à ses créanciers, sous la réserve seulement de ce qui lui est nécessaire pour vivre.[*]

Mais, si après la cession le cessionnaire a fait avec ses créanciers un contrat d'atermoiement, par lequel ils ont consenti de lui remettre une partie de sa dette, alors ils ne peuvent plus agir contre lui pour se faire payer d'une plus grande somme que celle dont ils sont convenus, à moins qu'ils ne justifient que par la transaction il y a eu dol ou fraude de la part de leur débiteur. (Voyez le Prêtre, centur. 1, ch. 99.)

---

[*] *Cod. de com.*, art. 568. « La cession judiciaire n'éteint pas l'action des créanciers sur les biens que le failli peut acquérir par la suite; elle n'a d'autre effet que de soustraire le débiteur à la contrainte par corps.»

Quoique les personnes qui sont admises au bénéfice de cession, soit marchands, négocians, banquiers ou autres, n'encourent aucune infamie de droit, et que cela soit même expressément porté par l'art. 144 de l'Ordonnance du mois de janvier 1629, parce que ce bénéfice n'est accordé qu'à ceux qui sont exempts de dol ou de fraude, néanmoins ils encourent une infamie de fait. *

Le premier effet que produit cette infamie, est que celui qui a fait cession est incapable de posséder aucune charge (V. Boniface, tome 1, liv. 1, tit. 1, n. 24), ce qui résulte d'ailleurs de l'article 5 du tit. 9 ci-dessus. Le second effet est qu'il ne peut ester en jugement en demandant, sans donner caution, de payer le jugé. (Ainsi jugé par arrêts du parlement de Paris des 14 avril et 26 août 1598, rapportés par Bouchel en sa *Bibliothèque*, au mot *cession*; et par deux autres arrêts des 20 septembre 1606, et 26 juillet 1607, rapportés par Papon en ses *Arrêts*, liv. 8, titre 1, aux additions, note 1.)

Mais, si le cessionnaire vient par la suite à acquitter ses dettes et à satisfaire tous ses créanciers, il peut se faire réhabiliter, et rentrer dans tous les droits de citoyen, en obtenant des lettres à cet effet.

---

* *Cod. de com.*, art. 614. « Nul commerçant failli ne pourra se présenter à la bourse, à moins qu'il n'ait obtenu sa réhabilitation.»

I.

Outre les formalités (1) ordinairement observées pour recevoir au bénéfice de cession de
biens les négocians et marchands en gros et en
détail et les banquiers, les impétrans seront
tenus *de comparoir en personne* (2) à l'audience
de la juridiction consulaire, s'il y en a, sinon en
l'assemblée de l'hôtel commun des villes, pour
y déclarer leur nom, surnom, qualité et demeure, et qu'ils ont été reçus à faire cession de
biens ; et sera leur déclaration lue et publiée
par le greffier, *et insérée dans un tableau public* (3).∗

(1) *Outre les formalités, etc.*] Les formalités nécessaires pour être reçu au bénéfice de cession, sont
que le débiteur qui forme cette demande doit avant
tout présenter sa requête au juge, à l'effet d'être admis
à ce bénéfice, et conclure par cette requête à ce qu'il
lui soit permis de faire assigner ses créanciers pour
voir dire qu'il lui sera donné acte de l'abandon qu'il

∗ *Cod. de com.*, art. 571. « Le failli admis au bénéfice de
cession sera tenu de faire ou de réitérer sa cession en personne,
et non par procureur, ses créanciers appelés, à l'audience du
tribunal de commerce de son domicile, et, s'il n'y a pas de
tribunal de commerce, à la Maison commune, un jour de
séance. La déclaration du failli sera constatée, dans ce dernier
cas, par le procès-verbal de l'huissier, qui sera signé par le
maire. »

leur fait de tous ses biens, tant meubles qu'immeubles; et en conséquence qu'il sera admis au bénéfice de cession, aux offres qu'il fait de se conformer aux formalités prescrites par l'Ordonnance. S'il est prisonnier, il doit conclure en même temps à ce qu'il soit élargi et mis hors de prison, et à ce faire le geôlier contraint.

Il n'est pas nécessaire de se constituer prisonnier pour être reçu au bénéfice de cession, quoique quelques arrêts aient jugé le contraire, entre autres un du 19 décembre 1644, rapporté par Boniface, tome 2, livre 4, tit. 9, ch. 4. Aujourd'hui on n'exige plus cette formalité.

Si le cessionnaire possède quelques biens, soit meubles ou immeubles, il doit en donner un état exact à ses créanciers mentionnés en sa requête, sinon il doit déclarer qu'il n'en possède aucuns.

Lorsqu'il n'y a point d'opposition à la demande du débiteur qui veut être admis au bénéfice de cession, le juge, par sentence qui intervient, doit lui donner acte de l'abandon qu'il fait à ses créanciers de tous ses biens, tant meubles qu'immeubles, ou de l'affirmation par lui faite qu'il n'en possède aucuns, et qu'il n'en a point détourné, soit directement, soit indirectement, en fraude de ces mêmes créanciers, et en conséquence le recevoir au bénéfice de cession, à la charge de se conformer aux formalités prescrites par l'Ordonnance.

La cession, pour être valable, doit non-seulement être faite en justice, mais elle doit encore être faite en personne, l'audience tenant, et non par procureur. (Ordonnance de Louis XII, du mois de juin 1510, art. 70.) (V. au recueil, tom. 1, pag. 3.) Il faut aussi que la cession soit faite devant les juges royaux ordinaires et non autres (V. le *Grand Coutumier*), ce qui doit s'entendre du juge royal du domicile du débiteur

qui demande d'être admis à ce bénéfice. * Le débiteur
doit, à cet effet, faire assigner par-devant son juge tous

---

* *Cod. de com.*, *art. 569.* « Le failli qui sera dans le cas de
réclamer la cession judiciaire, sera tenu de former sa demande
au tribunal, qui se fera remettre les titres nécessaires. La demande sera insérée dans les papiers publics, comme il est dit
à l'article 683 du Code de procédure civile. »

L'art. 569 du Cod. de com. veut que le failli qui est dans
le cas de réclamer la cession judiciaire adresse sa demande
au *tribunal;* mais il ne dit pas quel est ce tribunal. Est-ce le
tribunal civil ? Est-ce celui de commerce ? La question ne
me paraît pas présenter de grandes difficultés, quand on coor-
donne les dispositions relatives à la cession des biens qui se
trouvent établies dans les Codes de proc. civ. et de com., avec
les usages de l'ancienne jurisprudence commerciale, auxquels
l'art. 906 du Code de proc. déclare formellement n'avoir voulu
apporter aucune modification.

En matière civile, le débiteur qui demande la cession des
biens doit s'adresser au tribunal civil de son domicile : les
art. 899, 900 et 901 du Cod. de proc. civ. ne laissent aucun
doute sur ce point.

En matière commerciale, on a voulu argumenter, pour établir
que le failli doit adresser sa demande au tribunal de commerce,
de l'article 655, § 4 du Cod. de com., qui attribue aux tribunaux
de commerce la connaissance des cessions des biens faites par
le failli; mais, comme l'observe M. Delvincourt, les dispositions de ce paragraphe sont la raison la plus péremptoire pour
admettre une décision contraire. En effet, dans toute matière
civile ou commerciale, la loi veut, Cod. de proc. civ., art. 901,
Cod. de com., art. 571, que le débiteur admis au bénéfice de
cession comparaisse en personne au tribunal de commerce, **et**
cela conformément à notre ancienne législation, qui voulait
que tout débiteur comparût en pareil cas à l'audience de la
juridiction consulaire; et l'art. 655, § 4 du Cod de com., a

ses créanciers, du moins ceux à la requête desquels il est emprisonné ou recommandé; et il est même mieux qu'il les fasse tous assigner, autrement ce qui serait fait sans ces derniers serait nul par rapport à eux, et il faudrait que ce débiteur fît encore la même cérémonie, par rapport à ces autres créanciers, pour éviter l'emprisonnement de leur part, ou pour s'en libérer.

Les juges-consuls ne sont point compétens pour connaître de ces sortes de matières, soit pour recevoir au bénéfice de cession, soit pour connaître des contestations qui peuvent naître à ce sujet.

Lorsque le débiteur qui veut être admis à la cession, au lieu de se pourvoir par simple requête devant le juge de son domicile, se pourvoit en chancellerie et obtient des lettres à cet effet, ces lettres n'empêchent pas que ses créanciers qui ont des contraintes par corps contre lui ne puissent le faire constituer prisonnier jusqu'à ce que les lettres aient été entérinées. (Ainsi jugé au bailliage d'Orléans, par sentence du 5 mars 1743.).

---

seulement voulu établir, comme au reste il le dit très-clairement, que les tribunaux de commerce étaient toujours compétens pour cette partie de la procédure en cession des biens, c'est-à-dire, la comparution du débiteur en personne à leur audience. On voit, par les observations de Jousse, que la compétence des tribunaux civils en cette matière est un principe qui a plus de trois siècles d'existence dans notre droit commercial, et qu'il lui paraissait hors de toute controverse que c'était à ces tribunaux que le débiteur devait s'adresser pour demander à être reçu au bénéfice de cession, et se présenter ensuite à l'audience de la juridiction consulaire, ou à l'Hôtel-de-Ville, pour y déclarer qu'il avait été reçu à faire cession de biens. Tels étaient les anciens usages du commerce, auxquels le législateur moderne a déclaré formellement ne vouloir pas innover.

.Le cessionnaire qui , étant prisonnier, a obtenu sentence en sa faveur, est obligé de la faire lever et signifier au geôlier pour pouvoir sortir de prison , et pour la décharge du geôlier.

Anciennement celui qui avait fait cession était obligé de porter sur la tête un bonnet vert, comme par une espèce de note d'infamie; sinon il était permis aux créanciers de l'emprisonner : plusieurs arrêts l'ont ainsi jugé.

Mais aujourd'hui cette formalité ne s'observe plus, quoique la sentence qui reçoit au bénéfice de cession fasse toujours mention que c'est à la charge de porter le bonnet vert; du moins c'est ainsi que nous l'observons à Orléans. Il y a néanmoins des provinces dans le royaume où, suivant l'ancien usage, les cessionnaires sont obligés encore aujourd'hui de porter sur la tête le bonnet vert en tout temps, comme il a été jugé au parlement de Bordeaux, par arrêt du 15 mars 1706, rapporté par Lapeyrère, lettre C. (V. sur cette matière Louet, lettre C., sommaire 56.)

On observait aussi autrefois à Paris une autre cérémonie : le cessionnaire était conduit par un sergent au bas du Pilori, un jour de marché, les créanciers bien et dûment appelés; et là le sergent, en présence du cessionnaire, publiait à haute voix que le particulier présent avait été reçu au bénéfice de cession, afin que personne n'en ignorât et n'eût à faire aucun commerce avec lui, dont il dressait procès-verbal signé de deux témoins. Cette formalité ne s'observe plus aujourd'hui : le sergent se contente de faire un procès-verbal où il fait mention qu'il a satisfait à l'Ordonnance.

(2) *De comparoir en personne, etc.*] Cette formalité est établie afin que le négociant ou marchand qui a fait cession soit connu, et que n'ayant plus de crédit,

et ayant perdu toute la confiance qu'on pouvait avoir
en lui auparavant, on ne lui prête plus, et qu'on ne
lui négocie des billets que lorsqu'on veut bien courir
risque de les perdre. *

(3) *Et insérée dans un tableau public.*] C'est-à-dire,
exposée dans un lieu public, comme est la salle où
se tient l'audience de la juridiction consulaire, s'il y en
a une dans le lieu du domicile du cessionnaire, sinon
en la salle commune où se tiennent les assemblées de
ville. **

2.

Les étrangers (1) qui n'auront obtenu nos
lettres de naturalité ou de déclaration de naturalité, *ne seront reçus à faire cession* (2).

(1) *Les étrangers.*] Il en est de même des Français
bannis à perpétuité du royaume, ou qui sont condamnés aux galères perpétuelles, parce qu'ils ont perdu
la vie civile. (Ainsi jugé par arrêt du dernier février 1608.
Voyez Brodeau sur Louet, lettre S, sommaire 15, et
lettre C, sommaire 53.)

---

* C'est par le même motif que l'art. 901, Cod. de proc. civ.,
et 571 du Cod. de com., imposent au débiteur l'obligation de
se présenter *en personne;* il est évident qu'aucune circonstance
ne peut l'affranchir de cette formalité.

** *Cod. de com., art. 573.* « Les nom, prénoms, profession
et demeure du débiteur seront insérés dans des tableaux à ce
destinés, placés dans l'auditoire du tribunal de commerce de
son domicile, ou du tribunal civil qui en fait les fonctions,
dans le lieu des séances de la Maison commune, et à la
bourse.»

(2) *Ne seront reçus à faire cession.*] Parce qu'autrement ils pourraient faire passer leurs effets dans leur pays, et négocier encore impunément en France, après avoir frustré leurs créanciers, à la faveur du bénéfice de cession.

Les Français ne sont pas non plus admis au bénéfice de cession contre les étrangers. C'est une assurance réciproque pour entretenir le commerce avec les étrangers, qui est avantageuse à l'état et au bien public. (Ainsi jugé par plusieurs arrêts, et entre autres par un du 18 avril 1566, et par deux autres des 5 décembre 1591 et 17 août 1598.) *

---

* Le Cod. de com., art. 575, § 2, conforme à l'Ordonnance, refuse le bénéfice de cession aux étrangers. Pourraient-ils invoquer la réciprocité, comme sous l'ancienne jurisprudence, et s'opposer à la cession de biens des Français qui se trouveraient leurs débiteurs? Cette question a été soumise à la Cour de cassation, qui n'a point admis le principe de réciprocité, et avec raison : car, en premier lieu, le texte de la loi, déterminant d'une manière précise quelles sont les personnes à qui le bénéfice de cession doit être refusé, n'y a pas compris le Français débiteur d'un étranger, et il faut un texte de loi formel pour retenir un individu en prison ; en second lieu, le motif de la loi encore plus décisif que la lettre : car, puisqu'on ne refuse le bénéfice de cession aux étrangers que par la facilité qu'ils auraient de soustraire leurs biens à leurs créanciers en les faisant passer dans leur pays, il n'y a aucune raison pour en user de même à l'égard des Français, qui ne sont pas regardés comme ayant les mêmes facilités. Les étrangers ne sauraient donc se plaindre d'un défaut de réciprocité fondé sur de si sages motifs, pas plus que les Français ne seraient fondés à le faire d'une législation étrangère qui établirait la même règle.

TITRE XI.

DES FAILLITES ET BANQUEROUTES.

I.

La faillite ou banqueroute (1) sera réputée ouverte du jour (2) que le débiteur se sera retiré (3), ou que le scellé aura été apposé sur ses biens (4).*

(1) *La faillite ou banqueroute.*] Ces mots ne sont point synonymes.** *La faillite* se fait lorsqu'un négociant, banquier ou autre, manque à payer ses dettes et à satisfaire à ses engagemens, à cause de quelque

---

* *Cod. de com.*, art. 441. « L'ouverture de la faillite est déclarée par le tribunal de commerce : son époque est fixée, soit par la retraite du débiteur, soit par la clôture de ses magasins, soit par la date de tous actes constatant le refus d'acquitter ou de payer des engagemens de commerce.

» Tous les actes ci-dessus mentionnés ne constateront néanmoins l'ouverture de la faillite que lorsqu'il y aura cessation de paiement ou déclaration du failli. »

** *Cod. de com.*, art. 437. « Tout commerçant qui cesse ses paiemens est en état de faillite. »

Art. 438. « Tout commerçant failli qui se trouve dans l'un des cas de faute grave ou de fraude prévus par la présente loi, est en état de banqueroute. »

Art. 439. « Il y a deux espèces de banqueroutes :

» La banqueroute simple ; elle sera jugée par les tribunaux correctionnels :

» La banqueroute frauduleuse ; elle sera jugée par les cours de justice criminelle. »

porte eu accident considérable qui lui est arrivé, sans qu'il y ait de sa faute en aucune manière. La *banque-route* au contraire se dit, à proprement parler, de ceux qui, par leur faute, v. g. par des entreprises téméraires et des engagemens indiscrets, se sont mis dans le cas de déranger leurs affaires, et de ne point payer leurs créanciers.

(2) *Sera réputée ouverte du jour, etc.*] En sorte que dès ce jour-là toutes les dettes du failli deviennent exigibles, quand même les termes des billets, obligations et lettres de change ne seraient pas encore expirés, et que les créanciers peuvent faire mettre le scellé sur ses effets. *

(3) *Que le débiteur se sera retiré.*] Pourvu que cette retraite soit pour éviter les contraintes, et que ceux qui sont dans sa maison cessent de payer en son nom : car, si elle était occasionée par quelque voyage ou maladie, ou que le débiteur se fût absenté pour ses affaires, ou pour prendre des arrangemens à cause de quelque banqueroute où il se trouverait impliqué, sans avoir eu le temps de laisser quelqu'un chez lui pour répondre sur ses affaires ; dans ce cas, si ce débiteur revenait en sa maison peu de jours après, et qu'il satisfît exactement ses créanciers, on ne pourrait le regarder comme ayant été en faillite, quand même le scellé aurait été mis sur ses effets.

---

* *Cod. de com.*, *art. 448.* « L'ouverture de la faillite rend exigibles les dettes passives non échues ; à l'égard des effets de commerce par lesquels le failli se trouvera être l'un des obligés, les autres obligés ne seront tenus que de donner caution pour le paiement, à l'échéance, s'ils n'aiment mieux payer immédiatement. »

(4) *Ou que le scellé aura été apposé sur ses biens.*]
La faillite ou banqueroute est aussi réputée ouverte du
jour que le débiteur est devenu insolvable et a cessé
entièrement de payer ses créanciers, ou qu'il a détourné
et changé ses effets de nature, et qu'il y a eu contre
lui plusieurs condamnations en différentes juridictions,
ce qui dépend le plus souvent des circonstances.

Un négociant ou autre qui a le malheur de se trouver
dans l'impuissance de satisfaire ses créanciers, doit avant
toutes choses prendre des précautions sages pour mettre
sa personne et son honneur à couvert.

1° Il doit faire demander par quelque personne un
sauf-conduit à ses créanciers pour 15 jours ou un mois,
plus ou moins, afin de pouvoir venir leur rendre compte
de ses actions; et si quelqu'un des créanciers refuse d'accorder ce sauf-conduit, et que la plus grande partie y
consente, il doit assigner les refusans pour faire ordonner que ce sauf-conduit demeurera consenti par eux, et
que défense leur sera faite d'attenter à sa personne : ce
que les juges ne peuvent refuser, si les créanciers des
trois quarts de ce qu'il doit y consentent, suivant la disposition de l'article 7, ci-après. Si la sentence ou l'arrêt
qui intervient sur cette requête adjuge les conclusions
du failli, il doit la signifier aux créanciers refusans. *

2° Il doit écrire à tous ses créanciers pour leur faire

---

* *Cod. de com.*, art. 466. « Après l'apposition des scellés,
le commissaire rendra compte au tribunal de l'état apparent
des affaires du failli, et pourra proposer ou sa mise en liberté
pure et simple, avec sauf-conduit provisoire de sa personne,
ou sa mise en liberté avec sauf-conduit, en fournissant caution
de se représenter, sous peine de paiement d'une somme que le

part de sa déroute, afin qu'ils puissent prendre toutes les mesures nécessaires pour la conservation de leur dû, et qu'ils envoient des procurations ou viennent eux-mêmes pour l'arrangement de leurs affaires.

3° Il doit donner à ses créanciers un état certifié de lui de tout ce qu'il possède et de ce qu'il doit. (*Infrà*, art. 2.)

4° Lorsqu'il sera près de rendre compte de sa conduite et de ses affaires, il fera assembler ses créanciers, et leur présentera son bilan ou l'état de ses biens. Il aura attention de ne pas se trouver dans l'assemblée sans être accompagné de quelque parent ou ami, et d'y paraître avec une contenance modeste et humble, telle qu'elle convient à sa situation ; il est même plus convenable que ce soit la personne qui est avec lui qui porte la parole, si ce n'est lorsqu'il sera interrogé lui-même par quelque créancier. Il doit aussi supporter avec patience

---

tribunal arbitrera, et qui tournera, le cas advenant, au profit des créanciers. »

Art. 467. « A défaut par le commissaire de proposer un sauf-conduit pour le failli, ce dernier pourra présenter sa demande au tribunal de commerce, qui statuera après avoir entendu le commissaire. »

Art. 468. « Si le failli a obtenu un sauf-conduit, les agens l'appelleront auprès d'eux pour clore et arrêter les livres en sa présence.

» Si le failli ne se rend pas à l'invitation, il sera sommé de comparaître.

» Si le failli ne comparaît pas quarante-huit heures après la sommation, il sera réputé s'être absenté à dessein.

» Le failli pourra néanmoins comparaître par fondé de pouvoir, s'il propose des empêchemens jugés valables par le commissaire. »

et sans réplique les mauvais discours, et même les injures qui pourraient lui être faites, ou du moins y répondre avec douceur, et seulement autant qu'il le croira nécessaire pour sa justification.

5° Il doit aussi présenter ses livres et registres, s'il est marchand, négociant ou banquier, comme il est porté ci-dessous en l'article 3.

6° Mais une des principales attentions que doit avoir celui qui tombe en faillite, est de se conduire avec toute la probité possible avant, pendant et après le temps de sa disgrâce. Outre que l'honneur exige de lui qu'il tienne cette conduite, il trouvera aussi par ce moyen ses créanciers mieux disposés à lui accorder des délais, et à entrer avec lui dans quelque arrangement, soit par des remises ou autrement. Ainsi il doit bien prendre garde d'engager imprudemment ses amis dans son malheur, soit en empruntant d'eux de l'argent peu de jours avant sa faillite, soit en les faisant engager pour lui, afin de sortir d'affaire avec ses autres créanciers. Outre que c'est une infidélité d'en agir ainsi, c'est qu'il n'y a rien qui déshonore tant un négociant qu'une pareille conduite. Au contraire rien ne justifie mieux sa bonne foi que lorsqu'on vient à connaître, après sa faillite, qu'il a refusé de l'argent ou des lettres de change que ses amis lui proposaient peu de temps auparavant.

De plus, il doit éviter de faire aucun préjudice à ses créanciers, soit en détournant de l'argent ou des effets, et en les appliquant à son profit, soit en passant des ordres sur des lettres de change au profit de personnes interposées, pour en poursuivre et recevoir le paiement sous leur nom. Il est même important pour ceux au profit de qui ces ordres sont passés, de ne point accepter ces sortes de transports; autrement ils courent risque

d'être poursuivis, comme ayant participé frauduleusement à la banqueroute du failli: (*Infrà* , art. 13.) C'est
pourquoi, si quelqu'un par surprise, et de bonne foi,
avait accepté un pareil transport d'une personne en
faillite, il doit, pour se disculper envers les créanciers,
et pour justifier sa probité, venir leur déclarer ce qui
s'est passé : par ce moyen il évitera les poursuites qui
pourraient être faites contre lui.

Enfin une dernière attention que doit avoir un négociant qui s'absente, en cas de faillite, pour éviter les
poursuites de ses créanciers, est d'enfermer tous ses
livres, journaux et registres dans son cabinet, afin qu'ils
puissent se trouver aisément sous le scellé, s'il était apposé chez lui pendant son absence, et pour empêcher
par ce moyen que personne ne les détourne, et qu'il
puisse par la suite les représenter à ses créanciers.

2.

Ceux qui auront fait faillite *seront tenus de
donner* (1) à leurs créanciers *un état certifié d'eux
de tout ce qu'ils possèdent et de tout ce qu'ils
doivent* (2). ∗

(1) *Seront tenus de donner* , etc.] V. ci-après les
articles 10 et 11.

(2) *Un état certifié d'eux de tout ce qu'ils possèdent*

∗ *Cod. de com.*, art. 470. « Le failli qui aura, avant la déclaration de sa faillite, préparé son bilan ou état passif et actif
de ses affaires, et qui l'aura gardé par-devers lui, le remettra
aux agens dans les vingt-quatre heures de leur entrée en
fonctions. »

et de ce qu'ils doivent.] A peine de ne pouvoir être
admis à passer avec leurs créanciers aucun contrat
d'atermoiement, transaction, ou autre acte, et de ne
pouvoir obtenir aucune sentence ou arrêt d'homologation, ni se prévaloir d'aucun sauf-conduit qui aurait été
accordé par les créanciers, et aussi à peine d'être poursuivis comme banqueroutiers frauduleux. (Déclaration
du 1er juin 1716, rapportée ci-après en la note 1 sur
l'article 11 de ce titre.

Ce n'est pas assez de donner cet état, il faut encore
en dresser le bilan, tant en débit que crédit, pour la
commodité des créanciers, afin qu'ils puissent voir d'un
coup d'œil l'état au vrai des affaires du failli, et ce qu'ils
en peuvent espérer. Le failli doit aussi mettre au bas
de cet état toutes les pertes qui lui sont arrivées, tant
sur mer que par banqueroute ou autrement, afin de
justifier aux créanciers sa conduite, et que, par cette
connaissance, ils puissent se prêter plus facilement à un
accommodement. *

3.

Les négocians, marchands et banquiers seront
encore tenus *de représenter tous leurs livres et
registres* (1) *cotés et paraphés* (2) en la forme
prescrite par les articles 1, 2, 3, 4, 5, 6 et 7,

---

* *Cod. de com.*, art. 471. « Le bilan devra contenir l'énuméra-
tion et l'évaluation de tous les effets mobiliers et immobiliers
du débiteur, l'état des dettes actives et passives, le tableau
des profits et des pertes, le tableau des dépenses ; le bilan devra être certifié véritable, daté et signé par le débiteur. »

du titre 5 ci-dessus, pour être remis au greffe des juges et consuls, s'il y en a, sinon de l'hôtel commun des villes, ou ès mains des créanciers, à leur choix.*

(1) *De représenter tous leurs livres et registres, etc.*] Afin de donner par-là à leurs créanciers une connaissance exacte de leurs affaires, et qu'ils puissent en conséquence prendre des mesures entre eux, et éviter des procès qui consument le plus souvent les biens du débiteur, et même quelquefois ceux des créanciers.

L'examen de ces livres et registres est d'ailleurs nécessaire pour voir si le débiteur n'a pas fait quelque vente de ses immeubles, cession de dettes actives et autres effets, fourni des lettres de change, ou passé des ordres au profit de quelques créanciers ou autres personnes, en fraude et au préjudice des autres, peu de jours avant sa faillite; et qu'ils puissent en conséquence faire déclarer ces actes et transports nuls, suivant qu'il est dit en l'article 4 qui suit.

---

* *Cod. de com.*, art. 587. « Pourra être poursuivi comme banqueroutier simple, et être déclaré tel,

» Le failli qui n'aura pas fait au greffe la déclaration prescrite par l'article 440 ;

» Celui qui, s'étant absenté, ne se sera pas présenté en personne aux agens et aux syndics dans les délais fixés, et sans empêchement légitime ;

» Celui qui présentera des livres irrégulièrement tenus, sans néanmoins que les irrégularités indiquent de fraude, ou qui ne les représentera pas tous ;

» Celui qui, ayant une société, ne se sera pas conformé à l'article 440. »

La déclaration du 13 juin 1716, ajoutant à la disposition portée en cet article, veut « que tous marchands, négocians, banquiers et autres qui out fait faillite, soient tenus de déposer un état exact et détaillé, certifié véritable, de tous leurs effets mobiliers et immobiliers, et de leurs dettes, comme aussi leurs livres et registres, au greffe de la juridiction consulaire dudit lieu, ou la plus prochaine ; et que, faute de ce, ils ne puissent être reçus à passer avec leurs créanciers aucun contrat d'atermoiement, concordat, transaction, ou autre acte, ni obtenir aucune sentence ou arrêt d'homologation d'iceux, ni se prévaloir d'aucun sauf-conduit accordé par leurs créanciers; et veut qu'à l'avenir lesdits contrats et autres actes, sentences et arrêts d'homologation, et sauf conduits, soient nuls et de nul effet, et que lesdits débiteurs puissent être poursuivis extraordinairement comme banqueroutiers frauduleux par les procureurs généraux ou leurs substituts, ou par un seul créancier, sans le consentement des autres, quand même il aurait signé lesdits contrats, actes ou sauf-conduits, et qu'ils auraient été homologués avec lui. Cette déclaration veut aussi que ceux qui auront précédemment passé quelques contrats ou actes avec leurs créanciers, ou qui ont obtenu des sauf-conduits, ne puissent s'en aider et prévaloir, ni des sentences ou arrêts d'homologation intervenus en conséquence ; défend à tous juges d'y avoir aucun égard, si dans quinzaine pour tout délai, à compter du jour de la publication des présentes, les débiteurs ne déposent leurs états, livres et registres en la forme ci-dessus ordonnée, et sous les peines y contenues, au cas qu'ils n'y aient ci-devant satisfait. Et, pour faciliter à ceux qui ont fait ou feront faillite, le moyen de dresser leurs états, veut S. M. qu'en cas d'apposition de scellés sur leurs biens et effets, leurs livres et registres leur soient remis et délivrés, après néanmoins qu'ils auront été paraphés par le juge ou autre officier commis par le juge, qui apposera lesdits scellés, et par un des créanciers qui y assisteront, et que les feuillets blancs, si aucun y a, auront été bâtonnés par ledit juge ou autres officiers, * à la charge qu'au plus tard, après l'expiration dudit délai de quinzaine, lesdits livres et registres, et l'état des effets actifs et passifs, seront déposés au greffe de la juridiction consulaire, ou chez un notaire, par celui qui aura fait faillite; sinon veut qu'il soit censé et réputé banqueroutier frauduleux, et comme tel poursuivi suivant qu'il a été ci-devant ordonné. Déclare nulles et de nul effet toutes lettres de répit qui pourront ci-après être obtenues, si ledit état des effets et dettes n'est attaché sous le contre-scel, avec un certificat du greffier de la juridiction consulaire, ou d'un notaire, entre les mains duquel ledit état avec les livres et registres aura été déposé. » *Idem* par la

---

* *Cod. de com., art. 463.* « Les livres du failli seront extraits des scellés, et remis par le juge de paix aux agens, après avoir été arrêtés par lui : il constatera sommairement, par son procès-verbal, l'état dans lequel ils se trouveront.

» Les effets du porte-feuille qui seront à courte échéance ou susceptibles d'acceptation, seront aussi extraits des scellés par le juge de paix, décrits et remis aux agens pour en faire le recouvrement. Le bordereau en sera remis au commissaire.

» Les agens recevront les autres sommes dues au failli, et sur leurs quittances, qui devront être visées par le commissaire.

» Les lettres adressées au failli seront remises aux agens : ils les ouvriront, s'il est absent; s'il est présent, il assistera à leur ouverture. »

déclaration du 5 août 1721, et autres déclarations postérieures qui ajoutent « le tout sans déroger aux usages
et priviléges de la juridiction de la conservation de Lyon,
ni à la déclaration du 30 juillet 1715, intervenue pour
le Châtelet de la ville de Paris. » (V. cette déclaration
au Recueil, tom. 3, pag. 18.)

(2) *Cotés et paraphés.*] Quand les livres sont en
bon ordre, et qu'il n'y a point de preuve qu'il y en
ait eu d'autres que ceux qui paraissent, les créanciers
doivent s'en contenter et y ajouter foi, quoique non
cotés et paraphés. (V. la note sur l'article 3 du tit. 3,
ci-dessus.)

4.

Déclarons nuls tous transports, cessions, ventes
et donations de biens meubles ou immeubles,
faits en fraude des créanciers (1). Voulons qu'ils
soient rapportés à la masse commune des effets.*

(1) *Faits en fraude des créanciers.*] Comme sont
ceux qui se font sous des noms interposés ou autrement,
par des voies obliques et illégitimes.

L'édit du mois de mai 1609 « annulle tous transports,

---

* *Cod. de com.*, *art. 447.* « Tous actes ou paiemens faits
en fraude des créanciers sont nuls. »

L'art. 4 de l'Ord. et l'art. 447 du Cod. de com. établissent,
sans contredit, un des principes les plus importans de notre
droit en matière de faillite.

De droit commun, tous les actes faits par un débiteur en
fraude de ses créanciers sont frappés de nullité. On comprend
facilement la raison de cette maxime; elle appartient à la législation civile comme à la législation commerciale, qui n'ont

cessions, ventes et aliénations faites aux enfans et héritiers présomptifs ou amis du débiteur ; et veut que,

---

fait en la consacrant que protéger la bonne foi, première base de toute société civile.

Mais, s'il est vrai que le principe soit aussi juste qu'incontestable, il n'en arrive pas moins qu'il ne soit très-difficile d'en faire l'application. La fraude, aussi ingénieuse que la loi peut être sévère, s'environne de précautions qu'il n'est pas aisé de déjouer ; et c'est pour cela que le législateur, venant au secours des créanciers, a établi pour les faillites des présomptions de fraude qui les dispensent de toute preuve.

Il est bien important de distinguer le cas où ces présomptions de fraude annullent en totalité, et à l'égard de tous les contractans, les actes présumés frauduleux, de celui où ces actes ne sont réputés frauduleux qu'à l'égard des faillis. Le Code de com. a établi sur ce point des règles assez précises dans les art. 442, 443, 444, 445.

L'art. 443 est surtout très-remarquable, il doit être coordonné avec l'art. 2146 du Code civil. La combinaison de ces deux articles nous paraît résoudre la difficulté qui a été élevée sur la question de savoir si la nullité prononcée par l'art. 443 devait frapper une hypothèque consentie long-temps avant la faillite, mais seulement inscrite dans les dix jours qui précèdent. La Cour de cassation a maintenu une pareille inscription ; et il faut convenir que, la loi ne prononçant la nullité de l'hypothèque que parce qu'elle la présume frauduleusement consentie lorsqu'elle l'a été dans les dix jours, on ne voit pas pourquoi on querellerait l'inscription, qui n'est que l'accomplissement d'une formalité nécessaire pour conserver un droit acquis antérieurement à l'époque pendant laquelle la loi présume la fraude. Malgré la force incontestable de cette objection, l'art. 2146 me paraît décider textuellement le contraire; tel est l'avis de M. Delvincourt.

s'il paraît que les transports, cessions, donations et
ventes soient faites et acceptées en fraude des créanciers,
les cessionnaires, donataires et acquéreurs soient punis
comme complices des fraudes et banqueroutes. »

Lorsque les transports ont été faits dans les dix jours
qui précèdent la faillite, ils sont présumés faits en
fraude des créanciers. C'est la disposition de la déclaration du 18 novembre 1702, qui veut « que toutes
cessions et transports sur les biens des marchands qui
font faillite, soient nuls et de nulle valeur, s'ils ne
sont faits dix jours au moins avant la faillite publiquement connue; comme aussi que les actes et obligations qu'ils passeront devant notaires au profit de
quelques-uns de leurs créanciers, ou pour contracter
de nouvelles dettes, ensemble les sentences qui seront
rendues contre eux, n'acquièrent aucune hypothèque
ni préférence sur les créanciers chirographaires, si
lesdits actes et obligations ne sont passés, et si lesdites
sentences ne sont rendues pareillement dix jours au
moins avant la faillite publiquement connue. » (V. le
Recueil, tom. 2, page 289.)

Les dispositions de cette déclaration, qui ne concerne
que les marchands, ont été étendues à l'égard des gens
d'affaires, au sujet des transports à eux faits en cas
de faillite, par arrêt de la Cour des Aides du 14 mars
1710. (V. le Recueil, tome 2, page 460.)

Il faut cependant observer que cette déclaration ne
s'entend que des transports faits par le failli, sur ses
biens, au profit de quelques-uns de ses créanciers,
ainsi que des hypothèques qui pourraient s'obtenir
contre lui. Mais un créancier qui, de bonne foi et sans
fraude, aurait reçu de son débiteur le montant de ce
qui lui est dû, ne pourrait être recherché par les autres

créanciers pour rapporter ce qu'il a reçu, quand même il aurait reçu ce paiement la veille de la faillite : car ce créancier ne reçoit alors que ce qui lui appartient légitimement, et on ne peut présumer aucune fraude de sa part, comme elle est présumée à l'égard des cessions et transports qui se font dans les dix jours avant la faillite. Toubeau, en ses *Institutions consulaires*, liv. 3, tit. 12, ch. 3, pag. 730, est de ce sentiment, et il pense qu'un paiement fait par le débiteur à son créancier dans les dix jours qui précèdent la faillite, est bon et valable, et ne peut être attaqué par un autre créancier, pourvu qu'au temps du paiement le marchand fît encore son commerce, et que la faillite ne fût point encore ouverte. Il cite plusieurs autorités pour appuyer son sentiment, et entre autres un arrêt du 9 juin 1578. (Voyez aussi les *Conférences de Paris sur l'Usure*, tit. 6, confér. 3, § 6.)*

Le règlement fait pour la ville de Lyon, du 2 juin 1667, art. 13, est favorable à cette opinion, puisqu'en déclarant nuls toutes cessions et transports faits dans les dix jours qui précèdent la faillite, il en excepte les viremens de parties, qui sont des espèces de paiemens. C'est aussi le sentiment de Savary en ses *Parères* (parère 39, page 301, édition de 1749), où il établit, comme une maxime certaine à l'égard des lettres et billets de change dont le paiement est échu, qui ont été payés en argent comptant dans le temps qui précède de près la faillite, et même la veille de cette faillite, que ceux qui ont reçu

---

* Le Cod. de com. a consacré cette ancienne jurisprudence par les art. 444 et 445, et surtout par l'art. 446, qui ne prescrit le rapport que des sommes payées pour dettes commerciales *non échues*

ces paiemens ne sont point tenus de les rapporter, et
que ces paiemens ne peuvent jamais être réputés frauduleux, soit à l'égard de ceux qui reçoivent, soit de la part
de ceux qui paient.

Mais il n'en est pas de même à l'égard de l'argent payé
dans le temps qui est proche de la faillite, pour les lettres,
billets, et autres dettes dont le paiement ne serait pas
encore échu, parce que le paiement fait en argent avant
le temps échu, dans le temps qui avoisine la faillite,
est présumé avoir été fait de mauvaise foi et en fraude
des autres créanciers, et que le débiteur qui est sur le
point de faire faillite ne peut avantager un créancier au
préjudice des autres. (*Ità* Savary, *ibid.*)*

Il faut aussi observer que les paiemens, même des
dettes échues, qui se font en argent depuis la faillite
ouverte, sont nuls, et doivent être rapportés à la masse,
parce que dès l'instant de la faillite les biens du débiteur deviennent le gage commun de tous les créanciers.

Si le débiteur, dans le temps qui est proche de la
faillite, c'est-à-dire dans les dix jours auparavant, avait,
au lieu d'argent, fait à quelques-uns de ses créanciers
une cession et transport de dettes actives, ou qu'il leur
eût fourni des lettres de change ou billets qu'il aurait
passés à leur ordre, ou donné en paiement des marchandises, meubles, vaisselle, etc., ou qu'il leur eût vendu
des maisons et héritages pour demeurer quitte avec eux
de ce qu'il leur devait, il est certain que les créanciers
qui auraient reçu ces effets en paiement doivent rapporter à la masse commune des effets du failli ce qui

---

* Le Code de com. a consacré cette doctrine par l'art. 446,
déjà cité.

leur a été ainsi cédé et vendu, parce que toute cession
et transport qui se font dans les dix jours qui précèdent
la faillite, sont censés extorqués, et faits en fraude des
autres créanciers.

Mais toutes les cessions, ventes et transports faits par
le failli, qui ont été acceptés de bonne foi et sans fraude
de la part des cessionnaires et acquéreurs, sont bons et
valables, et les cessionnaires ou acquéreurs ne sont point
tenus de les rapporter à la masse commune des effets,
quand même ces transports auraient été faits peu de
temps avant la faillite.

Les cessions et transports acceptés de bonne foi et sans
fraude par des cessionnaires et acquéreurs, sont : 1º toutes
ventes d'immeubles et effets mobiliers dont le prix a été
payé par l'acheteur en argent comptant ou autres effets
équipollens, surtout lorsque la date de ces ventes se
trouve constatée par quelque acte authentique; 2º toutes
lettres de change et billets fournis, soit qu'ils soient
payables à ordre ou au porteur, dont les ordres ont été
passés; et en général toutes cessions et transports de dettes
actives dues au cédant, tant par obligations, promesses,
qu'autrement, dont la valeur a été payée en argent
comptant, ou en autres effets équivalens, par ceux au
profit desquels les lettres de change ont été fournies et
les ordres passés, ou auxquels les cessions et transports
ont été faits; 3º toutes marchandises, vaisselle d'argent,
et autres effets donnés en gage ou nantissement, pour
argent prêté, ou pour lettres de change et billets fournis
à ceux qui ont donné ces effets en gage, quand il y en a
un acte passé devant notaires, suivant l'article 8 du
titre 6, ci-dessus. (V. Savary, *ibidem*, pag. 311.)

Il est constant que toutes ces choses ne sont point
sujettes au rapport, parce que ces ventes, cessions,

transports et engagemens ont été faits de bonne foi et
sans fraude de la part des acquéreurs et cessionnaires,
et qu'il n'y aurait aucune raison de leur faire rapporter
les choses qu'ils ont reçues, et dont ils ont payé la valeur en argent comptant ou en autres effets équivalens.

Mais à l'égard des cessions, transports et engagemens,
s'ils ont été faits dans les dix jours qui précèdent la faillite,
ils doivent être déclarés nuls, aux termes de la déclaration du Roi du 18 novembre 1702; et il ne reste plus aux
acquéreurs et cessionnaires qu'une action pour se faire
rendre l'argent et autres effets qu'ils peuvent avoir donnés
pour acquérir ces cessions, transports et engagemens :
pour raison de quoi ils deviennent, dans la classe des
créanciers ordinaires, sans privilége particulier, lorsque
les effets par eux donnés ne sont plus en nature,

5.

Les résolutions prises (1) *dans l'assemblée des
créanciers, à la pluralité des voix* (2), *pour
le recouvrement des effets* (3), *ou l'acquit des
dettes* (4), *seront exécutées par provision, et
nonobstant toutes oppositions ou appellations.*

(1) *Les résolutions prises, etc.*] V. l'art. suivant.

Lorsqu'un débiteur vient à tomber en faillite, la première chose que doivent faire les créanciers, est de
s'assembler et de nommer à la pluralité des voix quelques-uns d'entre eux des plus capables pour syndics
et directeurs des affaires du failli, afin d'examiner
l'état de ses affaires, et d'en faire leur rapport dans les
assemblées qu'ils indiqueront à cet effet ; et lorsque c'est

une faillite considérable, il est bon que les jours en
soient indiqués une fois par chaque semaine, plus ou
moins, afin que personne n'en prétende cause d'ignorance, sans préjudice des assemblées extraordinaires,
et que les délibérations prises dans ces assemblées soient
reçues par un notaire, chez lequel elles se feront. Si
parmi les créanciers, comme il arrive le plus souvent,
il y en a quelques-uns d'absens, il faut leur écrire afin
qu'ils viennent, ou envoient à quelqu'un une procuration spéciale pour assister en leur nom aux assemblées,
et consentir en tout ce qui y sera résolu. A l'égard des
créanciers qui n'ont été présens ni appelés aux délibérations prises dans les assemblées, soit pour remise, soit
pour atermoiement, ils ne seront point obligés de les
exécuter. (Arrêts rapportés par Catelan, en son Recueil,
liv. 6, ch. 33.)

Le pouvoir que donnent ordinairement les créanciers
aux syndics ou directeurs, est, * 1° de faire lever les

---

* *Cod. de com.* , *art. 486.* « Aussitôt après leur nomination,
les syndics provisoires requerront la levée des scellés, et procéderont à l'inventaire des biens du failli. Ils seront libres de se
faire aider, pour l'estimation, par qui ils jugeront convenable.
Conformément à l'article 937 du Code de procédure civile, cet
inventaire se fera par les syndics à mesure que les scellés
seront levés, et le juge de paix y assistera et le signera à chaque
vacation. »

Art. 491. « L'inventaire terminé, les marchandises, l'argent,
les titres actifs, meubles et effets du débiteur, seront remis
aux syndics, qui s'en chargeront au pied dudit inventaire. »

Art. 492. « Les syndics pourront, sous l'autorisation du commissaire, procéder au recouvrement des dettes actives du failli.

» Ils pourront aussi procéder à la vente de ses effets et mar-

scellés qui ont pu être apposés en la maison du failli;
2° de faire faire l'inventaire de tous ses biens, registres
et papiers; 5° d'examiner l'état que ce débiteur leur
aura fourni, ainsi que ses livres et registres, pour voir
s'ils sont bien en règle et conformes à l'Ordonnance; 4° de
bien faire constater l'état des marchandises ou autres
effets qui seront réclamés par des créanciers, afin de
savoir si ces effets sont encore en nature et sujets au
privilége de ceux qui les réclament; 5° de faire vendre
les marchandises et autres effets appartenant à ce même
débiteur, et non revendiqués par des créanciers, et
d'en remettre les deniers entre les mains d'un notaire
ou autre personne nommée à cet effet par l'assemblée;
6° de faire le recouvrement de toutes les dettes; 7° enfin,
d'examiner les contrats, transactions, obligations, promesses, billets, lettres de change et autres pièces justi-
ficatives de ceux qui se prétendent créanciers du failli,
pour du tout faire, dans les assemblées, un rapport fidèle
et exact aux créanciers.

Les syndics, en procédant à l'inventaire des effets du
failli, doivent se comporter avec toute l'intégrité et la
droiture dues à la confiance qu'on leur a témoignée, sans
aucune acception ni faveur de personne.

Ils doivent d'abord prendre le nom de tous les créanciers opposans au scellé, au cas qu'il y en ait un, et
les faire assigner pour en consentir la levée; et, pour
éviter les frais de la procédure, ils doivent faire ordonner
en justice que tous ces créanciers opposans comparaî-

---

chandises, soit par la voie des enchères publiques, par l'entremise des courtiers, et à la bourse, soit à l'amiable, à leur
choix. »

tront à cette levée par l'ancien procureur des opposans.

L'inventaire étant achevé, il faut avant de procéder à la vente des effets que les syndics examinent avec soin tous les livres et registres du failli ; qu'ils voient si ces livres sont entièrement conformes à l'état par lui fourni de ses biens, et s'il a été fait quelque vente, cession, ou transport, du nombre de ceux dont il a été parlé ci-dessus, dans les dix jours qui précèdent la faillite ; afin de les faire déclarer nuls. Il faudra ensuite qu'ils fassent leur rapport du tout à la première assemblée, afin que les créanciers tous ensemble délibèrent sur le parti qu'ils croiront le plus convenable, soit pour laisser le failli en possession de ses biens, aux conditions qu'ils jugeront à propos, soit pour l'en déposséder, et partager entre eux les deniers qui proviendront de la vente de ses biens.

Après cela ils doivent examiner les droits de chacun des créanciers en particulier, voir si les sommes dont ils se prétendent créanciers leur sont bien et légitimement dues, et considérer la nature, les droits et privilèges de ces créanciers. Cet examen fait, les syndics dresseront un état au vrai, ou bilan en débit et crédit, de tous les effets du failli, tant actifs que passifs, soit immeubles, soit meubles, marchandises, lettres, billets, promesses, argent comptant et dettes actives, en distinguant les bonnes dettes, des dettes douteuses ou mauvaises ; et ils y joindront ensuite l'état de toutes les dettes passives, tant les hypothécaires et privilégiées que les chirographaires ; et, si parmi ces dettes il y en a quelques-unes de litigieuses, ils en feront mention. Ce bilan dressé, les syndics doivent le faire voir aux créanciers dans une assemblée, et en faire leur rapport, en exposant en même temps les doutes ou difficultés qu'il peut y avoir sur la qualité des créanciers, ou autrement. *

Si le débiteur, par cet examen, est trouvé de bonne foi, et qu'il ait suffisamment de quoi payer les créanciers, il faudra l'entendre sur les propositions qu'il pourra faire à l'assemblée, soit pour payer ces créanciers, soit pour sortir d'affaire avec eux. Sur quoi il est important d'observer que les créanciers, dans les délibérations qui se feront à cet effet, doivent se comporter avec beaucoup de prudence et de retenue, sans témoigner aucune passion ni animosité contre le failli, mais en exposant simplement les raisons qu'ils peuvent avoir pour défendre leurs intérêts.

Lorsqu'il y a suffisamment de quoi satisfaire les créanciers, et que le failli ne demande que du temps pour payer ce qu'il doit, v. g. deux ou trois ans, plus ou

---

* *Cod. de com.*, art. 501. « La vérification des créances sera faite sans délai; le commissaire veillera à ce qu'il y soit procédé diligemment, à mesure que les créanciers se présenteront. »

Art. 503. « La vérification des créances sera faite contradictoirement entre le créancier ou son fondé de pouvoir et les syndics, et en présence du juge-commissaire, qui en dressera procès-verbal. Cette opération aura lieu dans les quinze jours qui suivront le délai fixé par l'article précédent. »

Art. 514. « Dans les trois jours après l'expiration des délais prescrits pour l'affirmation des créanciers connus, les créanciers dont les créances ont été admises seront convoqués par syndics provisoires. »

Art. 517. « Le commissaire vérifiera les pouvoirs de ceux qui s'y présenteront comme fondés de procuration ; il fera rendre compte en sa présence, par les syndics provisoires, de de l'état de la faillite, des formalités qui auront été remplies, et des opérations qui auront eu lieu : le failli sera entendu. ».

moins, suivant l'état de ses affaires, les choses sont bientôt terminées, et on ne lui refuse pas ordinairement ce délai ; mais quand il n'y a pas de quoi acquitter les dettes, et qu'il y a le tiers, ou la moitié, ou les trois quarts à perdre, l'accommodement devient beaucoup plus difficile, et alors il est de la prudence des syndics et directeurs d'accélérer les choses, soit pour procurer un arrangement avec le failli, soit pour faire le recouvrement de ses dettes et effets, qui souvent dépérissent de plus en plus, et vont toujours en diminuant, faute de faire promptement toutes les poursuites nécessaires pour les recouvrer.

S'il arrive que le failli abandonne volontairement tous ses biens à ses créanciers pour demeurer quitte envers eux, ceux-ci doivent se servir de lui pour liquider ses affaires, faire le recouvrement de ses dettes, et prendre avec lui tous les arrangemens nécessaires : il est même de leur intérêt de lui donner quelque somme pour le dédommager de ses peines, et l'aider à subsister. Faute de prendre cette précaution, il peut arriver que ce recouvrement ne se fasse qu'avec beaucoup de peine, et que les biens se réduisent à rien dans la suite.

(2) *A la pluralité des voix.*] V. les articles suivans 6 et 7.

(3) *Pour le recouvrement des effets, etc.*] Et non pour les remises et contrats d'atermoiement, ou autres arrangemens pour lesquels l'exécution provisoire n'a pas lieu, quoique consentis par les trois quarts des créanciers, et dont l'appel suspend l'effet.

(4) *Ou l'acquit des dettes.*] La déclaration du 11 janvier 1716 veut « qu'aucun particulier ne se puisse dire et prétendre créancier, et en cette qualité assister aux assemblées, former opposition aux scellés et in-

ventaires, signer aucunes délibérations ni aucun contrat
d'atermoiement, qu'après avoir affirmé dans l'étendue
de la ville, prévôté et vicomté de Paris, par-devant
le prévôt de Paris ou son lieutenant, et par-devant les
juges et consuls dans les autres villes du royaume, où
il y en a d'établis, que leurs créances leur sont bien
et légitimement dues en entier, et qu'ils ne prêtent leur
nom directement ni indirectement au débiteur commun,
le tout sans frais. » (*Idem* par la déclaration du 5
août 1721, et autres déclarations postérieures. V. au
Recueil, tome 3, page 205.)

Mais la déclaration du 13 septembre 1739 a fixé entièrement la procédure qui doit s'observer dans ce cas.
Cette déclaration veut « que dans toutes les faillites
ouvertes ou qui s'ouvriront à l'avenir, il ne soit reçu d'affirmation d'aucun créancier, ni procédé à l'homologation
d'aucun contrat d'atermoiement, sans qu'au préalable
les parties se soient retirées par-devers les juges-consuls,
auxquels les bilans, titres et pièces seront remis pour
être vus et examinés sans frais par eux, ou par des
anciens consuls et commerçans qu'ils commettront à
cet effet, du nombre desquels il y en aura toujours un
du même commerce que celui qui aura fait faillite,
devant lesquels les créanciers de ceux qui seront en faillite seront tenus, ainsi que le débiteur, de comparaître
en personne, ou, en cas de maladie, absence, ou autre
légitime empêchement, par un fondé de procuration
spéciale, dont du tout sera dressé procès-verbal par les
juges-consuls ou ceux qui seront commis par eux, et
la minute dudit procès-verbal déposée au greffe de la
juridiction consulaire, suivant l'article 3 du tit. 11 de
l'Ordonnance de 1673. » Cette déclaration ajoute que la
copie de ce procès-verbal sera remise au failli ou aux

créanciers, pour être annexée à la requête qui sera présentée pour l'homologation des contrats d'atermoiemens et autres actes ; et que, faute par les créanciers et débiteurs de se conformer à cette déclaration, les créanciers seront déchus de leurs créances, et les débiteurs poursuivis extraordinairement comme banqueroutiers frauduleux. (V. le Recueil, tome 3, page 600.)

6.

Les voix des créanciers prévaudront , non par le nombre des personnes, *mais eu égard à ce qui leur sera dû* (1), s'il monte aux trois quarts du total des dettes.*

(1) *Mais eu égard à ce qui leur sera dû.*] Cette distinction est très-judicieuse , parce que plus il est dû à un créancier, et plus il a intérêt de veiller à la conservation des biens du failli et au recouvrement de ses effets.

---

* *Cod. de com.* , *art. 519.* « Il ne pourra être consenti de traité entre les créanciers délibérans et le débiteur failli qu'après l'accomplissement des formalités ci-dessus prescrites.

» Ce traité ne s'établira que par le concours d'un nombre de créanciers formant la majorité , et représentant, en outre , par leurs titres de créances vérifiées , les trois quarts de la totalité des sommes dues, selon l'état des créances vérifiées et enregistrées, conformément à la section IV du chapitre VII , le tout à peine de nullité. »

L'Ord. n'exigeait que la majorité en somme, se montant aux trois quarts de ce qui était dû ; le Code de com. exige de plus la majorité en nombre. Cette addition à l'ancien droit

7.

En cas d'opposition ou de refus (1) de signer les délibérations *par les créanciers* (2) dont les créances n'excéderont pas le quart du total des dettes, *voulons qu'elles soient homologuées* (3) en justice (4), et exécutées *comme s'ils avaient tous signé* (5).★

(1) *En cas d'opposition ou de refus.*] Les créanciers

---

a eu pour but l'intérêt des petits créanciers : on n'a point voulu qu'ils fussent obligés de se soumettre à toutes les conditions que les créanciers des trois quarts voudraient leur dicter; leurs voix seront donc comptées, et il en faut la majorité pour faire la loi. Cette sollicitude du législateur, pour concilier tous les intérêts, mérite d'être remarquée : il faut obéir à la loi, mais il est heureux qu'on puisse l'aimer.

★ *Cod. de com.*, art. 522. « Le concordat, s'il est consenti, sera, à peine de nullité, signé, séance tenante : si la majorité des créanciers présens consent au concordat, mais ne forme pas les trois quarts en somme, la délibération sera remise à huitaine, pour tout délai. »

Art. 523. «Les créanciers opposans au concordat seront tenus de faire signifier leurs oppositions aux syndics et au failli dans la huitaine, *pour tout délai.* »

Art. 524. «Le traité sera homologué dans la huitaine du jugement sur les oppositions. L'homologation le rendra obligatoire pour tous les créanciers, et conservera l'hypothèque à chacun d'eux sur les immeubles du failli; à cet effet, les syndics seront tenus de faire inscrire aux hypothèques le jugement d'homologation, à moins qu'il n'y ait été dérogé par le concordat.

opposans doivent néanmoins être écoutés en leurs oppositions, si elles sont valables; comme s'ils mettent en fait que leurs créances sont privilégiées, que le failli a plus de bien qu'il n'en a paru aux syndics, que ces syndics se sont trompés dans leur examen, qu'il y a de la fraude dans la conduite du failli, et des créances simulées de sa part, et autres moyens semblables qui peuvent empêcher, ou du moins différer l'homologation de la délibération des créanciers. (*Voyez* Boerius, Question 215.)

(2) *Pour les créanciers.*] Ceux qui sont cautions envers ces créanciers peuvent les obliger à signer et exécuter ce qui est délibéré par la plus grande partie des autres créanciers, sauf aux créanciers cautionnés, en cas d'insuffisance, et pour le surplus de ce qui leur est dû, d'agir contre leurs cautions. (Ainsi jugé par arrêt du 22 mai 1680, rapporté au *Journal du Palais*, tome 2, page 155 de l'édition in-folio de 1701.)

(3) *Voulons qu'elles soient homologuées.*] Il a été rendu au Châtelet de Paris, sur la réquisition du procureur du Roi, une Ordonnance en date du 12 mars 1678, qui règle la manière dont ces sortes d'homologations doivent être poursuivies en justice. Cette Ordonnance porte « que tous marchands, négocians, banquiers, et autres particuliers qui se mêlent du commerce, lesquels, sans fraude, ne se trouveront point en état de fournir les sommes dont ils sont redevables, soit par lettres de change ou autrement, à cause des pertes qu'ils auront faites, se pourvoiront par-devant le prévôt de Paris ou son lieutenant, par une requête à laquelle ils attacheront le double des deux états qu'ils signeront et affirmeront véritables, l'un de la valeur de leurs effets, et l'autre de leurs dettes; qu'ensuite, en

vertu de l'Ordonnance qui sera mise au bas de la requête, ils assigneront au lendemain devant ledit prevôt
ou son lieutenant, tous les créanciers, pour convenir
entre eux de deux marchands ou autres personnes à
ce connaissans, qui examineront les registres, et feront
l'inventaire sommaire, la prisée et estimation de leurs
effets à l'amiable, et pour s'accorder ensemble des
termes et délais des paiemens et remises, si aucunes
sont faites, et vendre lesdits effets à l'amiable, s'il se
peut; et, après avoir ouï les marchands qui auront été
nommés, être procédé à l'homologation du contrat qui
aura été passé, ainsi qu'il appartiendra; le tout sans
frais ni apposition de scellé, sans préjudice aux créanciers
qui se rendront accusateurs comme de banqueroute frauduleuse, et au procureur du Roi à poursuivre extraordinairement, et demander l'apposition du scellé sur les
effets de ceux qui se seront absentés ou auront fait
banqueroute, diverti, caché et recélé leurs effets en
fraude de leurs créanciers, sur lesquelles demandes il
sera fait droit. » (V. le *Recueil*, tome 1, pag. 378.)

Quand un contrat portant remise et atermoiement de
la part des créanciers, a été passé en bonne forme ou
homologué en justice, à cause du refus de quelques-uns
d'entre eux, tous ces créanciers n'ont plus d'action contre
leur débiteur, quand même il deviendrait dans la suite
riche, en état de payer ses dettes, pour lui faire rendre
et restituer les sommes qu'ils lui ont remises par le contrat d'accord, à la différence de celui qui a fait cession,
ainsi qu'il a été observé ci-dessus, tit. 10, en la note
sur ce titre. Mais, quoique le débiteur avec lequel on a
ainsi passé un contrat de remise ne puisse être contraint par justice à payer ses dettes en entier, lorsqu'il
est en état de le faire, il n'y est pas moins obligé par

honneur, non-seulement à l'égard du principal, mais encore à l'égard des intérêts, du moins quand il y a eu des sentences contre lui; parce qu'il est vrai de dire que ces sortes de remises, qui se font à un débiteur en faillite, sont plutôt forcées que volontaires, et ne se font que pour s'accommoder aux circonstances, et parce que les créanciers ne peuvent faire autrement; mais que, dans la vérité, la condition d'acquitter dans la suite, de la part du failli, le surplus de ses dettes, s'il se trouve en état de le faire, est toujours sous-entendue,

Il y a même des cas où les créanciers peuvent revenir contre les contrats et transactions qu'ils ont passés avec leur débiteur; comme s'il y a eu de la fraude de la part de ce débiteur, soit en cachant une partie de ses biens ou autrement, ou s'il n'a point exécuté les conditions de la transaction.

(4) *En justice.*] Les juges-consuls sont incompétens pour connaître de ces sortes d'homologations; mais elles doivent être poursuivies devant les juges ordinaires.*

---

* Cette doctrine n'est plus applicable : le Code de com attribue formellement aux tribunaux de commerce le droit d'homologuer les concordats.

Cod. de com., art. 526. « Le tribunal de commerce pourra, pour cause d'inconduite ou de fraude, refuser l'homologation du concordat; et, dans ce cas, le failli sera en prévention de banqueroute, et renvoyé de droit devant le magistrat de sûreté, qui sera tenu de poursuivre d'office.

» S'il accorde l'homologation, le tribunal déclarera le failli excusable et susceptible d'être réhabilité aux conditions exprimées au titre ci-après *de la Réhabilitation.* »

(5) *Comme s'ils avaient tous signé.*] Quoiqu'il soit
dur à des créanciers de faire des remises malgré eux,
néanmoins rien n'est plus sage que la disposition portée
en cet article, parce qu'il arrive souvent qu'il se trouve
des créanciers de mauvaise humeur, qui sans aucune
raison refusent de se prêter à des accommodemens
avantageux, et qu'il ne serait pas juste que les autres
en souffrissent.

8.

N'entendons néanmoins déroger *aux priviléges sur les meubles* (1), ni aux priviléges et
hypothèques sur les immeubles, qui seront conservés sans que ceux qui auront privilége ou
hypothèque *puissent être tenus d'entrer en aucune
composition* (2), remise ou atermoiement, à
cause des sommes pour lesquelles ils auront
privilége ou hypothèque.*

(1) *Aux priviléges sur les meubles.*] Comme dans
le cas où il s'agit de marchandises qui sont encore en
nature, et qui sont réclamées par celui qui les a
vendues ; de loyers pour lesquels le propriétaire de la
maison est privilégié sur les effets qui l'exploitent ; des
effets donnés en gages à des créanciers pour argent
prêté par des actes passés devant notaire ; et ainsi
des autres privileges. (V. ce qui a été dit dans les notes

---

* *Cod. de com.*, art. 520. « Les créanciers hypothécaires
inscrits et ceux nantis d'un gage n'auront point de voix dans
les délibérations relatives au concordat. »

sur l'article 443 de la nouvelle édition de la *Coutume* d'Orléans, imprimée en 1740, in-12, page 389 et suivantes.)

L'article 12 du règlement du 2 juin 1667, rendu pour la ville de Lyon, porte « que lorsqu'il arrivera une faillite dans ladite ville, les créanciers du failli qui se trouveront être de certaines provinces du royaume, ou des pays étrangers, dans lesquels, sous prétexte de saisie et transport, et en vertu de leurs prétendus privilèges ou coutumes, ils s'attribueraient une préférence sur les effets de leurs débiteurs faillis, préjudiciable aux autres créanciers absens et éloignés, ils y seront traités de la même manière, et n'entreront en répartement des effets du débiteur failli qu'après que les autres auront été entièrement satisfaits, sans que cette pratique puisse avoir lieu pour les autres règnicoles et étrangers, lesquels, étant reconnus pour légitimes créanciers, seront admis audit répartement de bonne foi et avec équité, suivant l'usage ordinaire de ladite ville, de la juridiction de la conservation des privilèges de ses foires. »

Ce règlement, rendu pour la ville de Lyon, peut servir à cet égard de loi pour les autres villes du royaume.

Le privilège dont il est parlé dans cet article 8 regarde certaines villes qu'on nomme *villes d'arrêt*, dont les habitans, en vertu de leur coutume, ont le privilège d'arrêter les effets de leurs débiteurs.

(2) *Puissent être tenus d'entrer en aucune composition.*] Quoique les créanciers privilégiés ne soient point obligés d'entrer dans aucune composition avec les autres créanciers, aux termes de cet article, néanmoins il leur est quelquefois nécessaire pour leur propre intérêt d'y entrer, et de contribuer à la remise, pour prévenir les

frais qui pourraient être faits de la part des créanciers chicaneurs et injustes qui, par de mauvais procédés, pourraient consommer la plus grande partie des biens du débiteur.

9.

Les deniers comptans (1), et ceux qui procéderont de la vente des meubles et des effets mobiliers, seront mis ès mains de ceux qui seront nommés par les créanciers à la pluralité des voix, *et ne pourront être vendiqués par les receveurs des consignations* (2), greffiers, notaires, huissiers, sergens ou autres personnes publiques, ni pris sur iceux aucun droit par eux ou les dépositaires, à peine de concussion.*

(1) *Les deniers comptans.*] La disposition portée en cet article a lieu à l'égard des faillites qui ne sont point suivies d'accommodement ni de transaction; car,

---

* Cod. de com., art. 496. « Les deniers provenant des ventes et des recouvremens seront versés, sous la déduction des dépenses et frais, dans une caisse à double serrure. Une des clefs sera remise au plus âgé des agens ou syndics, et l'autre à celui d'entre les créanciers que le commissaire aura préposé à cet effet. »

Art. 497. « Toutes les semaines, le bordereau de situation de la caisse de la faillite sera remis au commissaire, qui pourra, sur la demande des syndics, et à raison des circonstances, ordonner le versement de tout ou partie des fonds à la caisse d'amortissement, ou entre les mains du délégué de cette caisse dans les départemens, à la charge de faire

quand les créanciers s'accommodent avec le failli, ils le laissent en possession de ses effets, sans les faire vendre.

(2) *Et ne pourront être vendiqués par les receveurs des consignations.*] Il ne paraît pas que les nouveaux règlemens touchant les receveurs des consignations aient dérogé à cette disposition.

10.

Déclarons banqueroutiers frauduleux (1) *ceux qui auront diverti leurs effets* (2), *supposé des créanciers* (3), *ou déclaré plus qu'il n'était dû aux véritables créanciers.**

(1) *Déclarons banqueroutiers frauduleux.*] Voyez *infrà*, art. 11, note 4.

---

courir, au profit de la masse, les intérêts accordés aux sommes consignées à cette même caisse. »

Art. 498. « Le retirement des fonds versés à la caisse d'amortissement se fera en vertu d'une ordonnance du commissaire. »

**Cod. de com.*, art. 593.* « Sera déclaré banqueroutier frauduleux tout commerçant failli qui se trouvera dans un ou plusieurs des cas suivans ; savoir :

» 1° S'il a supposé des dépenses ou des pertes, ou ne justifie pas de l'emploi de toutes ses recettes ;

» 2° S'il a détourné aucune somme d'argent, aucune dette active, aucunes marchandises, denrées ou effets mobiliers ;

» 3° S'il a fait des ventes, négociations ou donations supposées ;

» 4° S'il a supposé des dettes passives et collusoires entre lui et des créanciers fictifs, en faisant des écritures simulées, ou

(2) *Ceux qui auront diverti les effets.*] Ce divertissement d'effets s'entend en général des meubles, marchandises, cédules, promesses, obligations, contrats, lettres et billets de change, billets au porteur ou à ordre, et généralement de tout ce qui appartient à celui qui tombe en faillite, et de tout ce qui pourrait être saisi et adjugé aux créanciers.

(3) *Supposé des créanciers.*] Car cette supposition des créanciers induit en erreur les créanciers légitimes, et les engage à consentir à des remises et accommodemens qu'ils n'auraient pas accordés, s'ils eussent connu que le débiteur devait moins. Ainsi il est juste que les banqueroutiers qui usent de ces sortes de fraudes soient punis.

Il a été rendu à ce sujet une déclaration, en date du 11 janvier 1716, qui ordonne « que tous ceux qui ont fait faillite, ou la feront ci-après, ne puissent tirer aucun avantage d'aucune délibération ou contrat signé par la plus grande partie de leurs créanciers, que S. M. déclare nuls et de nul effet, même à l'égard des créanciers qui les auront signés, s'ils sont accusés d'avoir, dans l'état de leurs dettes, ou autrement, employé ou

---

en se constituant débiteur, sans cause ni valeur, par des actes publics ou par des engagemens sous signature privée;

» 5° Si, ayant été chargé d'un mandat spécial, ou constitué dépositaire d'argent, d'effets de commerce, de denrées ou marchandises, il a, au préjudice du mandat ou du dépôt, appliqué à son profit les fonds ou la valeur des objets sur lesquels portait soit le mandat, soit le dépôt;

» 6° S'il a acheté des immeubles ou des effets mobiliers à la faveur d'un prête-nom;

» 7° S'il a caché ses livres. »

fait paraître des créances feintes ou simulées, ou d'en
avoir fait revivre d'acquittées, ou d'avoir supposé des
transports, ventes et donations de leurs effets, en fraude
de leurs créanciers. Veut qu'ils puissent être poursuivis
extraordinairement comme banqueroutiers frauduleux,
par-devant les juges royaux ordinaires, ou autres juges
qui en doivent connaître, à la requête de leurs créanciers qui auront affirmé leurs créances en la forme ci-
dessus expliquée (en la note 4 sur l'article 5 de ce titre,
page 269), pourvu que leurs créances composent le
quart du total des dettes, et que lesdits banqueroutiers
soient punis de mort, suivant l'article 12 du titre 11 de
l'Ordonnance de 1673. Défend à toutes personnes de
prêter leurs noms pour aider ou favoriser les banqueroutes
frauduleuses, en divertissant les effets, acceptant des
transports, ventes ou donations simulées, et qu'ils sauront être en fraude des créanciers en se déclarant créanciers, ne l'étant pas, ou pour plus grande somme que
celle qui leur est due, ou en quelque sorte ou manière
que ce puisse être. Veut aussi que ceux desdits prétendus créanciers qui contreviendront aux défenses portées par ladite déclaration, soient condamnés aux galères
à perpétuité ou à temps, suivant l'exigence des cas,
outre les peines pécuniaires contenues en ladite Ordonnance de 1673; et que les femmes soient, outre lesdites
peines exprimées par ladite Ordonnance, condamnées
au bannissement perpétuel ou à temps. (*Idem* par la
déclaration du 5 août 1721, et autres postérieures.)

11.

Les négocians et les marchands tant en gros
qu'en détail, et les banquiers qui, lors de leurs

faillites, *ne représenteront pas leurs registres* (1) et journaux *signés et paraphés* (2), comme nous avons ordonné ci-dessus, *pourront être réputés* (3) *banqueroutiers frauduleux* (4).*

(1) *Ne représenteront pas leurs registres., etc.*] V. la déclaration du 13 juin 1716, rapportée ci-dessus, art. 3 de ce titre, qui explique la disposition portée en cet article.

Afin de ne pas tomber dans le cas de la peine qui est ici portée, il faut que ceux qui ont le malheur de tomber en faillite, et qui sont obligés de s'absenter pendant quelque temps pour éviter les poursuites de leurs créanciers, aient attention, ainsi qu'on l'a déjà observé, de renfermer tous leurs registres dans leur cabinet ou autre endroit de la maison, afin qu'on ne les détourne point, et qu'ils puissent se trouver aisément, si le scellé est apposé sur leurs effets.

(2) *Signés et paraphés.*] V. l'article 3 du titre 3 ci-dessus, avec la note.

(3) *Pourront être réputés.*] Ce mot *pourront* fait

---

* *Cod. de com.*, art. 594. « Pourra être poursuivi comme banqueroutier frauduleux et être déclaré tel,

» Le failli qui n'a pas tenu de livres, ou dont les livres ne présenteront pas sa véritable situation active et passive ;

» Celui qui, ayant obtenu un sauf-conduit, ne se sera pas représenté à justice. »

Remarquez bien les observations de Jousse sur le mot *pourront* de l'Ord. ; car c'est exactement par les mêmes motifs que le législateur moderne s'est servi du mot facultatif *pourra* dans l'art. 594, tandis qu'il a employé le mot impératif *sera déclaré* dans l'art. 593.

voir que, si un marchand ou banquier, lors de sa faillite, ne représente pas ses registres et journaux signés et paraphés, il pourra être poursuivi comme banqueroutier frauduleux ; mais l'Ordonnance ne le déclare point tel, comme dans l'article précédent, et elle laisse cela à la prudence des juges, ce qui dépend des circonstances. C'est pourquoi un négociant qui aurait été assez négligent pour ne pas tenir des livres, ou du moins qui les aurait tenus sur des feuilles volantes, ne serait pas réputé banqueroutier frauduleux dès qu'il représenterait ces feuilles volantes, surtout si le commerce qu'il faisait était peu considérable ; mais, s'il était prouvé qu'il a eu des livres en forme, et qu'il refuse de les représenter à ses créanciers, alors il est présumé être en fraude et avoir dessein de tromper, et il pourra être poursuivi comme banqueroutier frauduleux.

(4) *Banqueroutier frauduleux.*] Les banqueroutiers frauduleux sont ceux qui détournent ou enlèvent leurs effets, ou les mettent à couvert sous des noms interposés, par de fausses ventes, ou par des cessions ou transports simulés ; ceux qui emportent ou cachent leurs registres et papiers, pour ôter à leurs créanciers la connaissance de leurs effets, et de l'état de leurs affaires, et aussi ceux qui sont dans le cas de l'article précédent.

I 2.

Les banqueroutiers frauduleux (1) *seront*

(1) *Les banqueroutiers frauduleux.*] V. la note 4 sur l'art. précédent.

(2) *Seront poursuivis extraordinairement.*] C'est-à-dire criminellement, par voie de plainte, information, décret, interrogatoire, récolement et confrontation.

poursuivis extraordinairement (2), *et punis de mort* (3).*

La déclaration du Roi, du 5 août 1721, règle la manière dont on doit faire cette poursuite. Cette déclaration veut « que jusqu'au premier juillet suivant, aucune plainte ne puisse être rendue, ni requête donnée à fin criminelle contre ceux qui auront fait faillite, et défend expressément aux juges royaux ordinaires, et autres officiers de justice, de les recevoir, si elles ne sont accompagnées des délibérations et du consentement des créanciers dont les créances excèdent la moitié de la totalité des dettes. » Cette disposition a depuis été continuée d'année en année par des déclarations postérieures jusqu'en l'année 1732, depuis lequel temps elle a cessé d'être renouvelée.

Il paraît que les conditions requises par ces déclara-

---

* *Cod. Pén.*, art. 402. « Ceux qui, dans les cas prévus par le Code de commerce, seront déclarés coupables de banqueroute, seront punis ainsi qu'il suit :

» Les banqueroutiers frauduleux seront punis des travaux forcés à temps ;

» Les banqueroutiers simples seront punis d'un emprisonnement d'un mois au moins et de deux ans au plus. »

Notre législation criminelle, adoptant la jurisprudence qui s'était établie malgré le texte des ordonnances qui prononçaient la peine de mort, ne punit plus la banqueroute frauduleuse que des travaux forcés. Le progrès des lumières commence à faire apercevoir enfin que les peines trop dures manquent leur but, par la raison toute simple que les lois ne s'exécutant pas d'elles-mêmes, il faut qu'elles entrent nécessairement dans les idées et les sentimens de ceux qui sont chargés de les appliquer.

tions, pour pouvoir faire des poursuites criminelles contre
les banqueroutiers, n'ont été établies que par rapport
aux circonstances du temps , et aux révolutions arrivées
par la variation des monnaies, et par les billets de banque qui avaient rendu alors les banqueroutes fréquentes,
et quelquefois inévitables ; ce qui avait engagé le Roi à
établir des règles sages pour ne pas rendre trop fréquentes ni faciles les poursuites qui auraient pu être
faites contre ceux qui tombaient dans ce temps-là en
faillite. Mais aujourd'hui que les circonstances sont
changées, et que les choses sont revenues dans leur
ancien état, on ne peut douter que, dans le cas d'une
banqueroute frauduleuse, les procureurs du Roi ou
fiscaux ne puissent rendre plainte et en poursuivre les
auteurs, comme de tout autre crime, sans avoir besoin
pour cela d'une délibération préalable consentie par
plus de la moitié des créanciers du failli.

(3) *Et punis de mort.*] Cette peine est conforme aux
anciennes Ordonnances. (V. l'art. 143 de l'Ordonnance
d'Orléans, l'art. 205 de celle de Blois, l'Ordonnance
de 1609, et l'art. 135 de l'Ordonnance du mois de janvier
1629.) Il y a même des exemples de cette espèce de
condamnation prononcée par des jugemens, et entre
autres par un arrêt du 3 septembre 1637, et par une
sentence du Châtelet de Paris, du 12 septembre 1682,
rendue par contumace contre le nommé Louis Durand,
banquier de la même ville.

Mais la jurisprudence des arrêts a adouci cette rigueur.
La peine ordinaire qui se prononce aujourd'hui est celle
de l'amende honorable, du pilori ou carcan , des galères
ou bannissement à temps ou à perpétuité, suivant les
circonstances. Ces peines même ne s'infligent que lorsque l'accusé est atteint et convaincu d'une fraude ma-

nifeste, et qui mérite la vengeance publique. Il y a eu de nos jours plusieurs exemples de pareilles condamnations prononcées contre des banqueroutiers frauduleux, et entre autres une condamnation de galères à perpétuité, prononcée par arrêt du 30 mai 1673, contre le nommé le Mercier, marchand à Paris ; et par un autre arrêt du 26 janvier 1702, rendu contre le nommé François Fabre.

13.

Ceux qui auront *aidé ou favorisé* (1) la banqueroute frauduleuse, *en divertissant les effets* (2), acceptant des transports, ventes ou donations simulées, *et qu'ils sauront être en fraude des créanciers* (3), *ou se déclarant créanciers, ne l'étant pas* (4), ou pour plus grande somme que celle qui leur était due, seront condamnés en quinze cents livres d'amende, et au double de ce qu'ils auront diverti ou trop demandé, *au profit des créanciers* (5).✶

(1) *Aidé ou favorisé.*] Ceux qui favorisent les banqueroutes frauduleuses sont aussi sévèrement punis

---

✶ *Cod. de com.*, art. 597. « Seront déclarés complices des banqueroutiers frauduleux, et seront condamnés aux mêmes peines que l'accusé, les individus qui seront convaincus de s'être entendus avec le banqueroutier pour recéler ou soustraire tout ou partie de ses biens meubles ou immeubles, d'avoir acquis sur lui des créances fausses, et qui, à la vérification et affirmation de leurs créances, auront persévéré à les faire valoir comme sincères et véritables. »

que les banqueroutiers mêmes. Par l'arrêt du 30 mai 1673, cité en la note dernière sur l'article précédent, le nommé Jean Desve, procureur au Châtelet de Paris, qui avait favorisé la banqueroute de le Mercier, fut condamné, comme lui, à la même peine du pilori et des galères.

(2) *En divertissant les effets.*] Les recéleurs d'effets, qui ont connaissance de la fraude des banqueroutiers, méritent aussi d'être punis des mêmes peines que ceux qui ont fait une banqueroute frauduleuse.

(3) *Et qu'ils sauront être en fraude des créanciers.*] Car celui qui accepterait de bonne foi, et sans fraude, un transport qui lui serait fait par un négociant peu de jours avant sa banqueroute, sans savoir sa mauvaise intention, et seulement pour lui faire plaisir, comme à un ami, ne serait pas dans le cas de cet article, et ne mériterait aucune peine, même pécuniaire.

(4) *Ou se déclarant créanciers, ne l'étant pas.*] La déclaration du 11 janvier 1716, et les autres rapportées ci-dessus (art. 10), établissent la peine des galères à perpétuité ou à temps, suivant l'exigence du cas, contre ceux qui se prétendent faussement créanciers des personnes qui tombent en faillite, outre les peines pécuniaires contenues en cet article.

(5) *Sur la fin de l'article.*] Outre les quatre cas de complicité présumée en cet article, en matière de banqueroute, on peut encore regarder comme complices de banqueroute frauduleuse ceux qui favorisent l'évasion des banqueroutiers, ou qui empêchent qu'ils ne soient arrêtés. Par arrêt du 26 janvier 1702, cité en l'article précédent, note 3, le nommé Chérubin, qui avait facilité l'évasion de Fabre, qu'il savait être criminel, fut condamné au bannissement.

TITRE XII.

DE LA JURIDICTION DES CONSULS. *

La juridiction des juges-consuls a été établie par un motif d'intérêt public, pour abréger et terminer promptement les procès qui surviennent entre les marchands et négocians, pour juger sommairement, et à peu de frais, les contestations qui peuvent naître entre eux pour le fait de leur commerce, sans être assujétis aux formalités et aux rigueurs de l'Ordonnance. Les Rois, par cette sage précaution, n'ont pas voulu que les négocians fussent distraits de leur commerce, comme il arriverait souvent par les longueurs inévitables qui se rencontrent et s'éprouvent tous les jours, en la plupart des autres juridictions, dans la poursuite des procès ordinaires.

---

* Les tribunaux de commerce ont remplacé les juges-consuls; il n'y a que le nom de changé, ainsi que dans plusieurs de nos institutions modernes; l'historique de la juridiction des juges-consuls est donc celle des tribunaux de commerce. Les motifs qui ont fait établir pour le commerce des juges spéciaux sont parfaitement développés par Jousse; ils avaient frappé l'illustre chancelier de l'Hôpital, à qui le commerce français doit l'établissement de plusieurs tribunaux consulaires. Depuis François Ier, qui jeta le premier, à Toulouse, en 1542, les fondemens de la juridiction consulaire, jusqu'à la Charte constitutionnelle, qui reconnaît et maintient, par l'art. 60, les juridictions commerciales, une expérience d'environ trois siècles a démontré l'utilité de cette institution. Le Code de commerce, liv. 4, tit. 1, art. 615 à 630, établit les règles relatives à l'organisation des tribunaux de commerce.

Comme les négocians habiles et instruits dans leur art ont acquis, par l'habitude et l'usage du commerce, une connaissance suffisante pour juger les différends qui concernent le négoce et la marchandise, l'Ordonnance a cru devoir ôter la connaissance de ces différends aux juges ordinaires, et en confier la décision aux négocians mêmes, ou du moins aux plus habiles et plus capables d'entre eux, choisis à cet effet, dans chaque ville, par le corps des négocians; et elle leur a donné la qualité de juges-consuls.

La première création et institution de ces juges a été faite pour la ville de Paris, par édit du roi Charles IX, du mois de novembre 1563* (car on ne parle point ici de la juridiction qui avait été établie à Lyon, dès l'année 1462, sous le titre de Conservation). Cet édit établit un juge et quatre consuls dans la ville de Paris, et ordonne qu'ils seront élus par un certain nombre de notables bourgeois marchands de la même ville, qui s'assembleront tous les ans à cet effet, et que les juges ainsi élus prêteront serment au parlement, comme les autres juges ordinaires.

Depuis cette création, les rois ont établi des consulats en plusieurs villes du royaume, par différens édits rendus en divers temps, jusqu'en l'année 1710, qu'il en fut créé vingt nouveaux, par édit du mois de mars de la même année; en sorte qu'il y a aujourd'hui en France soixante-dix-sept consulats.

---

* Cet édit de Charles IX, qui établit les premières bases de notre juridiction consulaire, sera rapporté à la fin du titre. La lecture de l'art. 14 fait voir que la bourse de Toulouse existait auparavant : ce fut, comme on l'a déjà dit, François Iᵉʳ qui l'institua.

19

Pour le soulagement des juges-consuls qui seraient élus dans ces juridictions, Sa Majesté a ordonné, par sa déclaration du 16 décembre 1566, que dans les villes où il n'y a point de parlement, ils prêteront serment devant les baillis et sénéchaux des lieux où ils sont établis, ou devant leurs lieutenans, en cas d'absence, sans pouvoir être contraints d'aller prêter serment aux cours souveraines.

·Au reste, il faut observer que les juges-consuls ne doivent point être regardés comme juges royaux : ils sont électifs, et n'ont point de provisions du Roi; ce qui fait le véritable caractère distinctif entre les juges royaux, et ceux qui ne le sont pas. (V. le procès-verbal des conférences tenues lors de la rédaction de l'Ordonnance du mois d'avril 1667, page 292.)

I.

Déclarons communs *pour tous les siéges des juges et consuls* (1) l'édit de leur établissement dans notre bonne ville de Paris, *du mois de novembre* 1563 (2), et tous autres édits et déclarations touchant la juridiction consulaire, enregistrés en nos cours de parlement.

(1) *Pour tous les siéges des juges et consuls.*] Ces siéges ont été établis dans les principales villes de commerce du royaume en différens temps. Celui d'Orléans a été établi en 1563, par édit du mois de février.

(2) *Du mois de novembre.*] V. cet édit ci-après à la fin du présent titre.

L'article 3 de cet édit établit la compétence des juges-consuls : cet article porte « qu'ils connaîtront *de tous procès et différends qui sont mus entre marchands* (a), *pour fait de marchandises seulement* (b), leurs veuves, marchandes publiques, leurs facteurs, serviteurs et commettans; tous marchands, soit que lesdits différends procèdent d'obligations, cédules, récépissés, lettres de change ou crédit, réponses, assurances, transports de dettes, et novations d'icelles, comptes, calculs ou erreur en iceux, compagnies, sociétés ou associations» —

(a) *Entre marchands.*] On doit mettre de ce nombre tous ceux qui s'immiscent dans le négoce, et qui achètent des marchandises pour les revendre et y gagner, quand même ils n'auraient été ni apprentis, ni maîtres, et quand même ils exerceraient des professions différentes de celles du commerce. Les banquiers, les mineurs qui font le commerce, et les marchandes publiques, sont aussi, pour raison de leur négoce, justiciables des juges-consuls.

Boérius, en son *Commentaire* sur la coutume de Bourges, au titre 1, *de l'état et qualité des personnes*, § 5, au mot *marchande publique*, fait une observation qui est très-juste sur la distinction qu'il y a entre marchand et artisan. Il dit que le premier achète et revend sans que la marchandise change de nature ; au lieu que l'artisan achète les choses, et les revend après les avoir changées de nature ou de forme, comme celui qui achète du bois et en fait une table, etc.

Par cette raison, quoique les manufacturiers, surtout les entrepreneurs de manufactures, soient par leur état au-dessus des artisans, ils doivent néanmoins être mis plutôt dans la classe de ces derniers que dans celle des marchands et négocians; et au contraire, les fripiers et revendeurs de meubles, et autres qui revendent en détail, quoique d'un ordre inférieur à celui des marchands ordinaires, doivent néanmoins être rangés dans la classe de ces derniers.

Mais ce serait un abus directement contraire à l'esprit de la loi, de vouloir mettre les laboureurs et les vignerons dans la classe des artisans ; ce qui résulte clairement de la disposition de l'article 10 ci-après, qui distingue ces sortes de personnes des marchands et artisans, et même les met dans la même classe que les bourgeois, quant à la juridiction où ils peuvent se pourvoir contre un marchand ou artisan, à fin de revendre.

On ne doit pas non plus regarder comme un négoce les contrats qui se font entre un propriétaire de ferme et son laboureur ou vigneron, ni en général entre toutes autres personnes, pour raison des baux à cheptel, quoique Toubeau, en ses *Instit. consul.*, liv. 1, tit. 17, chap. 7, page 318, soit d'un avis contraire, sur le fondement que c'est une espèce de société de commerce. Mais, pour faire voir combien cette opinion est peu fondée, il faut observer qu'il y a trois sortes de cheptels : le premier qu'on appelle *cheptel-vif*, le second appelé *cheptel-mort*, et le troisième auquel on donne improprement le nom de *cheptel* : or il est aisé de prouver qu'aucun de ces cheptels ne peut jamais être considéré comme une matière qui soit de la compétence des juges-consuls.

1° On entend par *cheptel-vif* un contrat ou convention qui se fait entre le propriétaire d'une ferme et laboureur ou fermier, par lequel le propriétaire donne à bail à ce fermier, pour un certain nombre d'années, une certaine quantité de bestiaux destinés à l'exploitation de cette terre, v. g. jusqu'à la concurrence de mille écus, à condition, 1° que les fumiers de ces bestiaux seront employés à l'entretien de la terre ; 2° que le produit ou croît qui proviendra des mêmes bestiaux se partagera par moitié entre le propriétaire et le fermier ; 3° que le fermier ou laboureur, à la fin de son bail, rendra au maître de la ferme, en bestiaux ou autrement, suivant l'estimation qui en sera faite de concert, les mille écus de bestiaux qui ont été avancés à ce fermier, avec la moitié du profit, au cas que le troupeau soit augmenté, ou sous la déduction de la moitié de la perte, au cas que le troupeau se soit diminué.

Cette première espèce de cheptel se fait encore d'une autre manière : c'est lorsque le maître et le laboureur fournissent chacun la moitié des bestiaux au commencement du bail ; au lieu que, dans l'exemple précédent, c'est le maître qui fait les avances de la moitié du fermier, et c'est en cela que ce cheptel diffère du premier. Mais aussi, dans cette seconde espèce, après le bail fini, le fermier n'a rien à rendre au maître, et ils doivent l'un et l'autre partager le troupeau par moitié en l'état qu'il se trouve, soit qu'il y ait du profit ou de la perte. Au surplus, les autres conditions sont ici les mêmes que dans l'autre espèce. On appelle le premier de ces cheptels, *cheptel affranchi*, et l'autre, *cheptel non affranchi*.

2° On entend par *cheptel-mort* un contrat par lequel un propriétaire de ferme, en affermant sa terre, donne à bail à un fermier une certaine quantité de bestiaux, v. g. jusqu'à la concurrence de mille écus, nécessaires pour l'exploitation de sa ferme, à la charge, 1° que le fermier lui rendra, à la fin de son bail, la même somme en argent ou en bestiaux, suivant l'estimation qui en sera faite entre eux, soit que le troupeau soit augmenté ou diminué ; 2° à condition que le produit ou croît de ces bestiaux appartiendra en entier au fermier ; 3° que les fumiers seront employés à l'entretien de la terre.

3° Enfin, la troisième espèce de cheptel, qu'on appelle improprement de ce nom, est lorsqu'une personne donne à bail à un laboureur ou à un vigneron, des vaches, etc., à la charge par ce laboureur de les nourrir et d'en donner le produit ou croît au bailleur, pour laquelle nourriture le preneur aura le lait provenant de ces bestiaux, qui, venant à périr, périssent pour le compte du bailleur

Ceci posé, il est aisé de voir que, dans les deux premières sortes de cheptels, les bestiaux étant achetés pour l'exploitation de la terre, sont une suite et un accessoire de cette exploitation, et que par conséquent ils ne peuvent être considérés comme une société de négoce qui soit de la compétence des juges-consuls, ainsi qu'il résulte des termes de l'article 4 de ce titre (V. *infrà* cet art. avec les not.), et comme il est porté expressément par l'arrêt du 24 janvier 1733, rapporté ci-après en la note 4 sur le même article.

Cependant, si un particulier qui n'aurait point de terres à faire valoir, faisait une pareille société avec un laboureur, telle qu'elle est marquée ci-dessus à l'égard du cheptel-vif, on pourrait prétendre, avec quelque fondement, que l'affaire serait de la compétence des juges-consuls ; mais ce cas ne peut guère arriver.

A l'égard de la troisième espèce de cheptel, elle est encore moins de la compétence des juges-consuls : car ce n'est point ici une société, mais uniquement un bail à nourriture, qui, au lieu de se payer en argent par le maître des bestiaux, se paie d'une autre manière, en abandonnant le lait qui provient de ces bestiaux à celui qui les nourrit.

Les bourgeois et autres qui ne sont ni marchands ni artisans, même les officiers qui se mêlent d'acheter et

revendre, sont réputés marchands, quoiqu'ils n'aient
ni boutique, ni magasin, ni registres, et sont en cette
partie sujets à la juridiction consulaire, quoiqu'ils ne
fassent le commerce qu'en passant. Cette question
s'étant présentée, il y a quelques années, au présidial
d'Orléans, au sujet d'un billet subi pour une société
passée entre un huissier garde-forêt et trois autres particuliers, pour acheter ensemble une partie de blé
assez considérable, les parties ont été renvoyées au consulat d'Orléans, par sentence rendue au présidial le dix
février 1744, quoique le garde-forêt s'opposât au renvoi,
comme ayant ses causes commises au présidial, suivant
l'Ordonnance des eaux et forêts de 1669. Il a été ainsi
jugé par plusieurs arrêts, et entre autres par un arrêt du
parlement du 16 juillet 1650, rendu contre un procureur,
par un autre du 5 février 1664, et par un arrêt du grand
Conseil, du premier février 1661, rendu contre un
greffier. Une déclaration du Roi, du 28 avril 1565, rendue
pour la ville de Bordeaux en a une disposition précise.
Cette déclaration veut que les officiers des compagnies
qui font trafic et commerce de marchandises, soient
convenus, appelés et jugés par les juges-consuls, nonobstant les fins d'incompétence et de renvoi requis en
vertu de leurs priviléges, qui, en autres choses, demeurent en leur entier.

Un ecclésiastique qui ferait le commerce serait même
sujet à cette juridiction. (Ainsi jugé par un arrêt du
9 août 1607, rapporté par Chenu en ses *Quest.*, cent. 2,
question 13.)

Une autre déclaration rendue en faveur de la Conservation de Lyon, porte que ceux qui, dans les cédules,
obligations ou contrats qu'ils passent, prennent la qualité de marchands fréquentant les foires de Lyon, et qui

s'obligent ou promettent de payer auxdites foires, ne peuvent s'aider de leur *committimus* pour se soustraire à la juridiction de ladite Conservation, à peine de nullité des procédures. Cette déclaration est du 18 février 1578.

Le règlement du Conseil du 23 décembre 1578, rendu en faveur de la même ville, veut aussi que tous ceux qui achètent des marchandises pour les revendre, ou qui portent bilan, et tiennent livres de marchandises, ou qui stipulent des paiemens en temps de foires, soient justiciables des juges-conservateurs des foires de ladite ville.

Bouvot, en ses *Arrêts,* tome 2, au mot *juge-consul,* prétend aussi en général que les juges-consuls peuvent connaître des causes des marchandises, dès qu'un homme a pris la qualité de marchand, quoiqu'il ne le soit pas, et qu'il ne peut décliner cette juridiction à cause de son dol. Il ajoute que cela a été ainsi jugé par arrêt du 8 août 1616. *

Enfin l'article premier du règlement du 3 août 1669, rendu entre les juges-conservateurs des priviléges des foires de la ville de Lyon, et les officiers du présidial de la même ville, porte que lesdits juges-conservateurs

---

* Cette doctrine est-elle applicable aujourd'hui ? C'est un point très-controversé. Les raisons pour et contre me paraissent se balancer d'une manière pénible pour l'esprit qui les pèse avec attention : autoriser celui qui a pris la qualité de marchand à revenir sur sa propre déclaration, c'est en quelque sorte légitimer la mauvaise foi ; or *grave est fidem fallere.* Mais le système contraire rend illusoire la prohibition de stipuler la contrainte par corps et les dispositions formelles de l'art. 2063 du Code civil.

connaîtront de toutes affaires entre marchands et négocians en gros ou en détail, manufacturiers des choses
servant au négoce et autres, de quelque qualité et condition qu'ils soient, pourvu que l'une des parties soit
marchande ou négociante, et que ce soit pour fait de négoce, marchandise ou manufacture. Mais il paraît
que cette disposition doit être restreinte au cas de
l'article 10 du présent titre. (V. cet art. 10 ci-après
avec les notes.)

On prétend même que ceux qui se rendent cautions
de marchands dans un fait de marchandises, quoiqu'ils
ne soient ni négocians ni marchands, deviennent, pour
raison de cet engagement, justiciables de la juridiction
consulaire. Une sentence rendue au consulat de Paris,
le 16 mars 1676, a condamné, en pareil cas, un bourgeois de la même ville, qui s'était rendu caution d'une
vente faite à crédit par un marchand à un autre marchand; et, sur l'appel de cette sentence au parlement,
elle y a été confirmée par arrêt du 7 juillet suivant.
(V. le *Recueil*, tom. 1, pag. 366.)

Un arrêt du parlement de Toulouse, du 27 juillet 1753,
porte que les juges-consuls ne peuvent connaître des
trocs ou ventes en foires faits entre personnes qui ne
sont pas marchandes, ni d'autres sociétés que pour fait
de commerce. (V. le *Recueil des règlemens du parlement de Toulouse*, touchant l'ordre judiciaire, en 2 vol.
in-8°, tom. 2, pag. 569.)

(b) *Pour fait de marchandises seulement.*] Ces
mots font voir qu'il ne suffit pas d'être marchand ou
négociant pour être justiciable des juges-consuls, car
cette juridiction est réelle, et non personnelle, mais il
faut encore qu'il s'agisse de fait de marchandise et
revente. Ainsi, quand il s'agit de contestations entre

marchands pour ventes de choses qui sont à leur usage, les juges-consuls n'en peuvent connaître (voyez Toubeau en ses *Institutions consulaires*, liv. 1, tit. 17, ch. 2); ce qui résulte aussi des termes de l'article 6, ci-après.

Par une déclaration du 2 octobre 1610 (V. le *Recueil*, tom. 1, pag. 29 et suiv.) il est fait défenses aux juges-consuls de connaître des différends pour promesses, cédules et obligations en deniers de pur prêt, qui ne seront censées pour ventes de marchandises; mais, par une autre déclaration du 4 octobre 1611, rendue en interprétation de la précédente, il est dit qu'ils connaîtront des différends entre marchands, même pour argent prêté et baillé à recouvrer l'un à l'autre, par obligations, cédules missives, lettres de change, et pour cause de marchandises seulement.

Ces derniers mots, *pour cause de marchandises*, font voir qu'il n'est pas nécessaire, à la vérité, que dans les billets, cédules, etc., il soit fait mention que ces billets sont pour cause de marchandises, et que cette clause est toujours présumée entre marchands et négocians; mais, si par les termes du billet ou de l'obligation il paraît que c'est pour une autre cause que pour fait de marchandises, et même de celles dont l'un et l'autre font commerce, alors l'affaire n'est plus de la compétence des juges-consuls. C'est ainsi que les deux déclarations qu'on vient de rapporter doivent être conciliées.

L'arrêt de la Cour du 24 janvier 1733, rendu en forme de règlement entre les officiers du présidial d'Angoulême, et les juges-consuls de la même ville (V. le *Recueil*, t. 3, pag. 425), porte « que lesdits juges-consuls ne connaîtront d'aucunes obligations entre marchands et négocians, si elles ne sont censées pour fait de marchandises. »

Mais il paraît que cette disposition doit être entendue avec la distinction qui vient d'être faite.

2.

Les juges et consuls connaîtront *de tous billets de change*(1) faits entre négocians et marchands, *ou dont ils devront la valeur* (2), *et entre toutes personnes* (3), *pour lettres de change ou remises d'argent faites de place en place* (4).*

(1) *De tous billets de change.*] V. ce que c'est que billets de change ci-dessus, tit. 5, art. 27.

---

* *Cod. de com.*, *art. 631.* « Les tribunaux de commerce connaîtront,

» 1° De toutes contestations relatives aux engagemens et transactions entre négocians, marchands et banquiers ;

» 2° Entre toutes personnes, des contestations relatives aux actes de commerce.»

Art. 632, § 8. « Entre toutes personnes, les lettres de change ou remises d'argent faites de place en place. »

Le Code de commerce répute les obligations par lettres de change, actes de commerce entre toutes personnes, et par suite il en attribue la connaissance aux tribunaux de commerce. Tels étaient aussi les anciens principes ; mais remarquez, comme le fait observer Jousse, que ces mots, *ou remises d'argent faites de place en place*, rappellent le caractère essentiellement distinctif des lettres de change, celui d'être tirées d'un lieu sur un autre ; et que, cette condition manquant, c'est le cas d'appliquer l'art. 112 du Cod de com., qui regarde de pareilles lettres comme de simples promesses, régies par les règles qui leur sont particulières.

(2) *Ou dont ils devront la valeur.*] Toubeau, en ses *Institutions consulaires*, liv. 1, tit. 17, chap. 2, pag. 3o6,

---

Il est peut-être singulier que l'Ord., après avoir consacré aux lettres de change un titre spécial composé de trente-trois articles, n'y ait point parlé de la nécessité qu'il y a pour la validité d'une lettre de change d'être tirée d'un lieu sur un autre lieu, et que ce soit dans un article relatif à la compétence que se trouve établi ce principe fondamental. Les législateurs modernes ont procédé avec plus de méthode en le consacrant dans le premier paragraphe du premier article du titre du contrat de change. Quoi qu'il en soit, sous l'empire de l'Ord., comme sous celui du Code, une lettre de change, pour être régulière, devait être tirée d'un lieu sur un autre : car, la lettre de change n'ayant été inventée que pour éviter le transport des monnaies métalliques, il n'y a véritablement lieu à contrat de change que lorsqu'il est plus avantageux d'avoir recours à ce contrat que d'effectuer le transport des monnaies. Il s'en faut de beaucoup néanmoins que ce principe fondamental soit appliqué comme il devrait l'être : rien n'est plus commun que la supposition de lieu dans les lettres de change. Le but de ces déguisemens est patent: on veut se procurer la contrainte par corps contre les signataires ; et, la législation française n'offrant guère d'autre moyen à l'égard des non-commerçans, on a recours à des lettres de change simulées. Les tribunaux de commerce, qui en général trouvent la contrainte par corps trop restreinte, ne se montrent pas faciles dans l'admission des moyens d'attaque invoqués *in extremis* par des débiteurs insolvables. Ont-ils tort? ont-ils raison? Je n'oserais prononcer : c'est une des questions les plus difficiles que l'intelligence humaine puisse méditer. Il s'agit de concilier les intérêts du commerce et la liberté des citoyens ; peut-être sur ce point, comme sur tant d'autres, la sagesse se trouverait-elle dans un juste milieu. En Angleterre, pays si florissant par le commerce, la contrainte par corps peut être

dit que l'esprit de cet article est que les juges-consuls connaissent, entre marchands, non-seulement des billets

---

exercée contre tout débiteur; et cela est bien rigoureux. En France, tout individu non-commerçant, qui n'a ni biens meubles ou immeubles, peut, légalement parlant, se jouer de ses engagemens et de ses créanciers ; et, abstraction faite du défaut de confiance et de crédit qui en résulte nécessairement, il faut convenir que cela est bien doux. Si une longue expérience apprend aux commerçans la nécessité de donner plus d'extension à la contrainte par corps, on ne saurait trop les blâmer de tendre vers un système qui leur paraît utile pour la prospérité du commerce. Ce ne serait pas la première fois que l'on aurait vu la jurisprudence éveiller la sollicitude des législateurs et en préparer les travaux : peut-être même cette marche est-elle préférable, malgré sa lenteur, à celle que désireraient des esprits plus ardens qu'éclairés, qui ne savent pas que les bonnes lois ne sont ordinairement que le fruit tardif de la longue expérience des siècles. S'il est permis de faire une réflexion sur ce sujet important, je dirai même que, malgré les abus énormes que l'on fait de la lettre de change pour se procurer la contrainte par corps, je ne crois pas les principes du commerce généralement assez bien entendus pour pouvoir espérer encore une bonne loi sur cette matière si difficile. Les Romains, comme on sait, avaient eu sur ce point une législation féroce, puisque, d'après le texte formel des douze Tables, les créanciers pouvaient couper en morceaux et se partager le corps de leur débiteur. L'Angleterre, en permettant d'incarcérer tout débiteur, entasse souvent dans les prisons des malheureux auxquels on devrait peut-être un regard de pitié : il est d'ailleurs à craindre que la dureté et l'inflexibilité de la loi passent dans les mœurs de la nation, et aucun avantage commercial ne peut balancer un pareil malheur. Espérons qu'un sage milieu entre ces parties extrêmes conciliera un jour les intérêts du commerce, les droits des créanciers et ceux de l'humanité.

de change, mais même de tous autres dont ils devront la valeur. Il paraît plus naturel de rapporter ces termes, *ou dont ils devront la valeur*, aux mots *négocians et marchands* qui précèdent immédiatement. Ainsi le vrai sens de cet article est que les juges-consuls peuvent connaître non - seulement des billets de change entre marchands et négocians, c'est-à-dire entre celui qui a fourni le billet de change, et celui à qui il a été fourni, mais encore toutes les fois qu'un négociant doit la valeur du billet de change, v. g. quand il l'a endossé.

(3) *Et entre toutes personnes.*] Même nobles, officiers, ecclésiastiques, parce que ces personnes ont dérogé à leur qualité en subissant un pareil engagement, et que ces lettres sont une espèce de négoce. (Ainsi jugé par un arrêt confirmatif d'une sentence du consulat de Paris, du 11 septembre 1682, contre M. le marquis de Choisnel, et par un autre de l'année 1704, rendu contre un conseiller au Châtelet de Paris.)

(4) *Pour lettres de change ou remises d'argent faites de place en place.*] V. ci-dessus tit. 7, art. 1, note 7.

Ainsi il faut que la lettre de change soit tirée d'une place sur une autre place, comme de Paris sur Lyon; autrement, si elle était tirée d'une place sur la même place, et que ce fût entre autres personnes que négocians, elle ne serait plus de la compétence des juges-consuls, parce que ce ne serait point alors une lettre de change, à proprement parler, mais un simple mandement. Il y a des exemples de causes de cette espèce qui ont été renvoyées du consulat de Paris au Châtelet de la même ville.

5.

Leur défendons néanmoins de connaître *des billets de change* (1) entre particuliers *autres que négocians* (2) et marchands, *ou dont ils ne devront point la valeur* (5); voulons que les parties se pourvoient par-devant les juges ordinaires, ainsi que pour de simples promesses.*

(1) *Des billets de change.*] A plus forte raison cela a-t-il lieu à l'égard des autres billets.

(2) *Autres que négocians.*] Ainsi jugé au profit de M. le marquis d'Estaing, par arrêt du 6 juillet 1741, qui casse une sentence des juges-consuls de Paris, comme incompétens pour connaître de ces sortes de billets.

---

* Nous avons déjà dit que le Code de com. n'avait pas de dispositions spéciales pour les billets de change, dont l'usage a presque cessé depuis l'Ord. de 16-3. C'est le billet à ordre qui joue actuellement le rôle le plus important dans les opérations commerciales après la lettre de change. Les articles 656, 657 du Cod. de com., appliquent aux billets à ordre les anciens principes relatifs aux billets de change : c'est surtout lors de la rédaction de ces deux articles que furent élevés et discutés avec la plus grande profondeur les deux systèmes, dont l'un avait pour but d'étendre la contrainte par corps pour favoriser le commerce; l'autre de la tenir renfermée dans ses anciennes limites pour favoriser la liberté : ce dernier système a prévalu. Je regrette, comme je l'ai déjà dit, qu'on n'ait pas pris un terme moyen. On trouvera dans l'ouvrage de M. Locré les discours qui furent prononcés sur ce point important.

L'arrêt du parlement de Paris du 24 janvier 1755, rendu entre les officiers du présidial d'Angoulême. et les juges-consuls de la même ville, dont il a déjà été parlé, fait défenses auxdits juges-consuls de connaître des billets à ordre causés pour valeur reçue, sinon dans le cas où celui qui a souscrit le billet sera marchand, et que celui qui s'en trouvera porteur, et du nom duquel l'ordre sera rempli, se trouvera aussi marchand; mais, si celui qui a souscrit le billet n'est pas marchand, ou qu'étant marchand, celui qui se trouvera porteur dudit billet, ou au nom duquel l'ordre se troueera rempli, ne soit pas marchand, la connaissance en appartiendra aux juges ordinaires.

(3) *Ou dont ils ne devront point la valeur.*] C'est-à-dire qu'il est défendu aux juges-consuls de connaître des billets de change lorsque ce n'est point un négociant qui en doit la valeur; ce qui est conforme à l'arrêt du parlement qui vient d'être cité.

4.

Les juges et consuls connaîtront *des différends pour ventes* (1) *faites par des marchands, artisans et gens de métier* (2), *à fin de revendre* (3) *ou de travailler de leur profession* (4): comme à tailleurs d'habits, pour étoffes, passemens et autres fournitures; boulangers et pâtissiers, pour blé

(1) *Des différends pour ventes.*] Ces termes comprennent généralement toutes les contestations qui peuvent naître au sujet de ventes faites entre marchands et artisans, à fin de revendre ou de travailler de leur profession.

et farine; maçons, pour pierre, moellon et plâtre; charpentiers, menuisiers, charrons, tonneliers et tourneurs, pour bois; serruriers, maréchaux, taillandiers et armuriers, pour fer; plombiers et fonteniers, pour plomb; *et autres semblables*(5).*

(2) *Faites par des marchands, artisans et gens de métier.*] C'est-à-dire, faites par des marchands à d'autres marchands ou artisans et gens de métier; ce qui doit s'entendre aussi des ventes qui seraient faites par des artisans et gens de métier à d'autres artisans ou marchands, à fin de revendre ou de travailler de leur profession.

(3) *A fin de revendre.*] Comme dans le cas des marchandises vendues par des marchands ou artisans à des merciers ou autres, pour les revendre; v. g. des étoffes vendues par des manufacturiers à des marchands de drap, des ouvrages de bonneterie vendus par des ouvriers en bas à des marchands bonnetiers, etc. Il en est

---

* *Cod. de com.*, *art. 632*, § 1 et 2. « La loi répute actes de commerce,

» Tout achat de denrées et marchandises pour les revendre, soit en nature, soit après les avoir travaillées et mises en œuvre, ou même pour en louer simplement l'usage. »

Il suffit de comparer le paragraphe 2 de l'art 632 et l'art. 4 de l'Ordon., pour voir que le législateur moderne a voulu maintenir les anciens principes et les énoncer en moins de mots et d'une autre manière que ne l'avait fait l'Ordonnance; mais au fond la règle est la même : il me paraît de plus que l'art. de l'Ord. est le meilleur commentaire du paragraphe 2 de l'art. 632.

20

de même des marchandises vendues par des marchands à des taillandiers, fripiers et autres.

(4) *Ou de travailler de leur profession.*] C'est-à-dire, pour ventes de marchandises qui doivent être converties en ouvrages de leur profession, ainsi que les exemples rapportés dans cet art. 4 le prouvent évidemment. La raison en est que, ces ouvrages venant à être vendus par ces ouvriers, c'est une espèce de revente qu'ils font des choses qui leur ont été vendues, avec cette différence seulement qu'elles ont changé de nature.

D'où il suit que les ventes faites par des marchands à des artisans, de choses qui ne doivent point être employées ou converties en ouvrages de leur profession, ne sont point de la compétence des juges-consuls, quand même les choses vendues seraient pour l'usage de la profession des ouvriers qui les achètent. *

---

* Cette doctrine est-elle encore applicable? Il me paraît que les législateurs modernes, loin de vouloir y rien changer, ont entendu la consacrer d'une manière plus formelle. Ces mots de l'Ord., *ou de travailler de leur profession*, pouvaient en effet causer quelques doutes, car le métier vendu au bonnetier lui servait *à travailler de sa profession* ; et c'est pour lever ces doutes que Jousse a fait ses observations : le législateur a supprimé du paragraphe 2 de l'art. 632 ces expressions sujettes à difficultés. Or je demande si le métier, les outils, etc., sont achetés par celui qui veut s'en servir dans l'intention de les *revendre, soit en nature, soit après les avoir mis en œuvre*: le contraire me paraît évident. Cependant M. Pardessus décide que l'achat de machines par un manufacturier est un acte de commerce : cette décision, si opposée à celle de Jousse, me semble également s'éloigner des dispositions de la loi.

Ainsi une vente de pierres ou de bois faite à un meunier pour la construction d'un moulin, n'est point de la
compétence des juges-consuls, parce que ces pierres
ou ces bois ne sont point destinés pour être employés
aux ouvrages qui sont de la profession de ce meunier,
quoique ces choses lui soient fournies pour l'usage de
son moulin; et il en est de même des meubles et autres
fournitures semblables, autrement il faudrait dire que
la vente même d'un moulin, faite par un meunier ou
autre personne à un autre meunier, ou celle d'un étau
faite par un boucher à un autre boucher, serait de la
compétence des juges-consuls, ce qui est absurde.

Par la même raison, la vente d'un métier à bas faite
à un bonnetier est une vente ordinaire faite pour l'u-
sage de l'ouvrier seulement, et non à fin de revendre;
et par conséquent elle n'est point de la compétence des
juges-consuls, comme le seraient des ventes de laines
faites au même ouvrier, parce qu'alors ces laines sont
destinées à être converties en ouvrage de sa profession.

De même les ventes d'outils et autres instrumens de
travail, faites par des marchands à des artisans et gens
de métier, ne sont pas de la compétence des juridictions consulaires.

La règle qu'on vient d'établir a lieu, à plus forte
raison, lorsque les choses vendues sont pour l'usage
particulier de l'acheteur, quand même cet acheteur serait un marchand ou un artisan; et il faut aussi se
pourvoir dans ces cas devant ces juges ordinaires : comme
si un mercier achetait d'un fripier ou d'un tailleur un
habit pour son usage, ou si un épicier achetait d'un
marchand du drap pour s'habiller, ou pour habiller sa
femme et ses enfans; car le mercier et l'épicier ne
doivent plus être considérés ici comme marchands,

et c'est la même chose que si le marchand de drap,
le fripier ou le tailleur avaient vendu leur étoffe ou
habit à un particulier qui ne serait pas marchand;
ce qui résulte clairement de la disposition de l'article 6
ci-après.*

La disposition rapportée en cet article 4 a depuis
été confirmée par plusieurs arrêts. Celui du 23 février
1695, rendu pour Chartres, où les juges-consuls d'Orléans étaient parties intervenantes, porte que les juges-
consuls ne pourront connaître que des causes de marchand à marchand, pour fait de marchandises seulement;
et entre marchands, artisans et gens de métier, pour
ventes faites de marchandises à fin de revendre ou
employer dans le travail ou aux ouvrages de leur art
et profession : leur fait défenses de prendre aucune
connaissance des contestations qui seront formées contre
des laboureurs, vignerons et autres personnes, pour
raison de ce qu'ils auront acheté pour leur usage, et
non pour revendre.

Par un autre arrêt du 24 janvier 1733, rendu pour
Angoulême, ci-dessus cité, il est dit que les juges-
consuls ne pourront connaître des ventes de blé,
vins, foins, pailles, bestiaux, futailles, marchés de
maçons, charpentiers, serruriers et autres ouvriers, si
lesdites ventes et marchés ne sont faits par des marchands, négocians et gens de métier, à fin de revendre
ou de travailler de leur profession; comme aussi il leur
est fait défenses de connaître des contestations qui seront formées contre des marchands, laboureurs, vigne-

---

* L'art. 638, § 1, consacre clairement cette doctrine enseignée par Jousse.

rons et toutes autres personnes, pour raison de ventes de fruits, chevaux, bestiaux, et toutes autres choses qu'ils auront achetées, dont ils ne feront trafic, qu'ils ne revendront point en gros ou en détail, et dont ils se servent pour l'exploitation de leurs fermes seulement.

Ainsi, c'est vouloir forcer le sens de la loi que de dire que des vaisseaux ou futailles vendus par des marchands ou tonneliers, des vignerons, pour y mettre du vin, sont une matière de la compétence des juges-consuls, sur le fondement que le vigneron, en vendant son vin, revend les vaisseaux qui lui ont été vendus : car il est évident que la vente de ces vaisseaux est accessoire à la vente du vin, et que dans cette vente du vin il n'est question en aucune manière du prix des vaisseaux qui le contiennent. Il en serait autrement, si ces vaisseaux avaient été vendus à des tonneliers ou autres qui font profession de les revendre en nature. *

On trouve, à la vérité, dans un petit recueil de règlemens touchant la juridiction consulaire d'Orléans, in-8°, imprimé sans permission ni nom d'imprimeur, page 111, une observation de l'auteur de ce recueil, par laquelle il prétend que les juges-consuls sont compétens pour connaître des différends qui naissent touchant la vente qui se fait aux vignerons des marchandises de poinçons, et où il cite, à ce sujet, un arrêt du Grand-Conseil du 11 février 1681, qu'il dit avoir été rendu en faveur des juges-consuls d'Orléans, pour les autoriser et maintenir dans cette connaissance, sur une

---

* M. Pardessus professe la même doctrine : rien ne me paraît plus conforme à la raison et à l'esprit de la loi.

espèce qu'il cite; il ajoute ensuite que cela a été ainsi
jugé par un arrêt du parlement de Paris. Mais, outre
que le premier de ces règlemens n'est rapporté que par
extrait, que l'autre n'est pas même daté, on ne peut
guère douter que ces arrêts, s'ils existent, n'aient été
rendus par des circonstances particulières, puisque leur
disposition se trouve entièrement opposée aux vrais
principes, à la disposition particulière de l'Ordonnance
du commerce, et à l'arrêt qu'on vient de rapporter.

D'ailleurs, si le sentiment établi par l'auteur du recueil
dont on vient de parler, avait lieu pour des poinçons
vendus à des vignerons, il en devrait être de même à
l'égard des bourgeois, puisque les uns et les autres
sont à cet égard dans la même classe, et qu'il n'y
a aucune raison de les distinguer. Or on n'a jamais
prétendu qu'un bourgeois fût justiciable des juges-consuls, pour raison des poinçons qu'il achète pour y
mettre la récolte de ses vins qu'il vend ensuite; ainsi
on doit dire la même chose des vignerons.

Il suit aussi de ce qui vient d'être établi, que les
juges-consuls ne peuvent connaître des ventes de chevaux faites par des marchands à des laboureurs qui
les achètent pour l'exploitation de leurs fermes, et qui
n'en font pas commerce, quand même ces laboureurs
les revendraient par la suite, parce que ces chevaux seraient ou trop vieux ou hors d'état de servir. Car cette revente, qui se fait alors, n'est point pour en faire un commerce ordinaire, ni pour y gagner, puisqu'au contraire
dans ces sortes de reventes il y a presque toujours de la
perte pour celui qui revend; mais c'est une suite du
droit attaché à la possession; et il en est de même ici
comme quand un gentilhomme ou un bourgeois, après
avoir eu un cheval à son usage, le revend, ou parce

qu'il n'en a plus besoin, ou parce que ce cheval est
hors d'état de servir. *

On doit dire la même chose à l'égard des bœufs,
vaches, moutons et autres bestiaux qu'un laboureur
achète pour l'exploitation de la ferme qu'il occupe,
quoiqu'il vende par la suite les agneaux et veaux qui
en proviennent, et que même il revende les bœufs
et les moutons, lorsqu'ils deviennent inutiles et hors
d'état de servir, parce que ces choses sont des suites
et des dépendances de l'exploitation de la ferme occu-
pée par ce laboureur, et que les bestiaux qu'il achète
sont nécessaires pour la faire valoir ; que le produit ou
croît de ces bestiaux fait partie des fruits de cette ferme,
et que lorsqu'il revend ceux qu'il a achetés, ce n'est
point pour en faire commerce, mais parce qu'ils cessent
d'être utiles pour l'exploitation de la terre qu'il fait
valoir.

A plus forte raison, les ventes d'échalas faites par des
marchands à des vignerons pour l'exploitation de leurs
vignes, ne sont point de la compétence des juges-
consuls ; ni pareillement les ventes de fumier faites à
des vignerons, laboureurs et jardiniers, pour engraisser
leurs terres.

(5) *Et autres semblables.*] Comme entre un libraire
et un relieur, entre un mercier et les ouvriers qui travaillent pour lui dans les choses dont ce mercier fait
commerce. Il en est de même entre un marchand

---

* Les laboureurs achetant leurs chevaux pour *l'exploitation
de leurs terres*, et non pour les *revendre*, il s'ensuit que le
2ᵉ paragraphe de l'art. 632 leur est inapplicable, conformément à l'opinion de Jousse.

et un artisan, pour raison des fournitures et matières qui servent immédiatement à l'état de ce dernier, et qui font l'objet même de sa profession : par exemple, entre un charron et un voiturier, pour charrettes à lui vendues et fournies; ou entre un charpentier et un marinier, pour ventes de bateaux; et ainsi des autres. Mais il en serait autrement des fournitures faites à un jardinier, laboureur ou vigneron, pour raison des terres qu'ils font valoir, parce que ces derniers ne sont pas considérés comme artisans, et que ces sortes de ventes qui leur sont ainsi faites, ne sont que pour raison de l'exploitation des terres qu'ils font valoir : c'est une suite de ce qui a été établi ci-dessus.

On pourrait demander ici si les ventes de chevaux faites par un maquignon à un loueur de chevaux, sont de la compétence des juges-consuls. Il paraît qu'oui, parce qu'un loueur de chevaux ne les achète point pour son usage, mais à raison de son état, qui consiste à les louer.

On doit dire la même chose des ventes de meubles faites par des marchands à d'autres personnes dont la profession est de louer ces meubles. *

5.

Connaîtront aussi des gages, salaires et pen-

---

* Il me paraît que les législateurs, qui ont tant profité des lumières de Jousse, et si souvent consacré ses décisions par des textes de lois, n'ont ajouté ces mots, *ou même pour en louer simplement l'usage*, § 2, art. 652, que pour décider, suivant l'opinion de ce grand jurisconsulte, les questions qu'il avait élevées sur ce point.

sions *des commissionnaires* (1), *facteurs* (2) *ou serviteurs* (3) *des marchands* (4), *pour le fait du trafic seulement* (5).*

(1) *Des commissionnaires.*] Le commissionnaire est celui qui est chargé d'une commission qui lui est donnée par un marchand ou banquier, soit pour acheter, recevoir, faire charger ou vendre des marchandises pour le compte de ce marchand, soit pour faire accepter pour lui les lettres de change, recevoir le paiement des billets, payer des sommes en son nom, et autres cas semblables.

Le marchand qui donne la commission se nomme le commettant.

(2) *Facteurs.*] C'est ce que les Latins appelaient *institores* ou *exercitatores;* on les appelle aussi commis : ce sont tous ceux qui sont préposés par un marchand, négociant ou banquier, pour la conduite de son commerce ou de sa banque. Les facteurs sont distingués des mandataires, en ce que les facteurs ont des gages, et que les mandataires n'en ont point. Les facteurs engagent leurs maîtres, et s'obligent envers eux pour raison des fonctions auxquelles ils sont préposés, de la manière que le maître lui-même pourrait s'obliger envers les autres, ou obliger envers lui.

---

* Le Cod. de com. n'a pas maintenu cette disposition de l'Ord., relative aux gages, salaires et pensions des commissionnaires, et l'art. 634, § 2, ne parle que des actions que l'on peut avoir à intenter contre ces facteurs, etc. Plusieurs arrêts ont décidé que sous l'empire du Code la connaissance des contestations relatives aux gages, salaires des facteurs, commissionnaires, n'appartenait point aux tribunaux de commerce.

(3) *Ou serviteurs.*] Il en est de même des voituriers préposés par les marchands, mais seulement pour raison des voitures de marchandises et denrées dont ces marchands font commerce. (Règlement du conseil du 13 août 1669, rendu pour les juges de la Conservation de Lyon, art. 3.)

La déclaration du 24 avril 1703, rendue touchant le commerce et la navigation de la rivière de Loire, art. 24, porte « que les différends qui naîtront entre les marchands et les voituriers, pour raison de la voiture des marchandises, et pour les dommages et intérêts qui peuvent arriver dans l'étendue de la rivière de Loire, sont de la compétence des juges-consuls, privativement à tous autres juges. » (V. le *Recueil,* tome 2, pag. 311.)

Mais il n'en est pas de même des messagers publics et des fermiers de ces messageries, au sujet des marchandises par eux voiturées : par exemple, si un marchand d'Orléans envoyait à un autre marchand de Paris des marchandises par le carrosse d'Orléans à Paris, les contestations qui pourraient arriver au sujet de ces voitures où le messager serait intéressé, ne pourraient être portées devant les juges-consuls, mais par-devant les autres juges à qui la connaissance en est attribuée par les règlemens.

(4) *Des marchands.*] Il en est de même des facteurs ou serviteurs des manufacturiers et artisans, qui sont ici sous-entendus.

Mais les juges-consuls ne peuvent connaître de gages, salaires et marchés des serviteurs et gens de métier, pour raison de leurs ouvrages; v. g., entre un architecte ou entrepreneur, et un maçon ou charpentier et autres ouvriers, pour raison des ouvrages par eux faits, dans le cas même où ces derniers fourniraient les matériaux.

(Ainsi jugé par arrêt du 28 avril 1575, pour Angers.
La déclaration du 2 octobre 1610 le défend expressément aux juges-consuls, à peine de nullité, et permet
en cas de contravention de les prendre à partie. (**V.** le
Recueil, tome 1, pag. 29.)

(5) *Pour le fait de leur trafic seulement.*] **V.** ci-
dessus, art. 4, note 4.

<h2 style="text-align:center">6.</h2>

Ne pourront les juges et consuls connaître
des contestations *pour nourritures, entretiens et
ameublemens* (1), même entre marchands, si ce
n'est qu'ils en fassent profession.*

(1) *Pour nourritures, entretiens et ameublemens.*]
Par exemple, si un aubergiste fournit des nourritures
à un marchand ou artisan; un cabaretier, du vin;
un fripier, un ameublement, par vente ou louage;
et qu'il survienne à ce sujet quelque contestation, les
juges-consuls n'en pourront connaître, parce que ce
n'est point un trafic dont le marchand ou artisan se
mêle : mais, si le marchand ou artisan qui a ainsi
acheté du vin, ou loué des meubles, était un aubergiste ou cabaretier, alors l'affaire serait consulaire.

---

* Le Cod. de com. maintient la même règle, par l'art. 658,
§ 1, qui interdit aux tribunaux de commerce la connaissance
des actions intentées contre un commerçant pour paiement
de denrées et marchandises achetées pour son usage particulier.

7.

Les juges et consuls connaîtront des différends à cause des assurances, grosses aventures, promesses, obligations et contrats concernant le commerce de la mer, le fret et le naulage des vaisseaux.*

8.

Connaîtront aussi du commerce fait pendant les foires tenues ès lieux de leur établissement, si l'attribution n'en est faite aux juges conservateurs du privilége des foires.

9.

Connaîtront pareillement de l'exécution de

---

* Cod. de com., art. 633. « La loi répute pareillement actes de commerce,

» Toute entreprise de construction, et tous achats, ventes et reventes de bâtimens pour la navigation intérieure et extérieure ;

» Toutes expéditions maritimes ;

» Tout achat ou vente d'agrès, apparaux et avituaillemens;

» Tout affrétement ou nolissement, emprunt ou prêt à la grosse ; toutes assurances et autres contrats concernant le commerce de mer ;

» Tous accords et conventions pour salaires et loyers d'équipages ;

» Tous engagemens de gens de mer, pour le service de bâtimens de commerce. »

nos lettres, *lorsqu'elles seront incidentes* (1) aux
affaires de leur compétence, pourvu qu'il ne
s'agisse pas *de l'état ou qualité des personnes* (2).

(1) *Lorsqu'elles seront incidentes.*] Comme si un
marchand a fait un marché avec un voiturier pour une
entreprise, dans lequel ce voiturier a été surpris et lésé,
et que celui-ci veuille se pourvoir de lettres par rescision
contre ce marché, pour le faire déclarer nul, les lettres
de rescision qu'il obtiendra à cet effet doivent être
adressées aux juges-consuls qui sont en droit de connaître incidemment de ces lettres.

(2) *De l'état ou qualité des personnes.*] Comme s'il
s'agissait de lettres d'émancipation obtenues par un
mineur, de lettres de bénéfice d'inventaire, et autres
de cette espèce.

10.

Les gens d'église, gentilshommes et bourgeois,
laboureurs, vignerons et autres, *pourront faire
assigner* (1), pour ventes de blés, vins, bestiaux,
et autres denrées *procédant de leur cru* (2), ou
par-devant les juges ordinaires, ou par-devant

(1) *Pourront faire assigner.*] Mais les ecclésiastiques,
gentilshommes, bourgeois, laboureurs, vignerons, etc.,
ne peuvent être assignés par les marchands, pour raison
de ces ventes, que par-devant les juges ordinaires.

(2) *Procédant de leur cru.*] Ainsi un particulier qui
recueille du blé, du vin, des bestiaux, ou autres
denrées de son cru, v. g., un laboureur qui vend des
bœufs ou des moutons à un boucher, a le choix d'assigner le marchand à qui il les a vendus, et qui fait pro-

les juges et consuls, si les ventes ont été faites à des marchands ou artisans faisant profession de revendre.*

fession de revendre, devant le juge ordinaire du domicile de ce marchand, ou devant les juges-consuls. Mais, si la vente a été faite par un particulier qui achète des choses qui ne procèdent point de son cru, pour en faire trafic, et qui les vend à un marchand ou artisan faisant profession de revendre, les juges-consuls alors en connaîtront.

II.

Ne sera établi dans la juridiction consulaire *aucun procureur* (1), *syndic* (2), *ni autre officier* (3), s'il n'est ordonné par l'édit de création du siége, ou autre édit dûment enregistré.**

(1) *Aucun procureur.*] Quoiqu'il n'y ait point de

---

* *Cod. de com.*, *art. 638.* « Ne seront point de la compétence des tribunaux de commerce, les actions intentées contre un propriétaire, cultivateur ou vigneron, pour vente de denrées provenant de son cru ; les actions intentées contre un commerçant, pour paiement de denrées et marchandises achetées pour son usage particulier.

» Néanmoins les billets souscrits par un commerçant seront censés faits pour son commerce, et ceux des receveurs, payeurs, percepteurs ou autres comptables de deniers publics, seront censés faits pour leur gestion, lorsqu'une autre cause n'y sera point énoncée. »

** *Cod. de com.*, *art. 627.* « Le ministère des avoués est interdit dans les tribunaux de commerce, conformément à l'article 414 du Code de procédure civile ; nul ne pourra plaider pour une partie devant ces tribunaux, si la partie,

procureurs en titre d'office dans les juridictions consulaires, néanmoins il y a des personnes préposées pour
défendre et plaider les causes des particuliers qui ne
peuvent. ou ne veulent pas plaider par eux-mêmes.:
ces personnes sont choisies par les juges-consuls, et
prêtent serment devant eux.

(2) *Syndic.*] Dans plusieurs juridictions consulaires
il y a un procureur-syndic, qui doit être gradué, et
auquel on renvoie toutes les causes où il y a des questions
de droit, pour être ensuite jugées sur son rapport.

(3) *Ni autre officier.*] Les greffiers ont été érigés en
titre d'office dans différens consulats du royaume, dès
le mois de septembre de l'année 1571. Par un édit du
mois de mars 1710, ces offices ont été supprimés, et il
en a été créé un nouveau en chaque juridiction consulaire, pour expédier, signer et sceller les sentences,
jugemens, procès-verbaux et autres actes qui peuvent
intervenir et être rendus dans ces juridictions; recevoir
les présentations, et délivrer les actes d'affirmation de
voyage aux parties, avec les mêmes droits qu'ils per-
cevaient auparavant.

12.

Les procédures de la juridiction consulaire
seront faites suivant les formes prescrites par le
titre seizième *de notre Ordonnance du mois d'avril
mil six cent soixante-sept* (1).

(1) *De notre Ordonnance du mois d'avril* 1667.]

présente à l'audience, ne l'autorise, ou s'il n'est muni d'un
pouvoir spécial. Ce pouvoir, qui pourra être donné au bas
de l'original ou de la copie de l'assignation, sera exhibé au
greffier avant l'appel de la cause, et par lui visé sans frais.»

Ces procédures doivent être sommaires, et le ministère des avocats et des procureurs n'y est pas nécessaire. (Ordonnance de 1667, tit. 16, art. 2.) Voici un abrégé de cette procédure.

De la Procédure consulaire. *

1° Lorsqu'on veut assigner quelqu'un par-devant les juges-consuls, pour avoir le paiement d'un billet ou d'une promesse ordinaire sous seing privé, on doit avant tout faire contrôler ce billet ou cette promesse, ainsi qu'on y est obligé dans les autres juridictions. L'art. 97 du tarif du contrôle des actes des notaires, du 29 septembre 1722, n'excepte de cette nécessité du contrôle que les lettres de change et les billets à ordre ou au porteur entre gens d'affaires, marchands et négocians; les billets de marchand à marchand causés pour fournitures de marchandises de leur commerce réciproquement; et les extraits des livres entre marchands, pour fournitures de marchandises concernant leur négoce seulement. (V. le *Recueil*, tom. 3, pag. 232.)

2° Les huissiers doivent avoir attention de ne pas donner les assignations aux marchands, lorsqu'ils sont assemblés en la bourse ou place commune: cela leur est expressément défendu par l'article 17 de l'édit du mois de novembre 1563, portant création des juges-consuls dans la ville de Paris, rendu commun pour tout le royaume par l'art. 1 du présent titre. (V. cet édit à la fin de ce titre, ci-après.)

---

* Les principes enseignés par Jousse, dans ce petit traité de la juridiction consulaire, se trouvent consacrés, à quelques modifications près, dans le titre 25, liv. 2 du Cod. de proc. civ.

3° Lorsqu'on veut assigner pour obtenir sentence contre plusieurs marchands ou autres débiteurs de billets solidaires, les huissiers doivent aussi avoir attention de ne donner les assignations qu'à la personne ou au domicile d'un de ceux qui ont signé ces billets, et ce tant pour lui que pour ceux qui ont signé avec lui, ou endossé lesdits billets; et il en est de même pour les autres procédures, sans que, pour quelque prétexte que ce soit, il en puisse être usé autrement par les huissiers ou sergens qui se trouveront chargés de faire ces poursuites, à peine de concussion et de cinq cents livres d'amende. (Arrêt du conseil du 13 juillet 1709.) Ce même arrêt porte que les sentences qui seront ainsi prononcées seront exécutées contre tous les particuliers qui auront signé ou endossé lesdits billets, après que commandement leur en aura été fait à chacun en particulier, en conséquence desdites sentences, et au pied de la copie d'icelles. Le motif de cet arrêt, ainsi qu'il est dit dans le préambule, est pour éviter la multiplicité des frais de la part des huissiers, qui auparavant assignaient tous ceux qui avaient signé ou endossé des billets solidaires, par autant d'exploits; ce qui souvent faisait monter les frais aussi haut que le principal, lorsqu'il y avait un grand nombre de débiteurs solidaires, et allait à la charge de ces derniers, sans aucune utilité pour le créancier.

4° Ceux qui sont assignés devant les juges-consuls sont tenus de comparaître en personne à la première audience, pour être entendus par leur bouche. (Ord. du mois d'avril 1667, tit. 16, art. 1.)

A l'égard des délais requis sur ces assignations, ils doivent être différens, suivant les différens éloignemens du domicile du défendeur. Ceux qui demeurent dans la ville ou dans les faubourgs du lieu où ils sont assignés, doivent comparaître à la première audience; mais, à l'égard des autres, il faut observer la distance des endroits, à raison de dix lieues par jour. (V. la même Ord. de 1667, tit. 11, art. 1; et tit. 8, art. 2.)

5° En cas de maladie, absence, ou autre légitime empêchement, les parties pourront envoyer un mémoire contenant les moyens de leurs demandes ou défenses, signé de leur main, ou par un de leurs parens, voisins, ou amis ayant de ce charge ou procuration spéciale, dont il fera apparoir. (Ord. de 1667, tit. 16, art. 2). Il n'est pas nécessaire que cette procuration soit passée devant notaires.

6° Lorsqu'on veut obtenir une sentence de condamnation en vertu d'une cédule, billet ou promesse sous seing privé, on n'est pas obligé de faire reconnaître d'abord en justice cette promesse ou billet, ainsi qu'on y est obligé dans les autres juridictions, aux termes de l'édit du mois de décembre 1684. (V. le *Recueil*, tom. 1, pag. 548.) La déclaration du 15 mai 1703 (au *Recueil*, tom. 2, pag. 316) dispense de cette formalité les juridictions consulaires, sinon dans le cas où le défendeur dénierait la vérité de la promesse ou billet, ou soutiendrait qu'ils sont signés d'une autre main que la sienne; auquel cas les juges-consuls seront tenus de renvoyer les parties par-devant les juges ordinaires, pour procéder à la vérification de ces pièces et reconnaissance de ces écritures en la manière portée par le même édit de 1684.

7° La cause doit être vidée sur-le-champ sans ministère d'avocat ni de procureur (Ord. de 1667, tit. 16, art. 2), à moins que les parties ne jugent à propos de se servir de ceux qui sont préposés par les juges-consuls pour plaider et défendre les droits des parties. (V. la note 1 sur l'art. 11, ci-dessus).

8° Néanmoins, s'il est nécessaire de voir les pièces, les juges-consuls peuvent nommer, en présence des parties ou de ceux qui sont chargés de leurs mémoires, un des anciens consuls ou autre marchand non suspect, pour les examiner, et sur son rapport donner sentence, qui sera prononcée en la prochaine audience. (Ordonnance de 1667, tit. 16, article 3.)

9° Lorsqu'une des parties ne comparaît point en personne, les juges-consuls peuvent aussi, s'ils jugent qu'il soit nécessaire d'entendre cette partie, ordonner qu'elle sera ouïe par sa bouche en l'audience, en lui donnant un délai compétent ; ou, si elle était malade, commettre l'un d'eux pour prendre l'interrogatoire, que le greffier sera tenu de rédiger par écrit. (*Ibid.*, article 4.)

10° Si l'une des parties, sur l'assignation, fait défaut et ne comparaît pas, il doit être donné contre elle défaut ou congé emportant profit (*ibidem*, art. 5); c'est-à-dire que, si c'est le demandeur qui fait défaut, l'autre partie obtiendra congé avec dépens; et au contraire, si c'est le défendeur qui ne comparaît pas, il sera donné défaut contre lui, et pour le profit les conclusions seront adjugées au demandeur avec dépens, si elles sont trouvées justes. (Même Ordonnance de 1667, titre 5, article 3. Voyez aussi la note 3 sur l'art. 14, ci-après.)

11° L'article 6 du tit. 16 de la même Ordonnance de 1667 porte que les défauts et congés ainsi prononcés pourront être rabattus en l'audience suivante, pourvu que le défaillant ait sommé par acte celui qui a obtenu le défaut ou congé, de comparaître en l'audience,

et qu'il ait offert par lui-même acte de plaider sur-le-
champ.

12° Lorsque les parties sont contraires en faits, et
que la preuve en est recevable par témoins, les juges-
consuls doivent leur accorder un délai compétent pour
faire comparaître respectivement leurs témoins. (Même
Ordonnance de 1667, tit. 6, art. 7.) Sur quoi il est bon
d'observer qu'il n'est pas nécessaire d'assigner ces témoins, et qu'il suffit que les parties les fassent paraître
de gré à gré.

Il ne faut pas croire, comme plusieurs se l'imaginent,
que l'Ordonnance admette la preuve par témoins, dans
les juridictions consulaires, pour toutes sortes de cas
indistinctement, ce qui résulte assez des termes de cet
article : cette preuve ne doit y être admise que lorsqu'elle est aidée de quelques adminicules, et selon la
qualité des affaires et des personnes. (Voyez le procès-
verbal des conférences tenues lors de la rédaction de
l'Ordonnance de 1667, page 267.)

13° Les témoins doivent être ouïs sommairement en
l'audience, après que les parties auront proposé verbalement leurs reproches, ou qu'elles auront été sommées
de le faire, pour ensuite être la cause jugée en la même
audience ou au conseil, sur la lecture des pièces. (Même
Ordonnance de 1667, titre 16, article 7.)

14° En cas que les témoins de l'une des parties ne
comparaissent point, cette partie doit demeurer forclose
et déchue de les faire ouïr, si ce n'est que les juges-
consuls, eu égard à la qualité de l'affaire, trouvent à
propos de donner un nouveau délai pour amener les
témoins, auquel cas les témoins doivent être ouïs secrè-
tement en la chambre du conseil. (*Ibid.*, article 8.)

15° Les dépositions des témoins ouïs en l'audience doivent être rédigées par écrit ; et, s'ils sont ouïs en la chambre du conseil, elles doivent être signées du témoin, sinon il doit être fait mention de la cause pour laquelle il n'a point signé. (*Ibid.*, art. 9.)

16° Les juges-consuls, dans leurs sentences, doivent faire mention des déclinatoires qui seront proposés. (*Ibid.*, art. 10.) Cette disposition est sagement établie, parce que, quand une partie qui a proposé un déclinatoire en cette juridiction, et qui en a été déboutée, appelle du déni de renvoi, ou comme de juge incompétent, et qu'elle veut obtenir un arrêt de défenses, le parlement voit par la sentence si le déclinatoire était bien ou mal fondé, et s'il y a lieu en recevant l'appel d'accorder ces défenses.

13.

Les juges et consuls, dans les matières de leur compétence, pourront juger, nonobstant tout déclinatoire, appel d'incompétence, prise à partie, renvoi requis et signifié, même en vertu de nos lettres de *committimus* aux requêtes de notre hôtel ou du palais, le privilége des universités, des lettres de garde-gardienne, et tous autres.*

Ils peuvent même prononcer, par un seul et même jugement, sur le déclinatoire et sur le fond. Ainsi jugé

* *Cod. de proc.*, art. 425. « Le même jugement pourra, en rejetant le déclinatoire, statuer sur le fond, mais par deux dispositions distinctes, l'une sur la compétence, l'autre sur le

par arrêt du conseil, du 7 mars 1718, suivi de lettres patentes rendues en conséquence, enregistrées au parlement de Toulouse ; par arrêt du 2 avril de la même année. (V. le *Recueil*, tom. 3, pag. 143.)

14.

Seront tenus néanmoins, si la connaissance ne leur appartient pas, *de déférer au déclinatoire* (1), à l'appel d'incompétence, *à la prise à partie* (2), *et au renvoi* (3).*

(1) *De déférer au déclinatoire.*] Et à cet effet ils doivent faire mention des déclinatoires dans leurs sentences. (Ordonnance de 1667, tit. 16, n. 10.)

(2) *A la prise à partie.*] Ces prises à partie ne sont plus si fréquentes depuis qu'il est nécessaire d'obtenir un arrêt pour pouvoir prendre un juge à partie. (V. le *Commentaire nouveau* sur l'Ord. du mois d'avril 1667, tit. 25, art. 4, note 2, page 292 de la 2ᵉ édition.)

---

fond : les dispositions sur la compétence pourront toujours être attaquées par la voie de l'appel. »

Les lettres de *committimus*, dit Ferrière, sont des lettres du grand ou petit sceau, qui portent mandement au premier huissier ou sergent de faire payer au privilégié toutes les sommes à lui dues ; et, en cas de refus, assigner les redevables de 200 livres et au-dessus, aux requêtes de l'hôtel ou au palais, même faire le renvoi des causes en défendant.

* *Cod. de proc.*, art. 424. « Si le tribunal est incompétent à raison de la matière, il renverra les parties, encore que le déclinatoire n'ait pas été proposé.

» Le déclinatoire pour toute autre cause ne pourra être proposé que préalablement à toute autre défense. »

(3) *Et au renvoi.*] Les juges-consuls doivent être exacts à renvoyer les affaires qui ne sont point de leur compétence, par-devant les juges qui en doivent connaître, à peine d'interdiction de leurs fonctions, et de trois mille livres d'amende.

Ainsi, quand un officier ou bourgeois est assigné en sommation au consulat, v. g. au sujet d'un cheval par lui vendu à un marchand, et revendu par ce dernier à un maquignon qui a fait assigner ce marchand au même consulat, l'officier ou bourgeois, sur la demande en sommation, peut demander son renvoi devant son juge, comme n'étant pas justiciable de la juridiction consulaire ; les juges-consuls ne peuvent alors se dispenser de renvoyer, sur la demande en garantie, devant le juge de cet officier ou bourgeois qui demande ainsi son renvoi, et ils doivent connaître seulement de la demande originaire entre le marchand et le maquignon. On ne peut opposer ici la disposition portée en l'art. 8 du tit. 8 de l'Ordonnance de 1667, où il est dit « que ceux qui seront assignés en garantie seront tenus de procéder en la juridiction où la demande originaire sera pendante : » car cet article n'a lieu que pour les juridictions ordinaires, et qui sont de droit commun, mais non pour les juridictions extraordinaires, telle qu'est celle des juges-consuls, et ne peut par conséquent préjudicier aux droits de ceux qui ne sont point soumis à leur juridiction, tels que les officiers, les ecclésiastiques, les bourgeois, etc. ; ce qui résulte d'ailleurs des termes mêmes de l'article, où il est dit ensuite : « si ce n'est que le garant soit privilégié. »

Il est même défendu aux juges-consuls de juger par défaut dans ces sortes d'affaires, qui ne sont point de leur compétence. Ainsi jugé par arrêt du conseil du pre-

mier juillet 1724. (V. le *Recueil,* tome 3, page 260.) Ce
même arrêt leur enjoint, à cet effet, de ne prononcer
aucun défaut sans avoir examiné la demande, afin de
renvoyer devant les juges qui en doivent connaître, celles
qui, par la qualité des parties, ou la nature de la
demande, ne sont point consulaires, et débouter le
demandeur sur sa propre requête, ainsi qu'il se pratique
au Châtelet de Paris, lorsque la demande paraît dépour-
vue de titres, et absolument mal fondée.

Il est même défendu aux juges-consuls de connaître
des causes qui ne sont pas de leur compétence, dans le
cas où les deux parties consentiraient de procéder devant
eux ; et ils doivent alors renvoyer d'office ces parties par-
devant les juges qui en doivent connaître. Ainsi jugé
par arrêts des 15 mars 1564, 3 avril et 20 juillet 1565,
rapportés par Chenu en son *Recueil de règlemens,* t. 1,
tit. 2, ch. 122, page 594 de l'édition de 1630; autre
arrêt du 23 février 1695, rendu pour Orléans et quelques autres villes du royaume (V. le *Recueil,* tome 2,
pages 165 et 225); autre du 7 août 1698.

Les juges-consuls ne peuvent pas non plus évoquer
une instance pendante devant un autre juge, quoique
la cause portée devant cet autre juge soit de leur compétence, et dût être portée en leur juridiction, sauf à
eux à la revendiquer et à en demander le renvoi. Ainsi
jugé par arrêt du 27 février 1564, rapporté par Chenu
en l'endroit qu'on vient de citer; ce qui est une suite de
la règle générale, que les juges, quels qu'ils soient, ne
peuvent évoquer les causes pendantes en d'autres juridictions, à moins que ces juridictions ne leur soient
subordonnées.

15.

Déclarons nulles toutes ordonnances, commissions, mandemens pour faire assigner, et les
assignations données en conséquence par-devant
nos juges et ceux des seigneurs, en révocation
de celles qui auront été données par-devant les
juges et consuls. Défendons, à peine de nullité,
de casser ou surseoir les procédures et les
poursuites en exécution de leurs sentences, ni
faire défenses de procéder par-devant eux.
Voulons qu'en vertu de notre présente ordonnance elles soient exécutées, et que les parties
qui auront présenté leurs requêtes pour faire
casser, révoquer, surseoir ou défendre l'exécution
de leurs jugemens; les procureurs qui les auront
signées, et les huissiers ou sergens qui les auront
signifiées, soient condamnés chacun en cinquante
livres d'amende, moitié au profit de la partie,
moitié au profit des pauvres, qui ne pourront
être remises ni modérées; au paiement desquelles
la partie, les procureurs et les sergens sont contraints solidairement.*

---

* L'ordre simple, lumineux, admirable, de notre hiérarchie
judiciaire, a fait disparaître ces discussions perpétuelles qui
s'élevaient entre une foule de juridictions toujours rivales,
revendiquant sans cesse les cliens et les procès, comme un
patrimoine, de telle sorte que les plaideurs étaient souvent

16.

Les veuves et héritiers (1) des marchands, négocians et autres, contre lesquels on pourrait se pourvoir par-devant les juges et consuls, y seront assignés, ou en reprise, ou par nouvelle action ; *et, en cas que la qualité, ou de commune* (2), ou d'héritier pur et simple, ou par bénéfice d'inventaire, soit contestée, ou qu'il s'agisse de douaire, ou de legs universel ou particulier, les parties seront renvoyées par-devant les juges ordinaires pour les régler ; et , après le jugement de la qualité, douaire ou legs, elles seront renvoyées par-devant les juges et consuls.*

(1) *Les veuves et héritiers.*] C'est-à-dire, les veuves

---

ruinés avant qu'il eût été déterminé devant quel tribunal l'affaire devait être portée. Ce déplorable état de choses, qui faisait régner l'anarchie dans le sanctuaire de la justice, n'existe plus aujourd'hui. Malgré quelques imperfections, inséparables de toutes les institutions humaines, la division du pouvoir judiciaire entre les juges de paix , les tribunaux de première instance, les cours royales et la Cour suprême, est aussi simple que majestueuse. La France est, sous ce rapport important , à la tête de toutes les nations civilisées.

* *Cod. de proc. civ.* , *art. 426.* « Les veuves et héritiers des justiciables du tribunal de commerce y seront assignés en reprise, ou par action nouvelle, sauf, si les qualités sont contestées, à les renvoyer aux tribunaux ordinaires pour y être réglés , et ensuite être jugés sur le fond au tribunal de commerce. »

et héritiers qui continuent le commerce après la mort du défunt, autrement cette veuve et ces héritiers ne sont pas sujets à la juridiction consulaire, ainsi qu'il a été jugé par arrêt du 20 avril 1573, et par un autre du mois de mars 1574, rapporté par Néron sur l'art. 3 de l'édit des consuls, du mois de novembre 1563, ce qui est conforme à la disposition dudit art. 3, qui ne parle que des veuves et marchandes publiques. Néanmoins, s'il s'agit d'une dette qui procède du fait du défunt, et qui soit consulaire, il faudra assigner la veuve et les héritiers par-devant les juges-consuls. C'est ainsi que le pense Chenu, en son *Recueil de règlemens,* tome 1, tit. 22, page 397.

Au reste, il faut observer que, dans le cas où cette veuve et ces héritiers viendraient à être condamnés, on ne peut prononcer contre eux la condamnation par corps, cette contrainte étant purement personnelle, et ne passant point contre l'héritier de l'obligé. (Ainsi jugé par plusieurs arrêts, et notamment par un du 19 mai 1557.) Les juges-consuls de Paris en ont même fait un règlement exprès : ce règlement est du 3 juillet 1617. V. aussi l'art. 12 de l'édit du mois de novembre 1563, portant établissement des consuls en la ville de Paris, où il est dit que *les exécutions commencées contre les condamnés seront parachevées contre leurs héritiers, et sur leurs biens seulement.*

(2) *Et en cas que la qualité, ou de commune, etc.*] V. l'art. 9, ci-dessus.

17.

Dans les matières attribuées aux juges et consuls, le créancier pourra faire donner l'assignation à son choix, ou au lieu du domicile du débiteur, *ou au lieu auquel la promesse a été faite, et la marchandise fournie* (1), *ou au lieu auquel le paiement doit être fait* (2).*

(1) *Ou au lieu auquel la promesse a été faite, et la marchandise fournie.*] Le lieu où la promesse a été faite, et la marchandise fournie, étant le lieu où le débiteur a contracté, il est juste qu'il puisse y être assigné ; ce qui est conforme à la disposition de droit en la loi *si longiùs, § finali, ff. de judiciis.*

Au reste, la conjonctive *et* qui est ici apposée fait voir qu'il faut l'une et l'autre de ces conditions, c'est-à-dire que la promesse ait été faite, et la marchandise fournie dans le lieu : car, si la promesse a été faite en un lieu, et la marchandise fournie en un autre, alors on ne pourrait faire assigner le débiteur au lieu où la promesse a été faite, ou au lieu où la marchandise a été fournie ; mais il faut nécessairement que ces deux choses concourent.**

Quand un marché se fait par lettres entre deux né-

---

* *Cod. de proc. civ.*, art. 420. « Le demandeur pourra assigner à son choix,
» Devant le tribunal du domicile du défendeur ;
» Devant celui dans l'arrondissement duquel la promesse a été faite, et la marchandise livrée ;
» Devant celui dans l'arrondissement duquel le paiement devait être effectué. »

** Les commentateurs du Code de proc. civ. ont fait observer avec raison, à l'exemple de Jousse, que la particule *et*, art. 420, était conjonctive ; d'où résultait la nécessité que les deux

gocians, comme cela arrive le plus souvent, le lieu où la promesse a été faite est celui du domicile du marchand qui accepte le marché, parce que c'est cette acceptation qui accomplit la convention.

En matière de lettres de change, on ne peut faire assigner que par-devant le juge du domicile du débiteur, ou bien au lieu auquel le paiement doit être fait.

(2) *Ou au lieu auquel le paiement doit être fait.*] Parce que c'est celui où le débiteur s'est obligé de payer, et que c'est là que le contrat a son exécution et sa perfection. (V. la loi 19, § 4, *de judiciis;* et Godefroi, sur la loi 20 du même titre, note 11. V. aussi la loi 1, *ff. de eo quod certo loco;* et *L. unic. Cod. ubi conven. qui certo loco.*)

Hors les trois cas exposés en cet article, il n'est pas permis aux juges-consuls de connaître des causes entre marchands qui ne sont pas leurs justiciables; mais, dans l'un de ces trois mêmes cas, ils en peuvent connaître, non-seulement dans la ville où leur juridiction est établie, mais indistinctement dans toute l'étendue du bailliage de leur ressort, lorsque le lieu dont il est fait mention dans cet article s'y trouve situé.

On jugeait autrefois, à la vérité, que le détroit de ces juges ne s'étendait point dans les justices seigneuriales, quoique dépendantes de leur ressort; et on trouve quelques arrêts qui l'ont ainsi jugé, sur le fondement qu'en France les justices sont patrimoniales. (V. Monarc

---

conditions exigées par la loi fussent réunies. Cette remarque est fort importante, l'art. 420 étant d'une application journalière.

sur la loi 8, *Cod. de Episcopati aud.*) Les nouveaux arrêts ont jugé depuis tout le contraire, et ont déclaré les juges - consuls compétens pour connaître les causes qui leur sont attribuées dans toute l'étendue du bailliage ou de la sénéchaussée royale du lieu de leur établissement, même dans l'étendue des justices seigneuriales de leur ressort. Ainsi jugé par arrêt du 28 mars 1620, rendu en la chambre de l'édit, pour la ville de Tours; autre arrêt du 16 janvier 1631, pour Angers; autre du 8 mars 1642, pour Reims; autre du 5 août 1651, pour Angers; autre du 12 mai 1657, pour Châlons; arrêt du conseil du 9 juin 1670, rendu au profit des juges-consuls de Poitiers, Bourges, etc.; autre arrêt du conseil du 29 octobre 1670, contre les officiers du présidial de Bordeaux; autre arrêt de la Cour du 27 juin 1704, rendu pour Angoulême. (V. le *Recueil,* tome 2, page 348.)

Mais, hors le ressort du bailliage ou de la sénéchaussée royale du lieu de leur établissement, les juges-consuls sont incompétens pour connaître des matières consulaires. Ainsi jugé au profit de madame la duchesse de Longueville, comtesse de Dunois, contre les juges-consuls de Chartres, par arrêt du 7 mai 1577, rapporté par Loiseau en son *Traité des Seigneuries,* chap. 14, n. 68; autre arrêt du 30 juillet 1613, contre les juges-consuls d'Orléans, pour la ville de Châteaudun, qui est hors le ressort du bailliage d'Orléans (V. Monarc sur la loi 8, *Cod. de Episcop. aud.*); autre arrêt du 31 janvier 1633, contre les juges d'Abbeville, rapporté par Bardet, tom. 2, liv. 2, chap. 6; autre arrêt du 18 mars 1659, contre les juges-consuls d'Auxerre, rapporté au *Journal des Audiences;* autre du 14 février 1703, rendu contre les juges-consuls de Compiègne; autre du 27

juin 1704, tous les deux rapportés au même Journal ;
autre du 20 juin 1722, rendu contre les juges-consuls
de Reims, qui leur fait défenses de connaître des causes
de marchands qui ne sont point domiciliés dans le ressort du bailliage de Reims, si ce n'est dans les cas portés
par l'art. 17 du tit. 12 de l'Ordonnance du commerce.

Autre arrêt du 24 janvier 1733, rendu pour la ville
d'Angoulême, qui renferme une disposition toute semblable ; ce qui vient d'être encore réglé tout nouvellement par une déclaration du Roi du 7 avril 1759.
(Voyez cette déclaration ci-après.)

18.

Les assignations pour le commerce maritime
seront données par-devant les juges et consuls
du lieu où le contrat aura été passé. Déclarons
nulles celles qui seront données par-devant les
juges et consuls du lieu d'où le vaisseau sera
parti, ou de celui où il aura fait naufrage.

Sɪ ᴅᴏɴɴᴏɴꜱ ᴇɴ ᴍᴀɴᴅᴇᴍᴇɴᴛ à nos amés et féaux conseillers les gens tenant nos cours de parlement, chambres
des comptes, cours des aides, baillis, sénéchaux, et
tous autres officiers, que ces présentes ils gardent,
observent et entretiennent, fassent garder, observer et
entretenir ; et, pour les rendre notoires à nos sujets, les
fassent lire, publier et registrer, car tel est notre plaisir.
Et, afin que ce soit chose ferme et stable à toujours,
nous y avons fait mettre notre scel. Donné à Versailles,
au mois de mars de l'an de grâce mil six cent soixante-
treize, et de notre règne le trentième. Signé LOUIS ;

et plus bas, par le Roi, COLBERT. *Et à côté est écrit,* *Visa,* DALIGRE. *Edit pour le commerce.* Et scellé du grand sceau de cire verte sur lacs de soie rouge et verte.

Lu, publié et registré. Ouï, et ce requérant le procureur général du Roi, pour être exécuté selon sa forme et teneur. A Paris, en parlement, le Roi y séant en son lit de justice, le vingt-troisième mars mil six cent soixante-treize.

Signé DU TILLET.

ADDITION

AU TITRE DE LA COMPÉTENCE DES JUGES-CONSULS,
OU IL EST PARLÉ DE LEURS POUVOIRS, FONCTIONS,
DEVOIRS, DROITS ET PRÉROGATIVES.

§ Ier.

Des Matières dont les juges-consuls ne peuvent connaître.

1° LES juges-consuls sont incompétens pour connaître des faillites et banqueroutes, ainsi que des contrats d'atermoiement, si ce n'est dans le cas marqué ci-après, n° 17.*

2° Ils ne peuvent pareillement connaître de l'entérinement des lettres de répit, quoique obtenues par un banquier ou négociant. (Voyez l'Ordonnance du mois d'août 1669, tit. 6, art. 1.)

3° Les cessions de biens qui se font en justice ne peuvent aussi être faites par-devant les juges-consuls; mais elles doivent être faites devant le juge royal ordinaire du domicile du cessionnaire (voyez ci-dessus, tit. 10, art. 1, note 1); ce qui a lieu, même à l'égard de ceux qui, étant emprisonnés en vertu de sentences consulaires, demandent à être admis au bénéfice de cession; car cette demande doit aussi être donnée devant

---

* Les dispositions du liv. 4 du Cod de com. ont changé les anciens principes sur ce point, et considérablement agrandi les attributions des juges de commerce en matière de faillite.

22

les juges ordinaires. (Arrêt du 10 mai 1653, rendu pour Orléans, rapporté au Recueil de la juridiction consulaire de la même ville, page 97.) *

4° Les juges-consuls sont incompétens pour connaître des questions d'état, quoique incidentes aux affaires portées devant eux. (V. ci-dessus, titre 12, articles 9 et 16.) **

5° Ils ne peuvent connaître de l'exécution de leurs sentences; mais cette connaissance appartient aux juges ordinaires.*** L'édit de création des consuls de Paris, du mois de novembre 1563, rendu commun pour tout le royaume, porte « que les saisies, établissemens de commissaires, et ventes de biens ou fruits, seront faites en vertu des jugemens et sentences des juges-consuls; mais que les criées et interpositions de décret se feront par autorité des juges ordinaires des lieux. »

Une Ordonnance du Châtelet de Paris, du 23 avril 1698, établit aussi, comme une maxime certaine, que les saisies réelles, les priorités d'hypothèque, les préférences sur les saisies entre créanciers, les ouvertures de portes, le choix ou le refus des gardiens, les permissions d'emprisonner les fêtes et dimanches, ne sont point de la compétence des juges-consuls, et qu'il en est de même

---

* On a déjà dit, au titre de la cession de biens, que la doctrine de Jousse sur ce point devait toujours être suivie.

** Ce principe est en pleine vigueur : les tribunaux de commerce sont des tribunaux d'exception qui ne peuvent connaître que des affaires qui leur sont spécialement attribuées par la loi ; les questions d'état n'ont jamais été de ce nombre.

*** Cod. de proc. civ., art. 442. « Les tribunaux de commerce ne connaîtront point de l'exécution de leurs jugemens. »

s'il s'agit de faire rendre compte à l'huissier ou au commissaire, de là vente des choses saisies. Il faut, dans tous ces cas, se pourvoir devant les juges ordinaires. Depuis il y a eu un arrêt de la Cour, du 21 juillet 1728, rendu sur les conclusions de M. le procureur général, qui fait défenses aux juges-consuls d'Orléans de connaître des contestations qui ne sont pas de leur compétence, et notamment de celles qui peuvent naître entre créanciers, à l'occasion des saisies faites en exécution de leurs sentences, ordres et distributions de deniers, et tous autres qui ne leur sont point attribués par l'Ordonnance.

A l'égard des autres contestations qui peuvent naître entre le saisissant et le débiteur saisi, à l'occasion des saisies faites en vertu des sentences consulaires, les juges-consuls en peuvent connaître, soit que la saisie ait été faite sur le débiteur même, soit qu'elle ait été faite entre les mains d'un tiers. Mais, si le tiers, entre les mains de qui la saisie-arrêt est faite, prétend ne rien devoir, ou qu'il se trouve des opposans qui ne soient point créanciers pour fait de marchandises, et dont la créance ne soit pas de la juridiction consulaire, en ce cas les parties doivent se pourvoir par-devant les juges ordinaires. (Arrêt de règlement du 24 janvier 1733, rendu pour Angoulême; autre arrêt du 19 septembre 1755, rendu en faveur des juges-consuls de Paris.)

§ II.

Des Incidens.

6° Lorsque, dans une instance principale poursuivie par-devant les juges-consuls, il survient quelque demande proposée pour exception de la part du défendeur, qui ne soit pas de la compétence des juges-consuls, ces derniers n'en peuvent connaître, même incidemment, surtout dans le cas où cette demande incidente ne serait pas liquide, et pour laquelle la compensation ne se ferait pas de plein droit. Il faudra alors juger la demande principale séparément, et renvoyer la demande incidente par-devant les juges qui en doivent connaître. Mais, si la demande proposée pour exception était claire et liquide, et qu'elle servît de défenses contre la demande principale, à laquelle elle serait tellement connexe, qu'elle éteignît et fît tomber la demande principale, alors rien n'empêcherait que les consuls n'en pussent connaître. *

7° Les juges-consuls ne peuvent connaître des inscriptions de faux, même incident, qui peuvent survenir dans le cours d'une instance contre un billet ou autre acte produit par quelqu'une des parties. C'est une suite de ce qui est porté en la déclaration du 15 mai 1703, ci-dessus citée, Proc. cons., n. 6, qui enjoint aux juges-consuls de renvoyer, pour les vérifications d'écritures,

---

* La loi limitant la juridiction des tribunaux de commerce dans certaines bornes, on ne peut, au moyen d'une exception, soumettre à la décision de ces tribunaux des affaires dont ils ne doivent pas connaître. Le motif en est aussi simple que décisif : les tribunaux de commerce sont composés de commerçans desquels on n'exige aucune étude particulière des principes du droit ; et voilà pourquoi la loi ne leur attribue juridiction que dans les matières commerciales qui font l'objet de leur profession. Or il est évident que la forme dans laquelle une demande serait introduite ne doit avoir aucune influence pour rendre le juge compétent, n'en pouvant avoir aucune pour le rendre capable de la décider.

par-devant les juges ordinaires; ce qui résulte d'ailleurs
de l'article 20 du titre 1 de l'Ordonnance criminelle
du mois d'août 1670.*

8° Ils ne peuvent connaître pareillement des rébel-
lions incidentes à l'exécution de leurs jugemens. (voyez
Toubeau en ses *Institutions consulaires*, liv. 1, tit. 17,
chap. 9, pag. 333); ce qui d'ailleurs est porté expressément par le même article 20 du titre 1 de l'Ordonnance de 1670.**

9° A plus forte raison ne peuvent-ils connaître des
délits qui se commettent incidemment aux instances
pendantes par-devant eux, ou en exécution de leurs jugemens. Arrêt du 8 août 1702, qui fait défenses aux
juges-consuls d'Amiens de connaître des affaires criminelles, et de faire aucune procédure extraordinaire pour
raison de recélés et divertissemens, fausses déclarations,
simulation de créances, et autres accusations incidentes aux causes portées en la juridiction consulaire, ni
de commettre à cette fin l'un d'entre eux pour faire les

---

* *Cod. de procéd. civ.*, art. 427. « Si une pièce produite est
méconnue, déniée ou arguée de faux, et que la partie persiste
à s'en servir, le tribunal renverra devant les juges qui doivent
en connaître, et il sera sursis au jugement de la demande
principale.

» Néanmoins, si la pièce n'est relative qu'à un des chefs de
la demande, il pourra être passé outre au jugement des autres
chefs. »

** La doctrine de Jousse, dans les paragraphes 8 et 9, ne peut
faire aujourd'hui aucune difficulté : la poursuite des crimes et délits n'appartient qu'au magistrat chargé de la vindicte publique,
et la prononciation des peines aux tribunaux correctionnels ou
cours d'assises.

fonctions de procureur du Roi; enjoint auxdits consuls,
dans ces cas et autres qui ne sont de leur compétence,
de laisser les parties à se pourvoir par-devant les juges
qui en doivent connaître, à peine de nullité des jugemens, etc. (V. le *Recueil*, tom. 2, pag. 282.)

§ III.

Des Actes de puissance publique et de juridiction volontaire.

10° On a toujours douté si les juges-consuls pouvaient permettre de saisir et arrêter sur requête, dans les
cas où il y a lieu d'accorder ces sortes de permissions,
comme quand une partie est fondée en billet ou promesse, et dans les autres cas marqués par les coutumes,
ordonnances et règlemens. Cette question paraît avoir
été décidée en faveur des juridictions consulaires par
arrêt du parlement du 12 décembre 1715, rendu au
profit du nommé Jean Glucq, teinturier des Gobelins
(V. le *Recueil*, t. 3, p. 28); mais, comme cet arrêt a été
rendu dans un temps où la connaissance des faillites et
banqueroutes, et de tout ce qui y était accessoire,
comme les scellés, etc., était attribuée aux juges-consuls, et que cette attribution leur a été ôtée depuis, il
semble qu'on n'en pourrait rien conclure, s'il n'y avait
que cette seule autorité. Cette question vient d'être décidée récemment en faveur des juges-consuls, contre les
officiers du Châtelet de Paris, par arrêt du 19 septembre 1755. Cet arrêt maintient les juges-consuls de Paris
dans le droit et la possession d'accorder, sur requête, des
permissions de saisir dans les affaires de leur compétence, mais seulement entre les mains de marchands et
justiciables de la juridiction des juges-consuls, avec

charge à eux, en cas que les marchands et justiciables de leur juridiction se trouvassent devoir pour toutes autres causes que celles du commerce, de renvoyer devant les juges ordinaires. V. aussi Toubeau, en ses *Institutions consulaires*, liv. 1, tit. 11, pag. 75, où il rapporte un arrêt du parlement, du 7 septembre 1639, rendu contre le prevôt de Paris, en faveur des juges-consuls, qui autorise ces derniers à donner ces sortes de permissions.*

11° Mais ils ne peuvent donner permission de faire ouverture des portes, ni de s'assister de main-forte, ni d'emprisonner les jours de fêtes et de dimanches, etc.; cela n'appartient qu'aux juges ordinaires. (Ordonnance du Châtelet de Paris, du 23 avril 1668, ci-dessus citée.)

12° Les juges-consuls ne peuvent faire aucun règlement concernant leur juridiction (arrêt du règlement du parlement de Paris, du 10 juillet 1665, article 6; Dolive, livre 1, chap. 38), si ce n'est pour ce qui regarde les jours et heures des audiences, et la police de leur siége; car cette connaissance appartient à tout juge sans exception. (V. Loiseau, *Traité des Seigneuries*, chap. 9, n. 7 et 8; et La Rocheflavin, en son *Traité des Parlemens*, liv. 13, chap. 23, article 7.)

13°. Ils peuvent mulcter et punir par amende, pour irrévérence et manque de respect commis en leur pré-

---

* L'art. 127 du Cod. de com. donne au porteur d'une lettre de change le droit de saisir après en avoir obtenu la permission du *juge*, mais il ne dit pas quel juge. Je pense, d'après Jousse et les autorités qu'il cite, que c'est au juge du tribunal de commerce qu'il faut s'adresser : telle est aussi l'opinion de M. Delvincourt.

sence, et quand ils sont dans leurs fonctions; ils sont même dans l'usage de faire payer en ce cas, sur-le-champ et sans déport, l'amende aux délinquans. (V. Bouvot, au mot *irrévérence*, tom. 2.)*

14° Quand il s'agit de faire quelque enquête, ou de constater la preuve de quelque fait par un procès-verbal, les juges-consuls peuvent commettre sur les lieux pour informer, comme tous les autres juges.

15° Quoique les juges-consuls taxent ordinairement les dépens faits en leur juridiction, néanmoins il a été jugé, par arrêt du 29 février 1708, rapporté au *Journal des Audiences*, que la taxe des frais d'huissier, pour exploits faits en la juridiction consulaire, devait être faite par les juges ordinaires, lorsque la demande était faite, non de partie à partie, mais de l'huissier contre sa partie.

16° Les sentences arbitrales entre marchands et autres associés, pour raison de négoce, marchandise ou banque, doivent être homologuées dans les juridictions consulaires, s'il y en a; ce qui a pareillement lieu à l'égard des veuves, héritiers et ayant-cause des associés. (Voyez ci-dessus, titre 5, art. 13 et 14.) **

17° Les juges-consuls peuvent connaître des homologations de contrats et transactions faites entre marchands, si elles sont faites pour raison de marchandises; mais, si, dans ces transactions, il intervenait quelque partie qui ne fût pas marchande, ou que les parties contractantes traitassent de quelque chose qui ne concernât pas le commerce, alors l'homologation en doit être

---

* Les dispositions du tit. 5, liv. 2 du Cod. de proc. civ., sont applicables aux tribunaux de commerce.

** V. l'art. 61 du Cod. de com.

poursuivie devant les juges ordinaires, lesquels en ce cas connaîtront des mêmes transactions; ce qui a pareillement lieu dans le cas où ces transactions contiendraient des articles concernant le négoce, et d'autres qui ne le concernent pas. (Arrêt de règlement du 24 janvier 1733, rendu pour Angoulême.)

Il en est de même de l'homologation des contrats d'atermoiement entre un failli et ses créanciers, s'ils sont tous marchands ou négocians; cette homologation pourra aussi être faite dans les juridictions consulaires : tel est le sentiment de M. l'avocat général Daguesseau, dans le préambule de l'arrêt de règlement du 7 août 1698, rendu entre les juges-consuls de Paris et le Châtelet de la même ville. Mais, si parmi les créanciers il y en a un seul qui ne soit pas marchand ou justiciable des juges-consuls, alors l'homologation doit être poursuivie devant les juges ordinaires. *

Un arrêt du parlement de Paris, du 1ᵉʳ septembre 1763, a maintenu les officiers du bailliage de Saint-Quentin dans le droit de connaître de l'homologation des contrats d'atermoiement, à l'exclusion des juges-consuls.

18° Quand il s'agit de faire déclarer exécutoire contre une veuve ou contre des héritiers, une sentence rendue par des juges-consuls sans autre condamnation, il paraît aussi que cette demande doit être donnée devant les juges-ordinaires, parce que les juges-consuls *nudam habent notionem*, et que ce n'est qu'accessoirement, et par une attribution particulière, que leurs sentences emportent exécution contre ceux qui étaient parties en l'instance poursuivie et jugée par eux.

---

* L'art. 655, § 3 du Cod. de com., attribue l'homologation des concordats aux tribunaux de commerce.

§ IV.

De l'Autorité et du Pouvoir des juges-consuls à l'égard de leurs jugemens.

19° Les juges-consuls jugent en dernier ressort jusqu'à la somme de cinq cents livres (édit de création des juges-consuls de Paris, rendu commun pour tout le royaume , et rapporté ci-après; déclaration du 28 avril 1565, rendue en interprétation du même édit); ce qui a lieu non-seulement pour le principal, mais encore pour les dépens, suivant l'usage des juridictions consulaires.*

20° Ils jugent par provision, et nonobstant oppositions ou appellations quelconques, toutes les causes de leur compétence qui sont au-dessus de cinq cents livres, à quelque somme qu'elles montent (même édit, article 11); mais cette exécution provisoire n'a lieu que pour le principal, et non pour les dépens.

Dans le cas où les juges-consuls ne jugent pas en dernier ressort, l'appel de leurs sentences se porte nûment aux parlemens dont ils dépendent.

A l'égard de l'appel des sentences par eux rendues sur des déclinatoires proposés, même dans le cas où ils jugent en dernier ressort, cet appel se porte toujours au

---

* Cod. de com., art. 639. «Les tribunaux de commerce jugeront en dernier ressort,

» 1° Toutes les demandes dont le principal n'excédera pas la valeur de 1,000 fr.

» 2° Toutes celles où les parties justiciables de ces tribunaux, et usant de leurs droits, auront déclaré vouloir être jugées définitivement et sans appel. »

parlement. Ainsi, quand on a décliné leur juridiction, du moins sur un fondement apparent, il est facile d'obtenir un arrêt de défenses pour empêcher l'exécution de la sentence, lors même qu'il s'agit d'une somme au-dessous de cinq cents livres.*

21° Les juges-consuls peuvent prononcer des condamnations par corps à l'égard des marchands, banquiers, négocians ou autres qui ont signé des lettres ou billets de change, ou qui les ont endossés. Ils peuvent aussi condamner par corps les marchands et négocians qui ont signé des billets (même autres que ceux de change), pour valeur reçue comptant ou en marchandise, soit que ces billets doivent être acquittés à un particulier y nommé, ou à son ordre, ou au porteur; et généralement pour toutes dettes entre marchands, pour fait de marchandises dont ils se mêlent. (Voyez ci-dessus, tit. 7, art. 1, et Ordonnance de 1667, titre 34, article 4.) Mais il faut, pour que cette condamnation par corps ait lieu, qu'elle soit prononcée par la sentence, autrement elle ne pourrait avoir son exécution.

Ils pouvaient aussi condamner par corps pour l'exécution des contrats maritimes, grosses aventures, chartes-parties, ventes et achats de vaisseaux, et aussi pour le

---

* *Cod. de com.*, art. 647. « Les cours d'appel ne pourront, en aucun cas, à peine de nullité, et même des dommages-intérêts des parties, s'il y a lieu, accorder des défenses ni surseoir à l'exécution des jugemens des tribunaux de commerce, quand même ils seraient attaqués d'incompétence; mais elles pourront, suivant l'exigence des cas, accorder la permission de citer extraordinairement à jour et heure fixes, pour plaider sur l'appel. »

fret et le naulage, lorsque ces choses étaient de leur compétence. (V. *suprà*, tit. 7, art. 2.) *

Mais, hors ces cas, les juges-consuls ne peuvent prononcer la condamnation par corps, même dans les affaires dont la connaissance leur est attribuée, v. g. au cas de l'article 5 du titre 12 ci-dessus, et autres semblables. (Arrêt du 24 janvier 1733, rendu pour Angoulême.)

22° Les juges-consuls, en condamnant un particulier débiteur au paiement de ce qu'il doit, peuvent, comme tous les autres juges, par des circonstances particulières et des raisons d'équité, accorder jusqu'à trois mois de délai au débiteur, pour faire le paiement de la somme à laquelle il a été condamné (Ordonn. du mois d'août 1669, titre *des répits*, art. 1); mais ils ne doivent user de cette faculté qu'avec beaucoup de réserve, et jamais au-delà du terme auquel le débiteur lui-même s'est obligé de payer, quand il y a une promesse ou billet, si ce n'est pour d'importantes considérations.**

23° Leurs sentences emportent hypothèque sur les biens des condamnés, et sont exécutoires dans tout le royaume, sans qu'il soit besoin de demander aucun visa ni *pareatis* aux juges des lieux. (Edit de novembre 1563, article 8.)

Ainsi on peut, en vertu de ces sentences, saisir les biens meubles et immeubles du condamné, et procéder par voie d'emprisonnement de sa personne, si la con-

---

.* Voy. ci-dessus le titre de la contrainte par corps.

** Le Cod. civ., art. 1244, autorise les juges en général à accorder des délais ; l'art. 157 du Cod. de com., en défendant d'en accorder pour les lettres de change, le permet implicitement pour les autres cas.

damnation est par corps, et cela sans qu'il soit besoin de prendre aucune permission du juge ordinaire; mais, s'il s'agit de passer outre aux criées et interpositions de décret, elles doivent se faire par l'autorité des juges royaux des lieux, ainsi qu'on l'a observé. (Même édit, art. 9, 10 et 12, ci-après; arrêt du 10 juin 1667.)

Les sentences consulaires emportent aussi intérêts contre le condamné, suivant l'article 11 du même édit de novembre 1563; mais ces intérêts, qui étaient alors au denier douze, sont aujourd'hui au denier vingt depuis l'édit du mois de décembre 1665.

24° Les sentences des juges-consuls peuvent être exécutées par tous huissiers royaux indistinctement. (Arrêt du conseil, du 8 mars 1625, rendu contre les sergens à verge et à cheval au Châtelet de Paris.)

25° Les sentences consulaires, même définitives, peuvent s'expédier en papier, contre ce qui s'observe dans les autres justices. (Déclaration du 19 juin 1691, art. 7, au *Recueil*, tome 2, page 97. V. aussi l'édit des consuls de Paris, du mois de novembre 1563, ci-après, art. 18.)

26° Celui qui a présidé doit avoir soin, à l'issue de l'audience ou dans le même jour, de voir les sentences que le greffier a rédigées, et il doit signer le registre plumitif et parapher chaque sentence. (Ordonnance de 1667, tit. 26, article 5; arrêt du conseil, du 21 juin 1695.)

§ V.

Devoirs des juges-consuls dans leurs fonctions.

27° Les juges-consuls, étant destinés à rendre la justice, doivent étudier les règlemens nécessaires à leur état, et principalement l'Ordonnance du commerce de 1673, et le titre 6 de l'Ordonnance du mois d'avril 1667. En effet, quoiqu'ils jugent ordinairement *ex æquo et bono*, néanmoins ils sont obligés de se conformer aux lois qui leur sont prescrites dans l'administration de la justice, et pour cette raison ils doivent en faire une étude particulière : car, quelque bon sens qu'ait un négociant, il ne peut suppléer par lui-même à ces connaissances, quand il serait d'ailleurs très-habile en fait de négoce. L'Ordonnance de Blois, article 147, et la déclaration du 2 octobre 1610, obligent, en termes exprès, les juges-consuls de se conformer aux lois et ordonnances du royaume, à peine d'être pris à partie ; à quoi paraissent aussi conformes les articles 6 et 8 du tit. 1 de l'Ord. de 1667.

28° Les juges-consuls doivent être assidus et vaquer diligemment à leurs fonctions pendant le temps de leur exercice. (Edit de création des consuls de Paris, du mois de novembre 1563, art 7.)

29° Ils doivent juger sommairement et sur-le-champ, et éviter les délais et procédures inutiles : car le principal caractère et l'avantage de la juridiction consulaire sont de rendre une justice prompte.

30° L'article 11 du tit. 16 de l'Ordonnance du mois d'avril 1667 leur fait défenses de prendre des épices, salaires, droits de rapport et de conseil, même pour les interrogatoires des parties, auditions de témoins ou autrement, en quelque cas ou sous quelque prétexte que ce soit, à peine de concussion et de restitution du quadruple ; ce qui est conforme à l'article 7 de l'édit des consuls de Paris, du mois de novembre 1563.

31° Les juges-consuls doivent être au moins trois pour juger (même édit de 1563, art. 8) ; et, s'ils ne sont pas en nombre suffisant, ils peuvent appeler des anciens pour juger avec eux.

Mais ces anciens consuls ne peuvent s'immiscer aux jugemens des procès que quand ils ont été appelés à cet effet par ceux qui sont en charge. (Ainsi réglé par une déclaration du Roi, du 15 décembre 1722, rapportée au *Recueil*, tom. 3, pag. 233, et par une autre du 26 juin 1723.)

32° Ils ne peuvent rendre aucun jugement en leurs maisons, et ils doivent juger en la salle ordinaire de leurs audiences, ou chambre du conseil et lieu public destiné à cet effet. (Ainsi jugé par arrêt du 16 mars 1658, rendu contre les juges-consuls de la ville d'Amiens, qui leur fait défenses de donner des audiences dans leurs maisons particulières.)

Mais ils peuvent faire en leur hôtel tout ce qui est d'instruction, à l'exemple des autres juges; comme s'il s'agit de répondre à des requêtes, de recevoir une caution, etc.

33° Ils ne peuvent rendre aucune sentence les jours de fêtes, ni autre jour férié, non plus que les autres juges. (V. Papon en ses *Arrêts*, liv. 4, tit. 13, art. 5.)

34° Les juges-consuls ne jugent jamais qu'en première instance, et ne peuvent être juges d'appel en aucun cas.

35° En cas de récusation contre quelqu'un des juges-consuls, il faut suivre ce qui est ordonné par l'art. 25 du tit. 24 de l'Ordonnance du mois d'avril 1667 ; c'est-à-dire qu'elles doivent se juger par les autres juges-consuls au nombre de trois, sinon le nombre en sera suppléé par d'anciens consuls en charge. (Ainsi jugé par arrêt du parlement de Bretagne, du 31 août 1621.)

§ VI.

Des Qualités et de l'Age des juges-consuls.

36° Les juges-consuls doivent être Français. (Edit de novembre 1563, art. 1.)

37° Ils doivent être catholiques, cette qualité étant aujourd'hui nécessaire à tous les juges du royaume depuis la révocation de l'édit de Nantes.

38° Ils doivent être négocians ou marchands (même édit de novembre 1563, art. 1), et même d'un commerce honorable.

39° Ils doivent être résidens dans la ville où ils sont établis juges-consuls. (Même édit du mois de novembre 1563, art. 1.)

40° Il faut avoir 40 ans pour pouvoir être élu juge ou président des consuls, et 27 ans pour être consul, suivant un arrêt du conseil, du 9 septembre 1773. (V. le *Recueil*, tom. 1, pag. 334.)

§ VII.

Des Priviléges, Droits et Exemptions des juges-consuls.

41° Les juges-consuls, pendant le temps de leur exercice, doivent être exempts de toutes fonctions et charges publiques. (Lettres patentes du mois de février 1566, rendues pour Bordeaux.)

42° Les chefs des juridictions consulaires sont exempts de logement de gens de guerre, et de guet et garde. Édit du mois de décembre 1701, touchant le commerce en gros, article 9. (Voyez le *Recueil*, tome 2, page 271.)

43° Les marchands, négocians et banquiers qui ont

été consuls, ou échevins, ou administrateurs d'hôpitaux, précèdent les procureurs, même ceux des parlemens qui n'ont été élus auxdites charges, en toutes assemblées publiques et particulières. (Ainsi jugé par plusieurs arrêts, et notamment par arrêt du 11 avril 1603, du parlement de Bordeaux, rapporté par Chenu en ses *Règlemens*, tom. 2, pag. 1143 ; autre du parlement de Toulouse, du 25 février 1611, rendu pour la ville de Montpellier, et rapporté par Descorbiac en son *Recueil d'arrêts*, tit. 19, chap. 5, pag. 688 ; arrêts du conseil des 20 décembre 1621, 5 juillet 1644, et 27 février 1654, tous les trois rendus par la ville d'Auxerre, et rapportés par Toubeau en ses *Institutions consulaires*, liv. 1, tit. 7, pag. 53.)

Édit du mois de novembre 1563, portant établissement de juges-consuls en la ville de Paris, et rendu commun pour toutes les juridictions du royaume, par l'art. 1" du titre 1" de l'Ordon. du commerce du mois de mars 1673.

CHARLES, par la grâce de Dieu, Roi de France, à tous présens et à venir, salut. Savoir faisons que, sur la requête et remontrance à nous faites en notre conseil de la part des marchands de notre bonne ville de Paris, et pour le bien public et abréviation de tous procès et différends entre marchands qui doivent négocier ensemble de bonne foi, sans être astreints aux subtilités des lois et ordonnances, avons, par l'avis de notre très-honorée dame et mère, des princes de notre sang, seigneurs et gens de notre dit conseil, statué, ordonné, et permis ce qui s'ensuit :

23

Article premier.

Premièrement, avons permis et enjoint au prevôt des marchands et échevins de notre dite ville de Paris nommer et élire en l'assemblée de cent notables bourgeois de ladite ville, qui seront pour cet effet appelés et convoqués trois jours après la publication des présentes, cinq marchands du nombre desdits cent, ou autres absens, pourvu qu'ils soient natifs et originaires de notre royaume, marchands et demeurant en notre dite ville de Paris; le premier desquels nous avons nommé juge des marchands, et les quatre autres consuls desdits marchands, qui feront le serment devant le prevôt des marchands; la charge desquels cinq ne durera qu'un an, sans que, pour quelque cause et occasion que ce soit, l'un d'eux puisse être continué.

Art. 2.

Ordonnons et permettons auxdits cinq juge et consuls d'assembler et appeler, trois jours avant la fin de leur année, jusqu'au nombre de soixante marchands, bourgeois de ladite ville, qui en éliront trente d'entre eux, lesquels, sans partir du lieu et sans discontinuer, procéderont avec lesdits juge et consuls, en l'instant et le jour même, à peine de nullité, à l'élection de cinq nouveaux juge et consuls des marchands, qui feront le serment devant les anciens; et sera la forme susdite gardée et observée dorénavant en l'élection desdits juge et consuls, nonobstant oppositions ou appellations quelconques, dont nous réservons à notre personne et notre conseil la connaissance, icelle interdisant à nos cours de parlemens et prevôt de Paris.

Aʀᴛ. 3.

Connaîtront lesdits juge et consuls des marchands de
tous procès et différends qui seront ci-après mus entre
marchands, pour fait de marchandises seulement, leurs
veuves marchandes publiques, leurs facteurs, serviteurs
et commettans, tous marchands, soit que lesdits différends procèdent d'obligations, cédules, récépissés, lettres
de change ou crédit, réponses, assurances, transports
de dettes et novations d'icelles, calculs ou erreurs en
iceux, compagnies, sociétés ou associations déjà faites,
ou qui se feront ci-après. Desquelles matières et différends nous avons, de nos pleine puissance et autorité
royale, attribué et commis la connaissance, jugement
et décision auxdits juges-consuls, et aux trois d'eux,
privativement à tous nos juges, appelé avec eux, si la
matière y est sujette et en sont requis par les parties,
tel nombre de personnes de conseil qu'ils aviseront, exceptés toutefois et réservés les procès de la qualité susdite déjà intentés et pendans par-devant nos juges,
auxquels néanmoins enjoignons les renvoyer par-devant
lesdits juges et consuls des marchands, si les parties le
requièrent et y consentent.

Et avons dès à présent déclaré nuls tous transports de
cédules, obligations et dettes, qui seront faits par lesdits marchands et personnes privilégiées, ou autre quelconque non sujette à la juridiction desdits juges et
consuls.

Aʀᴛ. 4.

Et pour couper chemin à toute longueur, et ôter l'occasion de fuir et de plaider, voulons et ordonnons que
tous ajournemens soient libellés, et qu'ils contiennent

demande certaine; et seront tenus les parties comparoir
en personne à la première assignation, pour être ouïes
par leur bouche, s'ils n'ont légitime excuse de maladie
ou absence; ès quels cas, enverront par écrit leur réponse signée de leur main propre, ou audit cas de maladie, de l'un de leurs parens, voisins ou amis ayant de
ce charge et procuration spéciale, dont il fera apparoir
à ladite assignation, le tout sans aucun ministère d'a-
vocat ou procureur.

ART. 5.

Si les parties sont contraires, et non d'accord de leurs
faits, délai compétent leur sera préfix à la première
comparution, dans lequel ils produiront leurs témoins,
qui seront ouïs sommairement; et, sur leur disposition,
le différend sera jugé sur-le-champ, si faire se peut,
dont nous chargeons l'honneur et conscience desdits
juge et consuls.

ART. 6.

Ne pourront lesdits juge et consuls, en quelque cause
que ce soit, octroyer qu'un seul délai qui sera par eux
arbitré, selon la distance des lieux et la qualité de la
matière, soit pour produire pièces ou témoins; et,
icelui échu et passé, procéderont au jugement du différend entre les parties, sommairement et sans figure de
procès.

ART. 7.

Enjoignons auxdits juge et consuls vaquer diligemment à leur charge durant le temps d'icelle, sans prendre directement ou indirectement, en quelque manière

que ce soit, aucune chose, ni présent ou don, sous couleur d'épices, ou autrement, à peine de concussion.

Art. 8.

Voulons et nous plaît que des mandemens, sentences ou jugemens qui seront donnés par lesdits juge et consuls des marchands, ou les trois d'eux, comme dessus, sur différends mûs entre marchands, et pour fait de marchandise, l'appel ne soit reçu, pourvu que la demande et condamnation n'excèdent la somme de cinq cents livres tournois, pour une fois payer. Et avons dès à présent déclaré non recevables les appellations qui seraient interjetées desdits jugemens, lesquels seront exécutés en nos royaume, pays et terres de notre obéissance, par le premier de nos juges des lieux, huissiers ou sergens sur ce requis, auxquels et chacun d'eux enjoignons de ce faire, à peine de privation de leurs offices, sans qu'il soit besoin de demander aucun placet, *visa* ni *pareatis*.

Avons aussi dès à présent déclaré nuls tous reliefs d'appel ou commissions qui seraient obtenus au contraire pour faire appeler les parties, intimer ou ajourner lesdits juge et consuls, et défendons très-expressément à toutes nos cours souveraines et chancelleries de les bailler.

Art. 9.

En cas qui excéderont ladite somme de cinq cents livres tournois, sera passé outre à l'entière exécution des sentences desdits juge et consuls, nonobstant oppositions ou appellations quelconques, et sans préjudice d'icelles, que nous entendons être relevées et ressortir en notre Cour de parlement à Paris, et non ailleurs.

ART. 10.

Les condamnés à gainir par provision ou définitivement, seront contraints par corps à payer les sommes liquidées par lesdites sentences et jugemens qui n'excéderont cinq cents livres tournois, sans qu'ils soient reçus en nos chancelleries à demander lettres de répit; et néanmoins pourra le créditeur faire exécuter son débiteur condamné en ses biens meubles, et saisir les immeubles.

ART. 11.

Contre lesdits condamnés marchands ne seront adjugés des dommages et intérêts requis pour le retardement du paiement, qu'à raison du denier douze, à compter du jour du premier ajournement, suivant nos ordonnances faites à Orléans. (*L'édit de décembre* 1665 *fixe ces intérêts au denier vingt.*)

ART. 12.

Les saisies, établissement de commissaires, et ventes de biens ou fruits, seront faits en vertu desdites sentences et jugemens. Et, s'il faut passer outre, les criées et interposition de décret se feront par autorité de nos juges ordinaires des lieux, auxquels très-expressément enjoignons, et chacun d'eux en son détroit, de tenir la main à la perfection desdites criées, adjudication des héritages saisis, et l'entière exécution des sentences et jugemens qui seront donnés par lesdits juge et consuls des marchands, sans y user d'aucune remise ou longueur, à peine de tous dépens, dommages et intérêts.

Les exécutions commencées contre les condamnés par lesdits juge et consuls, seront parachevées contre leurs héritiers, et sur les biens seulement.

Art. 13.

Mandons et commandons aux geôliers et gardes de nos prisons ordinaires, et de tous hauts justiciers, recevoir les prisonniers qui leur seront baillés en garde par nos huissiers ou sergens, en exécutant les commissions ou jugemens desdits juge et consuls des marchands, dont ils seront responsables par corps, et tout ainsi que si le prisonnier avait été amené par autorité de l'un de nos juges.

Art. 14.

Pour faciliter la commodité de convenir de négocier ensemble, avons permis et permettons aux marchands, bourgeois de notre ville de Paris, natifs et originaires de notre royaume, pays et terres de notre obéissance, d'imposer et lever sur eux telle somme de deniers qu'ils aviseront nécessaires pour l'achat ou louage d'une maison ou lieu, qui sera appelé la place commune des marchands, laquelle nous avons dès à présent établie à l'instar et tout ainsi que les places appelées le change de notre ville de Lyon, et bourses de nos villes de Toulouse et Rouen, avec tels et semblables priviléges, franchises et libertés dont jouissent les marchands fréquentant les foires de Lyon, et places de Toulouse et Rouen.

Art. 15.

Et pour arbitrer et accorder ladite somme, laquelle

sera employée à l'effet que dessus, et non ailleurs, les
prevôt des marchands et échevins de notre ville de
Paris assembleront en l'hôtel de ladite ville jusqu'au
nombre de cinquante marchands et notables bourgeois,
qui en députeront dix d'entre eux, avec pouvoir de
faire les cotisations et département de la somme qui a
été, comme dit est, accordée en l'assemblée desdits
cinquante marchands.

ART. 16.

Voulons et ordonnons que ceux qui seront refusans
de payer leur taxe ou quote part dans trois jours après
la signification ou demande d'icelle, y soient contraints
par vente de leurs marchandises et autres biens meubles, et ce par le premier notre huissier ou sergent sur
ce requis.

ART. 17.

Défendons à tous nos huissiers ou sergens faire aucun exploit de justice ou ajournement, en matière civile, aux heures du jour que les marchands seront
assemblés en ladite place commune, qui sera de neuf à
onze heures du matin, et de quatre jusqu'à six heures
de relevée.

ART. 18.

Permettons auxdits juges-consuls de choisir et nommer pour leur scribe et greffier, telle personne d'expérience, marchand ou autre qu'ils aviseront, lequel fera
toutes expéditions en bon papier, sans user de parche-
min. Et lui défendons très-étroitement de prendre pour
ses salaires et vacations autre chose qu'un sol tournois

pour feuillet, à peine de punition corporelle, et d'en
répondre par lesdits juge et consuls en leur propre et
privé nom, en cas de dissimulation et connivence.

Sı donnons en mandement, etc. Donné à Paris, au
mois de novembre, l'an de grâce 1563, et de notre règne
le troisième.

*Registré au parlement, le 18 janvier 1563. (Vieux
style.)*

---

*Déclaration du Roi, du 7 avril 1759, concernant les
juridictions consulaires.*

Louis, par la grâce de Dieu, Roi de France et de Navarre, à tous ceux qui ces présentes lettres verront,
salut. Suivant le droit commun de notre royaume, les
juridictions consulaires, destinées par leur institution
pour connaître des affaires de négoce ou marchandises
qui se traitent dans les villes où elles sont établies, ne
doivent avoir d'autre étendue que celle du siége royal
de ces villes : c'est ce qui s'observe par rapport à la juridiction consulaire de notre bonne ville de Paris, dont
l'établissement a servi de modèle pour celles qui ont été
créées dans notre royaume. Les rois nos prédécesseurs,
non contens d'avoir créé des juridictions consulaires
dans les villes principales de nos provinces, en avaient
aussi établi dans d'autres villes particulières, dans lesquelles il y a des siéges de bailliages ou sénéchaussées
royales; mais bientôt ils reconnurent que, s'il est utile
d'établir des juridictions consulaires dans une ville où il
se fait un commerce considérable, il y avait de grands
inconvéniens d'en créer dans les autres villes : c'est ce
qui donna lieu à l'art. 240 de l'Ordonnance de Blois ,

qui supprime les juridictions consulaires établies dans les villes inférieures, et renvoie les affaires qui y étaient indécises aux juges ordinaires, en leur prescrivant de vider les causes de marchand à marchand, pour le fait de marchandises et négoce, sommairement, et sans que les parties soient chargées de plus grands frais que ceux qu'elles auraient supportés devant les juges et consuls. Quoiqu'on ne pût pas croire que l'intention de cette loi fût d'augmenter le ressort des juridictions consulaires établies dans les principales villes des provinces, cependant nous avons appris que plusieurs de ceux qui les composent se sont crus substitués aux officiers des juridictions supprimées, et qu'ils devaient les remplacer dans l'administration de la justice pour les villes inférieures des provinces, quoique l'art. 240 de l'Ordonnance de Blois renvoyât discrètement, et en termes exprès, devant les juges ordinaires, et non devant les juges et consuls des villes principales, les causes de marchand à marchand, pour raison de négoce et de marchandise, qui étaient pendantes dans les juridictions supprimées des villes inférieures. Pour remédier à cet abus, que l'usage a introduit dans quelques provinces, et qui a même été confirmé par quelques jugemens sur le fondement de la possession, nous avons estimé qu'il était nécessaire de renouveler les dispositions de l'art. 240 de l'Ordonnance de Blois, afin de ne point obliger les marchands et négocians de plaider pour des objets peu considérables dans des villes éloignées de leur résidence, et qu'ils puissent trouver sur les lieux une justice également prompte et sommaire. A CES CAUSES et autres à ce nous mouvant, de l'avis de notre conseil, et de notre certaine science, pleine puissance et autorité royale, nous avons dit et ordonné, et par ces pré-

sentes signées de notre main, disons et ordonnons, voulons et nous plaît :

Article premier.

Que l'art. 240 de l'Ordonnance de Blois sera exécuté
selon sa forme et teneur, et, suivant icelui, que les juges
et consuls ne puissent connaître des contestations qui
seront portées devant eux, encore qu'elles soient de
marchand à marchand, et pour fait de marchandises et
négoce, si le défendeur n'est domicilié dans l'étendue
du bailliage ou sénéchaussée du lieu de leur établissement.

Art. 2.

Si le défendeur est domicilié dans un bailliage ou
sénéchaussée dans l'étendue desquels il n'y ait pas de
juridiction consulaire établie, les parties ne pourront se
pourvoir dans aucunes juridictions consulaires voi-
sines, encore que la juridiction consulaire voisine
soit établie dans un bailliage qui soit le siége principal
du bailliage du domicile du défendeur. Mais elles seront
tenues de procéder par-devant les juges ordinaires du
domicile du défendeur, auxquels nous enjoignons de
juger les causes consulaires sommairement, et ainsi
qu'il est prescrit par l'Ordonnance du mois d'avril 1667
pour les matières sommaires, et de se conformer aux
dispositions de l'Ordonnance de 1673, et autres lois
concernant les matières consulaires, sans qu'ils puissent prononcer dans ces sortes d'affaires aucuns ap-
pointemens, et prendre aucune épice, à peine de restitution et autres peines.

Art. 5.

Exceptons néanmoins de la disposition des deux articles précédens, le cas où la promesse aura été faite et la marchandise fournie, et celui où le paiement aura été stipulé être fait dans un certain lieu ; ès quels cas, si la matière est consulaire, le défendeur pourra être assigné en la juridiction consulaire dudit lieu, encore que cette juridiction soit établie dans un bailliage qui ne soit pas du domicile du défendeur, le tout conformément à l'art. 17 du tit. *de la juridiction des consuls*, de l'Ordonnance de 1673. SI DONNONS EN MANDEMENT à nos amés et féaux conseillers les gens tenant notre cour de parlement à Paris, que ces présentes ils aient à faire registrer, et le contenu en icelles garder et observer selon sa forme et teneur, cessant et faisant cesser tous troubles et empêchemens, et nonobstant toutes choses à ce contraires : car tel est notre plaisir. En témoin de quoi nous avons fait mettre notre scel à cesdites présentes. DONNÉ à Versailles, le septième jour d'avril, l'an de grâce mil sept cent cinquante-neuf, et de notre règne le quarante-quatrième. *Signé* LOUIS. *Et plus bas :* Par le Roi, PHELYPEAUX. Et scellé du grand sceau de cire jaune.

Registré, ouï ce requérant le procureur général du Roi, pour être exécuté selon sa forme et teneur, et copies collationnées envoyées aux bailliages et sénéchaussées du ressort, pour y être lues, publiées et registrées ; enjoint aux substituts du procureur général du Roi d'y tenir la main, et d'en certifier la Cour dans le mois, suivant l'arrêt de ce jour. A Paris, en parlement, le douze mai mil sept cent cinquante-neuf.

Signé DUFRANC.

FIN.

L'ART

DES

LETTRES DE CHANGE,

SUIVANT L'ORDRE

DES PLUS CÉLÈBRES PLACES DE L'EUROPE;

Par Dupuis de la Serra.

AVEC

DES NOTES ET EXPLICATIONS COORDONNANT LE TRAITÉ
ET LE CODE DE COMMERCE;

PAR V. BÉCANE,

AVOCAT, OFFICIER DE L'UNIVERSITÉ DE FRANCE, PROFESSEUR DU CODE
DE COMMERCE A LA FACULTÉ DE DROIT DE POITIERS.

PRÉFACE

Faite en 1693 par Monsieur Dupuis de La Serra, auteur
de l'Art des Lettres de change.*

Le négoce produit seul plus de procès que
tous les autres actes de la vie civile ensemble ;
car il est certain que les juges et consuls, et les
autres tribunaux du commerce, dans chaque
ville, rendent plus de jugemens que les prési-
diaux qui y sont établis. Néanmoins la jurisprudence du commerce est fort incertaine dans
le royaume, et particulièrement sur le fait des
lettres de change, qui en est la plus considérable partie, quoiqu'il n'y ait presque personne

---

* Tous les jurisconsultes s'accordent sur l'excellence de cet ouvrage
de La Serra. L'illustre Pothier s'en est beaucoup servi dans son *Traité
du Contrat de change* ; souvent aussi, avec une modestie égale à sa vaste
capacité, il lui arrive de ne donner pour motifs à ses décisions que ces
paroles, qui dispensent de tout autre éloge, *tel est l'avis de La Serra.*

24

qui ne prenne ou ne donne, n'envoie ou ne
reçoive, ne paie ou n'exige le paiement de
lettres de change. Il semble que ce soit un mys-
tère qui ne puisse être entendu que par ceux
qui en font profession, que l'on appelle communément banquiers : car pour l'ordinaire,
lorsque l'appel en est aux parlemens, les juges
demandent l'avis des négocians, de qui le plus
souvent ils reçoivent moins d'éclaircissement que
des seules pièces du procès ; parce que ceux
de qui l'on prend les sentimens, considérant
l'affaire par des vues différentes, ou d'égalité
d'intérêt, ou d'acception de personnes ou de justice, sont souvent de contraire opinion, appuyés
respectivement sur des raisons vraies ou appa-
rentes, dont les magistrats ont peine à faire le
discernement : c'est faute de connaître la nature
du contrat des lettres de change, et de savoir les
principes qu'il faut suivre pour en décider les
contestations. Cela vient de ce que nos jurisconsultes français ne se sont pas appliqués à traiter
cette matière, comme ils ont fait de toutes les
autres qui font le sujet des procès ; car, encore

que Me Maréchal ait mis au jour, en 1625, un *Traité des changes et rechanges et banqueroutes*, rempli de beaucoup de citations de lois et de docteurs, il a si peu parlé des lettres de change, et avec si peu d'ordre, que l'on voit bien qu'il n'a pas seulement connu la nature du contrat des lettres de change. Cleirac a fait imprimer à Bordeaux, en 1659, un autre *Traité des Changes ;* mais il n'a pas mieux réussi que le premier. Enfin le sieur Jacques Savary a donné au public son *Parfait Négociant*, dans lequel il a rapporté plusieurs arrêts et plusieurs questions de lettres de change fort utiles au public; mais, comme il n'a traité cette matière qu'incidemment, s'il faut dire ainsi, et qu'il n'a pas suivi toutes les circonstances de la négociation des lettres de change, quoiqu'il ait incomparablement mieux fait que ceux qui l'ont précédé, il a encore laissé beaucoup à faire. C'est pourquoi, encore qu'il ait fait voir quel est le véritable esprit de l'Édit du commerce du mois de mars 1673, qui est la loi du royaume pour la négociation des lettres de change, néanmoins,

comme cet Édit ne peut pas porter son autorité dans les pays étrangers; et qu'il ne contient des dispositions que pour les cas les plus
ordinaires, l'on en voit tous les jours de nouveaux qui ne peuvent être décidés par les termes de cet Édit, il faut avoir recours à d'autres
moyens.

Ayant travaillé pour moi-même sur cette matière avec application et succès, j'ai cru que le
public me saurait quelque gré si je lui faisais
part de mon travail, puisqu'il donne une par-
faite connaissance de la nature du contrat des
lettres de change, et des principes pour en
décider les questions.

L'on y trouvera toutes les plus curieuses re-
marques que l'on puisse désirer dans le fait et
dans le droit, et les propositions sont appuyées
des ordonnances, des lois, des arrêts, ou des
sentimens des auteurs les plus célèbres, particulièrement des décisions de la rote de Gênes
et de Sigismond Scaccia, jurisconsulte romain,
qui a été auditeur de rote à Gênes, et dans
plusieurs villes considérables d'Italie : ce sont les

deux fameux qui aient traité des matières de commerce, aussi le sieur Bornier les a cités fort souvent dans sa conférence sur l'Édit de règlement du commerce. Comme, d'un côté, rien n'est si incommode qu'un ouvrage entrecoupé de citations, particulièrement dans une matière de commerce, où ceux qui entendent bien le fait le plus souvent n'entendent pas le latin, et que, d'autre côté, c'est présumer de soi-même d'en vouloir être cru sur sa parole, j'ai paré à ces deux inconvéniens en faisant l'ouvrage d'un style suivi, comme si tout ce que je suppose était de moi-même, et mettant toutes les citations fort fidèlement à la marge, comme si j'étais obligé de rapporter des garans de tout ce que j'avance. L'on verra par-là qu'encore que ce Traité soit composé de plusieurs matériaux étrangers, j'y ai pourtant beaucoup contribué du mien, par l'ordre, la disposition, l'explication nette et intelligible des négociations les plus obscures, et par l'application que j'ai faite à notre usage des lois et des autorités, d'une manière si naturelle, qu'il semble que les passages soient faits exprès.

Enfin l'on ne croit pas qu'il ait encore paru aucun ouvrage sur cette matière, aussi universel, aussi juste et aussi solide que celui-ci.

L'ART

DES

LETTRES DE CHANGE,

SUIVANT L'USAGE

DES PLUS CÉLÈBRES PLACES DE L'EUROPE.

~~~~~~

CHAPITRE PREMIER.

DES NOMS ET DES DIFFÉRENTES ESPÈCES DE CHANGES.

CHANGER est un terme dont la signification est si étendue, que, dans l'usage ordinaire, il s'applique toutes les fois que l'on quitte quelque chose pour en prendre une autre, quoique même ce ne soit qu'une qualité ou une habitude spirituelle; et en ce sens-là le substantif est changement. Mais dans le commerce il a deux significations : l'une pour les marchandises, lorsque l'on en donne d'une sorte pour en avoir d'une autre, et pour lors il est synonyme avec troquer, et n'a point de substantif; l'autre est pour l'argent, et c'est dans cette application que son substantif est change.

2. Il y a quatre espèces de changes.

3. La première (1) est le change menu, ainsi que

_____

(1) Primum genus cambii est de pecuniâ præsenti cum pecuniâ præsenti, quod ideò solet fieri in uno eodemque loco, et regulariter pro non magnâ summâ ; et ideò vocant cambium minutum, seu manuale. Sc. *de commerciis et cambio*, § 1, *quæst.* 5, *num.* 2.

l'appellent les docteurs; c'est le plus ancien de tous :
c'est lorsque l'on donne une sorte de monnaie pour en
avoir d'une autre sorte ; par exemple, des louis d'argent
pour avoir des louis d'or, moyennant quelque somme
de retour, que les auteurs ont appellée *collybus* (1), et
ceux qui le pratiquent *collybistœ*, que nous appelons
en notre langue changeurs. Cicéron, dans sa cinquième
oraison contre Verrès, parle de ce *collybus*.

4. La seconde espèce de change (2) est celui de place
en place, pour parler comme l'Ordonnance : il se fait
par lettres de change, en donnant son argent en une
ville, et recevant une lettre pour en retirer la valeur
dans une autre ville ; ceux qui en font commerce ordinaire sont communément appelés banquiers. C'est de ce
change qu'il sera parlé dans le présent traité.

5. La troisième espèce est une imitation, ou, pour
mieux dire, une fiction de la seconde espèce, mais en
effet un prêt usuraire, que les docteurs appellent change
sec (3) et adultérin, lequel est réprouvé par les bulles
des papes : il n'est pas connu en France; il n'en sera pas
parlé, pour ne pas l'enseigner.

---

(1) Collybistæ idem sunt, quia dicuntur à collybo, qui est illa mer-
ces quæ datur pro illâ permutatione. *Quæst.* 3, *num.* 8; *Covarruvias de vet. num., collat.* 7, *num.* 3 *vers.*, *hâc sanè ratione.*

Ex omni pecuniâ quam aratoribus solvere debuisti, certis nominibus
deductiones fieri solebant, primùm pro spectatione et collybo, deinde
pro nescio quo ærario. Hæc omnia, judices, non rerum certarum, sed
furtorum improbissimorum sunt vocabula; nam collybus esse qui potest, cùm utantur omnes uno genere nummorum? *Cicero, act.* 5, *in
Verrem.*

(2) Secundum genus est cambium quod fit de pecuniâ præsenti
cum pecuniâ absenti; ideòque cùm fiat de loco ad locum fit per litteras, et hinc vocatur per litteras. *Sc., dicto* §, *q.* 5., *n.* 3.

(3) Cambium siccum est illicitum et probibitum, ut consentiunt

6. La quatrième espèce est (1) celui qui est vulgairement appelé le change de Lyon , permis aux marchands fréquentant les foires de Lyon , duquel il ne sera pas non plus parlé.

De ce chapitre l'on peut tirer quatre maximes.

MAXIMES.

1. Le change, en termes de commerce, est un contrat d'argent.

2. Il y a quatre espèces de changes.

3. Il n'y a proprement que deux changes licites à tout le monde, celui d'une monnaie contre une autre, et celui par lettres.

4. C'est de l'essence des lettres de change qu'il y ait remise de place en place.*

---

communiter omnes, hæcque prohibitio continetur expressè in constitutione Pii V. Sc.; *dicto* §, *quæst.* 7 , *part.* 1, *n.* 19.

Dicitur illud ex quo lucrum exigitur , et accipitur ratione solutionis ad tempus dilatæ, ideòque reverà est mutuum, licèt habeat nomen cambii. *Eodem, num.* 20.

La troisième espèce de change, que , pour distinguer des autres, nous pourrions, avec les casuistes et aucuns jurisconsultes, nommer cambium siccum *nescio quâ ratione, puisque par lui autant qu'autres, on tire la substance, c'est-à-dire l'argent et moyens des personnes qui en souffrent sur eux passivement l'usage; mais nous l'appellerons adultérin.* Maréchal, Traité des changes et rechanges licites et illicites, chap. 1, p. 26.

(1) *Il y a une autre espèce de change seulement toléré entre marchands trafiquant ès foires de Lyon.* Maréchal, audit chap., pag. 18.

* Cette maxime fondamentale du Contrat de change, qu'il y ait remise de place en place, est consacrée dans l'art. 110, § 1 du Code de com.

CHAPITRE II.

DE L'ORIGINE DU CONTRAT DE CHANGE DE PLACE EN PLACE PAR LETTRES.

1. Le change (1) de place en place par lettres, duquel nous nous servons aujourd'hui, est un contrat qui n'a pas été connu par les anciens, et que la nécessité a introduit pour le bien public; aussi ne se trouve-t-il point de loi dans le droit romain, qui en parle dans les termes et pour l'effet dont on se sert aujourd'hui, le titre *de eo quod certo loco dari oportet*, et ce qui est dit dans plusieurs lois *de nummulariis* (2), *argentariis* (3) *et trapezitis* (4), étant bien différent du change et des banquiers d'à présent.

2. Le temps de l'origine et des inventeurs du change qui se fait de place en place, lorsqu'une personne donne de l'argent dans une ville pour avoir une lettre en vertu de laquelle elle reçoive ou fasse recevoir dans une autre ville le paiement, sont fort incertains. Quelques-uns l'attribuent au bannissement des Juifs du royaume, ordonné pendant les règnes de Dagobert Iᵉʳ, en 640, de Philippe-Auguste, en 1181, et de Philippe-le-Long, en 1316; et disent que, s'étant retirés en Lombardie pour avoir l'argent qu'ils avaient déposé entre les mains

---

(1) Litterarum cambii prorsùs incognita erat materia. *Gaytus de credito, tit. 7, num.* 2480.

(2) *L.* 9, § 2, *de edendo*; *L.* 7, § 2, *ff. depositi.*

(3) *LL.* 4, 6, 8, 9, 10, *ff. de edendo*; *L.* 10, *de adm. tut.*; *LL.* 2 3, *ff. de re judic., num.* 136.

(4) *L.* 12, § 3, *eod. de cohortalibus.*

de leurs amis, ils se servirent du ministère des voyageurs, et de lettres en style concis et de peu de paroles.

3. De Rubis, dans son *Histoire de la ville de Lyon,* page 289, l'attribue aux Florentins, qui, chassés de leur patrie par les Gibellins, se retirèrent en France, où ils commencèrent le commerce de change, pour tirer de leur pays, soit le principal, soit les revenus de leurs biens.

4. Cette dernière opinion semble la plus probable, parce que, d'un côté, la première produit une incertitude de plus de 600 ans, savoir, si le change a été inventé en 640 ou en 1316; et, d'autre côté, le bannissement des Juifs étant la punition de leurs rapines et de leurs malversations, qui leur avaient attiré la haine de tout le monde, l'on ne peut pas présumer que personne ait voulu se charger de leur argent en dépôt, les assister et avoir commerce avec eux au préjudice des ordonnances.

Ce chapitre ne fournit qu'une maxime. *

MAXIME.

1. Le contrat de change n'a pas été connu par les anciens.

---

* Il n'y a pas dans le droit romain vestige du contrat de change, dit Pothier.

CHAPITRE III.

DE LA NATURE ET DÉFINITION DU CONTRAT DE CHANGE DE PLACE EN PLACE PAR LETTRES.

Il est impossible de bien concevoir un contrat sans en connaître la nature, et en savoir la définition : ce qui est d'autant plus vrai dans celui de change, qu'étant nouvellement inventé, pour ainsi dire, il serait impossible, sans ses notations, d'avoir aucun fondement certain de tout ce que l'on en dira.

Le contrat de change a deux faces qui produisent deux natures différentes.

La première est la face d'entre le tireur et celui qui en donne la valeur ; et c'est sur cette face qu'on examine la nature du change.

La seconde face est, d'un côté, entre le tireur et celui qui doit payer la lettre de change ; et, d'autre côté, entre celui qui en donne la valeur, ou ceux qui ont droit de lui, et celui qui en reçoit le paiement : et, de ces deux côtés, c'est un mandement et une commission dont il sera parlé dans la seconde partie.

Les opinions ont été partagées sur la nature du change de place en place.

2. La première opinion est (1) que le change est une espèce de prêt ; et cette opinion a été suivie par tous ceux qui ont blâmé le change, comme illicite et usuraire.

---

(1) Prima opinio est quod sit mutuum ; hancque opinionem secuti sunt omnes ii qui hâc ipsâ de causâ detestantur cambia, tanquam illicita et usuraria. *Sc. de commerciis et cambio*, § 1, q. 4, n. 4.

3. Mais il est aisé de faire voir la fausseté de cette opinion par les différences qui se rencontrent entre le contrat de change et celui de prêt.

4. La première est (1) que l'on ne peut pas dire que l'une de ces deux parties qui contracte le change réel de place en place soit le prêteur ou l'emprunteur, puisqu'étant de l'essence que l'emprunteur reçoive premièrement, et qu'ensuite il rende, il faudrait qu'il en fût de même dans le change. Cependant souvent celui qui fournit la lettre de change reçoit la valeur en donnant la lettre; souvent aussi il ne la reçoit que longtemps après, et même lorsque l'on a avis que la lettre de change a été payée. Ainsi, pour soutenir que le contrat de change fût un prêt, il faudrait qu'il fût quelquefois le prêteur et quelquefois l'emprunteur, ce qui serait absurde : et cette différence se tire des articles 27, 28, 29, du titre 5 de l'Édit du commerce du mois de mars 1673, en ce qu'il y est parlé des billets de change pour lettres fournies ou à fournir.

5. La seconde est (2) que dans le prêt il faut rendre

---

(1) Prima differentia est, quia, si consideremus personam accipientis ad cambium, differentia est manifesta, quia mutuans priùs dat et posteà recipit; sed accipiens ad cambium facit oppositum : primò recipit et posteà dat, et sic ex parte accipientis non est mutuum. *So.*, § 1, q. 4, n. 5.

Aucun billet ne sera réputé billet de change, si ce n'est pour lettres de change qui auraient été fournies ou qui le devraient être.

Les billets pour lettres de change fournies feront mention, etc.

Les billets pour lettres de change à fournir feront mention, etc. Art. 27, 28, 29, tit. 5 de l'Édit du commerce.

(2) Secunda differentia, quia in mutuo res mutuata reddi debet in eâdem specie, nempe vinum pro vino, moneta argentea pro argenteâ, aurea pro aureâ. *L.* 99, *ff. de solut.* At in cambio reddi debet res alterius speciei. *So.*, § 1, q. 4, *num.* 7.

en la même espèce ; et dans le change le paiement ne se fait pas en la même espèce, puisque d'un pays à l'autre les mêmes espèces n'y ont pas cours.

6. La troisième différence est (1) que dans le prêt l'on ne peut jamais rendre moins que l'on a reçu, et l'on ne peut pas diminuer le principal ; mais dans le change, souvent celui qui prend la lettre de change reçoit moins qu'il n'a donné, le plus ou le moins dépendant de la rareté ou de l'abondance d'argent qu'il y a pour la place où la lettre de change doit être payée.

7. La quatrième différence est (2) que le prêt doit être rendu au même lieu où il a été fait ; mais le change au contraire doit être payé en une autre ville que celle où il a été contracté.

8. La cinquième est que le prêt ne se fait qu'en faveur de l'emprunteur (3), au lieu que le contrat de change se fait en faveur et pour l'utilité des deux personnes qui le contractent : car il est autant utile à celui qui donne son argent pour recevoir dans une autre ville où il en a besoin, qu'à celui qui le reçoit pour donner sa lettre en vertu de laquelle il doit être payé.

9. Ainsi, par toutes ces différences essentielles, *il est*

---

(1) Tertia differentia, quia capitale mutui minui non potest ; secùs est in cambio, quia potest evenire ut dans cambio detrimentum patiatur in sorte. *Sc.*, *de commercio et cambio*, § 1, *q.* 4, *n.* 11.

(2) Differt, quia in cambio saltem reali, et vero quod fit ratione loci, et per litteras necesse est, ut commutetur pecunia unius loci pro pecuniâ alterius loci ; at mutui restitutio fit in eodem loco ubi fuit acceptum. *Sc.*, § 1, *q.* 4, *n.* 14.

Mutuum date nihil inde sperantes, *Luc, cap.* 6.

(3) Contractus cambii fit ad utriusque contrahentis utilitatem. *Scaccia*, § 2, *Gloss.* 5, *n.* 447. *Rota Genuensis, decisione* 52, *num.* 5.

constant que le change n'est pas un prêt, ce qui est
très-important, parce que, n'étant pas un prêt, il n'est
pas susceptible d'usure (1), l'usure ne pouvant tomber
que dans le prêt véritable ou pallié, au sentiment des
docteurs.

10. Sur ce principe, ceux-là se trompent, qui disent
que de prendre plus que le cours ordinaire pour fournir une lettre de change, c'est une usure; car ce n'en
est point une : ce peut bien être un mal, une fraude,
une espèce d'injustice; mais le nom d'usure ne lui convient point. De même que si un marchand de blé ou
d'autres marchandises vend son blé ou sa marchandise à un prix bien plus haut que le courant du marché,
il commet bien un mal; mais ce mal ne peut pas être
appelé une usure. De même un marchand de bois ou
d'autres denrées taxées qui vendrait plus haut que la
taxe, commettrait une contravention et une injustice;
mais on ne pourrait pas dire qu'il aurait commis une
usure. Par la même raison, lorsque les lettres de change
de Paris à Lyon perdent, par exemple, un pour cent, il
ne faut pas dire qu'une lettre de change qui sera de 1,010
livres pour mille livres de valeur comptant, soit contraire
à l'art. 6 de l'Édit du commerce, comme contenant l'intérêt avec le principal : car ces 10 livres ne sont point
un intérêt, c'est le prix du change; c'est-à-dire qu'à
cause de la rareté de l'argent entre Paris et Lyon, celui

---

(1) Ultimo loco proposuimus in definitione usuram vi mutui com-
mitti, apertè intelligentes hoc crimen in aliis contractibus, quam
mutui nequaquàm accidere. *Covarruvias Variarum resol. lib.* 5,
cap. 1, *vers. hunc justissime. Scaccia,* § 1, *quæst.* 7, *part.* 1,
num. 25, *et part.* 5, *limit.* 6, *n.* 5. *Gibalin. de usur. cap.* 8,
art. 1, *reg.* 2.

qui a une créance à Lyon de 1,010 liv. ne la peut vendre dans Paris que mille livres.*

11. La seconde opinion est (1) que le contrat de change soit un contrat anonyme, *do ut des;* mais, outre que cette opinion est peu suivie, qu'elle est trop générale; elle se trouve détruite par le nom de change, qui est spécialement affecté à ce contrat.

12. La troisième opinion est (2) que c'est une permutation d'argent pour de l'argent; mais cette opinion n'est pas suivie, parce qu'elle ne nous marque que le genre suprême, et nous cherchons l'espèce dans le genre.

13. Enfin la quatrième opinion est (3) que le genre réel de place en place c'est une espèce d'achat et vente; de même que les cessions et transports; car celui qui fait la lettre de change vend, cède et transporte la créance qu'il a sur celui qui la doit payer.

---

* Remarquez bien ce point de doctrine, *il est important;* il faut de la réflexion pour bien le saisir. Ainsi, quelle que soit la somme exigée par un individu pour fournir une lettre de change, ce ne sera point un cas d'usure, ce délit ne pouvant se commettre que dans le contrat de prêt. Telle est aussi la doctrine de Pothier : si le débiteur prétendait que la lettre de change à été simulée, et qu'il le prouvât, il est évident, d'après la maxime *potiùs valet quod actum quàm dictum,* que le profit appelé droit de change ne serait qu'un véritable intérêt qui rendrait le prêteur passible des peines déterminées par la loi, s'il était usuraire.

(1) Secunda opinio, quòd sit contractus innominatus, do ut des. *Sc.*, § 1, *q.* 4; *n.* 17.

(2) Tertia opinio est, quòd sit permutatio pecuniæ pro pecuniâ. *Sc.*, § 1, *q.* 4, *n.* 18.

(3) Quarta opinio est, quòd sit contractus emptionis et venditionis. *Joan. de Anon. in capite ultimo, naviganti sub num. 46 et 47, et alii.* Dicens cambium esse contractus emptionis ex parte emptoris

14. Il n'y a qu'une seule différence (1) qui n'est pas essentielle, c'est dans la matière, parce qu'il ne s'exerce que de monnaie à monnaie; mais il a toutes les propriétés que le contrat d'achat et de vente, et ce qui fait la matière du change peut être vendu.

15. Premièrement (2), ce qui peut recevoir d'augmentation ou de diminution dans son prix peut être vendu : les monnaies, qui font la matière du change, peuvent être augmentées ou diminuées de prix ; donc elles peuvent être vendues.

16. Secondement (3), parce qu'une monnaie vaut plus en un lieu qu'en un autre, quoique du même poids et titre ; comme la pistole d'Espagne, qui vaut à Madrid quatre pièces de huit réaux, et en France elle n'en vaut que trois et deux tiers, et ainsi de beaucoup d'au-

---

et venditionis ex parte accipientis ; cambio et sic pecunia ejus qui dat, cambio est pretium et pecunia consignanda. Posteà ex civitate Placentiæ, seu Romæ est resumpta et vendita, etc. *So.*, § 1 ; *quæst.* 4, *num.* 21. *Rota Gen., dec. utt., num.* 41, *vers.* 1, *ratione et decis.* 32, *num.* 5. *Gaytus de credit., cap.* 2, *tit.* 7, *num.* 1208, *et num.* 2293.

(1) Et quòd cambium differat à venditione solâ materiâ, quia non versatur, nisi circa pecunias, et quòd contractus cambii habeat easdem differentias, quas habet contractus emptionis et venditionis. *Soaccia, loco citato.*

(2) Quia pecuniæ æstimatio crescit et decrescit, sed ea quorum pretium crescit et decrescit sunt vendibilia, ut experientia patet; ergo, etc. *So., loco citato, num.* 25.

(3) Quia una pecunia propter cursum valet plus uno loco quàm alio, licèt sit ejusdem ponderis et mensuræ; quare florenus aureus, vel ducatus Venetus propter suum cursum, valet plus quàm aureus Bononiensis, vel ducatus Romanus, etc. *So., num.* 26.

Si recipit varias æstimationes, ergo est emibilis. *Scaccia, num.* 18, *in fin.*

25

tres sortes de monnaies ; et par conséquent, si elles reçoivent diverses estimations, elles peuvent être vendues.

17. Troisièmement (1), l'argent est contenu dans le
terme général d'effets mobiliers : et les effets mobiliers peuvent être achetés et vendus, comme on les
achète et vend tous les jours ; donc l'argent en tant
qu'effet peut être vendu.

18. Quatrièmement (2), tout ce qui peut être per-
muté peut être vendu : or une monnaie peut être
permutée avec une autre monnaie ; donc la monnaie
peut être vendue.

19. Cinquièmement (3), ce qui peut être estimé à
prix d'argent peut être vendu, puisque l'usage de l'argent a été introduit pour servir de prix et de mesure de
toutes choses vénales : or une monnaie est estimée par
le rapport qu'elle a avec une autre monnaie ; donc elle
peut être achetée et vendue.

20. Sixièmement (4), toute chose vénale a deux sortes
de bontés, l'une intrinsèque, et l'autre extrinsèque ; et

---

(1) Quia pecunia continetur appellatione mercis, *ut ex Bald. sequitur
Stracolia, tract. de mercat., part. 1, num. 75. Navar. in cap. navigant.*;
sed merx potest emi et vendi, ut quotidie emitur et venditur ; ergo
pecunia tanquam merx contractari potest. *Sc., num. 29 et 30.*

(2) Quidquid est commutabile est etiam vendibile, etc ; sed pecunia est commutabilis cum pecuniâ, ergo est vendibilis. *Scaccia,
num. 31.*

(3) Illud est vendibile quod pecuniâ est æstimabile, fuit enim
pecuniæ usus inventus pro pretio et mensurâ rerum comparandarum ;
sed ea pecunia seu moneta æstimatur alia, ut puta grossa per mi-
nutam, et è converso ; moneta potest emi et vendi. *Scaccia,
num. 32.*

(4) Merx vendibilis habet duplicem bonitatem, intrinsecam,
scilicet, et extrinsecam, et ab istâ duplici bonitate sumitur justitia
pretii quod merx illa vendi debeat, ut sciant omnes ; sed ista duplex

c'est de cette double bonté que se tire la justice du prix que chaque chose doit être vendue : or cette double bonté se trouve dans la monnaie; donc elle peut être vendue de même que toute autre chose.

21. Septièmement (1), le contrat de change est plutôt une cession de la créance que l'on a sur celui qui la doit payer, qu'une vente d'argent : or il est certain qu'une créance peut être achetée et vendue; donc le contrat de change est une espèce d'achat et vente.

22. Et quoique plusieurs docteurs (2) n'estiment pas que le change soit une espèce de contrat d'achat et vente, parce qu'ils ne peuvent pas se figurer que l'argent puisse être vendu, néanmoins, parce qu'il paraît clairement que le genre suprême est la permutation, à l'égard duquel l'achat et vente est une espèce de laquelle on peut dire que le change est une autre espèce, puisque le premier propose de donner une chose pour une autre; le second, une chose pour de l'argent; et le troisième, de l'argent en un lieu pour de l'argent en un autre lieu; j'estime (5) qu'il n'y a pas lieu de disconvenir que

bonitas reperitur in pecuniâ; ergo etiam pecunia sicut alia merx est vendibilis. Sc., num. 1.

(1) Nomina eorum qui sub conditione vel in diem debent, et emere et vendere solemus; ea enim res est, quæ emi et venire potest. L. 17, ff. de hæred. vel act. vend. Nominis venditio etiam ignorante, vel invito eo adversus quem actiones mandantur contrahi solet. L. 3, cod. de hær. act. vend.

(2) Contrarium quod enim non sit contractus venditionis, eo quia pecunia sit invendibilis, tenent. Laur. de Rodulphis, Joan. Azor. Medin. Navarr. Mich. Sa. Joan. Cavat. relati à Sc., n. 34.

(3) Tamen ego eligendam esse existimo quartam opinionem, quòd cambium sit emptio et venditio, ut dixi suprà, num. 21 et sequentibus; tum quia efficaciter probatur, tum quia videtur magis communis. Sc., num. 37.

le change ne soit un achat, puisque la preuve en est exclusivement établie, et que c'est l'opinion commune.

23. Le contrat de change peut être particulièrement défini (1) un contrat du droit des gens, nommé, de bonne foi, parfait par le seul consentement, par lequel, donnant la valeur au tireur, le tireur fournit à celui qui la lui donne des lettres pour recevoir autant au lieu convenu.

24. Ce contrat doit être appelé du droit des gens (2), parce que l'usage et la nécessité du commerce l'ont rendu commun à toutes les nations.

25. Il est appelé nommé (3), pour le différencier des contrats anonymes et des autres espèces de son genre, aussi a-t-il un nom qui lui est propre, qui est change.

26. Il est dit de bonne foi (4), parce que la bonne foi est la souveraine loi du commerce, et que descendant de l'achat et vente, qui est un contrat de bonne foi, il doit en suivre la nature, outre que, suivant l'usage, il consiste plus en bonne foi que les autres contrats.

27. Il est parfait par le seul consentement (5), à

---

(1) Contractus juris gentium, nominatus, bonæ fidei, solo consensu perfectus, quo, dato pretio campsori, ab eodem traduntur litteræ campsori ad tantumdem alibi recipiendum.

(2) Illud dicitur de jure gentium quod æquè apud omnes gentes servatur ; sed cambium in omnibus regnis et provinciis, et ubique terrarum exercetur, veluti reipublicæ et hominum commerciis necessarium ; et ergo cambium est de jure gentium. *Sc.*, § 1, *quæst.* 6, *num.* 5.

(3) Quem quidem contractum alii appellant nominatum. *Rota Genuens.*, *decis.* 3o, *num.* 5.

(4) Contractus cambii, etc., consistit in bonâ fide magis quàm alii contractus. *Rota Genuens.*, *decis.* 1, *num.* 41, *vers. primâ ratione.*

(5) Quæro xviii an in contractu cambii sit licita pœnitentia, altero contrahente invito ?

l'exemple de l'achat et vente, puisqu'après le mutuel consentement l'un des contractans ne peut pas s'en dédire malgré l'autre, parce qu'il est fait pour l'utilité respective de chacun d'eux.

28. Mais il faut en France que ce consentement paraisse par écrit pour la preuve, suivant les ordonnances, comme pour les autres contrats, autrement il ne pourrait être prouvé que par le serment du défendeur.

29. Et, quoique l'on dise par lequel donnant la valeur au tireur, il fournit à celui qui la lui donne des lettres pour recevoir autant au lieu convenu, il n'est pas nécessaire que la délivrance de la valeur et des lettres se fasse précisément lors de la convention en même temps, les parties pouvant convenir d'un délai pour la délivrance de l'un ou de l'autre, et même de tous les deux, comme on peut le montrer par deux exemples de l'usage.

3o. Par exemple (1), lorsque l'on traite un change pour quelque paiement en foire, dont l'échéance est éloignée, l'on ne délivre pas pour lors la lettre de change, mais un billet portant promesse de la fournir, qui doit être fait suivant les formalités prescrites par l'Édit du mois de mars 1673 pour le commerce.*

Respondeo quod non, quia contractus cambii fit ad utriusque utilitatem. *Sc.*, § 2, *gloss.* 5, *num.* 547.

(1) *Les billets pour lettres de change à fournir feront mention du lieu où elles sont tirées, et si la valeur en a été reçue, et de quelles personnes, à peine de nullité.* Édit du mois de mars 1673, tit. 5, article 29.

* L'Ordonnance de 1673 est appelée indifféremment par les auteurs *Ordonnance* ou *Édit* pour le commerce. La Serra se sert du mot édit dans son ouvrage.

31. Que si l'on donne les lettres (1), et que la valeur n'en soit payable que dans un temps, celui qui la doit donne un billet, suivant les formalités prescrites par le même Édit.

32. Et, si la valeur ni les lettres n'ont pas été délivrées, et que la convention soit de les délivrer dans le temps convenu, l'on doit faire un billet double pour pouvoir respectivement prouver le consentement.

33. Et bien que la lettre de change ne soit pas payée (2), et qu'elle soit protestée, le contrat de change est toujours bon et valable, parce que celui qui en a donné la valeur a une action en garantie pour tous ses dommages et intérêts de change et rechange, de la même manière que dans l'achat et vente.

L'on recueille trois maximes de ce chapitre.

MAXIMES.

1. Les lettres de change produisent deux espèces de contrats : la première, entre les tireurs et celui qui en donne la valeur, qui est une espèce d'achat et vente;

La seconde, entre le tireur et celui qui la doit payer, de même qu'entre celui qui en donne la valeur ou ceux qui ont droit de lui, et celui qui doit la recevoir, qui est une commission.

2. Le contrat des lettres de change n'est pas un prêt.

3. L'usure ne tombe que dans le prêt véritable ou pallié.

---

(1) *Les billets pour lettres de change fournies feront mention de celui sur qui elles auront été tirées, qui en aura payé la valeur, et si le paiement a été fait en deniers, marchandises, ou autres effets, à peine de nullité.* Article 28.

(2) Si res vendita non tradatur, in id quod interest agitur, hoc est

CHAPITRE IV.

Des diverses Formes des lettres de change, des Personnes qui y entrent, des différens Termes de paiement, des différentes Manières d'en déclarer la valeur, et des Lettres missives qui s'écrivent a cette occasion.

C'est plutôt des exemples pour faciliter l'intelligence du contrat de change, que des formes nécessaires, puisqu'il n'y a aucune forme prescrite (1) à ce contrat; et pourvu qu'une lettre de change contienne (2) celui qui la fait, celui qui la doit payer, celui à qui elle doit être payée, celui qui en a donné la valeur, le temps du paiement, et de quelle manière la valeur a été donnée, les termes d'expression et les autres conditions sont arbitraires.

2. Si bien que toute la considération des lettres de change se réduit à quatre :

La première regarde les personnes;

La seconde le temps du paiement;

La troisième ce que l'on doit payer;

---

rem habere interest emptoris. Hoc autem interdùm pretium egreditur, si pluris interest, quàm res valet vel empta est. *L. ult. ff. de act., emp. et vend.*

(1) Secundum sciendum est quod scriptura cambii, non habet certam præscriptam formam, ideòque potest diversis modis concipi. *So., § 1, quæst. 5, num. 11.*

(2) *Les lettres de change contiendront sommairement le nom de ceux auxquels le contenu devra être payé, le temps du paiement, le nom de celui qui en a donné la valeur, etc.* Édit de 1673, tit. 5, art. 1.

Et la quatrième la valeur.

3. Pour ce qui regarde la première, il entre ordinairement quatre personnes (1) dans une lettre de change; savoir : celui qui la fait, que l'on appelle tireur; celui qui la prend, qui est le donneur de valeur; celui qui la doit payer, et celui qui la doit recevoir.

I. EXEMPLE.

A Paris, ce 11 août 1679, pour liv. 1,000.

4. Monsieur (2),

A vue, il vous plaira payer, par cette première de change, à M. Severin, la somme de mille livres, pour valeur reçue comptant de M. Lucien, et mettez à compte comme par l'avis de

A Monsieur,   Votre très-humble serviteur,
Monsieur Hilaire,   Siméon.
A Lyon.

5. Pour donner lieu à l'exécution de ce contrat, celui qui a fait la lettre en donne avis à celui qui la doit payer, avec l'ordre de le faire, par une lettre missive à peu près en ces termes :

A Paris, ce 11 août 1679.

6. Monsieur,

Je vous ai tiré ce jourd'hui mille livres payables à vue à M. Severin, pour valeur de M. Lucien; je vous prie d'y faire honneur, et de m'en donner débit.

---

(1) Notum est quod quatuor personæ ad complendum contractum cambii intervenire debent : una dans, et altera accipiens ad cambium, ut de uno loco scribentes, et alio loco altera recipiens litteras, et solvere debens, et altera exigens pecunias cambiatas et tractas. *Rota Gen.*, dec. 1, n. 27.

(2) In hâc litterarum formulâ illæ quatuor personæ apparent realiter et distinctæ. *Sc.*, § q. 5, n. 44.

Si celui qui a fait la lettre de change n'est pas créancier du moins d'une somme égale à celle de la lettre de change, il s'explique de quelle manière il en fournira le fonds ; que s'il est créancier, il dit dans mon compte ; ce qu'espérant de votre ponctualité, je suis,

Monsieur,   Votre très-humble serviteur,

N. Siméon.

7. Celui qui a donné la valeur écrit à celui qui la doit recevoir une lettre missive à peu près de cette manière :

A Paris, ce 11 avril 1679.

8. Monsieur,

Je vous remets mille livres par la ci-jointe lettre de change de M. Siméon, sur M. Hilaire, de laquelle je vous prie de procurer le paiement et m'en donner crédit (s'il n'est pas débiteur de celui à qui il envoie cette lettre de change, il lui dit à quoi il veut que l'argent en soit employé) ; et suis,

Monsieur,   Votre très-humble serviteur,

Lucien.

9. Quelquefois l'on met dans la lettre de change, il vous plaira payer à M. Severin ou à son ordre.

Et il y a ensuite divers ordres successifs ; mais cela ne change rien dans la substance de la lettre de change, parce que tous ces ordres ne sont que subrogations des uns aux autres pour mettre le dernier à la place de celui à qui originairement elle était payable.

II. EXEMPLE.

A Paris, ce 14 août 1679, pour liv. 2,000.

10. Monsieur,

A huit jours de vue, il vous plaira payer, par cette première de change, à M. Félix ou à son ordre, la somme de deux

mille livres, pour valeur changée avec M. Marcel, et mettez
à compte, comme par l'avis de

A Monsieur,   Votre très-humble serviteur,
Monsieur Victor,   Fabien.
A Rouen.

Et au bas ou au dos il y a :

Et pour moi payez le contenu ci-dessus, ou de l'autre part,
et à l'ordre de M. Vincent, pour valeur reçue comptant de
M. Julien.

A Paris, ce 14 août 1679. Signé *Félix.*

Et ainsi plusieurs autres.

11. Il est bon de remarquer que l'Édit du commerce
se sert, aux art. 12, 13, 15, 16, 17, 24 et 25 du tit. 5,
des termes d'endosser, d'endosseurs et d'endossement,
pour signifier mettre des ordres au dos, ceux qui ont
mis des ordres au dos, ou des ordres au bas ; et à l'art.
23 du même tit. , il ôte au terme d'endossement la signification d'ordre, pour ne lui donner que celle de mandement ou procuration. Ainsi ce terme d'endossement est
équivoque , il faut l'entendre suivant que le cas le peut
dénoter. *

12. Quelquefois la lettre de change est payable à
celui qui en donne la valeur, ce qui est ordinaire lorsqu'il va faire voyage au lieu où elle doit être payée, et
pour lors il n'y paraît que trois personnes.

---

* Cette observation est très-juste : les législateurs modernes en ont
profité dans la rédaction du Code de commerce, qui ne présente plus
l'équivoque signalée par **La Serra** ; le mot *endossement* y est toujours
employé pour désigner le transport de la propriété de la lettre de
change, par un ordre régulier. L'art. 138 dit formellement que lorsque l'endossement n'est pas translatif de propriété, il n'est qu'une
procuration ; il n'y a donc pas d'endossement.

III. EXEMPLE.

A Paris, le 1er août 1679, pour liv. 3,000.

13. Monsieur ,

A la fin de ce mois, il vous plaira payer , par cette première de change, à M. Romuald , la somme de trois mille livres , pour la valeur reçue comptant de lui-même , et mettez à compte, comme par l'avis de

A Monsieur ,   Votre très-humble serviteur ,
Monsieur Paul,   Gabin.
A Marseille.

14. Que si celui à qui elle est payable n'allait pas à Marseille pour en recevoir le paiement, il y en a qui doutent si son ordre simple serait suffisant , et disent qu'il faudrait un transport par-devant notaire , ou une procuration ; mais ni l'un ni l'autre ne sont pas plus forts qu'un simple ordre , ils sont seulement plus authentiques.

15. Quelquefois celui sur qui la lettre de change est tirée étant correspondant de celui qui fait la lettre de change , et de celui qui en donne la valeur , elle est payable à lui-même, et pour lors il n'y paraît plus que trois personnes.

IV. EXEMPLE.

A Paris, ce 18 août 1679, pour V. 1,000 à d. 101 de gros.

16. Monsieur (1),

A deux usances, il vous plaira payer , par cette première

---

(1) Nunc pono formulam in quâ tres tantùm personæ apparent realiter et distinctæ ; sed virtualiter sunt etiam quatuor, nempè, quando una eademque persona gerit negotium remittentis , et trahentis solvendo sibi-ipsi. *Sc.*, *loco citato*.

lettre de change, à vous-même, la somme de mille écus, à cent un deniers de gros pour écu , pour valeur reçue comptant de M. Benoît , et mettez à compte, comme par l'avis de

A Monsieur,   Votre très-humble serviteur ,
Monsieur Denis,   Aubin.
A Amsterdam.

17. Il ne paraît non plus que trois personnes dans la lettre de change, lorsque celui qui l'a faite met que c'est valeur de lui-même.

V. EXEMPLE.

A Paris , ce 21 août 1679, pour liv. 4,000.

18. Monsieur,
Aux premiers paiemens d'août, il vous plaira payer à Monsieur Joüin la somme de quatre mille livres pour valeur en moi-même, et mettez à compte, comme par l'avis de

A Monsieur ,   Votre très-humble serviteur ,
Monsieur Paul,   Gabin.
A Lyon.

19. L'on voit aussi des lettres de change où il ne paraît que deux personnes, celui qui l'a faite, et celui qui la doit payer.

VI. EXEMPLE.

A Paris, ce 1er août 1679, pour V. 1,000 à 74 Kreisser.

20. Monsieur ,
A la prochaine foire de septembre, il vous plaira payer, par cette première lettre de change, à vous-même, la somme de mille écus, à septante-quatre kreisser pour écus, pour valeur en moi-même, et mettez à compte , comme par l'avis de

A Monsieur ,   Votre très-humble serviteur ,
Monsieur Hilaire,   Siméon.
A Francfort.

21. Mais dans ces sortes de lettres de change du sixième exemple, il doit toujours être sous-entendu une personne, et quelquefois deux ; car ou la lettre de change est tirée pour compte d'une tierce personne qui n'est point mentionnée dans la lettre de change, mais seulement dans la lettre d'avis, ou elle est remise pour compte d'un tiers qui n'est point non plus nommé, et quelquefois l'un et l'autre ; et en ces cas celui à qui elle est adressée fait la fonction de plusieurs personnes (1), car il paie et reçoit de soi-même : mais il faut de nécessité qu'ou la traite ou la remise soit pour compte d'un tiers, parce qu'il ne se peut pas faire qu'une personne paie à soi-même sans quelque cause étrangère ; si bien que du moins trois personnes, et quelquefois quatre, sont essentiellement nécessaires dans la lettre de change.

VII. EXEMPLE.

A Paris, ce 1er *août* 1679, *pour liv.* 1,000.

Monsieur,

A deux usances, il vous plaira payer, par cette première lettre de change, à mon ordre, la somme de mille livres pour valeur en moi-même, et mettez à compte, comme par l'avis de

A Monsieur,   Votre très-humble serviteur,

Monsieur François,   Gervais.

A Rouen.

22. Le septième exemple arrive rarement ; mais je l'ai vu, et quelques-uns doutaient si c'était une lettre de change. Pour résoudre ce doute, il faut savoir la raison

_____

(1) Propriè diversis respectibus una persona potest fungi vice duarum. *Rota Gen.*, deo. 4, n. 27.

qui produit de pareilles lettres de change. J'en remarque deux : l'une est lorsqu'un banquier a ordre de tirer sur
une place à un certain prix qu'il juge avantageux ; mais,
ne trouvant aucune occasion, ni à ce prix, ni à aucun
autre, ne se trouvant point d'argent pour cette place, il
se résout à prendre la lettre qu'il tire pour compte
d'ami, pour son compte, plutôt que de manquer à servir son ami ; et, attendant l'occasion d'en disposer, il
fait la lettre de change payable à son propre ordre. L'autre raison, lorsque le tireur est créancier de celui sur
qui il tire, et qu'avant de disposer de sa créance il
veut s'assurer, par une acceptation, du privilége des
lettres de change. En l'un et l'autre cas, je ne crois pas
que l'on doive douter que ce ne soit une lettre de
change : car le substantiel s'y rencontre, qui est, d'une
part, la remise de place en place ; d'autre part, le consentement du tireur au donneur de valeur, et surabon-
damment de l'accepteur ; du tireur, dans le premier
cas, par la lettre de celui qui a donné l'ordre de tirer
au donneur de valeur : et quoique ce consentement de
deux personnes ne paraisse dans la lettre de change que
par une seule personne, il ne laisse pas que d'être parfait, représentant valablement deux personnes, l'une de
mandateur, et l'autre de mandataire, comme il a été
prouvé ci-dessus.

Si l'on objecte qu'au second cas il n'y a point de
consentement de deux personnes, l'on répond que par
l'ordre ce consentement est plein et entier, et par conséquent que c'est une lettre de change.

Il faut encore remarquer que la qualité de lettre de
change ne peut être contestée que par l'accepteur, pour
éviter la contrainte par corps, ou par le porteur, pour
excuser son défaut d'avoir fait les diligences dans le

temps; l'un et l'autre sont non recevables en cette prétention.

L'accepteur, pour l'avoir reconnue pour une lettre de
change, et l'avoir acceptée pour telle, et par son fait
avoir donné lieu au porteur de suivre la foi de cet engagement; le porteur, pour l'avoir prise comme une lettre
de change, et s'être engagé à faire les diligences prescrites pour les lettres de change. L'on peut encore ajouter un huitième exemple fort rare.

VIII. EXEMPLE.

A Caen, ce 20 août 1679, pour liv. 3,000.

Au vingtième décembre prochain, je paierai dans Paris, chez
M. P....., à l'ordre de Thomas, la somme de trois mille livres
pour valeur reçue de lui en marchandises.

N. Clément....

23. Il n'y en a pourtant que deux qui contractent et
qui s'obligent: celui qui fait la lettre de change s'oblige
de la faire payer, et celui qui en donne la valeur s'o-
blige de la faire recevoir; les deux autres, celui qui la
doit payer, et celui qui l'exige, n'y entrent que pour
l'exécution : ils peuvent néanmoins avoir des actions
suivant les cas, ainsi qu'il sera expliqué dans les cha-
pitres suivans.

24. La seconde considération regarde le temps du
paiement de la lettre de change, qui se réduit à cinq
manières différentes.

25. La première est à vue (1) ou volonté, qui est la

---

(1) Quando dicitur *pagate à lettera vista*, videtur celerior quàm
in præcedenti injuncta solutio, vel saltem celeritas stat expressa, et
concludo solutionem esse faciendam statim atque litteræ sunt ostensæ.
Sc., § 2, gloss. 5, n. 5.

même chose, parce qu'il faut payer à la présentation.

26. La seconde à tant de jours de vue, qui est un temps incertain, et qui ne se détermine que par la présentation de la lettre, parce qu'il ne commence à courir que de ce jour-là, afin que pendant qu'il court, celui qui doit payer la lettre de change puisse mettre la somme en état.

27. Ces deux sortes de temps donnent lieu à une question nouvelle et importante que nous examinerons dans la suite, si, la présentation de la lettre de change étant différée, le tireur est responsable des événemens.

28. La troisième à tant de jours d'un tel mois, qui est un temps déterminé par la lettre de change.

29. La quatrième est à une ou plusieurs usances, qui est un terme déterminé par l'usage du lieu où la lettre de change doit être payée, et qui commence à courir, ou du jour de la date de la lettre de change, ou du jour de l'acceptation; il est plus long ou plus court, suivant l'usage (1) de chaque place. En France les usances sont réglées à trente jours, par l'Édit du mois de mars 1673, tit. 5, art. 5; mais dans les places étrangères il y a beaucoup de diversité, dont il est à propos de rapporter l'usage tel qu'il se pratique dans les principales, parce qu'il est difficile d'en trouver une notion précise.

30. A Londres l'usance des lettres de France est d'un mois de la date; d'Espagne, de deux mois; et de Venise, Gênes et Livourne, de trois mois.

31. A Hambourg l'usance des lettres de change de

(1) Quando dicitur *à uso*, dico solutionem faciendam esse infrà decem dies et plures et pauciores, secundum usum et placitum platearum in quibus fiunt cambia. *Sc.*, § 2, *gloss.* 3, *n.* 5. *Rota Gen.*, *dec.* 52, *n.* 8.

France, d'Angleterre et de Venise, est de deux mois de date; d'Anvers et de Nuremberg, de quinze jours de vue.

52. A Venise l'usance des lettres de change de Ferrare, Boulogne, Florence, Lucques et Livourne, est de cinq jours de vue; de Rome et Ancône, de dix jours de vue; de Naples, Bari, Lecce, Gênes, Ausbourg, Vienne, Nuremberg et Saugal, de quinze jours de vue; de Mantoue, Modène, Bergame et Milan, de vingt jours de date; d'Amsterdam, Anvers et Hambourg, deux mois de date; et de Londres, de trois mois de date.

33. A Milan l'usance des lettres de change de Gênes est de huit jours de vue; de Rome, dix jours de vue; de Sangal, vingt jours de vue; et de Venise, vingt jours de date.

34. A Florence l'usance des lettres de change de Boulogne est de trois jours de vue; de Rome et Ancône, de dix jours de vue; de Venise et Naples, de vingt jours de date.

35. A Bergame l'usance des lettres de change de Venise, est de vingt-quatre jours de date.

56. A Rome l'usance des lettres de change d'Italie était de dix jours de vue; mais, par abus, on les a étendues à quinze jours de vue.

57. A Ancône l'usance est de quinze jours de vue.

58. A Boulogne l'usance est de huit jours de vue.

59. A Livourne l'usance des lettres de change de Gênes est de huit jours de vue; de Rome, de dix jours de vue; de Naples, trois semaines de vue; de Venise, vingt jours de date; de Londres, trois mois de date; d'Amsterdam, quarante jours de date.

40. A Amsterdam l'usance des lettres de change de France et d'Angleterre est d'un mois de date; de Venise, Madrid, Cadix et Séville, deux mois de date.

41. A Nuremberg l'usance de toutes les lettres de change est de quinze jours de vue.

42. A Vienne en Autriche de même.

43. A Gênes l'usance des lettres de change de Milan, Florence, Livourne et Lucques, est de huit jours de vue; de Venise, Rome et Boulogne, quinze jours de vue; de Naples, vingt-deux jours de vue; de Sicile, un mois de vue ou deux mois de date; de Sardaigne, un mois de vue; d'Anvers et d'Amsterdam et autres places des Pays-Bas, trois mois de date.

44. La cinquième manière est aux paiemens où à la foire : elle n'est pas générale par toutes les places, mais seulement pour celles où il y a des foires établies, comme à Lyon, à Francfort, à Noue, à Bolzan, à Lintz, et autres endroits; et ce temps est déterminé par les règlemens et statuts de ces foires.

45. Pour ce que l'on doit payer, qui est la somme exprimée dans la lettre de change qui fait la troisième considération, il suffit d'observer que lorsque la lettre de change est faite en monnaie du lieu, et que là où elle doit être payée, cette monnaie n'y a pas cours, l'on met le prix auquel elle doit être évaluée; comme dans les quatre et sixième exemples, que l'on a mis à quel prix de la monnaie d'Amsterdam et de Francfort les mille écus doivent être évalués.

46. Enfin, pour la quatrième et dernière considération qui regarde la valeur, l'Édit du mois de mars 1673, tit. 5, art. 1er, ordonne que l'on déclare dans la lettre de change si la valeur a été reçue en deniers, marchandises ou autres effets. Mais, comme les étrangers ne sont pas soumis à cet Édit, l'on voit de leurs lettres de change qui n'expriment que la valeur reçue, sans dire en quelle nature d'effets, ou même valeur d'un tel,

sans dire reçue; et ces différentes expressions de valeur, aussi bien que celles, valeur en moi-même, valeur rencontrée en moi-même, même celles ordonnées par l'Edit, donnent lieu à de fréquentes contestations qui seront examinées dans la suite.

Il faut tirer six maximes de ce chapitre.

MAXIMES.

1. Les termes de lettre de change sont arbitraires, pourvu qu'elle exprime celui qui la fait, celui qui la doit payer, quand elle doit être payée, celui qui en a donné la valeur, et de quelle manière il a donné la valeur.

2. Régulièrement il entre quatre personnes dans une lettre de change, ou du moins trois : quelquefois il n'en paraît que deux; mais il y en a toujours une ou deux sous-entendues. *

---

* La Serra établit comme une maxime incontestable qu'il doit y avoir au moins trois personnes dans le contrat de change; et telle est aussi la doctrine de Pothier, Jousse, etc. Néanmoins il s'est élevé sur ce point une controverse célèbre qui paraît devoir amener une jurisprudence contraire à la doctrine de ces grands jurisconsultes, malgré la persévérance de quelques cours royales, qui finiront par reconnaître que lorsque sur une question problématique il est intervenu une décision de la Cour suprême, de véritables hommes d'état doivent être assez grands pour s'y conformer; parce que l'avantage immense résultant de l'uniformité en jurisprudence, que l'institution de la Cour de cassation doit maintenir, n'est point un problème : c'est bien le cas de dire, *parere legibus est regnare*. L'étendue de la matière ne me permet que de consacrer quelques mots à cette question; elle consiste à savoir si le tireur d'une lettre de change peut se désigner lui-même pour effectuer le paiement : alors il peut n'y avoir que deux personnes, le tireur et le preneur. Le commerce a toujours attaché une grande importance à ce que des lettres de change ainsi tirées fussent jugées régulières : car, dès l'année 1760, le parle-

3. Quoiqu'il y ait quatre personnes, ou même trois dans une lettre de change, il n'y en a pourtant que deux qui contractent, celui qui fait la lettre de change, et celui qui en donne la valeur, qui en est le propriétaire : les deux autres n'y entrent que pour l'exécution.

4. Quoique celui qui doit payer une lettre de change, et celui qui la doit recevoir, n'y entrent que pour l'exécution, ils peuvent néanmoins avoir des actions suivant les cas.

5. Tous les différens termes de paiement de lettre de change se réduisent à cinq : à vue ou à volonté, à tant de jours de vue, à tant de jours d'un tel mois, à une ou plusieurs usances, aux paiemens ou à la foire.

6. Lorsque la lettre de change est faite en monnaie qui n'a pas cours où elle doit être payée, il faut mettre le prix auquel elle doit être évaluée.

---

ment de Paris ayant décidé, conformément à la doctrine des auteurs, que le concours de trois personnes était de l'essence des lettres de change, l'arrêt fut cassé par le conseil du Roi, le 2 juin 1761, à la requête des six corps de marchands de Paris. La lettre de change devant être tirée d'un lieu sur un autre, il arrive sans doute le plus souvent que le tireur désigne un mandataire pour l'acquitter; mais lorsque, par un motif quelconque, le tireur trouve plus commode de l'acquitter lui-même malgré mon profond respect pour Pothier, La Serra, Jousse, etc., j'avoue que je ne sais voir aucune raison de droit ou d'équité pour forcer le tireur à faire, par un mandataire, ce qu'il veut faire lui-même. Si un banquier de Bordeaux tire sur Paris, à une époque à laquelle il sait devoir s'y trouver et y recevoir des fonds, pourquoi donc l'obliger à désigner un tiers ? Une pareille lettre ne présente-t-elle point deux contractans et la remise de place en place, qui fait l'essence de la lettre de change? La Cour de cassation me paraît donc avoir rendu une décision très-sage en prononçant la validité de pareilles lettres de change, et en cassant un arrêt de la Cour de Turin, qui avait jugé le contraire. Cet arrêt de cassation, rendu néanmoins après un partage d'opinions et un long délibéré, est du 1er mai 1809.

CHAPITRE V.

Si l'on peut se rétracter de la Convention du change, et si l'on peut opposer de n'en avoir reçu la valeur.

Comme cette proposition regarde deux personnes opposées, le tireur et celui qui donne la valeur de la lettre de change, il faut l'examiner à l'égard de chacun en particulier.

2. Il faut commencer par celui qui donne la valeur, comme le premier intéressé, la lettre de change n'étant qu'un moyen d'en tirer le paiement.

Il s'agit donc de savoir si celui qui a convenu de prendre une lettre de change payable en quelque autre ville peut se rétracter sous quelque prétexte, comme quelque soupçon que la lettre de change ne soit pas payée, par défaut d'effets du tireur, entre les mains de celui sur qui elle est tirée, ou par défaut de crédit, ou sous quelque autre prétexte; et rendre la lettre de change s'il l'a reçue, la refuser, si elle lui est offerte, refuser d'en payer la valeur, ou se la faire rendre s'il l'a payée.

3. Je suppose le fait de la convention prouvé, ou par écrit, ou par le serment; car par témoins il ne pourrait l'être au-dessus de cent livres, suivant les Ordonnances, ni même par l'agent de change ou courtier, à moins que les deux parties n'y consentissent (1), auquel cas son

_____

(1) *Et de même le proxénète-courtier est non-seulement admis en témoignage au différend des parties sur l'affaire qu'il a négociée, mais,* illis requirentibus, *il y peut être contraint.* Accurs. Bart. et Angel. ad authent. de testibus, § quoniam. *Et en ce cas* solus plenè

seul témoignage serait décisif, comme l'a remarqué Maréchal dans son *Traité des changes et rechanges*,
chap. 13, pag. 239.

4. Le fait posé pour constant, il y a trois opinions
différentes.

5. La première est de ceux qui croient que l'on peut
se rétracter, soit que la valeur ait été donnée ou non; et
elle est si visiblement absurde, qu'il est inutile de la
réfuter.

6. La seconde est de ceux qui soutiennent que celui
qui a convenu d'un change ne peut se rétracter (1),
sous quelque prétexte que ce soit, parce que le contrat
de change se faisant pour l'utilité réciproque des deux
parties qui en ont convenu, l'on ne peut le rescinder
malgré l'une des parties. Cette opinion est fondée sur
cette règle générale, que les contrats dans la convention
dépendent de la seule volonté; mais leur entière exécution est de nécessité.

7. La troisième opinion est de ceux qui distinguent,

---

probat. Id. Bart. in L. Lucius in ff. de fidejus. Felin. ad caput veniens
de testibus.

*Le contraire est, si l'une des parties l'empêche; car, en ce cas, il
ne peut être témoin.* Accurs. eodem § quoniam. *Maréchal, Traité
des Changes, chap.* 13, *p.* 239.

(1) Quando campsor qui facit litteras non vult rescindere contractum
cambii, non tenetur restituere pecunias; nam, cum contractus cambii
fiat ad utilitatem utriusque partis, non potest rescindi alterâ parte invitâ.
Sc., § 2, *gloss.* 5, *num.* 351.

Sicut initio libera potestas unicuique est habendi vel contrahendi
contractûs, ita renuntiare semel constitutæ obligationi, adversario
non consentiente, non potest; quapropter intelligere debetis, voluntariæ
actioni semel vos nexos ab hâc non consentiente alterâ parte,
de cujus precibus fecisti mentionem, minimè posse discedere. L. 5,
Cod. de oblig. et act.

si la valeur a été payée, l'on ne peut se rétracter; que si la valeur n'a pas été payée, ils estiment qu'on le peut, les choses étant en leur entier.

8. Mais ils se trompent, parce que le contrat de change étant une espèce d'achat et vente (1), il doit suivre les mêmes règles; et comme l'achat et vente ne laissent pas d'être parfaits, encore que le prix n'ait pas été payé, de même le contrat de change l'est, encore que la valeur n'ait pas été payée.

9. La seconde opinion peut donc servir de règle générale, comme la plus certaine; mais, parce qu'il peut y avoir telle circonstance de fait, et des soupçons si légitimes, qu'il faudrait en juger autrement, il faut examiner la qualité de ces soupçons, et les précautions qui doivent être prises.

10. Si les soupçons procèdent de quelque changement considérable à la condition du tireur, depuis la convention du change, que l'on dût conclure que la lettre de change venant à être protestée, il ne pourrait pas en rendre la valeur, en ce cas on pourrait lui demander caution ou sûreté que la lettre de change sera payée; et, au refus de donner ses assurances (2), celui qui aurait convenu de donner la valeur pourrait s'empêcher de la payer: de même qu'un acheteur, lorsque la chose achetée est en danger d'être évincée, peut se dispenser

(1) Emptio et venditio contrahitur simul atque de pretio convenerit, quamvis nondùm pretium enumeratum sit, ac ne arrha quidem data fuerit. *Inst. lib.* 3, *tit.* 24.

(2) Cùm in ipso limine contractûs immineat evictio, emptorem, si satis ei non offeratur, ad totius vel residui pretii solutionem non compelli, juris auctoritate monstratur. *Lege* 24, *Cod. de evictionib.* Si pro evictione promittere non vis, non liberaberis, quominùs à te pecuniam repetere possim. *Lib. ult. in fin. ff. de condict. causa dat.*

d'en payer le prix, si l'on ne lui donne pas caution, et même il pourrait se faire rendre la valeur, s'il l'avait payée.

11. Mais, si ces soupçons sont légers (1), et qu'ils n'aient pas un fondement public et manifeste, il faut de nécessité que celui qui est convenu de prendre une lettre de change en donne la valeur, et exécute la convention qui a été faite sans demander caution; et même, si la cause de ses soupçons n'est pas arrivée depuis la convention, elle ne peut servir de prétexte légitime pour s'en rétracter ou demander caution, parce que lorsqu'il a contracté (2), il a su ou dû savoir la conduite de celui avec qui il traitait.

12. Car, s'il était permis de se rétracter sur des soupçons légers, et qui ont pu être prévus au temps de la convention, la bonne foi du commerce serait anéantie, et celui qui aurait arrêté un change ne le tiendrait qu'autant qu'il lui serait avantageux ; que s'il trouvait à traiter à meilleur prix avec quelque autre, il se rétracterait du premier pour faire le second, ce qui produirait un désordre universel dans le commerce.

13. Il faut donc conclure que, si celui qui donne la valeur n'a pas de soupçons légitimes et nouveaux, et pour raison desquels le tireur de la lettre de change ne refuse pas de lui donner des assurances que la lettre de change sera payée, il ne peut rétracter la convention.

---

(1) Illud quæritur : An is qui mancipium vendidit, debeat fidejussorem, ob evictionem dare, quem vulgò auctorem secundum vocant, et est relatum non debere, nisi hoc nominatim actum est. *L.* 4, *ff. de evictionib.*

(2) Qui cum alio contrahit, vel est, vel debet esse non ignarus conditionis ejus. *Lib.* 19, *ff. de Reg. jur.*

14. Pour savoir si celui qui est convenu de donner une lettre de change peut s'empêcher de la donner, ou si, l'ayant donnée, il peut se dispenser de la faire payer, ce sont deux questions qu'il faut examiner.

15. L'une, si l'on peut s'empêcher de donner la lettre de change; et il faut distinguer : ou la valeur en a été reçue, comme dans l'espèce des billets de change pour lettres à fournir, dont il est parlé dans le titre 5, art. 27 et 29 de l'Edit du mois de mars 1673; en ce cas l'on ne peut aucunement se dispenser de fournir la lettre de change: ou la valeur n'a pas été reçue; en ce cas, si depuis la convention il était survenu un changement considérable qui pût produire un soupçon légitime, tel qu'il a été expliqué ci-dessus, que l'on en dût conclure que celui qui a promis d'en donner la valeur sera dans l'impossibilité d'y satisfaire au temps convenu, l'on pourrait se dispenser de fournir la lettre de change, à moins qu'il ne donnât caution; mais, si les soupçons sont légers, sans fondement public et nouvelle cause, il faut exécuter la convention.

16. L'autre question est, si, la lettre de change étant donnée, le tireur peut s'empêcher de la faire payer, sous prétexte qu'il n'en a pas reçu la valeur.

Quelques négocians font deux distinctions.

17. La première, si la lettre de change porte valeur reçue comptant, ou si elle porte valeur d'un tel, sans dire reçue comptant, ou valeur changée; et disent que, lorsqu'elle porte valeur reçue comptant, le tireur est obligé de la faire payer, à peine de tous dépens, dommages et intérêts : mais, si la valeur est déclarée d'une des autres manières, le tireur n'est pas tenu de la faire payer, si dans l'intervalle de temps qu'elle a été délivrée, jusqu'à l'échéance, il n'est pas satisfait de la valeur.

18. Cette décision n'est pas généralement vraie, comme il sera montré dans la suite.

19. La seconde distinction est, si la lettre de change porte payable à un tel simplement, ou si elle porte payable à un tel, ou à son ordre, ou à l'ordre d'un tel.

20. Si la lettre de change est payable à un tel simplement, quelques-uns, dans la présupposition que l'intention des contractans n'a pas été que la lettre de change pût être transportée et cédée à d'autres, disent que le tireur peut s'exempter de la faire payer, s'il n'est pas satisfait de la valeur.

21. Cette proposition est conforme à la disposition de l'art. 30 du tit. 5 de l'Edit du commerce; et quoique cet article ne parle que des billets de change, y ayant parité de raison, il peut aussi s'appliquer aux lettres de change, d'autant plus que l'art. 18 du même titre, qui est pour les lettres de change, est dans le même esprit. Et quoique l'expérience fasse voir tous les jours que l'on transporte des lettres de change, quoiqu'elles soient payables à un tel simplement; et qu'il n'y ait pas plus de vingt ans que la plupart des lettres de change, lors de l'échéance, se trouvaient accompagnées de plusieurs transports les uns sur les autres, tous passés par-devant notaires; et que la raison fait voir que l'on n'aurait pas la propriété (1) d'une lettre de change, si l'on n'en pouvait pas disposer; et qu'il soit certain que la tradition de la lettre de change, ensuite de la convention, en donne la propriété à celui auquel le tireur l'a délivrée,

---

(1) Propriè enim dominium est proprietas. *Duarenus, disp.* 17. Ita dominium definivit, jus de re aliquâ corporali, plenè ac liberè disponendi, extra quam, si quid lege prohibeatur. *Gottofredus, in rub. ff. de acquir. rer. Dom.*

néanmoins, comme cette lettre ne peut être transportée qu'avec sa cause, toutes les exemptions du tireur demeurent dans leur entier contre celui qui s'en trouve le porteur, comme contre celui de qui la valeur est déclarée, parce qu'il ne peut pas avoir plus de droit que lui, d'autant plus que le tireur n'a donné aucune occasion de suivre sa foi, puisqu'il avait marqué qu'il n'entendait agir qu'avec celui de qui la valeur est déclarée.

22. Et si la lettre de change était payable à ordre, et si elle est passée à un tiers, le tireur a encore la liberté de voir si elle n'appartient pas encore à celui avec qui il est convenu, et dont la valeur est déclarée : car en ce cas ses exceptions sont encore entières. Mais, si la lettre de change portait pour valeur reçue comptant, il serait difficile d'opposer l'exception de ne l'avoir pas reçue, parce que la confession faite dans la lettre de change serait au contraire, et l'on ne pourrait prouver cette exception que par les livres, ou par le serment de celui à qui la lettre de change a été donnée. Que si la lettre de change portait valeur changée (1), ou de quelque manière qu'il parût que ce n'a pas été un paiement réel et effectif, en ce cas l'exception serait fondée par la lettre de change même.

23. Mais, si la lettre de change appartient à un tiers en vertu des ordres, le tireur ne peut se dispenser de la faire payer, de quelque manière que la valeur soit déclarée, parce que lorsqu'il a donné sa lettre de change,

---

(1) Si recuses solvere eo quod asseras fuisse à te mihi solutas in confectione litterarum, quia mercatores non faciunt litteras cambii, nisi pecunias recipiant, ego possum replicare quod feci litteras spe futuræ numerationis. *Sc.*, § 2, *gloss. num.* 7.

il a suivi la foi de celui à qui il l'a donnée; et si elle a passé en d'autres mains, il ne peut plus la retirer, par la même raison qu'un vendeur (1) ne peut pas vendiquer sa marchandise qui a passé de bonne foi entre les mains d'un tiers, lorsqu'il l'a vendue à crédit, parce qu'elle est tellement devenue propre de l'acheteur, qu'il en peut disposer comme il a voulu, et en la délivrant à un autre en vertu d'un ordre, il lui a transmis la propriété. Et cette jurisprudence reçoit fort bien son application au fait des lettres de change, puisque celui qui la donne vend la créance qu'il a de celui qui la doit payer; ce que faisant à crédit, il en perd tellement la propriété, que lorsqu'elle n'est plus entre les mains de celui avec qui il a stipulé la valeur à temps, qui est son acheteur, il ne peut plus la revendiquer il doit imputer à sa facilité (2) le dommage qu'il en souffre, autrement il y aurait de l'injustice qu'un tireur, qui ne doit pas donner sa lettre sans la valeur, donnât occasion, par sa faute, de tromper celui qui traite sur le crédit et réputation de sa lettre.

La substance de ce chapitre est comprise en quatre maximes.

MAXIMES. *

1. Comme le contrat des lettres de change se fait

---

(1) Sed si is qui vendit fidem emptoris secutus fuerit, dicendum est statim rem emptoris fieri. *Just. lib.* 2, *tit.* 1, § 41. L. 19, *ff. de contrah. empt. Louet, lett.* P. *num.* 19; et *Brodeau, eod, Bacquet, des Droits de justice, chap.* 21, *num.* 409.

(2) Quòd quis culpâ suâ damnum sentit, non intelligitur damnum sentire. *L.* 203, *de Reg. Juris.*

* La doctrine établie dans ces maximes est aussi professée par Pothier

pour l'utilité réciproque du tireur et de celui qui en donne la valeur, il ne peut se résoudre sans cause légitime ou consentement réciproque.

2. De même qu'un acheteur peut se dispenser de payer le prix ou le répéter, lorsque depuis l'achat il survient un danger apparent d'éviction, à moins que l'on ne lui donne caution ou sûreté; de même celui qui est convenu de prendre une lettre de change, qui est une espèce d'acheteur, peut se dispenser d'en payer la valeur ou la répéter, si depuis la convention il survient quelque danger apparent que la lettre ne sera pas payée, et qu'étant protestée, le tireur n'en pourrait pas payer le retour, à moins que l'on ne donne caution ou sûreté.

3. De même qu'un vendeur à crédit ne peut se dispenser de délivrer la chose vendue, à moins qu'il ne survienne quelque accident à l'acheteur, qui le rende inhabile d'en payer le prix à l'échéance; de même celui qui a promis de fournir une lettre de change ne peut se dispenser de la délivrer, à moins qu'il ne survienne quelque accident à celui qui en a promis la valeur, qui le rende inhabile de la payer au temps convenu.

4. Tant que la lettre de change n'a point changé de propriété, celui qui l'a faite a ses exceptions entières; mais, si la lettre de change a changé de propriété, il faut qu'elle soit accomplie, sauf au tireur ses actions contre celui avec qui il a traité.

dans son *Contrat de change*; elle est fondée sur les principes généraux du droit, auxquels le Code de commerce n'a aucunement dérogé sur ce point, en matière de lettre de change.

CHAPITRE VI.

Du Porteur de lettre de change.

1. Après avoir parlé des deux personnes qui contractent la lettre de change, le porteur est le premier en
ordre dont il faut examiner le devoir et les droits.

2. La première chose qui regarde le porteur est la
présentation et acceptation de la lettre de change ; et il
faut voir s'il peut être obligé de présenter et faire accepter la lettre de change, et s'il peut obliger de l'accepter.

3. Il semble inutile de parler de la présentation,
puisque l'Edit du mois de mars 1673, tit. 5, art. 2,
abroge le simple vu (1) qui se mettait sur les lettres de
change à tant de jours de vue, pour en déterminer l'é-
chéance sans aucun engagement : mais, comme la disposition de cet Edit ne fait pas loi hors de France, que
de plus il excepte, à l'art. 7, le règlement accordé à la
ville de Lyon, qui a maintenu l'usage de n'être obligé
d'accepter que les lettres de change qui sont payables à
l'un des paiemens qui suivent les quatre foires, qui

---

(1) *Toutes les lettres de change seront acceptées par écrit, purement et simplement. Abrogeons l'usage de les accepter verbalement,
ou par ces mots : vu sans accepter, ou accepté pour répondre au
temps, et toutes autres acceptations sous condition, lesquelles passeront pour refus, et pourront les lettres être protestées.* Edit du mois
de mars 1673, tit. 5, art. 2.

*N'entendons rien innover à notre règlement du second jour de juin
1667, pour les acceptations, les paiemens et autres dispositions
concernant le commerce dans notre ville de Lyon.* Art. 7.

sont, savoir : celui des Rois ou de la foire des Rois, depuis le premier jour de mars jusqu'au premier jour d'avril ; celui de Pâques ou de la foire de Pâques, depuis le premier de juin jusqu'au premier de juillet ; celui d'août ou de la foire d'août, depuis le premier jour de septembre jusqu'au premier d'octobre, et celui des Saints ou de la foire de la Toussaint, depuis le premier décembre jusqu'au premier janvier, il faut examiner la question entièrement.

4. Le porteur ne peut être obligé de présenter et faire accepter la lettre de change qu'en tant que c'est l'intérêt du tireur ou de celui qui en a donné la valeur, ou de ceux qui ont passé les ordres, par le moyen desquels elle lui est parvenue.

5. Le tireur n'a aucun intérêt en l'acceptation de la lettre de change, parce qu'il n'est pas libéré par la seule acceptation ; il est obligé jusqu'au paiement (1) à son échéance, suivant l'usage universel. Il ne peut donc avoir intérêt qu'à la présentation, et encore de celles seulement qui sont à vue, ou à tant de jours de vue, afin que l'échéance en soit déterminée ; mais pour les autres dont l'échéance est fixée par le jour du mois, par l'usance, par les paiemens. ou par la foire, la présentation en est inutile à son égard.

6. Il s'agit donc de savoir si, faute par le porteur d'avoir présenté la lettre de change à vue, ou à tant de jours de vue, dans un temps convenable, il est responsable des événemens qui peuvent arriver, en sorte

(1) Scribentes litteras cambii semper tenentur ad pecunias in eorum litteris contentas persolvendas actoribus, donec appareat fuisse solutas et satisfactas per illos solvere debentes in litteris deputatos. *Rota Genuens.*, *decis.* 1, *num.* 6, *decis.* 8, *num.* 19.

qu'il n'ait point de recours contre le tireur, ce qui s'expliquera mieux par un exemple arrivé en l'année 1675.

7. Un particulier français étant à Trèves, au service du Roi, écrivit, au mois de mai 1675, à son frère, négociant à Paris, de lui tirer à courts jours la somme de deux mille livres. Ce frère de Paris en traita avec un banquier de Paris, à deux pour cent de sa perte (c'est-à-dire qu'il ne reçut que dix-neuf cent soixante livres pour les deux mille livres qui seraient reçues à Trèves); il donna, le 12 juin, sa lettre de change payable à huit jours de vue à l'ordre de ce banquier pour valeur reçue. Ce banquier, qui avait donné la valeur, la négocie le même jour avec un autre banquier, à la même condition de deux pour cent de perte, et met son ordre payable à celui de ce dernier banquier.

8. Dans ce temps-là il y avait des ordinaires réglés de Paris à Trèves, qui partaient deux fois la semaine, et faisaient le voyage d'une ville à l'autre en cinq jours de temps avec toute liberté. Ces ordinaires ont été librement, et le commerce de Paris à Trèves a été ouvert jusqu'au 4 août, que la ville de Trèves a été investie, ensuite assiégée et prise. Dans cet intervalle de temps, depuis le 12 juin jusqu'au 4 août, le tireur et le premier banquier ont souvent sollicité le dernier d'envoyer la lettre de change, et il leur disait l'avoir envoyée.

9. Quoiqu'il y ait eu liberté de commerce et chemin ouvert de Paris à Trèves, depuis le 12 juin jusqu'au 4 d'août, cette lettre de change n'a pas été présentée. Cependant ce Français qui était à Trèves, et qui avait ordonné qu'on lui tirât à courts jours, a toujours tenu l'argent prêt depuis qu'il a eu avis que cette lettre de change lui avait été tirée. La ville a été prise, lui prisonnier de guerre, la somme destinée au

paiement de cette lettre de change, tout l'argent qu'il avait outre cela, et ses hardes, ont été pris par les ennemis.

10. Quelque temps après la prise de Trèves, ce dernier banquier a rapporté la lettre de change au tireur, et lui a demandé la restitution de la valeur, parce qu'il savait que les choses n'étaient plus en état, à Trèves, que cette lettre pût être payée.

11. Le tireur soutenait qu'il ne pouvait être obligé de rendre la valeur, parce que le dernier banquier n'avait pas dû laisser passer un si long temps sans envoyer la lettre de change, d'autant plus qu'il en avait été pressé; et qu'ainsi, le fonds qui devait servir à payer cette lettre ayant été pris par sa négligence, c'était à ses risques.

Les sentimens des négocians étaient partagés. *

12. Les uns étaient d'avis que le tireur de la lettre de

---

* La question traitée par La Serra était, sous l'empire de l'Ord. de 1673, aussi importante que difficile à résoudre, et l'on sent quel service les législateurs ont rendu au commerce en la décidant par un texte formel. Quoique la question ne puisse plus se présenter aujourd'hui, je crois cette dissertation très-précieuse pour bien faire comprendre l'esprit et l'intention du législateur, dans l'art. 160 du Code de commerce, un des plus remarquables de notre législation commerciale. On voit que le législateur a regardé six mois comme un temps convenable pour les lettres tirées à un délai de vue : mais il est facile de comprendre que ce délai de six mois, arbitré par la loi pour donner une règle précise, et trancher les difficultés, peut souvent être peu convenable aux parties contractantes, qui ont en conséquence le droit de faire sur ce point des stipulations particulières. Le Code a seulement entendu suppléer au silence des parties en établissant un délai fixe ; mais cette disposition si utile deviendrait souvent nuisible, si on ne pouvait y déroger par des conventions. Il peut très-souvent être utile d'avoir du papier payable à vue, sans qu'on ait la certitude de placer les fonds d'une manière avantageuse dans l'espace de six mois; on peut donc augmenter ces délais par des conventions spéciales, comme le permet

27

change devait rendre la valeur, parce que, les lettres étant à tant de jours de vue, le porteur peut la faire présenter quand bon lui semble, n'y ayant point de temps limité, pouvant, s'il est banquier, comme dans l'espèce, la négocier d'une place à l'autre, selon sa commodité; et s'il est voyageur, n'étant pas certain du temps auquel il arrivera dans la ville où la lettre de change est payable: et quand on voudrait régler ce temps, il faudrait suivre la disposition du tit. 5, art. 13 de l'Édit du mois de mars 1673, qui porte que les porteurs de lettres de change seront tenus de poursuivre en garantie les tireurs dans les délais portés, suivant la distance des lieux : Trèves est une ville d'Allemagne pour où le délai est de trois mois;

13. Que les ordinaires en cinq jours de temps ne sont pas à considérer, parce qu'un homme n'est pas obligé d'aller exprès en poste pour présenter la lettre, mais peut y aller à sa commodité.

14. Les autres étaient d'avis qu'en affirmant, par le particulier qui était à Trèves, que lorsque la lettre de change a été tirée, et jusqu'à la prise de la ville, il avait l'argent prêt pour la payer, la perte doit être aux périls, risques et fortune du dernier banquier.

15. Cette opinion est plus raisonnable, si l'on considère bien la nature et les propriétés du contrat de change, qui sont les voies les plus certaines pour décider juste, comme il sera montré ci-après.

16. Ce n'est pas que la résolution de cette question ne soit difficile par sa nouveauté; car, encore que plusieurs

---

la loi du 19 mars 1817, qui modifie sagement l'art. 160 du Code de commerce, dont le texte trop impératif semblait s'opposer à de pareilles stipulations.

auteurs aient écrit des lettres de change, il n'en est aucun qui l'ait traitée. Sigismond Scaccia, jurisconsulte
romain, qui a écrit fort amplement, en l'année 1617, de
tout ce qui regarde le commerce de change, et qui a
paraphrasé et fait des gloses sur chaque mot qui entre
dans la composition d'une lettre de change, n'a rien
dit des lettres de change à tant de jours de vue, quoiqu'il ait parlé des lettres à vue, à tant d'un tel mois, à
usance et en paiemens; ce qui donne lieu de croire
qu'en ce temps-là l'on n'avait pas encore pratiqué ce
terme de paiement.

17. Dans la thèse générale, le point de la difficulté
est de savoir si le porteur est absolument maître de ne
présenter la lettre de change que quand bon lui semble,
pour faire commencer ces jours de vue, et donner lieu
à l'échéance de la lettre; et si cependant tous les risques
sont à la charge du tireur, ou si le porteur est obligé
de présenter la lettre dans un certain temps, passé lequel
la lettre de change est tellement à ses risques, que pourvu
que les fonds pour la payer fussent entre les mains de celui
sur qui elle est tirée, le porteur ne puisse recourir sur
le tireur.

18. Pour résoudre cette difficulté, il faut rappeler les
principes posés dans le chapitre quatrième.

Nous avons montré, 1° que le contrat de change est
une espèce d'achat et vente;

2° Que c'est un contrat de bonne foi;

3° Que ce contrat est fait pour l'utilité des deux contractans, qui sont le tireur et celui qui donne la valeur,
et non pas pour l'utilité particulière de l'un des deux.

19. Prenant donc les maximes de ces principes, et les
appliquant à la question, l'on en tirera une décision
certaine.

20. Premièrement, lorsque le contrat d'achat et vente (1) est parfait, et que le vendeur n'est pas en demeure pour la délivrance, le péril et l'avantage qui arrivent appartiennent à l'acheteur. Appliquant cette maxime à la question, le tireur, qui est le vendeur, n'ayant point été en demeure de faire délivrer au porteur (qui représente l'acheteur) l'argent qui était à Trèves, il faut conclure qu'il était aux risques de l'acheteur, qui est le porteur.

21. Secondement, dans les contrats (2) de bonne foi, il faut juger *ex bono et æquo*, en interprétant les termes selon l'équité, et non à la lettre, comme dans les contrats de droit étroit.

Or, pour interpréter les termes d'une lettre de change à tant de jours de vue, selon l'équité, il faut dire que le porteur est obligé de la présenter dans un temps convenable : car, si l'on voulait qu'il eût la liberté de différer autant qu'il voudrait la présentation, ce serait l'interpréter comme un contrat de droit étroit, où l'on s'attache à la lettre; mais ce serait encore contre l'équité, parce que le tireur ne serait jamais dégagé, et serait soumis à tous les événemens.

22. Troisièmement, puisque le contrat de change est pour l'utilité de chacun des contractans, il ne faut pas que l'un des deux ait toute l'utilité et toute la liberté,

---

(1) Quum autem emptio et venditio contracta sit, quod effici diximus simul atque de pretio convenerit, cùm sine scripturâ res agitur, periculum rei venditæ statim ad emptorem pertinet : tametsi adhuc ea res emptori tradita non sit, etc. Quidquid enim sine dolo et culpâ venditoris accidit, in eo venditor securus est. *Inst. de empt. et vend.* § 3, L. 4, ff. de perio. et comm. rei vend. L. 1 et 4. Cod. coä. L. 2, § 1er, ff. de in diem addictione.

(2) In bonæ fidei judiciis libera potestas permitti videtur judici ex bono et æquo æstimandi. *Inst. de actionib.* § 30.

et que l'autre soit exposé à toute la perte sans aucune liberté. Or il est constant que, si le porteur n'avait aucune obligation de présenter la lettre dans un temps convenable, il aurait toute l'utilité, parce qu'il recevrait quand bon lui semblerait ; s'il voyait une augmentation de monnaie prochaine, il se hâterait ; s'il voyait une diminution, il retarderait, il aurait toute la liberté, et le tireur serait exposé à toutes les pertes, quoiqu'il n'eût aucune liberté, puisqu'il est certain qu'il n'est pas en son pouvoir de ne pas payer la lettre de change, et s'exempter des dommages et intérêts, si la lettre de change est protestée lorsqu'il en a reçu la valeur, ou que la lettre est passée au pouvoir d'un tiers, comme il a été expliqué au chap. précédent. Par conséquent, afin que l'utilité soit respective, il faut que l'obligation soit réciproque ; et, puisque le tireur est obligé de faire payer la lettre de change lorsque le paiement sera demandé, il faut que le porteur soit obligé de faire demander le paiement dans un temps convenable.

23. Et pour déterminer le temps convenable, le public aurait besoin d'un règlement : cependant c'est aux juges à l'arbitrer ; et l'on croit qu'équitablement, si la lettre a été donnée à une personne pour son voyage, l'on peut doubler les journées du chemin ; que, si c'est dans le commerce, l'on peut doubler les ordinaires.

24. Dans l'hypothèse proposée, il y a encore deux circonstances remarquables qui concourent à la décision suivant les principes.

25. L'une est que le tireur a donné deux pour cent pour faire exiger l'argent qui était à Trèves ; en sorte que son utilité n'est pas gratuite, puisqu'elle a un prix au moyen duquel le porteur était bien plus obligé de faire recevoir promptement cet argent, que

si c'était lui qui eût donné un prix pour avoir cette lettre, ou même si la convention avait été au pair.

26. L'autre circonstance est que le porteur a été plusieurs fois enquis et sollicité pour l'envoi et le recouvrement du paiement de cette lettre, ce qui le met dans un dol (1) réel de n'avoir pas exigé ce qu'il pouvait facilement exiger.

27. Et l'opinion contraire n'est pas bien fondée sur ce qu'il n'y a pas un temps limité, étant à tant de jours de vue : car, outre ce que nous avons dit ci-dessus, que dans le contrat d'achat et de vente le risque est à l'acheteur lorsqu'il n'a tenu qu'à lui de recevoir la chose achetée, qui sert de moyen suffisant pour détruire ce prétendu fondement, c'est qu'il faut en venir à l'équité en fait de lettres de change, et modérer cette liberté du porteur, pour présenter la lettre à un temps convenable, de même que l'on a fait pour les protêts des lettres de change; car encore qu'avant l'année 1664 il n'y eût aucun règlement qui portât obligation de protester les lettres de change dans un cerain temps limité, et que le porteur semblât être dans une liberté entière, néanmoins, par arrêt du parlement de Paris du 7 septembre 1630 (2), la Cour jugea que le porteur était responsable de sa négligence, ayant laissé passer dix jours sans faire le protêt. Ainsi, par une pareille équité, l'on doit imputer au porteur la négligence de n'avoir pas présenté la lettre dans un temps convenable.

28. Et l'application de l'art. 13 du tit. 5 de l'Édit du mois de mars 1673 n'est pas juste, parce que cet article

(1) Dolus est si quis nolit persequi quod persequi potest, aut si quis non exigerit quod exigere potest. L. 44, ff. Mandati.
(2) Journal des Audiences, livre 2, chap. 67.

n'est que pour les poursuites en garantie qui se font
contre le tireur et les endosseurs, au lieu qu'il s'agit
d'une présentation à celui sur qui la lettre de change
est tirée. Et pour observer la différence, c'est que l'acte
qui se fait contre celui sur qui la lettre de change est
tirée, qui est le protêt, doit être fait dans dix jours,
ainsi qu'il est porté par l'art. 4 du même titre, au lieu
que pour la poursuite en garantie il y a quinze jours.

29. Enfin, pour ne rien omettre de ce qui a quelque
rapport à la question, il y a une espèce qui a assez de
conformité à celle-ci dans la loi 39 (1) au Digeste, *de
solutionibus*. L'on doit faire un paiement, le créancier ordonne de mettre la somme dans un sac cacheté
en dépôt chez un banquier, jusqu'à ce que l'on ait examiné si tout l'argent est bon. Le jurisconsulte répond
qu'elle est au risque du créancier, principalement s'il
n'a tenu qu'au créancier que l'argent fût d'abord examiné; car pour lors il faut considérer le débiteur comme
étant tout prêt à payer, et que le créancier pour quelque
cause n'eût pas voulu recevoir. Dans notre cas, il n'a
tenu qu'au porteur de présenter la lettre pour la recevoir;
par conséquent l'argent qui était à Trèves doit être à ses
risques. Par tout ce qui a été dit ci-dessus, l'on peut conclure que le porteur est obligé de présenter la lettre de
change qui est à tant de jours de vue, dans un temps
convenable, autrement il n'y a de recours, en cas

(1) Si soluturus pecuniam tibi, jusso tuo signatam eam apud num-
mularium, quoad probaretur deposuerit tui periculi eam fore. *Mela*,
lib. 10, *scribit*, quod verum est : Cum eo tamen, ut illud maximè
spectetur, an per te steterit, quominùs in continenti probaretur :
nam tunc perindè habendum erit, ac si parato me solvere, tu ex
aliquâ causâ accipere nolles. L. 39, ff. *de solutionibus*.

d'accident, que conformément à l'art. 16 du tit. 5 (1) de l'Édit du mois de mars 1673.

30. Quoique, celui qui a donné la valeur de la lettre de change, et les endosseurs, aient un grand intérêt que la lettre de change soit acceptée, parce qu'ils acquièrent un nouvel obligé solidairement avec le tireur, néanmoins le porteur n'est pas obligé de la faire accepter, s'il n'en a point d'ordre de celui qui la lui a envoyée : mais, ayant eu ordre (2) de rechercher l'acceptation, s'il négligeait de l'exécuter, suivant l'occurrence il pourrait être tenu des dommages et intérêts que sa négligence aurait causés.

31. Ce n'est pas que pour l'ordinaire le porteur fait accepter la lettre de change, et même, s'il y a plusieurs ordres avant qu'elle lui parvienne, elle est acceptée, et celui qui a donné la valeur envoie la première ou la seconde, à cet effet, à quelqu'un de ses correspondans; si bien que, si la première est envoyée pour faire accepter, la négociation et les ordres sont sur la seconde, qui est conçue comme la première, si ce n'est qu'il est exprimé qu'elle ne peut servir qu'à son défaut.

_____

(1) *Les tireurs ou endosseurs des lettres de change seront tenus de prouver, en cas de dénégation, que ceux sur qui elles étaient tirées leur étaient redevables, ou avaient provision au temps qu'elles ont dû être protestées, sinon ils seront tenus de les garantir.* Edit de 1673, tit. 5, art. 10.

(2) Qui mandatum suscepit, si potest id explere, deserere promissum officium non debet; alioquin, quanti mandatoris intersit, damnabitur : si verò intelligit explere se id officium non posse, idipsum, cùm primùm poterit, debet mandatori nuntiare; uti, si velit alterius operâ utatur : quòd si cùm poterit nuntiare, cessaverit, quanti mandatoris intersit, tenebitur. *L.* 27, § 2, *ff. Mandati.*

EXEMPLE.

A Paris, ce 18 août 1679, pour V.1,000, à 55 d. ster.

32. Monsieur,

A deux usances, il vous plaira payer par cette seconde lettre de change, n'ayant payé par la première, à l'ordre de M. Thomas, la somme de mille écus, à cinquante-cinq deniers par écu, pour valeur reçue comptant de M. Amader, et mettez à compte, comme par l'avis de

A Monsieur,   Votre très-humble serviteur,
Monsieur Hilaire,   Siméon.
A Londres.

33. Lorsque la lettre de change est présentée à celui sur qui elle est tirée, s'il fait refus de l'accepter par écrit, le porteur la fait protester par deux notaires, ou un notaire et deux témoins, ou par un huissier ou sergent avec deux recors, suivant l'art. 8 du tit. 5 de l'Édit du commerce du mois de mars 1673 (1).

34. Il faut entendre cet article suivant les différens usages des lieux pour la passation des actes : car à Paris tous les actes authentiques, pour être valables, doivent être reçus par deux notaires. Ainsi, si l'on faisait faire un protèt par un notaire et deux témoins, il ne serait pas bon. De même à Lyon, où les actes sont reçus par un notaire en présence de deux témoins, si l'on faisait faire un protèt par deux notaires sans témoins, il serait contre l'usage, et par conséquent nul.

---

(1) *Les protêts ne pourront être faits que par deux notaires, ou un notaire et deux témoins, ou par un huissier ou sergent, même de la justice consulaire, avec deux recors, et contiendront le nom et le domicile des témoins ou recors.* Édit du mois de mars 1673, tit. 5, art. 8.

35. A Paris l'on voit peu de protêts faits par deux notaires, le plus ordinaire étant de les faire faire par un huissier ou sergent et deux recors; mais à Lyon l'ordinaire est de les faire faire par un notaire et deux témoins, à peu près en cette forme :

36. En la présence du notaire royal soussigné, et des témoins après nommés, sieur   a présenté à sieur   une lettre de laquelle la teneur s'ensuit (1)

sommant et interpellant ledit sieur   de la vouloir accepter présentement pour la payer à la forme d'icelle; protestant, au refus, de tous dépens, dommages et intérêts, change et rechange, de prendre ladite somme au cours de la place de cette ville, sur et contre qui il appartiendra, et de s'en prévaloir sur telle place qu'il avisera bon être; et ce parlant à
qui a fait réponse   .   dont ledit sieur, persistant en ses protestations, a demandé acte, et a été donné copie. Fait à Lyon, etc.

37. S'il y a des ordres à la lettre de change, il faut les transcrire en transcrivant la lettre, et s'il y a des transports, il en faut faire mention.

La maxime que l'on peut tirer de ce chapitre est :

MAXIME.

Quoique le porteur ne soit pas obligé sans ordre de faire accepter les lettres de change, il doit néanmoins

---

(1) *Dans l'acte du protêt les lettres de change seront transcrites, avec les ordres et les réponses, s'il y en a; et la copie du tout, signée, sera laissée à la partie, sous peine de faux et des dommages et intérêts.* Susdit Édit, art. 9.

présenter dans un temps convenable celles à tant de jours de vue, pour en déterminer l'échéance, et, faute de le faire, il est responsable du risque. *

CHAPITRE VII. ·

DE L'EFFET QUE PEUT PRODUIRE LE PROTÊT FAUTE D'ACCEPTATION.

1. Ce serait inutilement que le porteur d'une lettre de change la ferait protester faute d'acceptation, si ce protêt ne produisait aucun effet : il faut donc voir quand le protêt faute d'acceptation peut produire quelque effet, et quel peut être cet effet.

2. Il est certain que le protêt faute d'acceptation d'une lettre de change payable dans une place où l'usage n'est pas d'accepter, ne peut produire aucun effet (1), puisqu'il n'est pas au pouvoir de celui qui proteste d'aller contre l'usage; et il n'y a que le protêt fait à l'échéance, faute de paiement, qui puisse produire le retour et recours avec changes et rechanges, à moins que la lettre de change ne portât la condition d'accepter à la présentation pour y payer au temps, comme l'on en voit quelquefois.

---

* Le Code de commerce, art. 160, a déterminé par une règle précise quel était ce temps convenable : il est de six mois pour le paiement ou la présentation des lettres payables à vue ou à tant de jours de vue.

(1) Protestatio non prodest in his quæ à potestate protestantis non dependent. Sc., § 1, quæst. 7, part. 2, ampliat. 8, num. 300, in fine.

3. Il est aussi certain que le protêt faute d'acceptation d'une lettre de change payable en foire, ou paiement qui aurait été fait hors le temps de la foire et du paiement, et avant le temps prescrit par les règlemens, ne pourrait produire aucun effet, parce qu'il serait prématuré, et contre la disposition de la loi. Il faut donc que le porteur s'attache à l'usage et aux règlemens : par exemple, à Lyon, il ne peut faire protester, faute d'acceptation, que les lettres de change qui sont payables en paiemens, à moins que la lettre de change ne portât autrement, comme il vient d'être dit ; et encore les lettres payables en paiemens, il ne faut les faire protester, faute d'acceptation, que le septième jour du paiement, suivant la disposition expresse du premier article du règlement du mois de juin 1667, autrement le protêt serait précipité et nul, et par conséquent ne pourrait produire aucun effet.

4. Mais le protêt faute d'acceptation étant fait pour les lettres payables en foires ou paiemens dans les temps permis, et pour les autres lettres de change en une place où l'usage n'y soit pas contraire, il est certain qu'il doit produire quelque effet.

5. Cet effet n'est pas toujours le même, il est différent suivant le lieu où la lettre de change doit être payée ; comme si c'est en foire ou paiemens de change, comme à Lyon, Noue, Francfort, Bolzan et autres, le porteur peut à l'instant s'en prévaloir (1), c'est-à-dire

---

(1) Tenere debemus secundum veram juris resolutionem et doctorum veriorem sententiam, quòd scribens litteras cambii sit obligatus ad faciendum eas acceptari et compleri, vel ad reddendam pecuniam. *Rota Genuens.*, *decis.* 4, *num.* 8.

Litteræ quæ non fuerunt acceptatæ ab illis quibus erant directæ,

retirer, et le tireur ne peut se dispenser de payer, avec les dommages et intérêts, qui sont les frais du protêt et retour, que l'on expliquera ci-après; à quoi il est condamné par corps, non-seulement suivant l'article 4 du tit. 34 de l'Ordonnance du mois d'avril 1667, l'article 1er du tit. 7 de l'Edit du mois de mars 1673, mais encore suivant l'usage universel de toutes les places.

6. Si la lettre de change n'est pas payable dans un lieu où il y a foire ou paiemens, ou qu'elle ne soit pas payable en paiemens, mais à usances ou à un terme un peu long, le porteur ne peut pas se prévaloir, ni retirer sur un protêt faute d'acceptation, et le tireur ne peut pas être contraint de rendre la valeur, ni à aucuns dommages et intérêts, qu'en vertu d'un protêt faute de paiement fait à l'échéance. La raison en est évidente, c'est que le porteur recevrait le remboursement avant le temps contre le gré du tireur, ce qui ne se peut.

7. Tout ce qu'on peut exiger d'un tireur sur un protêt faute d'acceptation d'une lettre de change de la qualité ci-dessus, c'est de donner des sûretés (1) qu'elle

---

imo protestatio damnorum et interesse secuta fuit ob moram interesse incurrit. *Rota Genuens:*, *decis.* 57, *num*. 2.

Défendons à nos Cours et à tous autres juges de condamner aucuns de nos sujets par corps en matière civile, sinon et en cas, etc., *de lettre de change, quand il y aura remise de place en place*. Or donnance du mois d'avril 1667, tit. 34, art. 4.

Ceux qui auront signé des lettres ou billets de change pourront être contraints par corps, etc. Edit du mois de mars 1673, tit. 7, art. 1er.

(1) In omnibus bonæ fidei judiciis, cùm nondùm dies præstandæ pecuniæ venit, si agat aliquis ad interponendam cautionem; eâ juxta causâ condemnatio fit. *L.* 41, *ff. de judiciis. L.* 31, *ff. de reb. auth. jud. poss. L. si ab arbitrio in fine, ff. qui satisdare cogantur*.

sera payée en son temps, comme des gages ou nantissemens, ou caution solvable; et, en cas de refus, l'on
pourrait contraindre à rendre la valeur, parce que le
protèt faute d'acceptation produit une juste présomption que la lettre ne sera pas payée à l'échéance, et le
tireur ne peut la détruire qu'en donnant des assurances
valables au contraire. *

8. La raison de la différence de l'effet du protèt faute
d'acceptation des lettres payables en foire ou paiemens,
et du protèt faute d'acceptation des lettres payables à
d'autres termes, est que la lettre qui est payable en
paiemens ou en foire est échue aussitôt qu'elle doit être
acceptée et peut être payée, puisque d'abord que la foire
où le paiement est ouvert, le terme qui lui est donné est
venu, au lieu que l'échéance des autres est encore
éloignée.

9. Que l'on oppose que l'on ne peut obtenir des contraintes avant la fin de la foire ou du paiement, qu'il faut
différer à s'en prévaloir jusqu'à la fin, parce qu'il
se pourra faire qu'avant la fin de la foire ou du paie-

---

* Le Code de commerce n'impose point aux porteurs de lettres de
change l'obligation de les présenter à l'acceptation; on est même assez
généralement dans l'usage d'attendre l'échéance pour se présenter chez le
tiré, excepté pour les lettres payables à vue ou à un délai de vue, dans
lesquelles la présentation est nécessaire. Le législateur a laissé à la
volonté du porteur le droit de se procurer ou de négliger la garantie
résultant de l'acceptation; mais il est évident que, si, voulant agir en
père de famille vigilant, un porteur de lettre de change juge à propos
de demander l'acceptation sans attendre l'échéance, celui sur qui la
lettre est tirée doit l'accepter ou la refuser dans les vingt-quatre heures;
et que, dans ce dernier cas, le porteur est autorisé, aux termes des
art. 118, 119, 120 du Code de commerce, à exiger des signataires
les sûretés convenables.

ment elle sera acceptée et payée, il est aisé de répondre que la durée de la foire et du paiement est donnée pour faciliter les négociations et les paiemens, et non pas pour les retarder. Afin que chacun paie ce qu'il doit en foire ou en paiement, et dispose de ses effets, il est nécessaire que lorsqu'il présente une lettre de change il soit assuré de l'état qu'il en doit faire, afin qu'il puisse prendre ses mesures, et donner un ordre à son commerce.

10. Et c'est pour cette raison que le règlement de la place de Lyon, du mois de juin 1667, porte à l'article premier que les acceptations des lettres de change commenceront en l'assemblée qui se fera à cet effet le premier jour du mois de chaque paiement, et continuera jusqu'au sixième jour inclusivement, après lesquelles les porteurs des lettres de change pourront les faire protester faute d'acceptation, et les renvoyer pour en retirer le remboursement avec les frais du retour.

11. Cet article permet,

1° De protester faute d'acceptation après le sixième jour inclusivement ;

2° Sur un tel protêt, de renvoyer la lettre de change, en tirer le remboursement avec les frais du retour.

Et comme il ne parle que des lettres payables en paiemens, il n'a pas d'application pour les autres.

Ce chapitre fournit trois maximes.

MAXIMES.

1. Le protêt faute d'acceptation fait prématurément, ne produit aucun effet.

2. Le protêt faute d'acceptation dûment fait en foire ou paiement, produit un retour sans attendre la fin de la foire ou du paiement.

3. Ce protêt faute d'acceptation, fait en place où l'on accepte, soit par l'usage, ou par l'ordre de la lettre, sert pour obliger le tireur à rendre la valeur, ou à donner des sûretés qu'elle sera payée à l'échéance.

CHAPITRE VIII.

DES ACCEPTATIONS DES LETTRES DE CHANGE.

1. Par l'acceptation celui à qui la lettre de change est adressée s'en rend débiteur principal, et le tireur n'en demeure plus que garant solidaire pour le paiement : mais ce n'est pas toujours au profit du porteur, car il y a deux cas auxquels le porteur n'en reçoit pas le paiement, et le protêt qu'il en fait ne lui donne aucun recours contre le tireur.

2. Le premier est lorsque celui sur qui la lettre de change est tirée se trouve créancier de celui qui en a donné la valeur ; alors il peut accepter la lettre de change pour payer à soi-même, étant bien juste qu'avant qu'il paie pour son débiteur, ou à son acquit, il soit payé lui-même (1), et pour lors il fait une compensation de ce qui lui est dû avec la lettre de change. Cette compensation est un véritable paiement, pourvu que ce qui lui est dû soit en état de compensation.

3. Quoique ce soit un usage ordinaire en Italie, à Lyon et ailleurs, fondé en raison et en équité autorisé par

---

(1) Ideò compensatio necessaria est, quia interest nostrâ, potiùs non solvere, quàm solutum repetere. *L*. 3, *ff. de compensat.*

Qui enim compensat, solvit. *Rota Genuens., decis.* 26, *num.* 32, *dec.* 214, *num.* 5.

des sentences de la Conservation, confirmées par arrêts, néanmoins ceux qui n'ont pas vu agiter cette question ont peine à comprendre d'une première vue la justice d'une telle acceptation ; mais, comme elle est conforme aux principes, il est à propos d'en démontrer l'évidence pour ôter tout sujet d'en douter.

. 4. Il est certain, comme nous l'avons montré dans le chapitre quatrième, que le contrat de change se fait entre le tireur et celui qui en donne la valeur : car ni le porteur, ni celui qui doit la payer, qui sont dans une autre place, ne donnent point leur consentement à la convention qui s'en fait ; et de conséquence il n'y a que le tireur et celui qui en donne la valeur qui soient parties principales, le porteur de la lettre de change ne pouvant être considéré que,

5. Ou comme préposé pour en recevoir le paiement, et comme procureur (1) de celui qui en a donné la valeur,

6. Ou comme propriétaire de la lettre de change.

. Si l'on considère le porteur de la première manière comme procureur de celui qui en a donné la valeur (2), personne ne doute que celui qui doit payer la lettre de change ne puisse lui opposer la même compensation qu'il pourrait opposer à celui qui en a donné la valeur. Or il est certain que si celui qui doit payer la lettre de change est créancier de (3) celui qui a

---

(1) Dùm solvitur adjecto, dicitur solvi creditori, quia reputatur procurator creditoris. *Sc.*, § 2, *gloss.* 7, *num.* 58.

(2) Negotium præsumitur pertinere principaliter ad eum qui numerat pecuniam, quia præsumitur pecunia sua, et appositus solutioni videtur adjectus, tanquam simplex procurator. *Sc.*, § 2, *gloss.* 7, *num.* 68.

(3) Si constat pecuniam invicem deberi, ipso jure pro soluto compensationem haberi oportet. *L.* 4, *Cod. de compensat.*

donné la valeur, la compensation se fait de droit et par conséquent:

7. Si l'on considère le porteur de lettre de change comme en étant le propriétaire, il ne l'est que par la médiation et par la cession que lui en fait celui qui en donne la valeur, sans laquelle la lettre de change n'aurait pas été faite. Or, c'est une maxime que l'on ne peut pas être de meilleure condition (1) que son auteur, par lequel l'on a droit; par conséquent, si celui qui a donné la valeur ne peut pas empêcher la compensation, le porteur, qui ne peut avoir de droit que par lui, ne peut pas l'empêcher non plus.

8. Et quand même le porteur prétendrait que la valeur eût été payée de ses deniers, il ne pourrait pas empêcher la compensation, à moins que la lettre de change n'en fît expresse mention, parce que la lettre de change ne peut appartenir qu'à celui de qui la valeur est déclarée.

9. Car, encore que le porteur prouverait qu'il a remis ses deniers, et donné ordre à celui qui a donné la valeur de prendre la lettre de change, cela ne peut que lui donner une action contre celui qui a donné la valeur, comme son commissionnaire de qui il a suivi la foi; mais nullement pour empêcher la compensation d'une lettre qui ne peut lui appartenir que par celui qui en a donné la valeur.

10. L'on ne doit donc plus douter que celui à qui la lettre de change est adressée étant légitime créancier de celui qui en a donné la valeur, il ne puisse l'accepter pour payer à lui-même par compensation.

_____

(1) Non debeo melioris conditionis esse quàm auctor meus, à quo jus in me trànsit. L. 175, § 2, ff. de Reg. Jur.

11. Car, quoique quelques-uns soient d'opinion que l'art. 2 du tit. 5 de l'Edit du commerce ayant abrogé toute sorte d'acceptations conditionnelles (puisqu'il ordonne que les lettres de change seront acceptées purement et simplement, et puisque après avoir abrogé en termes exprès le vu sans accepter, ou l'accepter pour répondre au temps, il conclut, et toutes autres acceptations sous condition); inférant par ces derniers mots que l'acceptation pour payer à soi-même soit une acceptation sous condition, abrogée et défendue par cet article, en sorte que depuis l'Edit du commerce elle ne puisse plus être pratiquée; néanmoins, en pénétrant cet article comme il doit l'être, il n'empêche point cette acceptation.

Car, si l'on examine les termes de cet article (abrogeons l'usage de les accepter verbalement, ou par ces mots : vu sans accepter, ou accepté pour répondre au temps); cette conclusion (et toutes autres acceptations sous condition) dans toute son étendue, l'on verra qu'elle détermine en quoi doit consister cette abrogation : c'est aux acceptations qui seront faites en des termes qui suspendent l'engagement à l'avenir (1); et que l'intention du Roi n'est pas que l'accepteur ne puisse point absolument faire que des acceptations pures et simples, ou qu'il n'en fasse point du tout, puisqu'il dit : lesquelles passeront pour refus, et pourront les lettres être protestées, sous peine de l'abrogation de ces acceptations suspensives et sous condition. L'on ne peut donc pas disconvenir que l'accepteur n'ait la liberté de mettre à son acceptation telle condition qu'il voudra,

---

(1) Itaque tunc potestatem conditionis obtinet, cùm in futurum confertur. L. 59, ff. de Rebus creditis.

en souffrant un protêt qui fera passer la condition qu'il met pour un refus.

Maintenant, supposé que les acceptations pour payer à soi-même soient comprises dans la disposition de l'art. 2 du titre 5 de l'Edit du commerce (quoiqu'elles doivent passer pour des acceptations pures et simples, puisque, par de telles acceptations, l'acceptant s'engage au donneur de valeur à l'instant, sans aucune suspension, au temps (1) à venir, et que le donneur de valeur, propriétaire de la lettre de change, profite d'abord de tout ce que porte la lettre de change, qui sont les qualités de l'acceptation pure et simple, au lieu que la qualité de l'acceptation conditionnelle, c'est de suspendre à l'avenir l'engagement); supposé donc que cette sorte d'acceptation soit abrogée pour toutes peines, elle passerait pour refus, et il y aura un protêt à la requête du porteur. L'effet de ce protêt est que le porteur, s'il est propriétaire de la lettre de change, recoure contre ses auteurs, jusqu'au donneur de valeur, et à ceux qui sont cause de la qualité de cette acceptation; que s'il n'est pas propriétaire, il la renvoie à ses auteurs, sans se mettre en peine d'autre chose : car de recourir contre le tireur, la qualité de payer à lui-même ne lui en donne aucun droit, par la raison qu'elle ne procède pas de son fait, mais du fait du donneur de valeur; que personne ne porte la peine de la faute et du dol d'autrui (2), et que le dol

----

(1) Nam conditionis propria et praecipua potestas est suspendere, differre, morari. Hanc potestatem non habet conditio, quae refertur ad praesens, vel praeteritum tempus; ergo non est proprie conditio. *Cujac.*, ad leg. 37 et 39 ff. de Reb. cred. in lib. 1 defin. *Papin.* edit. 1658, tom. 4, colomb. 624.

(2) Ex culpâ alterius non debet quis pœnam pati. *Glossa in L. meminerint N. Cod. unde 6.*

doit nuire à celui seulement qui l'a commis, comme le donneur de valeur : car le tireur a pleinement satisfait à tout ce qu'il doit, et est entièrement libéré dès que sa lettre de change est acceptée et payée à l'acquit de celui avec qui il a traité, qui est le donneur de valeur, comme elle l'est par l'acceptation qui en est faite pour payer à lui-même en compensation de sa dette (1).

Et le porteur est d'autant plus non recevable à agir contre le tireur, qu'il ne peut pas avoir plus de droit que le donneur de valeur, qui est son auteur, comme il a été montré. Or, si ce donneur de valeur voulait recourir contre le tireur, le tireur n'aurait qu'à lui dire : C'est à vous à vous garantir, puisque c'est votre fait (2).

Que si le porteur ne peut pas recourir contre le tireur, en vertu du protêt fait conformément à l'art. 2 du tit. 5 de l'Edit du commerce, nonobstant que celui à qui elle est adressée l'a acceptée pour payer à lui-même (comme il a été prouvé), il faut voir s'il peut quelque chose contre cet accepteur. Par l'exacte discussion ci-dessus faite des termes de l'article, toute la peine des acceptations abrogées est de passer pour refus, et que les lettres puissent être protestées; et par conséquent n'y ayant aucun terme qui donne d'action au porteur contre cet accepteur, quand il a accepté pour payer à lui-même, il est certain qu'il n'en peut pas avoir. Les

---

Dolus ei duntaxat nocere debet, qui eum admisit. *L.* 9, *ff. quæ in fraudem.*

Ne ex alienâ malignitate, alienum damnum emergat. *L.* 12, *Cod. de acquir. vel. retin. possess.*

(1) Ipso jure pro soluto compensationem haberi oportet, *L.* 4, *Cod. de comp.*

(2) De tuo etiam facto cavere debes. *L.* 9, *ff. mandat.*

lois sont de droit étroit, elles ne souffrent pas d'extension au-delà de leurs termes. Si l'intention du Roi eût
été que l'accepteur eût pu être engagé au porteur par
une telle acceptation, l'article porterait : et convertissons
toutes acceptations sous condition en pures et simples ;
mais une telle clause aurait blessé la justice, elle aurait
contraint un accepteur créancier du donneur de valeur
d'être le ministre de la fraude que son débiteur lui fait,
en négociant impunément une somme que la bonne foi
veut être employée à son paiement. Cela est tellement
contraire à l'intention de Sa Majesté, que, par l'art. 25
du même titre, elle maintient les redevables, qui sont
les accepteurs, dans le droit de compenser avec les
propriétaires de la lettre de change, comme les donneurs
de valeur.

12. Cette question éclaircie, il faut voir si le porteur
peut obliger cet accepteur de justifier sa créance aux
termes de la compensation, et, faute de le faire, couvrir
son acceptation conditionnelle en pure et simple.

13. Si le porteur de la lettre de change n'a aucun
intérêt propre en la lettre de change, il ne pourrait pas
demander cette justification sans une procuration expresse de celui qui en a donné la valeur, parce que celui
qui n'a aucun intérêt est sans action ; et même l'on
pourrait dire qu'il devrait agir au nom de celui qui a
donné la valeur, qui est le véritable propriétaire de la
lettre de change, parce qu'en France il n'y a que le Roi
qui plaide par procureur.

14. Que si le porteur est propriétaire de la lettre de
change, en le prouvant il pourrait obliger l'acceptant à
justifier sa créance: mais, parce que, pour le faire dans
l'ordre, la présence de celui qui a donné la valeur, et qui
est le débiteur réel ou présumé, y est nécessaire, il doit

être mis en cause à la diligence du porteur, comme étant son auteur ou son garant.

15. Comme c'est une maxime que la compensation ne se fait que de liquide à liquide, il est à propos de voir quelle créance est réputée liquide et capable de compensation, pour ôter l'équivoque de ceux qui s'imaginent qu'une créance n'est pas liquide, si elle n'est pas établie par des titres d'exécution parée, qui est une sentence, un acte passé par-devant notaires, une lettre de change acceptée ou protestée.

16. Une créance est liquide lorsque la quantité en est certaine (1), parce que liquide ne signifie que certitude de la somme, liquide et certaine étant termes synonymes, ainsi qu'il paraît par la loi 4, au Cod. *de Sententiâ quæ sine certâ quantitate profertur*, et par l'Ordonnance du mois d'avril 1667, au tit. 26, art. 6, où il est dit que toutes sentences, jugemens et arrêts qui condamneront à des intérêts ou à des arrérages, en contiendront la liquidation ou calcul, c'est-à-dire la somme certaine ; et le titre 30 est entièrement pour rendre certaine la quantité ou le prix des fruits par la liquidation, aussi bien que le titre 52 pour les dommages et intérêts.

17. Et même une créance dont la somme n'est pas certaine, ne laisse pas de passer pour liquide (2), pourvu qu'elle puisse promptement être liquidée.

---

(1) Hâc sententiâ, quæ bona accepisti solve : cùm incertum esset, quid accepisset ; quantumcumque ab eo peteretur, præsertim cùm ipse qui extra ordinem judicabat, interlocutus sit dotem datam quæ repeteretur, liquidam esse, judicati auctoritate non utitur. *L. 4, Cod. de Sent. quæ fine cert. quant. prof.*

(2) Pro liquido tamen habendum est, quod impromptu liquidari potest. *Cod. Fab. de compensat. defin.* 2. *num.* 2.

18. Et il est si vrai que pour une créance liquide il ne faut que la certitude (1), sans titre d'exécution, qu'une dette purement naturelle entre en compensation, et qu'une action même et un procès peuvent être mis en compensation.

19. De quelque manière donc que soit la créance, pourvu que la quantité en soit certaine, elle peut être compensée, et la preuve peut en être faite, soit par le serment (2) du débiteur, soit par sa seule confession, soit par ses lettres, ou par toute autre preuve légitime.

20. Si néanmoins le terme de la créance n'était pas échu (3), elle ne pourrait pas entrer en compensation, par la maxime vulgaire, qui a terme ne doit rien.

21. Pourvu donc que celui à qui la lettre de change est adressée soit créancier d'une somme certaine, ou qui puisse promptement être rendue certaine, et qu'elle soit échue, la preuve présupposée, l'on ne peut pas l'empêcher d'accepter la lettre de change pour payer à lui-même par compensation, et le porteur ne peut avoir son recours contre celui qui en a donné la valeur.

22. Le second cas auquel, en cas que la lettre de change soit acceptée, néanmoins le porteur n'en reçoit pas le paiement, est lorsque quelque créancier de celui

(1) Etiam quod naturâ debetur venit in compensationem. *L.* 6, *ff. de compens.* In compensationem etiam id deducitur, quo nomine cum actore lis contestata est, ne diligentior quisque deterioris conditionis habeatur, si ei compensatio denegetur. *L.* 3, *ff. de compens.*

(2) Jusjurandum speciem transactionis continet, majoremque auctoritatem habet quàm res judicata. *L.* 2, *ff. de jurejur.* Confessus pro judicato est, qui quodam modo suâ sententiâ damnatur. *L.* 1, *ff. de Conf.*

(3) Quod in diem debetur non compensabitur antequam dies venit, quanquam dari oporteat. *L.* 7, *ff. de compensat.*

qui en a donné la valeur a fait saisir et arrêter, par autorité de justice, ce qui lui est dû, et pourra être dû entre les mains de celui sur qui la lettre de change est tirée avant qu'il l'ait acceptée : car alors il ne peut accepter la lettre de change que pour payer, ainsi qu'il sera ordonné par justice avec le saisissant.

Et si la cause de la saisie est légitime, le porteur n'en peut empêcher l'effet, par les mêmes raisons qui ont été dites ci-dessus à l'égard de la compensation : car il est certain que celui qui a donné la valeur de la lettre de change en est le véritable propriétaire jusqu'à l'acceptation ; qu'il ne peut y donner plus de droit qu'il y en avait (1), et que, comme il ne pourrait empêcher l'effet de la saisie, celui qui en est le porteur ne peut pas l'empêcher.

23. Hors des deux cas ci-dessus, l'acceptation est toujours pour payer au porteur, ou purement et simplement, au désir de la lettre de change, ou sous diverses conditions, tant du temps que de la somme : car celui qui accepte a la liberté de mettre telle condition que bon lui semble, soit pour la prolongation du terme, pour la diminution de la somme, et pour la forme du paiement purement et simplement et sous protêt, pour honneur du tireur de celui qui a donné la valeur, ou de quelqu'un qui aura mis son ordre, comme il sera dit ci-après. Mais dans tous les cas où les acceptations ne sont pas pures et simples, au désir de la lettre, sans aucune condition pour le terme, pour la somme et pour la forme du paiement, le porteur est obligé de protester ; moyennant quoi le tireur, ou celui pour compte de qui la lettre est

(1) Nemo plus juris transferre ad alium potest , quàm ipse habet. L. 54, ff. de Reg. Juris.

faite, doit réparer tous les dommages de ces conditions, sauf à recourir contre l'acceptant, au cas qu'il n'ait eu aucune raison de les mettre dans son acceptation.

L'on recueille trois maximes de ce chapitre.

MAXIMES.

1. Lorsque celui à qui la lettre de change est adressée est créancier de celui qui en a donné la valeur, il peut l'accepter pour payer à lui-même, pourvu que sa créance soit liquide, échue ou échéant aussitôt que la lettre de change, c'est-à-dire en état de compensation. *

---

* La puissance des raisons et des autorités sur lesquelles La Serra a établi l'opinion émise dans cette maxime, lui a procuré un suffrage d'un bien grand poids, celui de Pothier, qui enseigne la même doctrine, et, pour la justifier, se borne à dire : tel est l'avis de La Serra. *Contrat de change*, n° 47. Quoiqu'il soit difficile de répondre en droit aux argumens de La-Serra, qui sont présentés avec une logique claire et vigoureuse, à laquelle il faut rendre hommage, le système qu'il établit me paraît, comme l'a observé M. Delvincourt, présenter de grands inconvéniens. Le Code de commerce établissant dans plusieurs articles, et notamment dans l'art. 160, que tous les signataires d'une lettre de change sont tenus à la garantie solidaire à l'égard du porteur, il est vrai de dire que celui qui prend une lettre de change a le droit d'en regarder tous les signataires, sans exception, comme ses garans. L'accepteur peut-il modifier les droits du porteur en acceptant pour payer à lui-même ? Je crois que cela serait très-nuisible à la facilité de circulation, si importante pour les lettres de change. Quand le porteur de la lettre n'en est pas propriétaire, mais se présente comme mandataire, la doctrine de La Serra est applicable sans aucune difficulté ; mais quand le porteur est propriétaire, ce cas me semble très-différent. On peut objecter, il est vrai, que le tiré ayant le droit de refuser purement et simplement son acceptation, il doit pouvoir accepter pour payer à lui-même, sauf au porteur à agir comme il le jugera convenable après une pareille

2. Une créance est liquide lorsque la quantité est certaine.

---

acceptation. Mais n'est-il pas évident que le recours du porteur doit alors s'arrêter nécessairement au donneur de valeur, à moins que l'on ne voulût rendre le tireur responsable de cette compensation, ce qui serait souverainement injuste ? Le nœud de la difficulté me paraît consister dans l'argument de La Serra, que le porteur ne saurait être de meilleure condition que son auteur, d'après la fameuse maxime : *Nemo plus juris*, etc. ; et il faut convenir que cette objection est très-forte, du moins à mes yeux. Mais n'est-ce pas ici le cas d'une des nombreuses modifications que comporte cette maxime générale ? Je le penserais : il arrive tous les jours qu'un individu soit mieux traité que ses auteurs ; et, pour me borner à la lettre de change, n'est-il pas notoire que les héritiers du signataire ne sont pas sujets à la contrainte par corps, malgré la maxime : *Non debeo melioris conditionis esse quàm auctor meus, à quo jus in me transit ?* L'acquéreur de bonne foi n'acquiert-il pas au moyen d'une prescription de dix ans, ce que souvent son auteur n'aurait pu acquérir que par trente ? En matière de lettre de change, la loi déclare que la propriété en est transmise par un simple endossement ; lorsque le donneur de valeur a endossé la lettre, il s'est donc dépouillé de la propriété, et l'a fait passer sur la tête du cessionnaire. Mais a-t-il en même temps transmis l'obligation de solder sa dette à l'égard du tiré ? Je ne vois aucun texte de loi qui le dise ; ce serait établir une espèce d'hypothèque mobilière qui suivrait la lettre en toutes mains. Je conçois bien, parce que la loi l'a dit, qu'un immeuble vendu ou cédé passe au cessionnaire avec ses charges et hypothèques ; mais lorsque, pour éviter les lenteurs et les formalités des transports ordinaires, dans la vue de faciliter la circulation des lettres de change, le législateur a établi le principe de la transmission de propriété par un simple endossement, je ne crois pas que ce soit entrer dans son esprit que de grever les endossemens de l'obligation d'acquitter les dettes de ceux qui les ont souscrits. Un cessionnaire ne peut pas avoir plus de droit que son cédant, cela est vrai ; d'où la conséquence que, si ce cessionnaire réunissait, comme le faisait son cédant avant la cession, les deux qualités de créancier et de débiteur, l'accepteur pourrait lui opposer la compensation, ce qui est incontestable : mais les deux qualités ne

3. Lorsque la lettre de change est protestée par le fait de celui qui en a donné la valeur, celui qui la tire n'en est pas tenu.

CHAPITRE IX.

DES ACCEPTATIONS SOUS PROTÊT, ET SOUS PROTÊT POUR METTRE A COMPTE, VULGAIREMENT DITES S. P. ET S. P. C.

Il arrive souvent que celui sur qui la lettre de change est tirée ne la veut point accepter et payer, ou ne veut pas l'accepter pour la payer suivant l'ordre qui lui est donné. Il ne la veut pas accepter du tout lorsqu'il n'a point d'effets de celui pour compte de qui elle est tirée, qu'il ne veut point lui faire crédit; ou que, s'il a de ses effets, où qu'il veuille bien lui faire crédit, il n'aura pas reçu ses ordres, et il ne veut pas suivre la foi du tireur.

2. Il ne veut pas l'accepter pour la payer suivant l'ordre contenu dans la lettre d'avis du tireur, lorsqu'il n'en a point de celui pour compte de qui elle est tirée, ou qu'il n'a point de ses effets, ou qu'il ne veut point lui fier; mais il fierait bien au tireur.

3. Pour donner plus de jour à ces propositions, il est

---

se trouvent pas chez le porteur; l'endossement n'a fait passer sur sa tête que celle de créancier; le cédant ne lui a cédé que ses droits actifs, seul objet de l'endossement. Le cessionnaire n'a pas plus de droits que son auteur; il a comme celui-ci, avant la cession, le droit de réclamer le montant de la lettre de change qui lui a été cédée, avec la différence qu'il n'est pas obligé à acquitter une dette envers l'accepteur, par la raison toute simple que, n'ayant pas contracté avec lui, cette dette est à son égard *res inter alias acta.*

à propos d'en faire un exemple. Un particulier de Lyon a tiré une lettre de change à un autre de Paris, de l'ordre et pour le compte d'un marchand de Bordeaux ; celui de Paris n'a point d'ordre de celui de Bordeaux, ou, s'il a ordre, il n'a pas de ses effets ; il ne veut point lui fier son bien, ce qui donne lieu à un protèt de la lettre de change qui produirait des préjudices considérables au tireur, à celui qui en a donné la valeur, et à ceux qui ont mis des ordres, soit pour leur réputation, soit pour les dommages et intérêts.

4. Pour empêcher ces préjudices, l'on a introduit les acceptations sous protèt, qui peuvent être faites par toutes personnes, soit celui sur qui elle est tirée, soit le porteur, soit tierce persone, qui n'ont aucun intérêt dans la chose.

5. La manière de le faire est, 1° que dans le protèt il soit mis à peu près ce qui s'ensuit : si c'est celui sur qui la lettre de change est tirée qui l'accepte, lequel a fait réponse que, faute de provision ou d'ordre de celui pour compte de qui ladite lettre de change est tirée, il ne peut l'accepter purement et simplement, mais il l'accepte sous protèt pour honneur du tireur ou de celui qui en a donné la valeur, ou de celui qui a mis l'ordre ; 2° il écrit sur la lettre de change acceptée : S. P. à Paris, ce   de   1679.

6. Que si c'est le porteur qui l'accepte sous protèt, il faut que dans le protèt, après la forme ordinaire, l'on mette : et ledit tel a accepté ladite lettre sous protèt, pour se la payer pour honneur du tireur, ou de celui qui en a donné la valeur, ou de celui qui a mis des ordres.

7. Que si c'est un tiers, après toutes les clauses du protèt, l'on met : et est comparu un tel, lequel a déclaré que, pour faire honneur à

tireur, ou bien qui a donné la valeur, ou qui a mis son ordre sur ladite lettre de change, il l'accepte sous protèt.

8. Tel est l'usage universellement pratiqué partout; et il ne faut pas croire que l'art. 3 du titre 5 de l'Édit du commerce du mois de mars 1673 y ait apporté aucun changement, et qu'il ait privé celui sur qui la lettre de change est tirée de la faculté de l'accepter sous protèt, en disant : en cas de protèt de la lettre de change, elle pourra être acquittée par tout autre que celui sur qui elle aura été tirée ; car cela doit être entendu, s'il ne l'accepte pas lui-même sous protèt, puisque c'est une maxime dans le commerce, que celui sur qui une lettre de change est tirée peut, sans s'arrêter à l'ordre porté par la lettre d'avis, la payer sous protèt, et retenir le tireur obligé (1).

9. Et parce que les négocians aiment la brièveté, ils ont coutume d'écrire, acceptée S. P., signifiant par les lettres initiales, S. sous, P. protèt.

10. Celui qui a payé une lettre de change sous protèt fait utilement les affaires de ceux qui y sont obligés; il a non-seulement une action contre celui pour l'honneur de qui il l'a payée (2), mais contre tous ceux qui

---

(1) Recipiens litteras cambii, et mandatum de solvendo potest, non observato ordine, solvere summam honore litterarum super protestu, et retinere obligatum scribentem à quo exigere potest nulla facta notitia de ordine non acceptato. *Rota Genuens.*, *decis*. 23. *So.*, § 2, *glos*. 5, *n*. 338.

(2) Conclusio in jure est vera quod quis potest solvere pro aliquo obligato et solvendo, et per solutionem liberando eum, acquirit contra eum actionem negotiorum gestorum. *L. solvendo, ff. de negot. gest.* Et in terminis est stylus et consuetudo, quod unusquisque potest litteras cambii solvere, etiam ei non directas, etc. *Rota Genuens.*, *decis*. 6, *n*. 7.

se trouvent obligés à celui pour l'honneur de qui il paie,
soit pour avoir donné la valeur ou mis des ordres, s'il
paie pour l'honneur de celui qui a mis le dernier ordre,
ce qui se doit entendre pour la garantie, mais non pas
pour tirer sur quelle place il lui plaira, ainsi que peut
faire le porteur quand la lettre est purement protestée:
car celui qui a payé sous protêt est obligé de faire savoir
au plus tôt à celui pour l'honneur de qui il paie, et il ne
peut tirer (1) qu'à lui, ou faute d'occasion pour ce lieu-
là, au plus prochain pour où il trouve occasion; et la
raison est que celui qui fait les affaires d'autrui doit les
faire le plus utilement qu'il se peut. Or ce ne serait pas
les faire utilement que de différer à l'avertir de ce qui
se passe, parce que dans le délai celui contre qui il
pourrait exercer sa garantie venant à faillir, on le pri-
verait de la faculté de l'exercer; et si l'on faisait rouler
le remboursement sur les places éloignées, l'on se sur-

---

(1) Declara secundo ut solvens supra protestum, ideo volens retinere obligatum eum, qui scripsit litteras, debeat ultra prædicta, in
præcedenti primâ declaratione, mittere debitum, id est facere solito
tempore tractam ejusdem summæ, quam ipse solvit ad eumdem locum in eumdem qui sibi traxit, etc. Salvo impedimento, et salvo casu
quo ordo esset aliter datus, et salvo etiam casu quo in eo loco unde
tracta processit, non esset solitum cambiri, vel tunc non reperiretur,
qui vellet cambio dare, etc. Quod fundatur in dispositione juris
communis: nam solvens litteras supra protestum, supponit se gerere
utile negotium illius qui scripsit litteras, *ut dixi suprà, num.* 364
et 565. Sed hoc suppositum est falsum, quandò ex istâ solutione in
tempore non notificata saltem per viam reflexæ tractæ potest ei
imminere periculum, ut interim ejus debitor, quem voluit delegare,
et ignorat non esse acceptatum, decoquat ut in casu, de quo (*Rota
Genuens., decis.* 6 et *decis.* 23); vel quandò facit tractam in alium
locum, in quo debitori gravior est solutio, quia his casibus non gerit
utiliter negotium. *Sc.,* § 2, *glossa* 5, *n.* 388.

chargerait de frais, et l'on rendrait l'acquit plus difficile, ce qui serait contre toute sorte de justice.

11. Il n'est pas toujours vrai que celui qui paie une lettre de change sous protêt demeure subrogé en tous les droits du porteur, ainsi que porte l'art. 3, tit. 5 de l'Édit de commerce : car il est impossible que celui qui paie sons protêt pour l'honneur du tireur, et qui par conséquent le libère des actions que ceux qui ont mis des ordres et celui qui a donné la valeur auraient contre lui pour la garantie de la lettre de change, acquière des droits et des actions contre ces gens-là; et la disposition de cet article ne peut avoir lieu que lorsque l'on paie pour honneur de celui qui a mis le dernier ordre, contre lequel l'on a action pour avoir payé pour lui, et contre tous les autres qui lui sont obligés, soit pour avoir mis des ordres précédens, soit pour avoir payé la valeur, ou pour avoir tiré la lettre de change.

12. Lorsque celui sur qui la lettre de change est tirée pour compte de quelque particulier pour lequel il ne veut pas la payer, a des effets du tireur à qui il veut faire honneur, il l'accepte sous protêt pour mettre à compte, que l'on écrit par la brièveté ordinaire entre les négocians, S. P. C., c'est-à-dire qu'il ne tirera pas pour remboursement, mais qu'il se contente de mettre le paiement à compte du tireur.

13. L'on voit quelquefois que celui sur qui la lettre de change est tirée met son acceptation en ces termes : acceptée libre ou sous protêt, ce qui arrive en deux cas : le premier, lorsque la lettre de change lui est tirée pour le compte d'un particulier qui lui fait espérer de remettre les fonds pour la payer avant l'échéance; et, par cette acceptation, il déclare que, s'il reçoit les fonds promis, il paiera la lettre de change librement, et s'il ne les reçoit

pas, il veut avoir le tireur pour obligé. Le second cas est lorsqu'il a des fonds de celui du compte de qui la lettre de change est tirée, mais qu'il n'a pas reçu son ordre ; et dans l'incertitude s'il le recevra, il accepte en cette forme pour marquer que, s'il le reçoit, il accepte la lettre librement ; et s'il ne le reçoit pas, il l'accepte sous protêt pour l'honneur du tireur.

14. Comme la faculté d'accepter sous protêt une lettre de change appartient à toute sorte de personnes, ainsi qu'il a été expliqué ci-dessus, que l'on peut réduire à trois : celui sur qui elle est tirée, le porteur et toute autre tierce personne ; il faut savoir, si concourant tous à vouloir accepter et payer sous protêt une lettre de change, qui doit être préféré.

15. Premièrement, si quelqu'un a ordre de celui pour compte de qui elle est tirée, ou du tireur, de le faire, il doit être préféré, parce que celui pour compte de qui elle est tirée est le maître de se faire libérer par qui il lui plaît.

16. Secondement, si quelqu'un a ordre du tireur, il doit être préféré aux autres.

17. Troisièmement, si celui sur qui la lettre de change est tirée l'accepte libre ou sous protêt, il doit être préféré, par l'espérance de la payer librement, et même s'il l'accepte pour mettre à compte, parce qu'en épargnant au tireur les frais de retour, il fait ses affaires plus utilement.

18. Quatrièmement, s'il ne veut l'accepter que sous protêt pour honneur du tireur, et que celui qui en est porteur veuille pareillement l'accepter sous protêt pour l'honneur du tireur, le porteur est préféré, et après

29

lui celui sur qui elle est tirée, et ensuite toute tierce personne (1).

19. Cinquièmement, celui qui veut accepter sous protêt pour honneur du tireur, doit être préféré à ceux qui veulent accepter pour honneur de ceux qui ont mis des ordres.

20. Enfin, celui qui veut accepter sous protêt pour honneur de celui qui a mis un premier ordre, doit être préféré à celui qui veut accepter sous protêt pour honneur de ceux qui ont mis des ordres postérieurs : et la raison de cela est qu'il faut préférer ceux qui éteignent le plus d'obligations.

21. Quoiqu'en payant sous protêt une lettre de change, on libère celui pour l'honneur de qui on l'a payée, et qu'en droit, en payant, on libère un débiteur malgré lui, néanmoins on ne peut pas payer une lettre de change sous protêt, quand celui pour l'honneur de qui l'on veut la payer en a fait signifier des défenses; que si on le faisait, on n'acquerrait aucune action contre lui (2).

22. Lorsque la banqueroute du tireur est publique-

---

(1) Declara tertiò ut facultas solvendi supra protestum competat gradatim, hoc ordine : 1° competit illi qui vult solvere liberè, quisque ille sit; hic enim præfertur omnibus volentibus solvere supra protestum ; 2° competit illi qui debet cambium recipere; tertio verò loco competit illi cui facta est tracta. So., § 2, glossa 5, num. 389.

(2) Secundò quisque pro alio licet invito et ignorante liberat eum. L. 39, ff. de negot. gest. Declara quartò ut nemo possit facere solutionem super protestu honore litterarum, quandò aliquis mercator habens ad hoc speciale mandatum intimasset, et protestatus esset, ne quis litteras talis tractæ solveret super protestu; nam tertius potest solvere, ignorante et invito debitore, quandò debitor non est præsens,

ment connue, il n'est plus permis d'accepter (1), ni librement, ni sous protêt, aucune de ses lettres. Et il en est de même d'accepter sous protêt pour honneur de celui qui a donné la valeur ou mis des ordres après la la faillite publiquement connue, parce que ce serait donner lieu à favoriser le porteur et ceux qui lui seraient obligés en fraude des créanciers; ce qu'étant, ils pourraient faire révoquer tout ce qui aurait été fait à leur préjudice.

Ce chapitre fournit six maximes.*

MAXIMES.

1. Comme c'est faire inutilement les affaires de tous

---

et non prohibet; sed si adsit, et prohibeat, malè iste tertius solvit, et ob id nulla ei acquiritur actio contra ipsum debitorem. *Sc.*, *num.* 590.

(1) Declara quintò ut post habitam notitiam, seu publicam vocem, et famam de decoctione trahentis debitum, nemo possit illam tractam acceptare, nec liberè, nec super protestu. *Sc.*, *n.* 591.

Qui verò post bona possessa debitum suum recipit, hunc in portionem vocandum, exæquandumque cæteris creditoribus: neque enim debuit præripere cæteris post bona possessa, cùm jam par conditio omnium creditorum facta esset. *L.* 6, § 7, *ff. quæ in fraudem credit.*

* Les principes établis dans ces maximes se trouvent consacrés, sans aucune modification remarquable, dans les art. 126, 127, 128, 158, 159, du Code de commerce. La prohibition renfermée dans la 6e maxime ne se lit point dans le Code; mais elle résulte de la nature des choses: dès l'ouverture d'une faillite, tout l'actif appartient aux créanciers; les provisions que le failli a pu envoyer pour acquitter des lettres tombent dans la masse. Celui qui, en pareilles circonstances, accepterait sciemment des lettres de change pour lesquelles il aurait provision, serait regardé avec raison comme voulant avantager les porteurs au détriment de la masse, et ayant agi en fraude des créanciers: ce serait donc le cas d'appliquer l'art. 447 du Cod. de com.

les obligés à la lettre de change, que de l'accepter sous protêt, toutes les personnes, savoir, le porteur, celui sur qui elle est tirée, et toute tierce personne, le peuvent faire.

2. Celui qui paie une lettre de change sous protêt a une action contre celui pour l'honneur de qui il paie, et contre tous ses auteurs.

3. Celui qui paie une lettre de change sous protêt est obligé d'en avertir au plus tôt celui pour l'honneur de qui il paie, et ne peut tirer sur d'autres places qu'à défaut d'occasions; et en ce cas il doit tirer sur la plus prochaine.

4. En concurrence des personnes qui veulent accepter une lettre de change sous protêt, l'on préfère : 1" celui qui a ordre de la personne pour compte de qui la lettre de change est tirée ; 2° celui qui a ordre du tireur ; 3° celui sur qui la lettre de change est tirée, s'il l'accepte libre ou sous protêt, ou pour mettre à compte ; 4° celui qui veut l'accepter pour honneur du tireur est préféré à ceux qui ne veulent accepter que pour honneur des ordres ; 5° en concurrence de plusieurs qui veulent accepter d'une même manière, le porteur est préféré, et après lui celui sur qui elle est tirée ; 6° celui qui accepte sous protêt pour honneur d'un premier ordre, est préféré à celui qui n'accepte sous protêt que pour honneur d'un ordre postérieur.

5. L'on ne peut accepter une lettre de change sous protêt pour honneur de quelqu'un, s'il y a défense de le faire.

6. L'on ne peut accepter ni sous protêt, ni librement, pour compte de quelqu'un, lorsque la faillite est publique.

CHAPITRE X.

Si celui qui accepte une Lettre de change peut se rétracter.

Comme l'acceptation est un engagement de payer la lettre de change, il s'agit de savoir si celui qui l'a acceptée peut se rétracter, soit pour n'avoir pas reçu les fonds qu'on lui avait fait espérer, soit parce que le tireur sera failli, soit parce que le tireur postérieurement a donné ordre de ne pas payer.

2. La règle générale est que celui qui a accepté ne peut pas se rétracter (1), ni se dispenser de payer : il a pu ne pas s'engager, s'il n'avait pas la provision ; mais, s'étant engagé par son acceptation, il a suivi la foi du tireur qu'il devait connaître.

3. Pour ce qui est du tireur, il ne peut pas révoquer son ordre de payer, les choses n'étant plus en état, comme elles ne le sont plus dès que la lettre de change est acceptée.

4. Cette règle reçoit pourtant une exception qui est, si une lettre de change est tirée lors de la faillite pro-

---

(1) Quæro xi an is qui acceptavit solvere litteras cambii possit pœnitere, et recusare earum solutionem, præsertim si post transmissas ad se litteras, is qui litteras facit, decoxerit ? Respondeo quod acceptatis litteris, non potest illarum solutionem recusare, quamvis debitor decoxerit. *So.*, § 2, *glossa* 5, *num.* 327.

Qui cum alio contrahit, vel est, vel debet esse non ignarus conditionis ejus. *L.* 19 *ff.*, *de Reg. Jur.*

Amplia secundò, ut multò magis procedat quando litteræ cambii essent jam acceptatæ, quia tunc non posset revocari. *Sc.*, *num.* 449.

chaine, et envoyée par une voie extraordinaire pour
la faire accepter, en sorte que, si elle n'avait été envoyée
que par la voie ordinaire, la faillite du tireur aurait pu
être connue avant l'acceptation ; en ce cas celui qui a
accepté peut être restitué (1) et déchargé de son acceptation, parce qu'elle a été surprise par une espèce de
dol et de tromperie, blâmable par les lois.*

5. Il est arrivé deux cas pour rétracter l'acceptation, qui sont assez considérables pour avoir place dans
ce chapitre.

6. Par un abus passé en coutume à Paris, les porteurs
de lettres de change, lorsqu'ils les présentent pour les
faire accepter, si ceux sur qui elles sont tirées ne se
trouvent pas au logis, ou ne sont pas de commodité de
les accepter sur-le-champ, ils les laissent entre les mains
des domestiques de ceux sur qui elles sont tirées, jus-

---

(1) Quæ dolo malo facta esse dicentur, si de his rebus alia actio non
erit, et justa causa esse videbitur, judicium dabo. *L.* 1, § ff., *de dolo
malo.*

* M. Locré, examinant ce point de jurisprudence, ne voit dans l'expédition d'un courrier extraordinaire que la diligence d'un père de famille
qui ne peut motiver aucune critique contre une acceptation obtenue
par ce moyen. Cette opinion étonne quand on sait que l'usage général
du commerce est de ne point même demander l'acceptation. Le Code
n'accordant pour délibérer que le délai fort court de 24 heures, la
doctrine de La Serra, suivie par Pothier, me paraît incontestable. On
dira que ce système peut faire naître des procès : c'est sans doute
un grand malheur ; mais il serait bien plus grand, si une pareille
crainte portait à tolérer des fraudes : la bonne foi est la base non-
seulement du commerce, comme on le dit ordinairement, mais de
l'édifice social tout entier. Le Code ayant décidé que l'accepteur ne
serait point restituable malgré la faillite, ce principe est déjà assez
sévère pour qu'on n'accorde pas une prime d'encouragement au
porteur qui, à force de vitesse, obtiendrait par surprise une acceptation précipitée.

qu'au lendemain, et quelquefois deux ou trois jours : c'est ce qui a donné lieu aux deux cas suivans, parce que dans l'intervalle de temps que les lettres sont demeurées chez ceux à qui elles étaient adressées, ils ont eu avis de la faillite des tireurs; et comme ils avaient écrit sur les lettres de change (accepté un tel jour, etc.), et qu'ils avaient entre leurs mains les lettres de change, ils ont prétendu se dégager de leur acceptation, mais par différens moyens.

7. Le premier a rayé l'acceptation qu'il avait écrite, ce qui a donné lieu à une contestation : le porteur soutenait que celui à qui la lettre de change avait été adressée, ayant écrit sur la lettre de change, acceptée, il n'avait pu rayer cette acceptation (1), et qu'elle devait l'obliger au paiement, comme si elle n'était pas rayée.

Celui sur qui la lettre de change était tirée disait que l'engagement de l'acceptation n'était que par la délivrance au porteur (2), que jusqu'alors les choses étaient entières, qu'il était le maître de sa signature, qu'il avait pu rayer et rétracter son acceptation ; et de fait il en fut déchargé avec raison, parce que si la partie qui a signé un contrat chez un notaire peut rayer sa signature, tant que l'autre partie au même contrat ne l'a pas signé, comme il est certain, à plus forte raison celui qui ne s'est point dessaisi de sa signature peut la canceller tant qu'elle est en son pouvoir.

8. Le second qui a donné lieu à l'autre cas, ou ne s'avisa pas de rayer son acceptation, ou ne crut pas être

---

(1) Quod semel placuit ampliùs displicere non potest. *De Reg. Jur. in sexto.*

(2) Fallit hæc regula ex causâ supervenienti, vel de novo ad notitiam perveniente. *Glossa in dictâ Regul.*

suffisamment en sûreté ; mais lorsque le porteur vint demander la lettre, il dit qu'il l'avait égarée, et que le porteur fît venir la seconde.

9. Le porteur ne se trouva pas satisfait de cette conduite ; c'est pourquoi, s'étant pourvu par sentence confirmée par arrêt, l'on jugea que la rétention de la lettre de change produisait tacitement, et équipollait une acceptation (1) ; en conséquence de quoi celui sur qui elle était tirée fut condamné à payer.

L'on peut tirer quatre maximes de ce chapitre. *

MAXIMES.

1. L'acceptant ne se peut pas rétracter et doit payer, quoiqu'il arrive, lorsqu'il a délivré son acceptation au porteur qui est dans la bonne foi, et ses auteurs aussi.

2. Lorsque l'acceptation d'une lettre de change a été surprise, l'acceptant peut s'en faire décharger.

3. Tant que l'acceptant est maître de sa signature, c'est-à-dire qu'il n'a pas délivré la lettre de change, il peut rayer son acceptation ; mais après la délivrance, quand même elle reviendrait entre ses mains, il ne peut rayer son acceptation.

4. Lorsque celui sur qui la lettre de change est tirée la retient, sous prétexte de l'avoir égarée ou autrement, cette rétention vaut acceptation.

---

(1) Acceptatio fit tacitè per receptionem et retentionem litterarum. *Scaccia*, §. 2, *gloss.* 4, *num.* 335.

* Tous les principes établis dans ces maximes doivent être suivis sous l'empire du Code, à l'exception de ce qui est enseigné dans la quatrième. Le législateur moderne, adoptant l'avis de Pothier, décide, dans l'article 125 du Cod. de com., que la rétention de la ettre de change ne vaut pas acceptation, mais donne lieu seulement à des dommages-intérêts, ce qui est plus équitable.

CHAPITRE XI.

Si le Tireur est libéré lorsque la lettre de change est acceptée.

1. La faillite de l'acceptant a donné lieu à cette question, parce que, si le tireur est libéré par l'acceptation, cette faillite est aux périls et risques du porteur; que si le tireur n'est pas libéré par l'acceptation, elle est à ses périls, risques et fortune.

2. Ceux qui ont été de sentiment que le tireur était libéré par l'acceptation, soutenaient que le porteur tirant promesse de paiement de celui à qui elle était adressée par son acceptation, faisait une novation qui (1) résolvait la première obligation du tireur.

3. Mais l'opinion contraire que le tireur n'est pas libéré par l'acceptation (2) de celui sur qui la lettre de change est tirée, et qu'il est obligé jusqu'au paiement actuel, a prévalu; car il a été jugé ainsi dans les plus célèbres tribunaux.

4. Et la raison (3) de cette jurisprudence est que

---

(1) Si campsor absque delegatione promittat per hæc verba, promitto tibi loco Titii, Titius erit liberatus, quia qui eligit unum debitorem pro alio novare videtur. *Scaccia*, § 2, *glossa* 6, *num.* 345.

(2) Quæro X. Numquid debitor cambii sit liberatus eo ipso quod ille, cui mittuntur litteræ solvendæ, acceptet illas litteras. Respondeo debitorem qui litteras fecit non esse liberatum, etc., nisi ipsæ litteræ sint realiter solutæ, etc. *Scaccia*, *num.* 322. *Rota Genuens*, *decis.* 1. *n.* 6, 21, 38; *decis.* 2, *decis.* 4, *n.* 7; *decis.* 8, *n.* 17, 18, 19.

(3) Ratio meo judicio quare debitor cambii qui scripsit litteras remaneat adhuc obligatus, est quia illa acceptatio non est novus contractus inter ipsum receptantem et creditorem, cui facienda est so-

cette acceptation n'est pas un nouveau contrat entre
l'acceptant et le porteur à qui le paiement en doit être
fait, mais que c'est une partie du premier contrat de la
lettre de change : car le porteur ne reçoit cette acceptation qu'avec cette condition, que le paiement s'en
ensuivra ; d'où il s'ensuit que, le porteur ne suivant pas
absolument la foi de l'acceptation de la lettre, le tireur,
premier débiteur, n'est point libéré.

Ce n'est pas que si le porteur était négligent (1) à
faire son devoir à l'échéance, ou qu'il eût accordé
quelque délai à l'acceptant, pour lors, en cas de faillite
de l'acceptant, le tireur pourrait être libéré, comme il
sera expliqué ci-après dans le chapitre des diligences
que le porteur est obligé de faire.

Il faut tirer deux maximes de ce chapitre. *

Maximes.

1. Le tireur n'est pas libéré par l'acceptation de la lettre
de change, car il demeure obligé jusqu'à ce qu'elle soit
réellement et effectivement payée.

---

lutio, sed est pars contractûs litterarum cambii : neque creditor
acquiescit acceptationi, nisi quatenùs sequatur solutio de contenti ;
undè cùm creditor non habeat fidem de pretio litterarum acceptarum,
non liberat suum debitorem. *Scaccia, num.* 323.

(1) Restringe eamdem responsionem, et ejus extensionem, ut non
procedant si creditor cambii acceptatis litteris ab illo cui directæ
sunt, fecerit illi aliquam delationem, seu negligens fuerit in illis
exigendis, quia in isto casu, si durante illâ dilatione, seu negli-
gentiâ ille mandatarius decoxerit, damnum erit ipsius qui dilationem
fecit ; et is qui litteras scripsit, erit liberatus. *Scaccia, num* 325.

* Le Code de commerce a pleinement consacré, par une foule de
dispositions formelles, notamment les articles 118, 161, 164, 168,
les principes établis dans ces maximes.

2. Si le porteur néglige à l'échéance de faire ses diligences, ou s'il accorde quelque délai à l'acceptant, le tireur n'en doit pas souffrir.

CHAPITRE XII.

SI CELUI QUI A ACCEPTÉ UNE LETTRE DE CHANGE PEUT LA PAYER AVANT L'ÉCHÉANCE MALGRÉ LE PORTEUR.

1. Cette question ne se trouve traitée par aucun de ceux qui ont écrit des changes, quoique les différens rabais des monnaies aient souvent donné lieu de l'agiter, si bien qu'il est nécessaire de la traiter par les principes.

2. Avant que d'entrer en la question, il faut observer que les lettres de change qui sont faites en pays étrangers pour être payées en France, et qui sont conçues en écus, ou dont le prix est en écus, ces écus, par usage ordinaire, sont toujours de trois livres, soit que l'écu ou louis d'argent augmente, comme lorsqu'il a été à trois livres quatre sols, ou diminue, comme lorsqu'il a été à cinquante-huit sols; d'où il s'ensuit que celui qui serait porteur d'une lettre de change faite en écus, ne pourrait prétendre être payé en louis d'argent, lorsqu'ils valent trois livres quatre sols; et celui qui l'a acceptée ne serait pas bien fondé à prétendre ne donner qu'autant de louis d'argent, lorsqu'ils sont à cinquante-huit sols : mais il faut évaluer les écus à trois livres, à moins que la lettre de change ne porte autrement.

3. Venons maintenant à la question. Ceux qui sont d'opinion que l'acceptant peut payer la lettre de change avant l'échéance, se fondent sur le § 16 de la loi 38 ff.,

de verborum obligationibus, où Ulpien dit (1) qu'il y a de la différence entre un jour incertain ou certain, et que cela paraît en ce que ce qui est promis à un certain jour peut être donné d'abord, parce que tout le temps intermédiaire pour payer est en la liberté du débiteur ; mais celui qui a promis si quelque chose se fera, ou lorsque quelque chose sera fait, s'il donne avant que la chose soit faite, il ne fait pas véritablement ce qu'il a promis.

4. Ils se fondent encore sur la loi 70, au digeste, *de solutionibus,* dans (2) laquelle le jurisconsulte Celsus dit que ce qui est promis à un jour certain peut être donné d'abord, parce que tout le temps pour payer est libre au débiteur.

5. Ceux qui sont d'opinion que l'on ne peut pas contraindre le porteur de la lettre de change avant le temps, se fondent sur la loi 122 (3) au digeste, *de verborum obligationibus,* de laquelle les docteurs tirent cette maxime, que le débiteur ne peut pas se libérer par des offres qu'il fait en un lieu ou un temps qui n'est pas propre au créancier.

6. Pour se résoudre sur ces différentes opinions, et concilier ces lois qui paraissent contraires, il faut suivre

___

(1) Inter incertam certamque diem discrimen esse, ex eo quoque apparet, quod certâ die promissum vel statim dari potest : totum enim medium tempus ad solvendum liberum promissori relinquitur. Et qui promisit, si aliquid factum sit, vel cùm aliquid factum fuerit, dederit, non videbitur fecisse quod promisit. L. 38, § 16 *ff.*, *de verb. oblig.*

(2) Quod certâ die promissum est, vel statim dari potest ; totum enim medium tempus ad solvendum promissori liberum relinquis intelligitur. L. 70 *ff.*, *de solut.*

(3) Hujusmodi oblatio debitori non prodest, offert enim incongruo loco et tempore. *Gottofred., in L.* 122 *ff.*, *de verb. oblig.*

le sentiment de Barthole sur cette loi 122 (1), et de
M. le président Faber, dans son Code, liv. 8, tit. 3,
défin. 14, qui disent que si le temps a été mis en faveur
du créancier, ou de tous les deux, le débiteur ne peut
pas payer avant le temps, qu'il faut attendre l'échéance
pour ne diminuer en rien du droit du créancier.

7. Appliquant cette maxime au cas des lettres de
change, dont le contrat étant pour l'utilité réciproque
des deux contractans, ainsi que nous avons montré au
chapitre cinquième, toutes les conditions du temps et du
lieu sont en faveur des deux; ainsi le porteur qui est aux
droits de celui qui en a donné la valeur, comme nous
avons établi au chapitre huitième, ne peut pas être
contraint de recevoir avant le temps porté par la lettre.

8. Aussi M. Cujas, expliquant le § 16 de la loi 38 au
digeste, *de verborum obligationibus* (2), après avoir

_____

(1) Si tempus adjicitur gratiâ creditoris, vel utriusque, non potest
solvi ante tempus. *Bart., in L.* 122 *ff., de verb. oblig.*

Quod in diem debetur, non semper ante diem solvi potest, licèt
dici soleat plus præstare debitorem, quam debeat, cùm solutum re-
præsentat; quid enim si dies adjecta sit in favorem creditoris, non
debitoris, sive ex testamento, sive ex contractu; aut qua alia justa
causa debeatur utique dies expectanda est, ne quidquam de creditoris
jure minuatur; ita Senatus in eâ causâ, etc. *Faber., Cod. lib.* 8,
tit. 30, *defin.* 14.

(2) Totumque desumptum est ex Celso, lib. 26 digestorum. Prima
pars ex L. quod certa infrà de solut. Secunda ex L. qui promisit sup.
de condict. ind. Ex primâ parte notandum id quod certâ die promissum ante diem dari et repræsentari. L. Continuus, § cum istâ infrà
hoc titul. Atque ideò solutum non repetitur, quia certum est deberi.
.L. in diem sup. de cond. ind. Ex secundâ notandum id, quod die
incertâ promissum est : veluti si navis ex Asiâ venerit, ante diem
non solvi rectè, et ideò condicitur, quia debitum iri non est certum.
L. *qui promisit.* L. *sufficit sup. de cond. ind.*

Pertinet igitur hæc differentia inter diem certam et incertam ad

montré qu'i lest composé des lois 70 au Digeste, *de solutionibus*, et 48 au Digeste, *de condictione indebiti*, dit que cette différence de jour certain ou incertain n'est que pour la répétition de la somme payée, comme non due, que l'on appelle *condictio indebiti;* mais nullement pour pouvoir contraindre le créancier à recevoir avant le temps, quoiqu'il n'approuve pas l'exception, si le jour est apposé en faveur du créancier.

9. Mais aussi d'abord que la lettre est échue, quoique le porteur ne soit obligé d'en exiger le paiement, ou faire faire le protèt que dans les dix jours, néanmoins il peut être contraint à le recevoir, parce que, s'il a la liberté de faire ou ne pas faire ses diligences, l'acceptant a celle de se libérer dès-lors qu'il peut être contraint.

10. Si le porteur de la lettre de change ne paraît pas à l'échéance, comme il arrive quelquefois lorsque la lettre de change est payable à l'ordre de celui qui en a donné la valeur, lequel a envoyé la première pour faire accepter, et que la seconde a été négociée avec plusieurs, comme il a été expliqué au chapitre 6; ou si le porteur refusait de recevoir, pour lors l'acceptant pourrait, par la permission du juge, consigner (1) la somme contenue dans la lettre de change, et le dommage de la diminution des monnaies serait aux périls et risques

---

condictionem indebiti. Quod si quæratur an invito creditori ante diem solvi possit, non distinguam inter diem certam et incertam; sed dicam generaliter invito ante diem non solvi, nec moram facere dubitarem, qui ante diem oblato debito id recusat accipere, etc. Ante diem igitur certam vel incertam non solvitur, nisi volenti. Male Accursius utitur hâc exceptione, nisi dies adjectus sit stipulatoris gratiâ, etc. *Cujas, in L.* 58, § *inter incertam, ff., de verb. oblig.*

(1) Obsignatione totius debitæ pecuniæ solemniter facta liberationem contingere manifestum est. *L.* 9, *C. de solut.*

du porteur , ainsi qu'il s'est toujours pratiqué.

11. Cette consignation se fait ordinairement par la présentation de la somme en deniers par-devant le juge, qui en fait cacheter les sacs du sceau de la juridiction, et en établit le consignant dépositaire.

12. Mais il est bon de faire si bien cacheter les sacs, qu'ils ne puissent être ouverts, parce que la consignation pourrait être déclarée mal faite, et le consignant (1) déchu de l'effet qu'il en aurait espéré, comme il est arrivé à quelques négocians de la ville de Lyon, débiteurs de feu M. le marquis d'Alègre ; lesquels ayant consigné les sommes par eux dues en la manière ci-dessus, et les sacs n'ayant pas été suffisamment cachetés sur les coutures, quelques-uns ouvrirent les sacs par ces endroits, en tirèrent l'argent, dont ils se servirent comme bon leur sembla ; et lorsqu'il fut question de rendre l'argent, ils le remirent comme si de rien n'était. Mais cela fut reconnu, parce qu'il se trouva dans ces sacs des louis d'argent d'un millésime postérieur à la consignation ; et par arrêt du... ils furent condamnés à payer la somme avec les intérêts, sans avoir aucun égard à la consignation.

Il faut recueillir deux maximes de ce chapitre.*

---

(1) Si sacculum, vel argentum signatum deposuero, et is penes quem depositum fuit me invito contrectaverit, et depositi et furti actio mihi competit. § 1. Si ex permissu meo depositâ pecuniâ is penes quem deposita est utatur, ut in cæteris bonæ fidei judiciis, usuras ejus nomine præstare mihi cogitur. *L.* 29, *ff. depositi.*

* Le Code de commerce a décidé conformément à l'opinion de La Serra, la question qu'il a traitée dans ce chapitre : Pothier avait embrassé son système. Aujourd'hui point de difficultés, la première maxime se trouvant consacrée dans l'art. 146 ; la seconde étant inapplicable, le Code n'accordant plus des délais de grâce pour le paiement des lettres de change.

MAXIMES.

1. Celui sur qui la lettre de change est tirée, ou qui l'a acceptée, ne peut pas obliger le porteur d'en recevoir le paiement avant l'échéance.

2. Dès-lors que l'acceptant peut être contraint, il peut obliger le porteur à recevoir, nonobstant le délai que l'usage ou les règlemens lui accordent pour faire ses diligences.

CHAPITRE XIII.

DE LA QUALITÉ POUR DEMANDER LE PAIEMENT D'UNE LETTRE DE CHANGE.

1. La qualité est nécessaire à l'égard du porteur pour exiger le paiement, et à l'égard de l'accepteur pour la validité de sa décharge.

2. A l'égard du porteur, il ne suffit pas d'être saisi d'une lettre de change pour en exiger le paiement, il faut qu'il ait un titre valable, sans quoi il n'a aucun droit de le demander.

3. Cette qualité a plus ou moins d'étendue, suivant les différentes places ; car la règle générale est qu'il suffit pour être porteur légitime d'une lettre de change, qu'elle nous soit payable ou par le texte de la lettre, ou par ordre de celui à qui elle est payable, ou successivement de ceux au profit de qui les ordres précédens ont été mis, ou que nous ayons transport de celui à qui elle est payable, soit par le texte, ou par procuration : et même il n'est pas nécessaire que ces ordres soient sur la

même lettre qui est acceptée; car, si c'est la première qui est acceptée, les ordres peuvent être sur la seconde; ou au contraire, parce que la première et la seconde ne sont faites que pour un même effet.

4. La raison pourquoi il faut qu'une lettre de change soit payable à celui qui en est saisi, ou par le texte, ou par ordre, ou par transport, ou qu'il ait une procuration, est fondée sur ce que celui qui en a donné la valeur est le véritable propriétaire, ayant mis en son lieu et place celui à qui elle est payable, et que l'on ne peut exiger (1) le paiement sans la volonté de ce dernier, ou de celui qui a ses droits.

5. Il est arrivé un différend assez célèbre dans cette thèse, qu'il est bon de rapporter pour donner plus de jour à ce que nous avons dit.

6. Jacob Vas, autrement appelé Simon Martin, de Hambourg, tira une lettre de change de trois mille liv., le (2) octobre 1677, sur Philippe Martin de Paris, payable à quatre usances et demie à l'ordre de Bernard Guise, marchand de la ville de Hambourg, pour la valeur reçue de lui. Cette lettre de change fut envoyée à Paris, à Henri Barchaux, par Manuel Martin, pour la faire accepter: elle fut acceptée, et ensuite renvoyée à ce Bernard Guise, à l'ordre de qui elle était payable. Ce Bernard Guise, qui n'en avait pas donné la valeur et n'en prétendait rien, la renvoya à Barchaux; ayant reçu une seconde fois cette lettre de change, et prétendant être créancier de Manuel Martin, qui la lui avait envoyée la première fois, il s'avisa, pour exiger le paiement, d'y faire mettre par un inconnu

---

(1) Quod autem alicui debetur, alius sine voluntate ejus non potest jure exigere. L. 59, ff. de negotiis gest.

(2) 20 vieux style, 30 nouveau style.

30

un ordre en sa faveur, au nom de Bernard Guise, à qui elle paraissait appartenir; et ensuite il fit assigner Philippe Martin aux consuls, pour être condamné à lui payer cette lettre de change, en conséquence de son acceptation.

7. Philippe Martin, qui avait été éclairci de tout ce fait, qui ne devait rien à Jacob Vas, autrement appelé Simon Martin, et qui voyait que cette lettre de change ne lui avait été tirée que pour donner lieu au tireur d'abuser de sa facilité pour cette somme, soutint que l'ordre était faux, que ce n'était point la signature de Bernard Guise, que Bernard Guise n'avait point donné la valeur, et ne prétendait rien en la lettre de change, et qu'ainsi elle appartenait au tireur, et était caduque; mais, nonobstant ces raisons, il fut condamné à la payer par sentence des juges-consuls de Paris, du 23 mars 1678, ce qui l'obligea d'en interjeter appel.

8. Barchaux en cause d'appel produisit un consentement dudit Bernard Guise, et deux déclarations: l'une du tireur, que Manuel Martin lui avait fourni la valeur de cette lettre de change, et l'autre de Philippe Martin conforme à cela: et sur ces pièces, il ne déniait pas qu'il eût fait mettre l'ordre par un inconnu; mais soutenait qu'il avait pu faire mettre l'ordre au nom de Bernard Guise par le premier venu, et avait pour lui le sentiment de quelques négocians de réputation.

9. Mais la plus grande et plus saine partie des négocians étaient d'avis contraire, et que la proposition qu'on peut signer le nom d'un autre n'était pas recevable (1); que ce serait admettre la fausseté dans le commerce,

_____

(1) Quid sit falsum quæritur, et videtur id esse, si quis alienum chirographum imitetur. *L.* 23, *ff ad L. Cor. de falsis.*

et en renverser la sûreté ; que l'usage était qu'une lettre
de change qui n'est point endossée par celui au profit
de qui elle est tirée , ne peut être payée qu'à lui-
même ; et s'il ne veut pas recevoir ou donner son ordre,
parce qu'il n'a pas fourni la valeur au tireur, elle devient
caduque ; que le consentement de Bernard Guise était
incapable de donner aucun droit, puisqu'il n'en avait
point par son propre aveu, ni rendre vrai un ordre qui
est faux dans son commencement (1), en vertu duquel
Barchaux ne pouvait acquérir aucun droit ; que la déclaration du tireur était de mauvaise foi, et contraire à ce
qu'il avait déclaré dans la lettre, que celle de Manuel
Martin ne pouvait être considérée, parce que ce serait
être témoin en sa propre cause.

10. Et sur toutes ces raisons est intervenu arrêt en la
première des enquêtes, au rapport de M. Amproux,
le 18 juillet 1679, au profit de Philippe Martin, par
lequel la sentence des consuls a été infirmée.

11. La règle générale que nous avons proposée, qu'il
fallait que la lettre de change fût payable par le texte,
par ordre ou par transport, ou avoir la procuration de celui
à qui elle est payable, pour en exiger le paiement, a une
exception, qui est, lorsque celui à qui elle est payable est
failli à ses créanciers, les députés de ses créanciers ou
celui pour le compte de qui elle a été remise, peuvent,
par l'autorité du juge, obtenir le pouvoir de l'exiger.

12. Elle a une restriction pour quelques villes particulières, comme Venise, Florence, Noue, Bolzan, où,
par des règlemens qui ont force de lois, il est défendu
de payer les lettres de change en vertu des ordres ; mais

_____

(1) Ex initio falsi commissi justa possessio non paratur. L. 18, *Cod.*
ad L. Con. de falsis.

il faut qu'elles soient payables à droiture à ceux qui les
doivent exiger, ou bien ceux à qui elles sont payables
envoient une procuration conçue en certaine forme précise, sans quoi l'on ne saurait en exiger le paiement,
ni en faire faire un protêt valable, parce qu'il ne
serait pas fait par la faute du tireur ni de l'acceptant;
mais par un empêchement de la loi du pays où la lettre
de change doit être payée; à laquelle le porteur ne peut
pas refuser de se soumettre, et même les règlemens de
ces places font défenses aux notaires et ministres de justice
de faire aucun protêt des lettres qui ne seront pas payables par le texte, ou en vertu de procuration, suivant la
forme prescrite. C'est pourquoi ceux qui prennent des
lettres de change doivent être informés des lois et des
usages des lieux, pour éviter les inconvéniens.

13. Tout ce que dessus regarde le pouvoir d'exiger;
mais il faut ajouter encore une considération pour la
validité de la décharge de celui qui paie : c'est qu'il doit
connaître celui à qui il paie (1) être véritablement celui
à qui la lettre de change est payable, soit à droiture ou
par ordre, et que l'ordre est bien véritable : car, s'il
payait sur un faux ordre, ou à quelqu'un qui prît faussement le nom de celui qui est mentionné dans l'ordre,
il paierait mal, et serait obligé de payer une seconde
fois au véritable porteur de la lettre de change, ainsi
qu'il a été jugé par plusieurs arrêts.

---

(1) Infero ex hâc declaratione quod Bancherii, seu nummularii,
debent esse cauti in scripturis, et subscriptionibus cedularum, et
illarum recognitionibus, qui si solverint pecuniam cum cedulis, seu
apochis falsis, quæ eis præsentantur, etc. Quas ipsi veras præsuppo-
nunt, quando solvunt coguntur iterùm solvere veris dominis pecu-
niarum, quia malè solverunt. Sc., § 2, gloss. 5, num. 397.

14. C'est pourquoi lorsque des lettres de change sont présentées par des inconnus pour en exiger le paiement, il est bon de les obliger ou à donner caution, ou du moins à se faire connaître, et certifier par des personnes de probité, et sur le témoignage desquelles on puisse être en sûreté.

15. Lorsque l'on paie à des solvables, on ne court aucun risque, parce qu'ils sont garans de la vérité des ordres et des lettres de change en vertu desquelles ils reçoivent; mais à l'égard des inconnus, il faut prendre les précautions nécessaires.

Ce chapitre fournit quatre maximes.*

MAXIMES.

1. Pour exiger une lettre de change, il faut qu'elle soit payable à celui qui en demande le paiement, ou par le texte de la lettre, ou par ordre, ou par transport de celui qui en a les droits, ou qu'il en ait procuration.

2. Si celui à qui la lettre de change est payable est failli, ses créanciers, ou celui pour le compte de qui elle est remise, peuvent obtenir du juge le pouvoir de l'exiger.

3. Celui qui paie cette lettre de change doit connaître celui qui reçoit, autrement il risque de ne pas payer valablement.

---

* Les principes établis dans ces maximes sont toujours applicables sous l'empire du Code de commerce. Quoique dans la pratique les deux dernières maximes fassent naître les questions les plus épineuses, on n'en doit pas moins reconnaître qu'elles sont fondées en raison et en justice. L'art. 145 du Cod. de com., en n'établissant qu'une simple présomption de libération en faveur de l'accepteur, a voulu lui imposer l'obligation de prendre les précautions convenables pour payer valablement.

4. Celui qui reçoit est garant de la vérité des ordres et de la lettre, sauf son recours contre les auteurs.

CHAPITRE XIV.

DES DILIGENCES QUE LE PORTEUR D'UNE LETTRE DE CHANGE DOIT FAIRE FAUTE DE PAIEMENT A L'ÉCHÉANCE.

1. Les porteurs de lettres de change ne peuvent différer d'en exiger le paiement, sans s'exposer aux risques de la solvabilité de ceux qui les ont acceptées (1), et sans donner atteinte à leur recours en garantie contre ceux qui leur sont obligés, parce que la négligence à demander le paiement est un dol qui les rend responsables du dépérissement qui arrive.

2. C'est pourquoi ils sont obligés, pour la conservation de leurs droits, de faire des protêts faute de paiement, lorsque les lettres de change sont échues, dans les temps, et suivant les usages respectifs des lieux où les lettres de change sont payables : car par la même raison qu'une lettre de change tirée de Londres et payable à Paris, le protêt faute de paiement ne peut être fait que suivant l'usage de Paris, et non suivant celui de Londres ; de même une lettre de change tirée de Paris, payable à Londres, ou en une autre ville,

---

(1) Dolus est, si quis nolit persequi quod persequi potest, aut si quis non exegerit quod exigere potest. *L.* 44, *ff. mandati.* Nominum, quæ deteriora facta sunt tempore curatoris, periculum ad ipsum pertinet. *L.* 9, §9, *ff. de adm. rer. ad. civit. pert.*

n'étant pas payée à l'échéance, le protêt en doit être fait suivant l'usage de Londres, ou de cette autre ville où elle est payable.

3. Ce protêt est à peu près conçu en cette forme dans la ville de Lyon :

En la présence du notaire royal soussigné, et des témoins après nommés, sieur   a sommé et interpellé sieur   de lui payer comptant la somme portée par la lettre de change sur lui tirée, de laquelle la teneur s'ensuit :

protestant, à défaut de paiement, de tous dépens dommages et intérêts, et de prendre ladite somme de   à change et rechange au cours de la place de cette ville, et de s'en prévaloir sur telle place qu'il avisera bon être, sur et contre qui il appartiendra ; et ce parlant à lequel a fait réponse ce que ledit sieur a pris pour refus, et persistant en ses protestations, a demandé acte, octroyé.

4. Mais, parce que les usages sont fort différens, et que lorsqu'on reçoit les protêts des places étrangères, on doute souvent de leur validité quand ils ne se trouvent pas conformes à notre usage, comme il est arrivé en l'année 1664, entre les sieurs Gallon, banquiers à Lyon, d'une part, et les sieurs Robillard et Reinard, et les frères Simonet, d'autre part, touchant la validité des protêts faits à Florence, qui ont été jugés bons et valables par arrêt du 21 février 1668, rendu en la grande chambre au rapport de feu M. Dulaurens ; il est à propos de rapporter les différens usages des places, afin que l'on puisse connaître si les protêts qui en viennent y sont conformes.

5. Et parce que dans ce procès des sieurs Gallon, Robillard et Reinard, et frères Simonet, une rencontre de jours fériés avait extrêmement prolongé le temps du protêt, l'espèce en est assez curieuse pour être insérée en cet endroit.

6. Le 13 mars 1664, Robillard et Reinard fournirent une lettre de change de 1,666 écus et deux tiers de Florence, changés à soixante-quinze écus de Florence pour cent écus de trois livres de Lyon, payables à dix jours de vue au sieur Horace Marucelly, de Florence, par Jean-Paul Prades, banquier à Florence, valeur des sieurs Gallon.

7. Le 20 mars de la même année, les frères Simonet fournirent pareillement aux sieurs Gallon une lettre de change de 1,200 écus de trois livres de Lyon, payables à dix jours de vue au même Horace Marucelly, par le même Jean-Paul Prades.

8. Le 27 du même mois, les sieurs Robillard et Reinard fournirent encore aux sieurs Gallon une autre lettre de change de 2,000 écus de France, changés à soixante-quinze et demi écus de Florence, pour cent écus de France, payables à dix jours de vue audit sieur Marucelly, par le même Jean-Paul Prades.

1664. { Celle du 13 mars fut acceptée le 26 mars.
{ Celle du 20 mars fut acceptée le 2 avril.
{ Et celle du 27 mars fut acceptée le 9 avril.

9. Elles furent toutes trois protestées faute de paiement le 22 avril 1664 (parce que le jour précédent Prades s'était absenté à cause du désordre de ses affaires), et renvoyées à Lyon aux sieurs Gallon; ce qui donna lieu à l'action en garantie qu'ils intentèrent en la Conservation, le 8 mai 1668, tant contre les sieurs Robillard et Reinard, que contre les sieurs frères Simonet,

pour en être remboursés avec le retour et frais du protêt.

10. Robillard et Reinard, et les Simonet, soutenaient que les protêts n'avaient pas été faits dans le temps, et qu'il y avait un intervalle de temps de négligence, depuis l'échéance jusqu'au protêt, qui rendait Marucelly responsable de la banqueroute de Prades, qui était l'acceptant, et qu'ainsi l'on n'avait aucun recours contre eux.

11. Mais les sieurs Gallon ayant demandé à faire preuve par enquête que l'usage à Florence était :

1° Qu'à Florence, en acceptant une lettre de change, celui qui l'accepte met seulement accepté; et quand elle est à tant de jours de vue, il met la date de l'acceptation, et ne signe pas;

2° Que le jour de l'acceptation ne se compte pas, et le terme ne commence que du jour suivant;

3° Que le jour de l'échéance appartient tout au débiteur, qu'on ne le peut contraindre au paiement ce jour-là, et partant que lorsque le terme échoit un samedi, soit qu'il soit fête ou non, on ne paie pas ces lettres ce samedi; mais le paiement en est différé au samedi suivant, parce que les lettres de change ne se paient que le premier samedi après l'échéance des lettres de change, auquel jour on donne les bilans;

4° Que les paiemens des lettres de change, parmi les banquiers et gens d'affaires, n'ont coutume d'être faits que par le moyen de la banque Giro, tenue par un banquier qui est élu à temps par le grand duc, par le moyen des bilans qu'on présente à cette banque le samedi, et le maître de banque a temps jusqu'au mardi suivant pour vérifier les bilans, et déclarer s'il veut allouer les parties qui sont demandées dans les bilans;

5° Que lorsque le maître de la banque ne veut pas allouer les parties qui sont demandées dans les bilans, il en fait la notification pour tout le mardi suivant; en conséquence de quoi celui qui a donné le bilan est tenu de rayer les parties refusées, et ne peut contraindre le maître de la banque à les passer pour bonnes, et ensuite on fait le protêt;

6° Que le samedi Saint on ne présente pas les bilans à la banque Giro, et qu'on ne paie pas les lettres de change; mais on retarde jusqu'au samedi suivant.

12. Ce qui fut ordonné par la sentence de la Conservation du 5 août 1664; et sur cette preuve ayant fait voir que, suivant l'usage de Florence, le premier samedi après l'échéance de la lettre de change du 13 mars, et de celle du 20 mars, était le samedi Saint, jour férié à Florence; ce qui renvoyait au samedi 19 avril pour donner le bilan, au mardi 22 avril pour le protêt : sur l'appel de cette sentence, qui avait ordonné l'enquête et le principal évoqué, par arrêt du 28 février 1668, Robillard et Reinard, et les frères Simonet, furent condâmnés à payer le contenu aux lettres de change, avec les intérêts depuis le protêt.

13. On voit par cet arrêt que la cour a jugé que la validité d'un protêt dépendait de l'usage du lieu où il a été fait; ainsi il importe de savoir les différens usages.

14. Par toute la France les protêts des lettres de change doivent être faits dans les dix jours après celui de l'échéance (1); c'est la disposition précise de l'art. 4 du

_____

(1) *Les porteurs des lettres de change qui auront été acceptées, ou dont le paiement échoit à jour certain, seront tenus de les faire payer ou protester dans les dix jours après celui de l'échéance. Art. 4, tit. 5 de l'Edit de commerce.*

tit. 5 de l'Édit de commerce ; et dans les dix jours, l'art. 6 veut que l'on y comprenne ceux de l'échéance et du protêt, en quoi il est contraire à l'art. 4, qui n'ordonne de faire le protêt que dix jours après celui de l'échéance. Depuis il y a eu une déclaration du Roi, du mois de juin 1686, conforme à un arrêt du conseil du 5 avril de la même année, par laquelle Sa Majesté ordonne que les dix jours accordés aux porteurs des lettres de change pour les protêts, ne seront comptés que du lendemain de l'échéance des lettres, sans que le jour de l'échéance y puisse être compris : le plus sûr est de ne pas attendre l'extrémité, puisqu'il est libre au porteur de le faire dès le lendemain de l'échéance.*

15. La ville de Lyon a un usage particulier (1) pour les lettres de change payables en l'un de ces quatre paiemens, qui est qu'elles soient protestées dans les trois jours suivans non fériés ; c'est-à-dire que, comme les paiemens des Rois durent tout le mois de mars, il faut protester dans les trois premiers jours d'avril non fériés ; les paiemens de Pâques durent tout le mois de juin, il faut protester dans les trois premiers jours non fériés de juillet ; les paiemens d'août durent tout le mois de septembre, il faut protester dans les trois premiers jours non fériés d'octobre ; et les paiemens des Saints durent tout le mois de décembre, il faut protester dans les trois jours de janvier les lettres de change payables dans ces paie-

---

* Le Cod. de com. n'accorde plus un délai de dix jours : aux termes de l'art. 162, le protêt doit être fait le lendemain de l'échéance.

(1) *Que les lettres de change acceptées payables en paiement, qui n'auront été payées du tout ou en partie pendant icelui, et jusqu'au dernier jour du mois inclusivement, seront protestées dans les trois jours suivans non fériés, etc.* Art. 9 du règlement de la place de Lyon.

mens. Cet usage est autorisé par le règlement du 2 juin
1667, homologué par le Roi le 7 juillet 1667, et vérifié
en parlement le 18 mai 1668; et l'art. 7 du tit. 5 de
l'Edit de 1673 déclare qu'il n'y est pas dérogé.

16. A Londres l'usage est de faire le protêt dans les
trois jours après l'échéance, à peine de répondre de la
négligence : et il faut encore observer que si le troisième
des trois jours est férié, il faut faire le protêt la veille.

17. A Hambourg de même pour les lettres de change
tirées de Paris et de Rouen ; mais pour les lettres de
change tirées de toutes les autres places il y a dix jours,
c'est-à-dire qu'il faut faire le protêt le dixième jour au
plus tard.

18. A Venise on ne peut payer les lettres de change
qu'en banque, et le protêt faute de paiement des lettres
de change doit être fait six jours après l'échéance ; mais il
faut que la banque soit ouverte, parce que lorsque la banque est fermée, l'on ne peut pas contraindre l'acceptant
à payer en argent comptant, ni faire le protêt : ainsi
lorsque les six jours arrivent, il faut attendre son ouverture pour demander le paiement et faire les protêts,
sans que le porteur puisse être réputé en faute.

19. La banque se ferme ordinairement quatre fois
l'année pour quinze ou vingt jours, qui est environ le 20
mars, le 20 juin, le 20 septembre et le 20 décembre ;
outre ce, en Carnaval elle est fermée pour huit ou dix
jours, et la semaine Sainte, quand elle n'est point à la
fin de mars.

20. A Milan il n'y a pas de terme réglé pour protester
faute de paiement ; mais la coutume est de différer peu
de jours.

21. A Bergame les protêts faute de paiement se font
dans les trois jours après l'échéance des lettres de change.

22. A Rome on fait les protêts faute de paiement dans les quinze jours après l'échéance.

23. A Ancône les protêts faute de paiement se font dans la huitaine après l'échéance.

24. A Boulogne et à Livourne il n'y a rien de réglé à cet égard, on fait ordinairement les protêts faute de paiement peu de jours après l'échéance.

25. A Amsterdam les protêts faute de paiement se font le cinquième jour après l'échéance, de même à Nuremberg.

26. A Vienne en Autriche la coutume est de faire les protêts faute de paiement le troisième jour après l'é-chéance.

27. Dans les places qui sont foires de change, comme Noue, Francfort, Bolzan et Lintz, les protêts faute de paiement (1) se font le dernier jour de la foire.

28. Il n'y a pas de place où le délai de faire le protêt des lettres de change soit si long qu'à Gènes, parce qu'il est de trente jours, suivant le chapitre 14 du quatrième livre des statuts.

29. Les négocians de quelques places, comme ceux de Rome, se persuadent n'être pas obligés de protester faute de paiement ; mais cette opinion choque non-seulement l'usage universel, mais encore la raison naturelle, parce que tant qu'ils ne feront pas apparoir à ceux contre qui ils prétendent recourir que l'acceptant au temps de l'échéance a été refusant de les payer, ils ne pourront pas établir leur recours (2).

---

(1) Si cambium aliquod esset solvendum et non acceptaretur, vel non solveretur, tenetur creditor, seu ille cui cambium solvendum esset protestari intra triginta dies, à die solutionis faciendæ, aliàs remaneat obligatus pro ipso cambio, etc. *Cap.* 14, *lib.* 4, *stat. Gen.*

(2) Priusquàm campsor possit agere contra campsarium, ad litterarum

C'est pourquoi il faut tenir pour constant que tout
porteur de lettre de change est obligé de protester à
l'échéance, suivant les usages des places où les lettres
de change doivent être payées ; et le protèt est d'une
nécessité si indispensable, qu'il ne peut être suppléé par
aucun autre acte, suivant la disposition précise de
l'art. 10 du tit. 5 de l'Édit de commerce.

3o. Mais, parce que le protèt ne servirait de rien à
ceux qui sont obligés à la lettre de change, et qui peuvent avoir des actions en garantie, comme les porteurs
et même les tireurs, s'ils l'ignorent (1) ; et que l'on a
vu des porteurs qui après les protèts, se tenant
assurés de pouvoir exiger quand ils voudraient le contenu
en la lettre de change avec les intérêts, négligeaient de
la faire savoir à ceux qui y avaient intérêt, d'où s'en-
suivaient plusieurs inconvéniens ; sur un résultat des
juges-consuls de Paris du....... il y eut un arrêt du parlement, du 7 septembre 1663, qui fut suivi d'une déclaration du 9 janvier 1664, par laquelle on avait prescrit
un temps convenable pour faire savoir les protèts à tous

---

solutionem debet apparere, an illæ litteræ fuerint acceptatæ et solutæ,
proùt inter eos actum fuit ; et quando non fuerint solutæ, debet apparere, quod campsor seu alius nomine ipsius protestatus fuit. *Sc.*,
§ 7, *gloss.* 2, *n.* 5, *in fin.*

(1) Si protestaretur et certioraret debitorem, utique debitor, si
tunc non solveret, teneretur ad cambium et ad interesse ; sed non
certioratus videretur excusandus, quia posset præsumere litteras fuisse
solutas : hæcque justa præsumptio excusaret à morâ. *Curt. Jun.
Cons.* 152 *habita, num.* 11. Tum quia si litteræ cambii spectent ad
eumdem, cui solvendæ erant, posset is malitiosè omittere protesta-
tionem et certiorationem debitoris, quia cùm sciat debitorem esse secu-
rum, et idoneum desiderat illum obligare, etiam pro interessibus,
cui malitiæ statutum Genuense prudenter obviavit. *So*, § 2, *glossa* 5,
num. 320.

ceux qui avaient mis des ordres et tiré des lettres de
change, suivant la distance des lieux : et par le règlement de la place de Lyon, du 7 juillet 1667, il est ordonné
que les protêts des lettres de change du royaume seront
signifiés dans deux mois; des lettres d'Italie, Suisse,
Allemagne, Hollande, Flandre et Angleterre, dans trois
mois ; des lettres d'Espagne, Portugal, Pologne, Suède
et Danemarck, dans six mois.

31. L'Édit de commerce ne se contente pas d'une
simple signification de protêt (1), il veut que ceux qui
auront tiré ou endossé des lettres de change soient poursuivis en garantie dans la quinzaine, s'ils sont dans la
distance de dix lieues et au-delà ; à raison d'un jour
pour cinq lieues pour les personnes domiciliées dans le
royaume, et dans deux mois pour les personnes domiciliées en Angleterre, Flandre ou Hollande; dans
trois mois pour l'Italie, l'Allemagne et la Suisse; dans
quatre mois pour l'Espagne; et dans six mois pour le
Portugal, la Suède et le Danemarck. L'art. 14 de cet
Édit marque comment il faut compter le temps, et
l'art. 15 statue une fin de non-recevoir contre les porteurs après ces délais.

32. Il semble que cette obligation de poursuivre les

(1) Ceux qui auront tiré ou endossé des lettres seront poursuivis
en garantie dans la quinzaine, s'ils sont domiciliés dans la distance de dix lieues et au-delà, à raison d'un jour pour cinq lieues,
sans distinction du ressort des parlemens ; savoir, pour les personnes domiciliées dans notre royaume, et hors icelui, les délais
seront de deux mois pour les personnes domiciliées en Angleterre,
Flandre ou Hollande ; de trois mois pour l'Italie, l'Allemagne et
les cantons suisses ; de quatre mois pour l'Espagne ; de six pour le
Portugal, la Suède et le Danemarck. Edit de commerce, tit. 5,
art. 15.

garans, ordonnée par la déclaration de 1664, soit contraire au bien du commerce, parce qu'elle ôte les facilités que les créanciers pouvaient donner aux garans, sans aucun préjudice des uns ni des autres, et elle met les négocians dans une nécessité indispensable de faire des procès, ce qui est désavantageux aux uns et aux autres.

33. Le sieur Savary, dans son *Parfait Négociant*, chap. 6, liv. 3 de la première partie, page 178, seconde édition, dit que la poursuite en garantie est ordonnée, parce que l'on avait reconnu des abus dans les notifications qui n'étaient pas toujours faites fidèlement; mais quand on aurait ordonné les mêmes précautions que pour les ajournemens dans l'Ordonnance du mois d'avril 1667, particulièrement à l'art. 4, ou autres équipollentes, il semble que cela aurait été pour le bien du commerce.

34. Il faut observer que de la manière que cette disposition a été conçue, soit pour la notification des protêts, dans la déclaration de 1664, et dans le règlement de Lyon; ou pour l'action en garantie, dans l'Édit de commerce, pour ce qui est des lettres étrangères, cela est fort sujet à n'être pas exécuté, parce qu'il est dit pour les lettres d'Italie, Suisse, Allemagne, Hollande, Flandre, Angleterre, etc., et pour les personnes domiciliées en Angleterre, Flandre, Hollande, etc.; ce qui regarde les notifications et poursuites en garantie à faire hors du royaume, dont les juges étrangers seront seuls saisis, et lesquels ne sont pas obligés à juger leurs justiciables selon nos lois.

35. Mais il aurait été plus à propos de dire en ces dispositions : les lettres de change tirées de France, et payables en places étrangères, étant protestées faute de paiement, les tireurs et donneurs d'ordre seront pour-

suivis en garantie; savoir, de celles payables en Angleterre, etc., dans deux mois, parce que cette garantie se
devant exercer devant les juges du royaume, ils la juge-
raient suivant la loi faite pour le royaume.

36. Il aurait été encore à propos d'expliquer si les
délais établis doivent être pour chaque donneur d'ordre,
en sorte que le tireur ne peut prétendre de fin de non-
recevoir, si la lettre a été négociée sur plusieurs places
pour lesquelles il aura été employé plusieurs délais pour
les poursuites en garantie, ou si les délais doivent être
pris étroitement du lieu où la lettre de change devait
être payée, à celui où elle a été tirée, parce qu'il est arrivé quelques différends à cet égard, que l'on était en peine
de régler. J'en ai vu un d'une lettre de change tirée à Orléans, et payable à Paris, à l'ordre d'un particulier qui avait
mis son ordre en faveur d'un particulier de Tours; celui-
ci avait mis le sien en faveur d'un particulier de
St-Étienne en Forez; celui-ci avait mis le sien en faveur
d'un particulier de Lyon, lequel avait mis le sien en
faveur d'un particulier de Paris. Elle fut protestée faute
de paiement, et renvoyée à Lyon et à tous les lieux où
elle avait passé; ce qui ne put être fait dans le délai
statué d'Orléans à Paris, suivant l'art. 13 de l'Edit de
commerce, qui est de dix-neuf jours, la distance n'étant
que de 30 lieues; savoir : 15 jours pour les premières
dix lieues, et 4 jours pour les 20 lieues restantes, à raison d'un jour pour 5 lieues. Le tireur se défendait par
la fin de non-recevoir; et la plus commune opinion fut
que chaque endosseur devait avoir le temps pour la
poursuite, suivant la distance du lieu de la demeure au
lieu de celle de son endosseur, et que le tireur ne pouvait compter que du jour que la poursuite avait été
faite à celui auquel il avait fourni la lettre de change.

31

Les parties s'accommodèrent sans donner lieu à aucun arrêt qui pût servir de règlement. Le sieur Savary dit dans le chap. 22 qu'une semblable question se présenta à Laval, en février 1673; que les consuls de Laval en écrivirent aux consuls de Paris, qui lui renvoyèrent cette affaire, sur laquelle il donna un avis conforme à l'opinion commune ci-dessus rapportée, et qu'il fut ainsi jugé par sentence confirmée par arrêt. Il aurait été à propos qu'il eût dit le nom des parties, la date de la sentence et de l'arrêt.

37. Si l'Édit de commerce n'avait obligé qu'à la notification du protèt, comme portait la déclaration de 1664, le porteur de la lettre de change pourrait aisément prévenir l'inconvénient de la question qui vient d'être proposée, en faisant faire deux expéditions du protèt, dont l'une serait renvoyée à son endosseur, et l'autre notifiée au tireur; mais, cet Édit désirant une poursuite en garantie, c'est imposer une nécessité de procès que chacun tâche d'éviter.

38. Lorsqu'un endosseur (1) poursuivi en garantie oppose la fin de non-recevoir, il faut qu'il paraisse qu'il ait donné la valeur de la lettre de change, ou qu'il fût créancier de son auteur; et lorsque le tireur veut opposer la fin de non-recevoir, il faut qu'il prouve que celui sur qui la lettre de change était tirée lui devait, ou qu'il en avait la provision : c'est la disposition de l'art. 16 du tit. 5 de l'Édit de commerce. Et cela est conforme à l'équité (2), parce que, si l'on n'avait pas

_____

(1) *Les tireurs ou endosseurs des lettres seront tenus de prouver, en cas de dénégation, que ceux sur qui elles étaient tirées leur étaient redevables, ou avaient provision au temps qu'elles ont dû être protestées, sinon ils seront tenus de les garantir.* Édit de commerce, tit. 5, art. 16.

(2) Cùm enim sit bonæ fidei judicium ; nihil magis bonæ fidei

donné la valeur de la lettre de change, on n'était pas créancier de son auteur ; si l'autre (qui est le tireur) n'avait pas envoyé la provision, ou n'était pas créancier de celui qui devait payer la lettre de change, ils seraient tous deux aux mêmes termes de ceux qui vendent (1) ce qui ne leur appartient pas, ou qui cèdent ce qui ne leur est pas dû ; ce qui est un dol et une mauvaise foi, contre laquelle il ne serait pas juste d'admettre une fin de non-recevoir. Mais, si l'un a payé la valeur, et si l'autre avait remis la provision, ils peuvent être déchargés de la garantie, lorsque le protêt n'a pas été fait dans les temps ordinaires, suivant les usages des places ; et en France, si l'action en garantie n'est pas intentée dans les délais ordonnés par l'Édit de commerce.

59 . Si bien qu'il importe extrêmement que le porteur fasse les diligences expliquées dans ce chapitre, pour conserver les droits de remboursement qu'il faut examiner dans le chapitre suivant.

On peut recueillir quatre maximes de ce chapitre. *

MAXIMES.

1 Le porteur d'une lettre de change est obligé à

---

congruit, quàm id præstari, quod inter contrahentes actum est. *L.* 11, § 1, *ff. de act. empt.*

(1) Si dolo malo aliquid fecit venditor in re vendità, ex empto eo nomine actio competit : nam et dolum malum eo judicio æstimari oportet, ut id, quod præstaturum se esse pollicitus sit venditor, emptori præstari oporteat. *L.* 6 , § 8 , *ff. de act. empt.*

* Le principe établi dans la première maxime a été consacré dans les art. 161 , 162 , 164, 165 , 166, 167 , 168 du Cod. de com.

Le principe établi dans la seconde maxime ne se trouve consacré dans aucun article du Cod. de com. ; mais c'est une règle des plus importantes et des plus certaines de notre droit commercial. Les

l'échéance; ou au plus dans les délais ordinaires des lieux, d'exiger la lettre de change, ou de la faire protester, d'en notifier le protêt, et de poursuivre ceux contre qui il prétend exiger sa garantie dans les délais ordonnés, à peine d'y être non recevable.

2. Ce protêt, pour être valable, doit être fait suivant l'usage du lieu où la lettre de change est payable, et non suivant celui du lieu d'où la lettre de change a été tirée.

3. Le porteur ne peut jamais recourir contre ses endosseurs et tireurs, sans faire apparoir par un protêt le refus du paiement de la lettre de change.

4. Les endosseurs et les tireurs qui prétendent être déchargés de la garantie par la fin de non-recevoir, faute de diligence dans le temps, doivent justifier d'avoir donné la valeur de la lettre de change que l'acceptant devait ou avait provision.

---

auteurs les plus célèbres la regardent avec raison comme n'étant susceptible d'aucune difficulté : *locus regit actum.*

La troisième maxime est consacrée dans l'art. 165 du Cod. de com., qui exige la notification du protêt pour autoriser le recours du porteur.

Le principe établi dans la quatrième maxime est conforme à l'Ord. ou Edit de commerce; et nous avons dit, dans nos observations sur l'art. 16 de cette Ord., que les législateurs modernes avaient voulu changer sur ce point les anciens principes. Conformément à l'art. 168 du Code de commerce, le porteur qui n'a pas observé les délais déterminés par la loi est déchu de tous droits contre les endosseurs, sans que ces derniers soient tenus de justifier qu'il y avait provision à l'échéance.

CHAPITRE XV.

En quoi consistent les Droits du Porteur d'une lettre de change protestée faute de paiement.

1. Si la lettre de change n'appartient pas au porteur, et qu'elle lui soit remise pour compte d'autrui, il n'a qu'à la renvoyer à son auteur, et répéter contre lui les frais du protêt et sa provision, qui est la reconnaissance de sa peine.

2. Mais, si la lettre de change appartient au porteur, l'usage universel lui donne le choix de trois moyens pour liquider les dommages du défaut de paiement.

3. Le premier est de joindre à la somme principale les frais du protêt, et les intérêts depuis le jour du protêt jusqu'à l'actuel paiement (1), parce que les intérêts en fait de lettres de change sont dus du jour du protêt, encore qu'il n'en ait été fait demande en justice. C'est la disposition de l'art. 7 du tit. 6 de l'Édit du commerce, et il avait été ainsi jugé par plusieurs arrêts.

4. Le second moyen est (2) que le porteur prenne

---

(1) L'intérêt du principal et du change sera dû du jour du protêt, encore qu'il n'ait été demandé en justice. Edit de commerce, tit. 6, art. 7. Arrêt du conseil, du 26 juin 1647, entre Jean Savaron et Balzac et Seguret; arrêt du parlement, du 13 juin 1643, entre maître Pierre Leclerc de la Galorière et consorts, et Jacques Despinoy, défendeur.

(2) Ne sera dû aucun rechange pour le retour des lettres, s'il n'est justifié par pièces valables qu'il a été pris de l'argent pour le lieu auquel la lettre de change aura été tirée; sinon le rechange ne sera que pour la restitution du change, avec l'intérêt, les frais du protêt

de l'argent à change. et qu'il fournisse une lettre de change payable en la même ville d'où celle qui a été protestée était tirée; et dans cette lettre de change qu'il tirera, il comprendra : 1° la somme principale de la lettre dont il est porteur, 2° les frais de protêt, 3° sa provision, 4° le courtage, et 5° le prix du nouveau change; ce qu'il est à propos d'expliquer par un exemple. La lettre de change protestée faute de paiement était de 4,000 liv., tirée de Lyon et payable à Paris; les frais du protêt une livre dix sols; la provision à un tiers pour cent treize livres six sols huit deniers; le courtage à un huitième pour cent cinq livres; et si le prix du nouveau change est communément à un demi pour cent pour les paiemens les plus prochains, soixante livres cinq sols dix deniers. Toutes ces sommes jointes ensemble font 4,080 livres deux sols dix deniers, dont il fera une lettre de change pour le retour de celle qui a été protestée. Cet usage est autorisé par l'art. 4 du tit. 6 de l'Ordonnance du commerce.

5. Le troisième moyen que l'usage universel donne au porteur, par la clause du protêt, c'est de faire ce rechange sur telle place que bon lui semble, autre que celle dont la lettre de change protestée a été tirée; en sorte que j'ai vu des lettres de change tirées de Lyon et payables à Madrid, étant protestées faute de paiement, le porteur a fait le rechange et tiré des lettres de change pour son remboursement sur Amsterdam; et les tireurs de Lyon des lettres de change protestées, n'ont fait au-

---

et de voyage, s'il en a été fait, après l'affirmation en justice. Art. 4, tit. 6 de l'Edit de commerce.

Qui exigere debet cambium, potest non soluto pecunias cambio capere, protestatione factâ. *Rota Genuens.*, *decis* 143, *num.* 1.

cune difficulté de pourvoir, à Amsterdam, pour le paiement de ce rechange, parce que tel est l'usage de toutes les places, et même le protèt porte la clause commune et expresse de protestation de prendre de l'argent à change et rechange sur telle place que l'on verra bon être.

6. Il est vrai que le porteur qui prend le change sur une autre place que celle d'où est venue la lettre protestée, doit en avertir les intéressés (1) dans un temps convenable, afin qu'il puisse remettre à temps la provision pour le paiement de celle qu'il a tirée.

7. Ce dernier moyen est abrogé en France par l'art. 5 du tit. 6 de l'Édit de commerce (2) ; mais, comme nos lois n'obligent pas les étrangers, pour empêcher que l'intention que l'on a eue de favoriser les négocians du royaume, n'ait un effet tout contraire, il faut examiner de part et d'autre de quel côté est l'équité, afin qu'étant reconnue, elle soit suivie sans résistance.

8. Ce moyen de tirer les rechanges sur d'autres places que celles d'où les lettres de change étaient originaires, était pratiqué en divers cas.

---

(1) Rursùs notificetur debitori, ad effectum ut certo sciat debitum suum jam esse sub usuris, sicque possit, si velit, ab illis se liberare. *So., § 1, quæst. 7, part. 2, amp. 8, n. 250.*

Clàm facere videri, Cassius scribit eum qui celavit adversarium, neque ei denuntiavit. *L. 3, § 7, ff. quod vi, aut clàm.*

(2) *La lettre de change même payable au porteur ou à ordre étant protestée, le rechange ne sera dû par celui qui l'aura tirée que pour le lieu où la remise aura été faite, et non pour les autres lieux où elle aura été négociée, sauf à se pourvoir par le porteur contre les endosseurs, pour le paiement d'un rechange des lieux où elle aura été négociée suivant leur ordre. Art. 5, tit. 6 de l'Édit de commerce.*

9. L'un et le plus considérable était lorsque la lettre de change protestée se trouvait chargée de plusieurs ordres passés en faveur de divers particuliers de différentes places; que le porteur prenait son retour sur son auteur, celui-ci sur le sien, et ainsi des uns aux autres jusqu'au tireur.

EXEMPLE.

Pierre de Paris fournit à Jean de la même ville une lettre de change de trois mille livres, datée du mois de juin, sur Paul de Lyon, payable à Jean ou à son ordre aux paiemens d'août, c'est-à-dire dans tout le mois de septembre lors prochain, valeur reçue comptant de lui-même. Jean passe son ordre au profit de Jacques d'Amsterdam, met le sien au profit de Bernardin de Venise; et Bernardin de Venise met le sien au profit de Guillaume de Lyon, pour en procurer l'acceptation et le paiement.

En paiement d'août, Paul de Lyon, sur qui la lettre de change est tirée, la laisse protester; et, en cet état, Guillaume, porteur, a pris le rechange sur Bernardin de Venise, avec les frais de protêt, de courtage et de la provision.

Bernardin de Venise a pris le rechange du paiement qu'il a fait, sur Jacques d'Amsterdam, avec les frais de courtage et de provision; et Jacques d'Amsterdam a encore pris le rechange de ce qu'il a payé, avec les frais de courtage et de provision, sur Jean de Paris, qui a mis le premier ordre en sa faveur. Au moyen de tous ces rechanges, ce dernier recours est beaucoup plus rigoureux qu'il n'aurait été de Lyon à Paris.

Cependant Jean demande à Pierre, tireur, le remboursement de tous ces rechanges, causés par le défaut de paiement de la lettre de change par lui fournie, comme garant non-seulement de la lettre de change, mais encore de tous les dommages et intérêts qui procèdent du défaut de paiement.

10. Un autre cas où l'on pratique cette manière de prendre le rechange sur telle place que le porteur trouvait bon par une nécessité, était lorsqu'il n'y avait pas négoce ordinaire et réglé de la ville où la lettre de change était payable, pour celle d'où elle a été tirée. Par exemple, pour une lettre de change payable à Bologne, en Italie, et tirée de Paris, comme il est très-certain qu'il n'y a pas de négoce ordinaire de Bologne à Paris, il faut de nécessité prendre le rechange sur une autre place qui ait un négoce ordinaire et courant pour ces deux places, comme Lyon, afin que le débiteur du change puisse faire le remboursement de ce rechange dans cette place intermédiaire, ou se faire retirer un autre rechange. Il en est de même de la plupart des autres places d'Italie avec Paris, d'Hambourg, de Dantzick et autres places avec Lyon, et ainsi de plusieurs places.

11. On voit même des cas où, quoiqu'il y ait un négoce assez ordinaire entre la place d'où la lettre de change est tirée, et celle où elle est adressée, néaumoins les porteurs, en cas de protêt, prennent le rechange sur une autre place : par exemple, des lettres de change tirées à Lyon et protestées à Venise, le porteur en prend souvent le rechange, ou sur nous, ou sur Amsterdam, ou sur Londres.

12. Le sieur Savary, dans son *Parfait Négociant*, seconde édition, 1re partie, liv. 3, chap. 11, pag. 271, propose encore trois cas qui produisent plusieurs rechanges : le premier est lorsque le tireur remet sa lettre

à un banquier d'une autre place que celle où la lettre
de change est adressée.

EXEMPLE.

Pierre de Paris doit trois mille livres à Jacques d'Amsterdam : pour s'acquitter de cette dette, il lui envoie sa
lettre de change tirée sur Paul de Lyon, et ordre de la
négocier. Cette lettre de change est protestée; le porteur prend le rechange sur Jacques d'Amsterdam, qui
la lui a remise; Jacques prend un second rechange sur
Pierre de Paris.

13. Le second cas du sieur Savary, pag. 262 du
même livre, est lorsque le tireur d'une lettre de change
sur une place envoie pour provision pour l'acquitter
une autre lettre de change sur une autre place, et que
cette dernière lettre de change est protestée.

EXEMPLE.

Pierre de Riom en Auvergne tire une lettre de change
de trois mille livres sur Paul de Paris, payable à Thomas:
pour acquitter cette lettre de change, Pierre remet à
Paul une lettre de change sur Jacques d'Orléans; Jacques d'Orléans laisse protester cette lettre; le porteur
en prend le rechange sur Paris, et le rechange fait à
Paris est pris sur Riom.

14. Le troisième cas du sieur Savary est lorsque le
tireur de la lettre de change donne pouvoir, soit au
donneur de valeur ou au porteur, de la disposer pour un
autre lieu que celui où elle est adressée, ou pour tous
les lieux qu'il sera trouvé bon; et en ce cas, lorsqu'une
pareille lettre retourne en proiêt, tous les rechanges en
sont dus aux termes du pouvoir donné par le tireur:

c'est la disposition de l'art. 6 du tit. 6 de l'Édit de commerce.

15. Il faut maintenant examiner ces différens cas par les principes de l'équité, de la raison et des lois, sans s'arrêter à l'usage qu'en tant qu'il s'y trouvera conforme, parce qu'en ce que cet usage s'y trouvera contraire, il faut le corriger comme abus.

16. C'est un principe d'équité (1) que toutes les fois que le porteur d'une lettre de change protestée peut prendre son rechange à moins de perte et de dommage pour le tireur d'une façon que d'une autre, le tireur n'est obligé de rembourser le rechange que de la façon qui produirait le moins de dommage.

17. Ce principe posé, il est certain que toutes les fois qu'il y a un négoce ordinaire et réglé de la part où la lettre de change devait être payée, pour celle d'où elle est tirée, comme de Lyon à Paris, il y a moins de perte pour le tireur que le rechange soit pris pour Paris, que s'il est pris pour une autre place, comme pour Venise. Et par conséquent le tireur d'une lettre de change tirée de Paris, payable et protestée à Lyon, ne doit que le rechange de Lyon à Paris; et ce serait une injustice de l'obliger à le rembourser d'une autre manière.

18. Et ce que l'on voudrait objecter de la part du porteur, qu'il doit faire le retour à son auteur, ne peut être considéré contre le tireur, puisque la valeur du rechange qu'il prendrait pour Paris ferait un fonds pareil

_____

(1) Confirmatur secundò quia creditor, quando potuisset aliter cum minori dispendio se conservare indemnem, tunc debitor tenetur solum ad id quod cum minori dispendio potuisset se conservare indemnem, et non ad illud plus. *Sc.*, § 1, *quæst.* 7, *amp.* 8, *n.* 249, *in fin.* Quilibet debet esse intentus ut non noceat, sed ut prosit alii. *Glossa in l.* 1, § 3, *ff. de perit. et comm. rei vendit.*

pour le retour de son auteur; que le rechange qu'il prend sur son auteur, outre que le tireur, qui est le débiteur originaire, ne doit pas être chargé de ce qui ne regarde que le fait d'autrui (1), comme toutes les négociations en diverses places.

19. Par la considération donc de ce seul principe, il faut dire qu'à l'égard des rechanges de la même espèce du premier cas, l'art. 5 du tit. 6 de l'Édit de commerce n'a fait que déclarer et autoriser les principes de l'équité, lesquels ne peuvent être refusés sans blesser la droite raison.

20. Il y a une différence considérable à faire entre les droits qui sont contre le tireur, et les droits que le porteur a contre son auteur: car le tireur n'est tenu qu'au retour directement de la place où la lettre est adressée, pour la place d'où elle est tirée, comme étant la seule obligation résultant du fait de la négociation, et que l'on peut dire substantielle de la convention; car on ne peut pas dire que la convention d'un change comprenne naturellement autre chose que la promesse de la part du tireur de faire payer la lettre de change, et en cas de protêt, d'en payer le rechange du lieu où elle était adressée, au lieu de son origine, et nullement des rechanges et des négociations imprévues (2), et procédant du fait de ceux qui en seraient porteurs et qui étaient absolument ignorés.

21. Mais pour les auteurs du porteur, quand le porteur prend son recours à droiture sur son auteur immé-

---

(1) Factum cuique suum non adversario nocere debet. L. 155, ff. de reg. jur.

(2) Non attenditur id deque cogitatum non docetur. Arg., t. 9, ff. de transact.

diat, il n'exerce que le droit auquel il s'est engagé, et ainsi de suite les uns aux autres.

22. A l'égard des rechanges qui se prennent, au second cas, sur des places intermédiaires, pourvu que le tireur original de la lettre de change protestée soit averti dans un temps convenable, pour pouvoir mettre ordre au paiement de ce rechange, la nécessité d'en user ainsi le rend légitime, aussi bien que le rechange qui se prend, quand, faute par le tireur d'avoir pourvu en la place intermédiaire au paiement de ce premier rechange, il faut en faire un second de cette place intermédiaire sur la place originaire.

23. On peut même dire que les parties sont tacitement convenues qu'il en serait usé ainsi, parce que tant de la nature du contrat de change qu'à défaut de paiement de la lettre de change, le porteur puisse prendre le retour avec le rechange, pour suppléer au fonds auquel le paiement de la lettre de change devait être employé, s'il avait eu effet, et se trouvant une impossibilité de prendre ce retour avec le rechange à droiture pour la place originaire de la lettre de change, il faut nécessairement que ce soit par des places intermédiaires, et par conséquent comprendre cette nécessité comme une convention sous-entendue (1) et tacite des parties, qui, à cause de l'impossibilité d'en user autrement, doit opérer le même effet que si elle était expresse; et par

____

(1) In contrahendo quod agitur pro cauto habendum est. *L.* 5, *ff. de rebus creditis.* Hoc est cùm contrahimus quædam, et si non sint verbis nominatim expressa, subintelliguntur tanten, ex naturâ ipsius actûs quem agimus seu gerimus, ea pro cautis et expressis habenda sunt; perinde præstantur ea, ac si cauta et expressa fuissent. *Gottofred., in fin.*

conséquent les réchanges en sont dus, comme s'ils avaient été convenus, suivant l'article 6 du tit. 6 de l'Édit de commerce.

24. Pour ce qui est des rechanges qui se prennent, au troisième cas, sur des places intermédiaires, s'il y a preuve, par des certificats authentiques d'agens de change de la place où la lettre de change a été protestée faute de paiement, qu'il ne s'est pas trouvé d'argent pour la place d'où elle était tirée, lors du protêt, ni pendant huit ou dix jours après, en ce cas le rechange qui aurait été pris sur la place intermédiaire se trouverait de la même nature que celui du second cas; et, quoique ce fût un cas fortuit, le tireur ne serait pas bien fondé à prétendre le rejeter sur le porteur, parce que le tireur est en faute de n'avoir pas si bien pourvu au paiement de sa lettre de change, qu'elle ne fût pas protestée faute de paiement : il doit être responsable de ce qui arrive par cas fortuit, sur le retour et le rechange que sa faute produit.

25. Mais, s'il n'y avait point de preuve que l'argent eût manqué dans la place où la lettre de change était protestée, pour celle d'où elle était tirée, en ce cas-là il n'y a pas de difficulté que cette multiplicité de rechanges n'est pas légitime, par les raisons expliquées ci-dessus au premier cas.

26. Et pour lors, aussi bien qu'au premier cas, tout ce qui peut être prétendu contre le tireur, c'est de calculer un rechange de la lettre, et tous les frais expliqués ci-dessus, au cours du change qui courait, au temps du protêt, dans la place où la lettre de change a été protestée, pour la place d'où elle était tirée. C'est sans doute pour cet effet qu'au bas de tous les protêts d'Italie, il y a toujours un certificat de deux agens de

change., du prix qui s'est changé en ce temps-là dans cette place, pour celle d'où la lettre de change protestée était tirée.

27. Et le tireur ne serait pas bien fondé à s'en défendre, et dire que ce ne serait qu'un retour feint, et que par conséquent il ne doit que les intérêts; parce que, dès-lors qu'il serait justifié qu'il y a eu un retour, et qu'il a été pris de l'argent dans le lieu auquel la lettre à été tirée, il serait du rechange, et il n'importe pas que ce fût pour une place intermédiaire. L'art. 4 du tit. 6 de l'Édit de commerce ne spécifie pas sur quelle place le retour sera fait, pour rendre le tireur débiteur du rechange, au lieu de l'intérêt; et cette détermination du lieu, portée par l'art. 5, ne sert que pour fixer la manière dont le rechange est dû, et le réduire à ce qu'il doit être, et non pas pour le détruire.

28. Pour ce qui est des rechanges qui se pratiquent dans les deux cas rapportés par le sieur Savary, ils ne peuvent souffrir de difficulté, parce que, dans ces deux cas, ce sont purement des négociations contenant des commissions pour raison de quoi les porteurs des lettres de change, qui sont les commissionnaires, ont leur action contre les commettans pour le remboursement de tout ce qu'ils souffrent par la faute du commettant, qui est le tireur.

29. Et dans le dernier cas, ce sont des conventions que les parties ayant une fois consenties, ne peuvent se dispenser d'exécuter.

Maximes [*]

1. Le porteur qui n'est pas propriétaire de la lettre de

---

[*] Les principes établis dans ces maximes sont toujours applicables.

change protestée faute de paiement, ne peut que la renvoyer à son auteur, et répéter les frais du protêt et sa provision.

2. Le porteur propriétaire de la lettre de change protestée faute de paiement, peut : 1° se faire payer, outre la somme principale, les frais du protêt ; 2° il peut tirer en la ville d'où la lettre de change est originaire, et non autre, la somme principale, les frais du protêt, sa provision, le courtage, et le prix du nouveau change, qui s'appelle rechange.

3. Lorsqu'il n'y a pas de négoce réglé entre la place d'où la lettre est tirée, et celle où elle est payable, le rechange des places intermédiaires est dû.

4. Lorsque le tireur a donné pouvoir de négocier sa

La première est conforme au droit commun : le porteur, n'étant que mandataire, ne peut actionner en justice, d'après la grande règle de notre droit public, qui défend aux simples particuliers de plaider en justice par procureurs.

Les principes établis dans la seconde, troisième et quatrième maximes, sont consacrés dans les articles 177, 179, 180, 181, 182, 183, 184, 185, 186 du Cod. de com. On a cependant élevé la question de savoir si l'art. 183 ne faisait pas obstacle au cumul des rechanges, auquel le pouvoir de négocier donné par le tireur pourrait donner lieu contre lui. Malgré la rédaction assez formelle, il faut en convenir, de l'art. 183, je ne croirais pas que cet article fût applicable contre le texte d'une stipulation précise. Dans l'absence de toute convention, rien de plus juste que la disposition de cet article ; mais lorsque le tireur, par une clause spéciale écrite sur la lettre, ou par acte séparé, a donné formellement le pouvoir de négocier sur diverses places, il doit se soumettre aux conséquences d'une condition qu'il s'est volontairement imposée : *nihil tam congruum fidei humanæ quàm pacta servare*. Telle est l'opinion de Jousse dans son Commentaire, et M. Delvincourt est d'avis qu'elle doit être suivie sous l'empire du Code de commerce.

lettre sur diverses places, le rechange desdites places
est dû.

CHAPITRE XVI.

CONTRE QUI LE PORTEUR PEUT EXERCER SES DROITS POUR LE
RÉMBOURSEMENT D'UNE LETTRE DE CHANGE PROTESTÉE FAUTE
DE PAIEMENT, ET DE SES DOMMAGES ET INTÉRÊTS.

1. Le porteur peut exercer ses droits, pour être remboursé tant du principal que des dommages et intérêts
liquidés, suivant qu'il a été expliqué dans le chapitre
précédent, contre tous ceux qui sont compris dans la
lettre de change, soit pour l'avoir acceptée, soit pour
avoir mis des ordres, ou pour avoir donné la valeur,
quand il demeure du croire, c'est-à-dire qu'ils garantis-
sent la solvabilité, soit pour l'avoir tirée, et même pour
avoir donné ordre de la tirer, s'il y en a la preuve; tous
lesquels sont obligés solidairement, c'est-à-dire, au
total de la dette, tant en principal, intérêts, que dommages-intérêts et dépens, sans aucun bénéfice de division ni de discussion; en sorte qu'il peut agir contre
celui qu'il veut, et ensuite retourner aux autres; et
même il peut agir en un même temps, et tout à la fois
contre tous.

2. Il peut agir contre celui qui l'a acceptée (1) en
vertu de son acceptation, qui est une stipulation for-

---

(1) Ex acceptatione oritur obligatio, quia perindè est ac si se so-
lemni stipulatione soluturum se obstrinxisset. *Rota Gen.*, dec. 104,
num. 9.

498   L'Art des Lettres de Change.

melle par laquelle il est obligé de payer : c'est la disposition formelle de l'article 11 du titre 5 de l'Edit de commerce.

3. Il peut agir contre le tireur (1) qui est obligé solidairement avec l'acceptant, même après l'acceptation, si cet acceptant ne paie pas, et laisse protester faute de paiement.

4. Celui qui a donné la valeur de la lettre de change (2), et ceux qui l'ont donnée pour les ordres, sont tenus comme remetteurs, quand ils demeurent du croire, parce que c'est par leur fait que la lettre de change a passé au porteur, et ils ne peuvent être libérés que lorsque la lettre de change est payée ; et lorsqu'elle ne l'est pas, ils sont obligés à la garantie.

5. La raison est qu'en donnant la valeur en leur nom, ils ont acquis la propriété de la lettre de change, et que ceux à qui ils veulent qu'elle soit payable ne deviennent propriétaires que par leur moyen, comme il a été expliqué au chapitre huitième.

6. C'est pourquoi les commissionnaires qui ne veulent pas être garans des lettres de change qu'ils prennent pour le compte d'autrui, font mettre valeur de celui pour compte de qui ils la prennent par leurs mains.

7. On pourrait comprendre sous le nom de remet-

_____

(1) Scribens litteras cambii tenetur in solidum cum eo cui sunt scriptæ, etiam post acceptationem. *Rota Gen.*, *decis.* 2, *num.* 2.

Acceptante litteras cambii non solvente, factâque protestatione, licitum esse præsentatori litterarum regredi adversus scriptorem litterarum. *Rota Genuens.*, *decis.* 8, *num.* 19.

(2) Remittentes tum demùm sunt liberati cùm litteræ cambii effectum sortiantur, et secuta sit solutio. *Rota Genuens*, *decis.* 10, *num.* 2.

teurs, ceux qui ont mis des ordres (1) ; mais, puisque
l'action du porteur contre eux est nommément établie
par les articles 12 et 13 du titre 5 de l'Edit du commerce, il est superflu de s'attacher à la comparaison.

8. Mais, quoique l'Edit de commerce ne soit fait que
pour le royaume, la même jurisprudence s'observe partout, parce qu'elle est conforme à l'équité, à la disposition de la loi (2), et à l'usage de la Rote de Gênes, qui
est d'une très-grande considération dans les matières de
commerce. Aussi en ce fait, comme le porteur ne prend
la lettre de change, soit en paiement ou pour la valeur
qu'il en donne, que dans l'espérance qu'elle sera bien
payée, lorsqu'elle ne l'est pas, il est très-juste qu'il ait
son recours contre celui qui la lui a donnée, et il ne
serait pas juste que l'endosseur profitât à la perte du
porteur.

9. Si dans la lettre de change il est dit : et mettez à
compte d'un tel (3), qui est celui qui aura donné l'ordre

(1) *Les porteurs pourront aussi, par la permission du juge,
saisir les effets de ceux qui auront endossé ou tiré les lettres, encore
qu'elles aient été acceptées, etc.* Art. 12.

*Ceux qui auront tiré ou endossé des lettres seront poursuivis en
garantie, etc.* Art. 13, tit. 5 de l'Edit de commerce.

(2) Si litterarum Auxenonis contemplatione quas ad Aristonem de
numerandâ tibi pecuniâ dederat, recepisse scripsisti te debitum ab Aris
tone, mandato non impleto cùm petitio debiti maneat integra, nihil
legitimam exactionem impedire potest. *L. 23, Cod. de solutionibus.*

Ità demùm sunt ab obligatione dissoluti, si littera effectum habuerit,
Rota Genuens., decis. 2, num. 10.

(3) Si litteras ejus secutus qui pecuniæ actor fuerit, ei qui tibi
litteras tradidit, pecunias credidisti, tam condictio adversus eum
qui à te mutuam sumpsit pecuniam, quàm adversùs eum cujus
mandatum secutus es, mandati actio tibi competit. *L. 7, Cod.
mandati.*

de la tirer, si le porteur en avait la preuve, comme il a été dit ci-dessus, en cas que la lettre de change fût protestée faute de paiement, le porteur pourrait agir contre lui, parce qu'ayant été la cause que la lettre de change est tirée, il est tenu du défaut de paiement.

10. Mais, s'il n'en était fait aucune mention dans la lettre de change, quoique le porteur eût la preuve de l'ordre, il ne pourrait agir contre celui pour compte de qui la lettre de change aurait été tirée, qu'en exerçant les droits du tireur, à qui celui pour compte de qui la lettre de change a été tirée est obligé; et pour cela il faudrait avoir ses droits cédés, ou l'avoir discuté auparavant, et encore celui pour compte de qui la lettre de change est tirée pourrait opposer au porteur toutes les exceptions qu'il pourrait opposer au tireur.

11. Ceux qui ont mis des ordres ne sont pas recevables à opposer contre la garantie qui leur est demandée; que ce n'est pas pour leur compte qu'ils ont mis l'ordre, mais par commission ou pour prêter leur nom : car, en cette matière de garantie, l'on s'attache aux termes de la lettre de change; et il a été ainsi jugé par arrêt du parlement de Paris, du 21 avril 1676, entre les sieurs Roland et Gaspariny, d'une part, et les sieurs Riggioly, d'autre.

12. Le fait était que le sieur Joseph Maris, de Barcelonne, avait écrit, au mois de mai 1672, aux sieurs Riggioly, qu'ils recevraient pour son compte quelques effets qu'il avait ordonné à Marseille de leur envoyer, et qu'il les priait d'en remettre le provenu à Amsterdam par lettre payable à l'ordre de lui Maris.

13. Les sieurs Riggioly prirent, au mois de juin, deux lettres de change des nommés Sollicoffre, de deux mille écus payables à Amsterdam, par Jean Froment, à l'ordre

d'eux Riggioly, à deux usances, pour valeur d'eux.

14. En exécution de la commission, les sieurs Riggioly mirent leur ordre en faveur de Joseph Maris, et lui mit le sien au profit des sieurs Parenzi et Baddinuchi.

15. Ces lettres furent acceptées ; mais pendant le délai de deux usances, pour en exiger le paiement, Jean Froment, accepteur, et les Sollicoffre, tireurs, faillirent à leurs créanciers ; ce qui donne lieu à un protêt faute de paiement, du 17 août 1672, en vertu duquel Maris ayant intenté son action en garantie par-devant les juges conservateurs de Lyon, et la cause portée à l'audience, il en fut débouté par sentence du 7 juillet 1673, sur ce que les sieurs Riggioly soutinrent n'avoir pris les lettres en question que par commission.

16. Maris en ayant interjeté appel, et cédé ses droits aux sieurs Roland et Gaspariny, ils soutinrent que les sieurs Riggioly étaient obligés à la garantie de ces lettres de change, et des dommages et intérêts, tant parce qu'en ayant donné la valeur de leurs deniers, ils en avaient acquis la propriété, que par leur ordre ils en avaient fait une cession, laquelle les obligeait à la garantie ; que la commission ne demandait pas qu'ils fissent mettre que la valeur était reçue d'eux, encore moins qu'ils fissent faire la lettre payable à eux-mêmes, qui étaient des actes qui les rendaient propriétaires de la lettre de change ; que, s'ils avaient employé ces lettres pour l'exécution de la commission, cela ne les dispensait pas de la garantie à laquelle ils étaient tenus, de même que s'ils avaient négocié avec quelque autre. Enfin, après une procédure très-longue et embarrassée, qui ne se réduisait pourtant qu'à cela, intervint arrêt le 21 avril 1676, au rapport de M. Canaye, M. de Novion président, par lequel la sentence fut infirmée, et les

sieurs Riggioly condamnés à payer aux sieurs Roland et Gaspariny, cessionnaires de Maris, les deux mille écus contenus aux lettres de change, avec les intérêts depuis le protêt jusqu'à l'actuel paiement.

17. Il faut pourtant observer que si celui de qui la valeur est déclarée désavouait l'avoir donnée, ou n'avoir pas envoyé la lettre de change à celui auquel elle est payable, et que le tout eût été fait sans son consentement et à son insçu, comme il est arrivé quelquefois, et notamment dans l'affaire d'entre Philippe Martin et Henri Barchaux, dont il est parlé au chapitre 13, que Jacob Vas, d'Hambourg, avait déclaré dans la lettre de change par lui tirée sur Philippe Martin, qu'il en avait reçu la valeur de Bernard Guise, quoique Guise n'en sût rien ; en ce cas, celui qui serait appelé en garantie, comme en ayant donné la valeur, serait très-bien fondé à désavouer une pareille énonciation ; et, si l'on n'avait pas de preuve qu'il y eût consenti, il n'en pourrait pas être tenu.

18. Si un de ceux qui ont mis des ordres, ou donné la valeur pour quelqu'un des ordres, paie au porteur de la lettre de change protestée faute de paiement, il entre en tous les droits du porteur, tant contre le tireur et l'accepteur, que contre ceux qui ont mis des ordres et donné la valeur des ordres antérieurs à lui, c'est-à-dire, contre tous ses auteurs, ainsi qu'il a été expliqué au chap. 9.

19. Cette action solidaire pour la lettre de change acceptée et protestée faute de paiement contre l'accepteur, le tireur et les endosseurs, est universellement reçue sans contestation, tant qu'il y a quelqu'un de ces obligés qui est solvable, et qui subsiste en état de pouvoir souffrir les contraintes avec effet. Mais lorsque tous ces débiteurs, c'est-à-dire, le tireur, l'accepteur et les

endosseurs, ont tous failli à leurs créanciers, soit qu'ils se soient absentés, ou qu'ils aient demandé terme et diminution de leur dette, il y a nombre de gens dans le commerce qui sont d'avis que le porteur ne puisse pas exercer son action solidaire contre toutes les directions, et sur les effets de tous ces débiteurs; mais qu'il est obligé et a la liberté d'en choisir un, ou l'accepteur, ou le tireur, ou un endosseur, et que recevant la portion convenue par celui qu'il aura choisi, avec la pluralité de ses créanciers, la direction entre en ses droits de la lettre de change, pour agir contre un de ceux contre qui il avait recours, et ainsi de suite; mais que tous ceux qui ne sont pas choisis par le porteur sont libérés à son égard de plein droit, et que même tous ceux qui ne sont pas choisis par celui que le porteur a choisi sont libérés à son égard, et ainsi de suite.

20. Nombre d'autres habiles gens dans le commerce, particulièrement ceux qui ont eu des transports et autres actions résultant des actes passés devant notaires, sont d'un avis contraire : car ils tiennent que le porteur ayant une fois tous les débiteurs, qui sont l'accepteur, le tireur et les endosseurs, pour obligés solidairement, il peut exercer son action contre tous à proportion, et qu'aucune direction ni aucun créancier ne l'en peuvent empêcher.

21. J'ai cru ces deux avis, si opposés, si considérables, qu'ils méritaient bien d'être approfondis. C'est pourquoi, après avoir raisonné avec tous ceux que j'ai eu l'honneur de connaître, et que j'ai cru avoir le plus de lumières, je me suis avisé de pénétrer cette question autant qu'il m'était possible, et pour cet effet, de proposer un fait à consulter, revêtu de toutes les circonstances que j'ai pu imaginer, ou qui m'ont été proposées ; de rapporter exactement toutes les raisons que j'ai apprises de chaque parti,

et ensuite de consulter sur le tout, par rapport aux principes de l'équité, de la loi et des Ordonnances. Mais, parce que souvent l'amour-propre nous éblouit, crainte d'un pareil accident, j'ai prié M. Jean-Baptiste Perrin, avocat, d'un mérite assez connu, qui me fait l'honneur de m'aimer, de vouloir être mon guide, ce qu'il m'a accordé fort généreusement, et après avoir rédigé nos sentimens, de les signer, comme ils seront rapportés ci-après. *

* La question de savoir quels étaient les droits du porteur d'engagemens solidaires souscrits par des individus tous en faillite, était sans doute une des plus épineuses et des plus controversées de notre ancienne jurisprudence. Les auteurs les plus célèbres avaient embrassé des systèmes différens ; il n'y avait rien de fixe dans les décisions de la justice ; et, comme cette question se présente assez souvent dans les faillites, l'incertitude des principes faisait naître des procès et des débats sans fin. Le Code de commerce a donc rendu un service immense en tranchant toutes ces difficultés par un texte formel. Néanmoins, comme c'est un des points les plus importans de la science, je crois qu'il est utile de savoir, ne-serait-ce que pour en posséder l'histoire, qu'il s'était élevé, avant le Code, trois systèmes principaux : celui de Savary, celui de La Serra, Jousse, Pothier et Boutaric ; enfin celui résultant d'un arrêt du conseil, du 24 février 1778, qui a été consacré par le Code de commerce.

Dans le système de Savary, le créancier porteur d'engagemens solidaires ne pouvait se présenter que dans une seule faillite, sauf à opter celle qui lui paraissait la plus avantageuse. Malgré la haute et juste estime que l'on avait pour les lumières de Savary, son opinion sur ce point n'avait jamais eu de sectateurs, et il est inutile de s'en occuper aujourd'hui.

Dans le second système embrassé par Jousse, La Serra, Pothier, le porteur d'engagemens solidaires pouvait se présenter dans toutes les faillites. Et comme sur ce point la doctrine établie par ces savans jurisconsultes, a été consacrée par le Code de commerce, quoique avec une modification importante, le lecteur ne peut lire qu'avec intérêt, malgré l'avantage du texte formel de l'article 534 Cod. com., la con

LE CONSEIL EST D'AVIS, 1° que tout tireur de lettre de change est obligé à la garantie jusqu'à l'actuel paiement de toute la lettre de change, dommages et intérêts, quoiqu'elle ait été acceptée. *Rota Genuensis, decis. prima, num.* 6; *per L.* 23, *Cod. de solutiónibus, et num.* 21, *et num.* 37; *decis.* 2, *num.* 10, *num.* 11 *et num.* 41; *decis.* 4, *num* 7; *decis.* 8, *num.* 18 *et* 19. *Scaccia de Commerciis et Cambio*, § 2, *Glossa* 5, *quæstione* 10, *num.* 322, où il cite plusieurs décisions de la Rote de Rome, et finalement l'Edit de règlement du commerce du mois de mars 1673, titre des *Lettres de change*, art. 12 et 13.

2° Que l'accepteur de la lettre de change est obligé directement, par l'engagement volontaire qu'il a contracté par son acceptation, au paiement de toute la lettre de change; que le protêt causé par son refus de paiement, quand même ce serait pour n'avoir pas reçu le fonds promis pour le payer (que l'on appelle communément provision), ne le décharge point. *L. Cod. de constitutâ pecuniâ; Scaccia, loco cit., num.* 327. Au contraire ce refus, qui a donné lieu au protêt, augmente son obligation pour lesdits dommages et intérêts (*Rota Genuens., decis.* 104, *num.* 9); et même l'Edit du commerce, au même titre, art. 11, permet de poursuivre l'accepteur, conséquence nécessaire qu'il est débiteur indispensable.

3° Que tous les metteurs d'ordre sont obligés à la garantie de la lettre de change, parce que leur ordre

---

sultation savante et profonde que Dupuy de La Serra et M. Perrin, avocat distingué de cette époque, avaient rédigée sur cette question. Le point de fait est fort simple : il s'agissait de déterminer les droits de Thomas, porteur d'une lettre de change souscrite par Barthélemy, Jacques et Sébastien, tous trois en faillite.

est une espèce de mandement à l'accepteur, et de cession et remise au porteur. *Mandato non impleto, cùm petitio debiti maneat integra, nihil legitimam exactionem impedire potest, L. 23, Cod. de solutionibus.* Et la Rotè de Gênes emploie cette loi pour conclure, *Debitores non erant liberati, licèt remissam fecerint, quia ita demùm sunt ab obligatione dissoluti, si littera effectum habuerit, decis.* 2, *num.* 10; et l'Edit de commerce, aux articles ci-dessus, particulièrement à l'article 13, statue que les endosseurs seront poursuivis en garantie. Il a même été jugé que, quand les metteurs d'ordre ne l'auraient fait que par commission, et sans avoir jamais eu aucune propriété en la lettre de change, néanmoins ils étaient garans, à cause de leur signature et de l'ordre mis en leur rang; par arrêt du 21 avril 1676, entre les sieurs Rolland et Gaspariny, porteurs de la lettre de change protestée faute de paiement, et les sieurs Riggioly, metteurs d'ordre; les nommés Sollicoffre, tireurs, et Jean Froment, accepteur, étant faillis.

4° Quoique l'obligation de chacun des débiteurs, au total de la dette, soit ce qui décide la question, et que le nom solidaire soit indifférent au fond de la question, pourvu que l'action puisse être exercée jusqu'au paiement entier du total de la lettre de change, dommages et intérêts, ainsi qu'il a été prouvé, il est néanmoins bon d'observer que le nom de solidaire n'a jamais été refusé à l'action que le porteur d'une lettre de change protestée faute de paiement a droit d'exercer, et à l'obligation du tireur avec l'accepteur. *Scribens litteras cambii tenetur in solidum cum eo cui sunt scriptæ, etiam post acceptationem* (*Rota Genuens., decis.* 2, *num.* 41), par la raison que *solidum est quod*

*suis partibus omnibus constat, cui nihil est detrac-
tum*, ce qui est la juste définition du mot total. Ce
que l'on objecte pour prouver qu'il n'y a point d'obligation solidaire, c'est qu'en cas de protêt faute de paiement, le porteur revient contre celui qui a passé l'ordre
à son profit, et que ce n'est qu'en exerçant les droits
de ce metteur d'ordre qu'il remonte contre les autres
obligés, bien loin de détruire la solidité, ne peut servir
qu'à la démontrer plus clairement : car, d'un côté, le
porteur, en commençant ses poursuites contre un seul,
forme ses conclusions à ce que celui qu'il poursuit soit
condamné au paiement du total, avec dommages et
intérêts; ce qui prouve que l'action est solidaire, parce
que, si l'action n'était pas solidaire, il ne pourrait pas
prendre des conclusions au paiement du total, avec dommages et intérêts, qui est toute l'étendue de l'action
solidaire, les conclusions ne pouvant pas avoir plus
d'étendue que l'action; d'autre côté, la lettre de change
acceptée étant protestée faute de paiement, c'est l'accepteur qui a la qualité de débiteur ; et le porteur,
commençant ses poursuites contre celui qui a mis son
ordre, qui n'est que garant, il agit en la manière que
l'on fait quand les obligés le sont solidairement ; que
l'on n'est pas tenu de discuter les débiteurs les premiers;
que l'on attaque celui des obligés que l'on veut, avec
la faculté de revenir contre les autres, suivant les lois
23 et 28 *Cod. de fidejuss.* ; et si, quand le porteur
remonte contre les autres donneurs d'ordre, tireur et
accepteur, il exerce les droits de celui qui a mis l'ordre
en sa faveur, ce n'est pas au nom de ce dernier donneur d'ordre, mais c'est en son nom de porteur, et
comme ayant la pleine propriété ; ce qui est confirmé
par l'article 15 du même titre de l'Edit de commerce,

en ce qu'il prononce la fin de non-recevoir de l'action
en garantie par les tireurs et endosseurs, contre le
porteur, en cas de négligence, qui est une conséquence
dont il faut que la qualité de propriétaire des droits
de la lettre de change soit l'antécédent. D'où il s'ensuit
que, bien loin que l'on puisse détruire l'action solidaire
de ce que le porteur remonte, c'est une considération
qui la confirme ; et les articles 11, 12, 13, 15, 16 et 17,
Lettres de change, ne détruisent pas la solidité de l'action que le porteur d'une lettre de change a contre les
débiteurs ; au contraire, on peut y remarquer les principales propriétés de l'action solidaire dans leurs dispositions, en ce qu'elles permettent de saisir les effets
de tous les débiteurs, comme dans les actions solidaires, et qu'elles laissent au porteur la liberté de
commencer ses poursuites, ou par l'accepteur, ou par
le tireur, ou par les endosseurs, ou par tous ensemble,
qui sont des qualités naturelles de l'action solidaire : et
comme les dispositions de ces articles sont générales,
.sans restriction ni distinction, si les débiteurs subsis-
tent, ou s'ils sont faillis, la restriction proposée, que
ces articles ne doivent être entendus que quand les débiteurs existent, et non quand ils ont failli, n'est pas
conforme aux termes des dispositions qu'ils contiennent,
qui sont généraux, et qui par conséquent, *generalia,*
generaliter intelligenda sunt. Gottoff. in L. 1 *, ff. de*
præst.

5° Il ne faut pas qualifier les garanties auxquelles les
donneurs d'ordre et les tireurs sont obligés, du nom de
garanties simples, parce que ce sont de véritables garanties formelles de fournir, et faire valoir même sans
discussion. Les autorités ci-dessus l'établissent, puisque,
suivant ce qui a été rapporté, le tireur et les donneurs

d'ordre sont obligés jusqu'à ce que le paiement de la lettre de change ait été entièrement accompli, et les art. 15 et 16 du tit. des *Lettres de Change* de l'Édit de commerce lèvent toute la difficulté. L'art. 15 décharge les tireurs et donneurs d'ordre de la garantie de fournir et faire valoir, si les porteurs n'ont pas fait les diligences portées par les articles précédens ; et l'art. 16 oblige les tireurs et donneurs d'ordre à prouver que l'accepteur avait le fonds pour payer, sinon à garantir la lettre de change, qui est l'effet de la garantie simple. Par toutes ces considérations, LE CONSEIL EST D'AVIS que l'action du porteur d'une lettre de change contre le tireur, le donneur d'ordre et l'accepteur, n'est pas moins solidaire que si elle procédait d'une obligation et stipulation conjointe, avec les termes, solidairement un seul pour le tout, sans division ni discussion, avec renonciation à tout bénéfice de droit.

6° Il n'estime pas que les divers motifs qui sont proposés puissent produire aucune obligation au porteur de changer la qualité de son action, et, au lieu du droit de poursuivre tous les débiteurs solidairement, de se renfermer à en choisir un seul, sans pouvoir agir contre les autres.

Parce qu'à l'égard du bien général, on ne peut pas dire que l'action solidaire du porteur d'une lettre de change protestée faute de paiement, étant exercée par les règles contre tous les débiteurs, elle produise aucun préjudice au bien général ; et même quand il serait vrai que le public souffrît du préjudice en cela, ce que non, comme l'on ne pourrait pas restreindre les droits du porteur, qui sont établis par plusieurs lois et par un édit, comme il paraît par ce qui a été dit ci-dessus, sans abroger ces lois et cet édit, cela ne se pourrait pas

faire sans l'autorité souveraine, quelque spécieux que
parût ce bien. Il y a deux exemples de cette vérité : le
premier, par l'Édit du mois d'août 1606, pour la validité
de l'obligation des femmes, sans renonciation au séna-
tus-consulte Velleïen, et autres lois en leur faveur, qui
en a prononcé une abrogation expresse; et le second,
par la déclaration du mois d'avril 1664, qui a prononcé
l'abrogation de la loi Julie du fonds dotal dans les provinces de Lyonnais, Forez, Baujollais et Mâconnais; mais
tant qu'il n'y a point d'Édit qui approuve et légitime le
prétendu bien général, il n'est pas permis de le présumer contre la jurisprudence ordinaire.

La maxime que tous les créanciers chirographaires
doivent être égaux, tirée de la loi 7, *Cod. de bonis aut
jud.*, ne peut empêcher le porteur d'une lettre de change
protestée faute de paiement, d'exercer son action solidaire contre tous les débiteurs, parce que d'une part
cette maxime n'a pas lieu contre les créanciers qui ont
pris plus de sûretés que les autres , soit par des gages,
soit par des cautionnemens, ou autrement : c'est la disposition triviale du droit. *L. pro debito, Cod. de bonis
aut. jud. possid.* , *liv.* 10, *liv.* 11 , *ff. de Pignoribus,
et hyp.*; *liv.* 7 , *ff. de Distrac. pig.*, et *liv.* 9., *Cod.
qui potiores;* les coutumes de Paris, art. 181 et autres.
Elle n'a pas non plus lieu contre les créanciers privilégiés, *liv.* 58, § 1, *ff. Mandati;* ce qui est confirmé par
l'art. 8 du tit. *des Faillites et Banqueroutes* de l'Édit
du commerce. Ainsi, le porteur de lettre de change
ayant plus de sûretés qu'aucun créancier particulier de
chacun des débiteurs, cette maxime ne peut lui être
opposée; et même, pour en faire l'application, il faudrait
admettre ce porteur de lettre de change dans chaque contribution, parce qu'il y a plusieurs corps de créanciers

réellement distincts et séparés, de chacun desquels corps le porteur de la lettre de change est incontestablement un membre, puisque le débiteur, qui est le sujet de ce corps, lui est solidairement obligé. Or il est certain que la maxime s'applique à chaque membre, et qu'elle s'applique dans tous les corps; la pratique doit donc être que dans la contribution du principal débiteur, qui est le tireur ou l'accepteur, le porteur y entre pour le tout, et dans celle de l'autre pour le reste, déduction faite de ce qu'il aura reçu, et dans la contribution du donneur d'ordre pour le reste, les deux déductions faites : car c'est ainsi que l'on doit entendre cette maxime.

Les abus résultant du fait rapporté pour exemple ne peuvent pas produire de conséquence générale, parce que, d'un côté, ces abus ne peuvent être commis que dans les signatures des contrats, qui n'est pas le cas dont il s'agit; d'autre côté, ces abus sont purement accidentels, et du fait des parties, qui pouvaient aisément les éviter et s'en garantir; et même le mal qu'ils peuvent produire n'est pas sans remède. Le donneur d'ordre prétendant que la signature que le porteur faisait de son contrat d'accord, était une rétrocession de la lettre de change, pour lui ôter les moyens de commettre ces abus, il n'avait qu'à se la faire délivrer, et canceller son ordre, le porteur sans titre n'aurait pas pu agir contre l'accepteur ni contre le tireur. Le porteur de la lettre de change, d'autre part, prétendant que sa signature de contrat d'accord du donneur d'ordre ne l'empêchait pas d'agir contre le tireur et l'accepteur, il devait faire une réserve expresse dans ce premier contrat, que sa signature ne dérogerait point à ses droits : mais peut-être, s'ils s'étaient expliqué aussi clairement, le contrat n'aurait pas été signé ; et de même aux autres contrats, si cette conduite naturelle et commune avait été suivie, ces abus n'auraient pas été commis. Et en l'état que le fait est rapporté, le porteur de la lettre de change ayant signé purement et simplement le contrat du donneur d'ordre, sans aucune réserve, il ne peut prétendre que la moitié qui lui est promise par ce contrat, parce que, par le contrat d'accord, l'ordre de la lettre de change, qui était la première cause de l'obligation du donneur d'ordre, *ita nova constituitur ut prior perimatur, liv. 8, ff. de novat.*, ne subsiste plus : car le porteur, qui par la première obligation aurait droit de poursuivre pour le tout sans délai, et de saisir les effets du donneur d'ordre, s'en départ par le contrat d'accord, et se contente que dans le temps accordé le donneur d'ordre lui paie la moitié convenue. D'où il s'ensuit que le porteur ne peut pas retenir en ses mains la lettre de change, qui n'est plus un titre pour lui ; et que, quand elle passerait pour un gage, il serait libéré par la novation résultant du contrat d'accord, *liv. 11, § 1, ff. de pig.*, etc.; *et liv. 8, ff. de nov.* Et le donneur d'ordre peut répéter et poursuivre la restitution de son gage, *liv. 1, § 6, ff. de oblig.*, etc., sans que le porteur s'en puisse défendre, sous prétexte que dans le contrat d'accord il n'a pas déclaré qu'il consentait à une novation, et se prévaloir de la loi dernière, *Cod. de novationibus*; parce que, d'une part, la jurisprudence du royaume a abrogé cette loi (Charondas, liv. 7, *des Réponses*, ch. 74; Bugnion *des Lois abrogées*, liv. 6, n° 62); et d'autre part, dans tous les pays où cette loi n'est pas formellement supprimée, la novation conjecturale est reçue, quoique l'on ne l'ait pas déclaré dans le contrat : *nam doctores omnes fatentur hodiè no-*

vationem etiam induci ex vehementibus seu per-
spicuis conjecturis, quod sine dubio locum habet,
quando ultimus contractus cum primo non compa-
titur, tunc enim posteriora derogant prioribus. Liv.
pacta novissima, Cod. de pactis; Mantica, de tacit.
et ambig. convent., liv. 17, tit. 3, num. 12 et 13;
Faber. Cod., lib. 8, tit. 29, defin. 12.

Pour ce qui est du droit de rétrocession de la lettre
de change qui appartient au donneur d'ordre, quand il
est l'objet des poursuites du porteur, on n'en peut pas
conclure une nécessité d'opter, par le porteur, généralc-
ment, de quelque manière qu'il veuille agir, ou judiciairement, ou en signant et consentant les contrats
d'accord; et dire : ou en rétrocédant au donneur d'ordre, il ne lui reste plus d'action; ou en voulant agir
contre les garans du donneur d'ordre, il ne peut rétrocéder la lettre; et par conséquent il ne peut agir contre
le donneur d'ordre, et ainsi à l'égard des autres : car ce
raisonnement est défectueux, parce que tant que le
porteur ne fera rien que judiciairement, le donneur
d'ordre n'a point de droit de rétrocession qu'en tant
qu'il paie entièrement le porteur. *Fidejussori solventi*
solidum cedenda est actio contra fidejussorem. Paul.,
in summar., L. 17; et Gottoffr., in dictâ L., ff. de Fide-
jussoribus. Mais, lorsqu'il ne paie pas entièrement le
porteur de la lettre de change, il a droit de poursuivre
les autres obligés jusqu'à son entier paiement; et
pourvu que, par des dénonciations de ces poursuites
au donneur d'ordre et autres, avec les protestations,
ce soit aux risques de ces obligés qui peuvent y
avoir intérêt, avec sommation de les faire valoir, si
bon lui semble, suivant la loi 53, § 1er, *ff. de Evic-*
tionibus, le porteur n'est obligé que de tenir compte

de ce qu'il en reçoit, et peut demander le reste. De
même que quand un créancier a discuté le principal
débiteur, avant la caution, du vu et du su de la caution, et que le principal débiteur ne se trouve pas
suffisamment solvable, pour lors le créancier n'est pas
obligé de faire aucune rétrocession à la caution, et il
ne laisse pas d'avoir droit d'agir contre la caution
pour le surplus. Que si le créancier commence à agir
contre la caution, et qu'elle ne le paie pas entièrement, il n'est pas obligé de rétrocéder aucune partie
de l'obligation du principal débiteur, jusqu'à ce qu'il
soit entièrement payé; après quoi, et non auparavant,
il est obligé de rétrocéder à la caution le reste de la
dette, qu'il n'a pas exigé de ceux qui sont garans de
cette caution. Mais, si le porteur a signé quelque contrat de l'un des débiteurs contre qui le donneur d'ordre
a droit de recours, sans en être convenu avec ce donneur d'ordre, et sans être d'accord que c'est sans
préjudice des actions qu'il a contre lui, il n'y a pas
de doute que, par son fait et par sa faute, les droits de
la lettre de change n'étant plus en entier, la cession
serait imparfaite, et le donneur d'ordre se défendra à
juste titre par l'acceptation du défaut de cession
d'action. Et pour lors ce n'est point par option faite
par le porteur qu'il a perdu ses actions contre le
donneur d'ordre et autres; c'est par sa faute, pour
avoir, par son fait, volontairement, et sans participation
ni pouvoir, disposé des droits d'autrui.

L'usage ne paraît pas établi, ni par des titres, ni avec
des circonstances assez précises pour passer pour constant, et pour servir de fondement à la décision du droit
des particuliers; d'autant plus que, dans ce prétendu
usage de contraindre un porteur de lettre de change

protestée faute de paiement, lorsque tous les débiteurs sont faillis, d'en opter un, et abandonner les autres, l'erreur et l'abus paraissent l'avoir introduit, et non pas la raison, comme dit la loi 39, *ff. de Legibus :* de manière que, s'il était bien constant qu'il y eût un tel usage, il faudrait ne plus le suivre, parce que, encore que l'usage soit de quelque autorité, ce ne doit pourtant pas être jusqu'à ce point, *ut rationem vincat, aut legem, L.* 2, *Cod. quæ sit longa consuetudo.* Aussi la Cour n'hésite pas lorsque l'on éclaircit les abus de quelques usages introduits dans la jurisprudence même du commerce, de les corriger. Il y en a deux exemples dans le commerce du pays du droit écrit, sur ce que les contrats de mariage qui ont lieu de communauté entre mari et femme, portent donation à la femme d'un augment de moitié par-dessus sa dot, en cas de survie.

L'usage s'était introduit qu'en cas de faillite du mari, la femme, en reprenant ses biens dotaux, se faisait aussi adjuger des biens pour ce droit d'augment, en donnant caution de rapporter aux créanciers de son mari failli, en cas qu'elle vint à prédécéder. Il y a eu plusieurs jugemens et arrêts qui l'ont ainsi ordonné; et cela a été exécuté jusqu'en l'année 1668, que des créanciers mieux instruits de leurs droits ont représenté que, par les termes du contrat de mariage, qui est le titre de la femme et de la loi des parties, la jouissance du fonds de cet augment n'était pas donnée à la femme pendant la vie du mari; que par conséquent cette jouissance étant un effet du mari, sa vie durant, ses créanciers en doivent être saisis; que tout usage contraire aux conventions des contrats était un abus contraire aux lois et à la raison, que bien loin de

suivre, il fallait abroger. Et par tous les arrêts intervenus depuis, la Cour a toujours ordonné que les
créanciers du mari jouiraient du fonds de l'augment
pendant la vie du mari, en donnant caution de le rendre
à la femme en cas de prédécès de son mari. Arrêt du
6 septembre 1670, entre Marguerite Carcavi, femme
séparée de biens de Claude Bertier, et Antoine Guibert,
et autres créanciers dudit Bertier. Arrêt du 19 juillet
1672, entre Antoinette Mettarre, femme autorisée par
justice, au refus de François Badol; Louis Raffelin et
autres députés des créanciers dudit Badol. Arrêt du
5 septembre 1672, entre les pères jésuites du noviciat
d'Avignon, et autres créanciers de César de Ferrari, et
Françoise Orset, sa femme.

L'autre exemple est sur une extension du privilége, de
préférence à tous créanciers, accordé par divers arrêts
aux femmes, en pays de droit écrit, pour le paiement
de leur dot et augment sur les meubles de leurs maris,
en cas de déconfiture : car, les occasions s'étant présentées, il s'était introduit un abus de préférer les femmes
pour leurs dots et augmens, sur les effets des sociétés
dans lesquelles leurs maris étaient associés, aux créanciers de ces sociétés, à proportion de la part afférente
à leurs maris. Le fondement de cet usage était principalement sur la supposition d'un faux principe : que les
effets de la société appartiennent à chacun des associés,
suivant la part et portion qu'il a dans la société, autrement ils n'appartiendraient à personne, ce qui ne
peut être; et, sur ce faux principe, l'on adjugeait
à ces femmes des effets de la société pour la portion de
leurs maris; ce qui a été pratiqué jusqu'au mois de janvier 1676, qu'il y a eu appel en la Cour, de trois sentences de la Conservation de Lyon, où la fausseté de

ce principe ayant été démontrée par les créanciers de la société, et fait voir que les associés n'ont aucune propriété divisée des effets de la société que par un partage; que ce partage ne pouvait être fait qu'après que les dettes de la société étaient payées (*L.* 27 *et* 28, *ff. pro socio*), parce que la société n'a de biens qu'après la déduction de ce qu'elle doit (*L. subsignatum* §, *bona et L. princeps bona*, *ff. de Verb. sign.*); et par conséquent que ces femmes des associés, qui venaient du chef de leurs maris, ne pouvaient avoir plus de droit qu'eux, et ne pouvaient prétendre qu'ils eussent aucune portion des effets de la société, que les dettes de la société ne fussent payées; que la raison et le bon sens faisaient bien voir que les effets de la société ne pouvaient pas appartenir à chacun des associés, suivant la part et portion qu'il a dans la société : car en achetant des marchandises ou autres effets pour la société, tous les associés sont solidairement obligés au paiement du prix qu'elles coûtent ; et par conséquent la propriété en doit être solidaire et indivise, autrement il y aurait de l'injustice, parce que si chaque associé avait sa portion en particulier, celui qui n'aurait point le bien pourrait disposer de sa part à sa volonté, et les autres pourraient être contraints solidairement au paiement du tout, quoiqu'ils n'eussent pas la propriété du tout, ce qui ne peut pas tomber dans le sens; et enfin la Cour, éclaircie de l'abus de cet usage, jugea qu'il ne doit plus être suivi; et, par arrêt du 25 janvier 1677, elle ordonna que les créanciers de la société seraient payés, par préférence aux femmes des associés, sur les effets de la société. **M.** de Fourcy président à la troisième des enquêtes, M. Portail rapporteur.

La Cour passe plus avant : car, encore que les peuples

veuillent s'obstiner à garder les dispositions de quelques.
articles de coutumes, contre la disposition générale des
Edits faits par les rois pour tout le royaume, elle ordonne
précisément l'exécution des Edits dans les pays régis par
ces coutumes contraires, et qu'à cette fin ces arrêts seront
lus, publiés, l'audience tenant, et enregistrés aux sièges;
et enjoint aux substituts du procureur général et aux
procureurs fiscaux des justices des seigneurs, de tenir
la main à l'exécution. C'est ce qui a été ordonné par
arrêt du 7 septembre 1688, rendu entre Jean de la Faie
et autre, d'une part; et Hilaire-Charles Piet, seigneur
de Beaurepaire, d'autre part; par lequel l'art. 486 de la
Coutume d'Anjou est abrogé.

Pour ce qui est des jugemens et arrêts par lesquels
on prétend qu'il a été jugé que le porteur d'une lettre
de change protestée faute de paiement, n'avait que
l'option et le choix de l'un des débiteurs de la lettre de
change contre lequel il pût exercer son action, l'on
n'estime pas qu'on doive y avoir aucune considération,
aux termes que les choses sont rapportées, parce que
ce ne sont pas des jugemens et arrêts qui aient été rendus sur les remontrances et conclusions de MM. les gens
du Roi, qui portent la clause qu'ils seront lus, publiés
et enregistrés dans les greffes des lieux pour servir de
loi, comme ceux rapportés par M. Bouguier, lettre D,
num. 14; lettre E, num. 1; lettre S, num. 16; lettre T,
num. 5; par Robert, liv. 2, chap. 10; par le sieur Savary, dans ses avis et conseils, au parère 16, d'autant
plus considérable en ce fait, que cet arrêt, qui est du
21 mars 1681, était pour fait de lettres de change; et
par plusieurs autres. Car les jugemens et arrêts rendus
entre particuliers dans le cours ordinaire, on ne les doit
recevoir comme préjugés qu'en très-grande connais-

sance de cause ; et que, par le détail du fait et de l'instruction, l'on ne puisse être bien pénétré qu'ils ont été rendus par les maximes des lois : *cum non exemptis, sed legibus judicandum sit. L.* 13, *Cod. de Sentent. et interloc. omnium judic;* et par la comparaison des faits jugés par les jugemens que l'on rapporte avec le fait à juger, l'on ne connaisse qu'il n'y a point de différence qui mérite un jugement différent.

Résumant donc de ce qui a été remarqué ci-dessus, que Thomas a une action solidaire contre tous les débiteurs de la lettre de change ;

Qu'il n'y a aucun bien général, et que même ce n'est pas le cas de le préférer ;

Que l'égalité entre les créanciers d'une faillite se rencontre parfaitement dans l'exercice de l'action solidaire contre tous les débiteurs de la lettre de change ;

Que les abus allégués sont purement personnels, accidentels, faciles à éviter et à réparer ;

Que le prétendu usage de l'obligation d'opter, comme contraire aux lois et à l'équité, ne doit pas être suivi ;

Et que les jugemens et arrêts prétendus donnés en cas semblables, dont le fait, l'instruction, et par conséquent la parité n'est pas connue, ne peuvent être considérés ;

Le Conseil estime que ledit Thomas est très-bien fondé et ne peut être empêché d'agir solidairement contre tous les débiteurs de la lettre de change.

Secondement, en ce qui regarde la conduite à tenir, on suppose :

1º Que Thomas a fait faire le protêt faute de paiement le 26 avril 1688 au plus tard, auquel jour échoient les dix jours déterminés par l'art. 4 du tit. 5 de l'Édit de commerce, à compter du lendemain de l'échéance,

suivant la déclaration du Roi du 10 mai 1686; car il
n'a pas dû se dispenser de cette formalité, quand
même l'accepteur aurait fait faillite avant l'échéance,
parce que le protêt est une diligence nécessaire qui
ne peut être suppléée par aucun autre acte, suivant
l'art. 10 du même titre, et qui ne doit pas être fait
prématurément (*L. 5, Cod. de hœred. act.*), parce que
c'est une demande. *Præpostera petitio non admitti-
tur, Gottoff., in dictâ Leg.* 1.

2° On suppose encore qu'il a commencé ses poursuites en garantie, au plus tard, contre le donneur d'ordre, le 15 mai, que peut être échu le délai de quinzaine
depuis le protêt, et un jour pour cinq lieues au-delà de
dix lieues; et dans le 26 juin que sont échus les deux
mois contre le tireur, le tout suivant l'art. 13 du même
titre.

3° On suppose encore que bien que l'Édit de commerce ne prescrive aucun terme pour faire ses poursuites
contre l'accepteur, elles n'auront pas été négligées, et
que contre chacun il aura conclu au paiement de la
lettre de change, dommages-intérêts et dépens, avec
la réserve expresse que c'est sans préjudice des droits
et actions acquis contre les autres obligés en la lettre de
change.

L'ordre le plus régulier est de commencer par faire
assigner l'accepteur par-devant le juge du lieu où la
lettre de change est payable, et conclure à ce qu'il soit
condamné, et par corps, au paiement de la lettre de
change, dommages-intérêts et dépens, sans préjudice
de ses droits et actions contre le tireur et contre le metteur d'ordre, ainsi comme il verra bon être.

Ensuite, pour poursuivre le tireur et le metteur d'ordre
en garantie, sans confusion, le mieux est de les faire

assigner tous deux par-devant le même juge que l'accepteur est assigné, et conclure à ce que la sentence
qui interviendra contre l'accepteur soit déclarée commune avec eux ; ce faisant, qu'ils seront chacun condamnés solidairement au paiement du contenu de la
lettre de change, dommages-intérêts et dépens.

Quoique le tireur et le metteur d'ordre soient domiciliés en d'autres juridictions que celle de l'accepteur, ils
seront néanmoins bien assignés, suivant l'art. 17 du
tit. 12 de l'Edit de commerce, qui permet au créancier
de faire assigner au lieu auquel le paiement doit être
fait ; ce qui est conforme au droit commun, parce que
*contraxisse unusquisque in eo loco intelligitur, in
quo ut solveret se obligavit. L.* 26, *de oblig. et act.;
L.* 3, *ff. de reb. auct. jud. poss.; L.* 61, *ff. de fidejuss.*

Et, quoique l'accepteur soit titulairement le débiteur,
et que le tireur et le metteur d'ordre ne soient que des
mandateurs de différens domiciles, ils ne laissent pas
d'être soumis à la même juridiction. *Ex personâ rei
mandator forum sortitur. Gottoff. in dicta L.* 61, *ff.
de fidejuss.*

Le porteur ne négligera pas les occasions de saisir les
effets des tireur, metteur d'ordre et accepteur, s'il en
trouve l'occasion ; ce que le juge saisi des contestations
pourra lui permettre, suivant l'art. 12 du tit. 5. de
l'Edit de commerce.

Il ne négligera pas non plus de former ses oppositions
à tous les scellés, inventaires et autres procédures concernant les concours et contributions, et de toujours
protester que c'est sans préjudice de ses droits contre les
autres.

Il ne négligera pas non plus de dénoncer aux créanciers
des uns ce qui lui sera signifié de la part des créanciers

des autres, à ce qu'ils n'en ignorent, et se pourvoient ainsi qu'ils verront bon être, et toujours sans préjudice de ses droits.

Il doit se garder de donner aucun consentement qui puisse préjudicier au droit d'aucun ; et, s'il est poursuivi pour cet effet, ou pour voir homologuer des contrats, il doit, d'une part, les dénoncer à ses garans qui ont intérêt à ce contrat, et les sommer d'y veiller, déclarant que l'événement sera à leurs périls, risques et fortunes; et, d'autre part, il doit répondre que ce qui lui est signifié regarde tels garans, à qui il faut s'adresser.

Et généralement il doit pratiquer tout ce qui se fait en cas de déconfiture de plusieurs obligés, cautions et garans, et que l'occasion peut rendre convenable.

Troisièmement, en général, le porteur d'une lettre de change protestée faute de paiement ne peut pas conserver son action solidaire contre tous les débiteurs, en signant tout ou quelqu'un des contrats simplement, aux conditions convenues par les autres créanciers avec les débiteurs, et sans discussion, par les raisons ci-dessus expliquées; et, s'il veut conserver ses droits, il faut absolument qu'il observe trois choses:

La première, que le premier contrat qu'il signera soit celui de son dernier garant, et qu'il continue graduellement en remontant par ordre de garantie; autrement il se rendrait non recevable en traitant des droits des derniers garans, et se mettant hors d'état de les pouvoir rétrocéder.

La seconde chose est que ce premier contrat qu'il signera porte expressément que le consentement qu'il donne à la diminution et autres conditions convenues avec les autres créanciers, est sans se départir ni déroger aux droits et actions qui appartiennent au porteur contre les autres garans, obligés et débiteurs de la lettre de change, lesquels pourront être poursuivis aux périls, risques et fortunes de lui porteur, pour raison de quoi ladite lettre de change ne cessera de lui appartenir ; et que la somme qui est accordée au porteur de la lettre de change, comme créancier du metteur d'ordre, à cause de son ordre, est seulement pour se départir des droits personnels et actions qui sont contre lui, et non autrement ; et ainsi en remontant dans les autres contrats jusqu'à celui du débiteur originaire.

La troisième est que, parce que le porteur de la lettre de change ne peut avoir droit d'exiger sa part du donneur d'ordre qui a failli et traité avec ses créanciers, que sur le reste de ce qui lui est dû de la lettre de change, dommages-intérêts et dépens, déduction faite de ce qu'il aura reçu des autres débiteurs garans du donneur d'ordre, et qu'il se peut faire que ces débiteurs garans soient les derniers à payer, il serait bon, pour éviter les procès qui pourraient être intentés dans les temps pour la restitution du trop reçu, ou de convenir d'une somme certaine et fixe, et que le surplus à recevoir des autres débiteurs serait aux périls, risques et fortunes du porteur ; ou de convenir que, lorsqu'il recevrait des autres débiteurs, ce serait le donneur d'ordre présent et dûment appelé, afin que, si ce que le porteur avait reçu se trouvait monter plus haut que sa portion, comme les autres créanciers, à cause des paiemens que feraient les autres débiteurs, le donneur d'ordre retirât en même temps ce surplus ; et ainsi il faudrait observer les mêmes choses dans les autres contrats.

Délibéré à Paris, ce 5 avril 1689.

Signé PERRIN, et DUPUIS DE LA SERRA.

MAXIMES. *

1. Le porteur peut répéter son remboursement de la lettre de change acceptée et protestée faute de paiement, contre l'accepteur, l'endosseur et le tireur, même les ordonnateurs de la tirer, dont il a preuve, lesquels sont tous solidairement obligés.

2. Aucuns de ceux qui ont accepté, tiré, endossé une lettre de change, ne peuvent être déchargés de leur obligation, quoiqu'ils n'aient accepté, tiré et endossé que par commission.

3. En cas de faillite de tous les obligés à la lettre de change acceptée et protestée faute de paiement, comme le porteur a une action solidaire contre tous, il a droit d'entrer dans chaque direction et contribution, sans pouvoir être obligé d'en choisir ou opter un, et abandonner les autres.

4. Le porteur d'une lettre de change acceptée et protestée faute de paiement, s'il signe le contrat d'un des obligés sans réserve, se rend non recevable contre les autres.

---

* Nous avons déjà dit que l'art. 534 du Cod. de com. avait tranché toutes les difficultés qui hérissaient, sous l'ancien droit, la doctrine établie dans ces maximes. Aujourd'hui point de doute que le créancier porteur d'engagemens solidaires ne puisse se présenter dans toutes les masses. Il résulte même évidemment de ces mots de la loi, *jusqu'à son parfait paiement*, que le créancier doit être colloqué pour la totalité de sa créance, dans chaque masse, jusqu'à ce qu'il soit complétement payé : car ce n'est qu'en procédant de la sorte qu'on peut parvenir au parfait paiement que le texte de la loi lui donne droit de réclamer; et c'est en cela que le système du Code de commerce diffère de celui qu'avaient embrassé Jousse, La Serra, Pothier, et consacre les principes qu'avait établis l'arrêt de conseil du 24 février 1778.

5. Le porteur d'une lettre de change acceptée et pro-testée faute de paiement, qui signe le contrat d'un des premiers obligés, sans avoir un consentement d'un des derniers obligés, que c'est sans préjudicier à son action, se rend non recevable contre eux, faute de leur pouvoir céder l'action entière.

6. Le porteur d'une lettre de change acceptée et pro-testée faute de paiement, qui est entré dans quelque contribution, ne peut entrer dans les suivantes que successivement pour ce qui lui est dû en reste.

CHAPITRE XVII.

DE QUELLE MANIÈRE LE PORTEUR D'UNE LETTRE DE CHANGE PROTESTÉE FAUTE DE PAIEMENT PEUT EXERCER SES DROITS CONTRE CEUX QUI LUI SONT OBLIGÉS.

1. Les lettres de change sont si favorables, qu'encore que ce ne soit que de simples écritures privées, elles ont pourtant les mêmes droits que les titres d'exécution parée : car lorsqu'elles sont protestées faute de paiement, les porteurs peuvent d'abord obtenir la permission de saisir (1) les effets de ceux qui y sont obligés, tels que sont ceux dont il est fait mention au chapitre précédent :

_____

(1) *Les porteurs pourront aussi, par la permission du juge, saisir les effets de ceux qui auront tiré ou endossé les lettres, encore qu'elles aient été acceptées, même les effets de ceux sur lesquels elles auront été tirées, en cas qu'ils les aient acceptées.* Édit de Commerce, tit. 5, art. 12.

c'est la disposition précise de l'art. 12 du tit. 5 de l'Edit de commerce.

2. Ce qui s'observe non-seulement en France, par la disposition de l'Edit de commerce ; à Gênes et à Bologne, par celle de leurs statuts (1) ; mais encore dans toutes les places, par une coutume généralement reçue comme fondée sur l'utilité publique.

3. Ceux qui sont obligés au paiement ou à la garantie de la lettre de change protestée faute de paiement, y peuvent être contraints par corps (2) : c'est la disposition de l'art. 4 du tit. 34 de l'Ordonnance du mois d'avril 1667, et de l'article premier du titre 7 de l'Edit de commerce.

4. Et cela se pratique ainsi partout : mais il en est de même que des choses triviales et d'une connaissance commune, dont les auteurs négligent de transmettre la preuve à la postérité.

5. Pour ce qui est de l'action hypothécaire, quoique Mᵉ Etienne Cleirac, avocat au parlement de Guienne, dise dans son *Traité* de l'usage du négoce ou commerce de la banque des lettres de change, chap. 6, num. 8, que les protêts faits en autre royaume portent hypothèque, et produisent intérêts en France du jour et date d'iceux ; jugé par arrêt de la chambre de Guienne,

_____

(1) Loquendo de jure municipali locorum, concludo quod instrumenta, apodissæ et litteræ cambii habent expressâ dispositione executionem paratam, ut ex statutis Genuæ et capitulis Bononiæ et quotquot extant statuta de cambiis, tribuunt executionem paratam.

Loquendo de consuetudine etiam generali, concludo idem, quod habent executionem paratam. *So.*, § 7, *gloss.* 5, *num.* 3, 4.

(2) *Ceux qui auront signé des lettres ou billets de change pourront être contraints par corps, ensemble ceux qui y auront mis leur aval.* Edit de commerce, tit. 7, art. 1.

du 26 mars 1646, entre Bernard Sichigarai et Jean Barrière, bourgeois de Bordeaux, demandeurs en requête et en exécution d'arrêt ; et Isaac Bardeau, aussi bourgeois et marchand de Bordeaux ; M. Mounier rapporteur, M. de Gourges président : néanmoins, comme il n'en rapporte pas le fait qui peut avoir déterminé cette chambre par des circonstances particulières, n'ayant point trouvé d'autres arrêts semblables, j'aurais peine à établir, par cet exemple, une jurisprudence générale, et contraire à celle du droit commun, suivant laquelle les lettres de change ne produisent pas d'hypothèque (1).

6. Ce n'est pas qu'au sentiment de Nicolas de Gènes, il y ait quelques places qui ont des statuts particuliers qui accordent l'hypothèque (2) en vertu des lettres de change, comme à Milan ; mais il serait à désirer de voir les termes dont ces statuts s'expliquent, pour savoir si cette hypothèque est du jour de la date de la lettre, ou du jour du protêt, ou du jour de la reconnaissance : car en France il en est comme de toutes les autres écritures privées, qui ne portent hypothèque que du jour de la recon-

---

(1) Altera succedit hic dubitatio, et est an pro litteris ipsius cambii competat regulariter privilegium hypothecæ ; cui quidem difficultati satisfaciendo rem de jure communi pro negativâ esse definitam apertè concludito. Sic in terminis docuit. Per Surdus, *Cons. suo* 499, *num.* 2 *in* 4 *etc.* Nicolaus à Genuâ de scripturâ privatâ de litteris cambii. *Quæst.* 2, *n.*, 1.

(2) Dixi autem (rem pro negativâ definitam jure communi inspecto) quoniam ex consuetudinibus et sanctionibus particularium locorum secus definitum est.

Ex novis constitutionibus Mediolani (ut ab iis exordiar) de quibus sub *tit. off. Abb. in § co amplius, lib.* 5. Concessa est procul dubio hypotheca pro litteris ipsius cambii veri et realis. Nicolaus à Genuâ, de scripturâ privatâ de litteris cambii. *Quæst.* 2, *num.* 6 *et* 7.

naissance, ou de la négation faite en jugement, suivant les articles 92 et 93 de l'Ordonnance de 1539.

7. Et parce que l'écriture privée et signature du tireur et celles de l'accepteur sont différentes, de même que celles des endosseurs, l'hypothèque ne peut pas avoir lieu contre l'accepteur et les endosseurs, du jour de la reconnaissance ou dénégation du tireur; mais seulement contre chacun, du jour de la reconnaissance ou dénégation respective de chacun.

On peut tirer trois maximes de ce chapitre. *

MAXIMES.

1. Le porteur d'une lettre de change protestée peut, par la permission du juge, faire saisir les effets de tous ceux qui y sont obligés.

2. Tous ceux qui sont obligés au paiement ou à la garantie d'une lettre de change protestée faute de paiement, peuvent y être contraints par corps.

3. La lettre de change protestée faute de paiement ne peut porter d'hypothèque contre chacun des obligés, que du jour de la reconnaissance ou dénégation respective de la signature de chacun.

---

* Les principes consacrés dans ces maximes sont en pleine vigueur. L'art. 172 du Cod. de com., l'art. 1, § 4, tit. 2 de la loi de germinal an 6, et les principes généraux du droit commun, en matière d'hypothèque, ne laissent aucun doute sur ce point.

CHAPITRE XVIII.

DES BILLETS DE CHANGE.*

L'usage des billets de change n'est pas fréquent dans les places étrangères ; et ce qui fait qu'il a grand cours à Paris, c'est que c'est un moyen aisé pour trouver de l'argent dans le besoin, parce que ces billets ont le même privilége, pour leur exécution, que les lettres de change. Mais plusieurs personnes se trompent, croyant que tous billets payables au porteur ou à ordre, et pour valeur reçue, sont billets de change ; cependant il est très-certain que ce ne sont pas là les qualités essentielles des billets de change.

2. L'article 27 du titre 5 de l'Edit de commerce porte précisément qu'un billet, pour être un billet de change, doit être causé pour lettres de change fournies, ou qui le devront être (1). Ainsi ce n'est que la cause qui fait l'essence d'un billet de change.

3. Et même il ne suffit pas qu'il porte indistinctement pour lettres de change fournies (2), il faut qu'il fasse

---

* Le Code de commerce ne s'est pas occupé de billets de change : l'usage de ces billets a presque cessé ; voilà ce qui a déterminé le silence du législateur, comme on l'a déjà dit dans les observations sur les articles 27, 28, 29, 30 de l'Ordonnance de 1673.

(1) *Aucun billet ne sera billet de change, si ce n'est pour lettres de change qui auront été fournies, ou qui le devront être.* Edit de commerce, tit. 5, art. 27.

(2) *Les billets pour lettres de change fournies feront mention de celui sur qui elles auront été tirées, qui en aura donné la valeur, et si le paiement a été fait en deniers, marchandises, ou autres effets, à peine de nullité.* Edit de commerce, tit. 5, art. 8.

34

mention précise sur qui elles auront été tirées, à qui
elles sont payables, et en quel temps, de qui et de
quelle manière la valeur en est déclarée, suivant l'art.
du même titre. Il est vrai que cet article ne s'explique
pas tout-à-fait ainsi ; mais il faut l'entendre en ce sens,
parce que, si la valeur des lettres de change fournies
avait été payée, il n'y aurait pas lieu à un billet de
change, qui ne se fait pour lettres de change fournies,
que lorsque la valeur en est due. Pour donner une idée
claire et distincte d'un billet de change pour lettres de
change fournies, il faut en mettre un exemple.

Exemple.

Pour la somme de 3,000 liv. que je promets payer
dans un mois à M   ou à son ordre, pour
lettre de change qu'il m'a fournie, payable par
            d'Amsterdam à deux usances, la valeur
déclarée comptant.

A Paris, le   1687.   Signé N.

4. Les billets de change pour lettres de change à fournir (1) doivent faire mention du lieu où elles doivent
être tirées, et quand elles devront être payables, et si
la valeur en a été reçue, suivant l'art. 29 du titre 5 de
l'Edit de commerce. Il est bon d'en donner un exemple
pour faire concevoir une idée plus claire.

Exemple.

Pour la somme de 3,000 liv. dont je promets fournir

---

(1) Les billets pour lettres de change à fournir feront mention
du lieu où elles seront tirées, et si la valeur en a été reçue, et de
quelles personnes, à peine de nullité. Edit de commerce, tit. 5,
art. 29.

lettre de change pour Lyon, payable aux prochains paiemens de à l'ordre de M pour
valeur reçue comptant de lui-même.

A Paris, ce de 1687. Signé N.

Il ne suffit pas de prendre des billets dans l'une des
deux formes ci-dessus, pour prétendre avoir le privilége
des billets de change; mais il faut qu'ils soient conformes
à la vérité, qu'il n'y ait point de simulation ni de fiction, c'est-à-dire que les lettres de change aient été
réellement fournies, ou que la personne qui les doit
fournir soit de la qualité à pouvoir fournir des lettres
de change telles que celles déclarées dans le billet :
car si véritablement les lettres de change exprimées dans
le billet n'ont pas été fournies, que celui qui fait le
billet pour lettres de change à fournir ne soit pas de
la qualité à le pouvoir faire pour le lieu qui sera mentionné qu'elles devront être payables, ces billets n'auraient pas le privilége de la contrainte par corps, comme
billets de change, parce qu'il serait visible qu'ils n'auraient été faits que par simulation (1), et pour donner
au créancier un privilége de contrainte par corps que
la vérité de sa créance ne pouvait pas lui donner.

6. Mais aussi il ne faut pas croire qu'il n'y ait que les
négocians qui puissent fournir et prendre des lettres
de change, et qui par conséquent puissent être sujets
à la contrainte par corps. L'expérience fait voir que
toutes personnes le peuvent faire, suivant la disposition
de leurs affaires : les uns peuvent tirer sur leurs fermiers et leurs débiteurs, et les autres peuvent prendre

---

(1) In contractibus rei veritas potiùs quàm scriptura perspici debet.
L. 1, Cod. Plus valere quod agitur, quàm quod simulare concipitur,
non quod scriptum, sed quod gestum est incipitur. L. 3, Cod. eodem.

des lettres de change, soit pour payer ce qu'ils doivent
en d'autres lieux, pour des achats qu'ils y veulent faire,
ou autrement. C'est pourquoi l'article 1ᵉʳ du tit. 7 de
l'Edit de commerce prononce la contrainte par corps (1)
indéfiniment contre tous ceux qui auront signé des
lettres et billets de change, et restreint cette contrainte
par corps entre négocians et marchands, pour les billets pour valeur reçue comptant ou en marchandises;
c'est-à-dire qu'il faut que le débiteur et le créancier
soient tous deux négocians ou marchands.

7. La raison que l'on peut rendre de cette distinction, c'est que l'on n'a pas voulu donner la contrainte
par corps pour les prêts, qui a été abrogée par l'Ordonnance du mois d'avril 1667 : car on peut dire que
tous les billets pour valeur reçue, lorsque le débiteur
et le créancier ne sont pas deux négocians ou marchands, sont pour prêts; au lieu que ceux qui sont
entre négocians ou marchands sont toujours ou pour
solde de compte, ou pour autres négociations qui produisent la contrainte par corps.

Ce chapitre fournit quatre maximes.

MAXIMES.

1. Point de billet de change, si ce n'est pour lettres
de change fournies ou à fournir.

(1) *Ceux qui auront signé des lettres ou billets de change pourront
être contraints par corps; ensemble ceux qui auront mis leur aval,
qui auront promis d'en fournir, avec remise de place en place, qui
auront fait des promesses pour lettres de change à eux fournies, ou
qui le devront être; entre tous négocians ou marchands qui auront
signé des billets pour valeur reçue comptant ou en marchandises,
soit qu'ils doivent être acquittés à un particulier y nommé, ou à
son ordre, ou au porteur.* Edit de commerce, tit. 7, art. 1.

2. Point de billet de change pour lettres à fournir, sans expression sur qui elles sont tirées, à qui elles sont payables, et de quelle manière la valeur en est déclarée.

3. Point de billet de change pour lettres à fournir, sans expression du lieu où elles devront être tirées, quand elles devront être payables, et de quelle manière la valeur en a été payée.

4. Point de billet de change, si les débiteurs ne sont pas de la qualité à faire la négociation y mentionnée, et si elle n'est pas véritable.

FIN DE L'ART DES LETTRES DE CHANGE.

TABLE

DES TITRES

DE

L'ORDONNANCE DU COMMERCE,

DU MOIS DE MARS 1673.

———◦●◦———

TABLE

DES CHAPITRES

DE

L'ART DES LETTRES DE CHANGE.

FIN DE LA TABLE DES LETTRES DE CHANGE.

www.ingramcontent.com/pod-product-compliance
Lightning Source LLC
Chambersburg PA
CBHW060906220326
41599CB00020B/2867